第二次全国残疾人抽样调查资料

福建卷

福建省第二次全国残疾人抽样调查办公室 编

中国统计出版社
China Statistics Press

(京)新登字041号

图书在版编目（CIP）数据

第二次全国残疾人抽样调查资料. 福建卷 / 福建省第二次全国残疾人抽样调查办公室编.
—北京：中国统计出版社，2007.12

ISBN 978-7-5037-5292-6

Ⅰ. 第…
Ⅱ. 福
Ⅲ. 残疾人 - 抽样调查 - 统计资料 - 福建省
Ⅳ. D669.69

中国版本图书馆CIP数据核字（2007）第158108号

第二次全国残疾人抽样调查资料—福建卷

作　　者 / 福建省第二次全国残疾人抽样调查办公室
责任编辑 / 赵淑焕
封面设计 / 杨燕超
出版发行 / 中国统计出版社
通信地址 / 北京市西城区月坛南街57号
邮政编码 / 100826
办公地址 / 北京市丰台区西三环南路甲6号
网　　址 / www.stats.gov.cn/tjshujia
电　　话 / 邮购（010）63376907　书店（010）68783172
印　　刷 / 河北天普润印刷厂
经　　销 / 新华书店
开　　本 / 880×1230毫米　1/16
字　　数 / 1630千字
印　　张 / 51　3插页
版　　别 / 2007年12月第1版
版　　次 / 2007年12月第1次印刷
书　　号 / ISBN 978-7-5037-5292-6/D・173
定　　价 / 350.00元

本书附同版本CD-ROM一张，光盘内容以书面文字为准。
中国统计版图书，如有印装错误，本社发行部负责调换。

《第二次全国残疾人抽样调查资料》
（福建卷）

编 辑 人 员

总 编 辑： 李继新

副总编辑： 郭雪琴　江　林

编　　辑： 林幼健　卢　星　廖大玶

福建省第二次全国残疾人抽样调查抽中县、市、区示意图

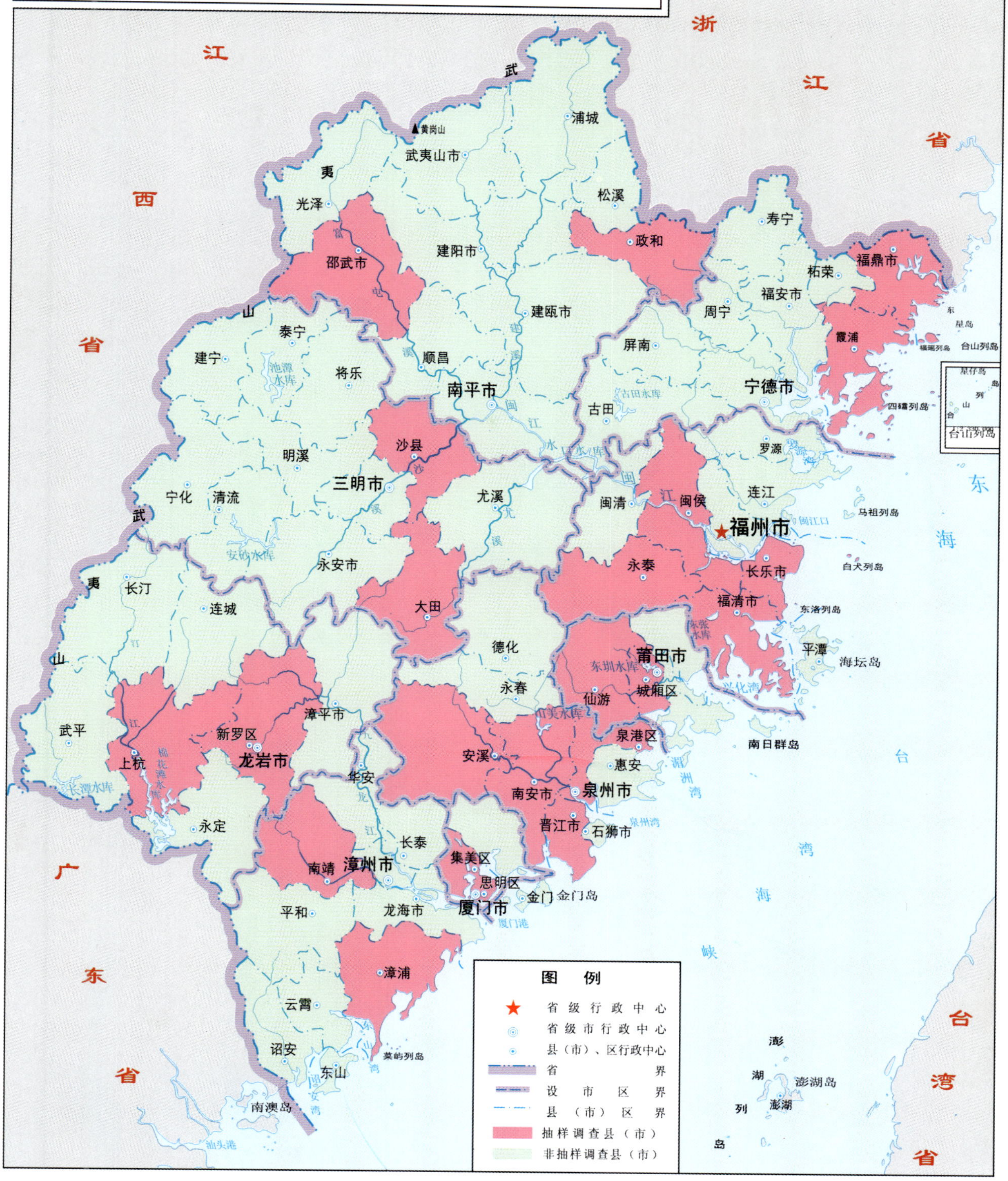

审图号:闽S(2007)45号

福建省地图出版社 编制

编 辑 说 明

我国以2006年4月1日零时为标准时间进行了第二次全国残疾人抽样调查，这是继1987年第一次全国残疾人抽样调查19年后进行的又一次全国范围内大规模的残疾人专项调查。在福建省委、省政府的领导下，在有关部门、社会各方面的大力支持配合下，福建省第二次全国残疾人抽样调查办公室按照第二次全国残疾人抽样调查领导小组的统一部署，历时两个月的时间，对抽中的22县（市、区），88个乡（镇、街道）的176个调查小区进行了入户调查和残疾评定，调查获得了丰富翔实的资料。为了满足政府部门、科研单位和社会各方面的需要，现将经计算机汇总处理的数据资料编辑出版。

为方便读者准确地使用本资料，现将有关情况说明如下:

一、调查的对象是具有中华人民共和国国籍，并在被抽中调查小区内常住的人（指自然人，下同）。调查采用按常住人口登记的原则，以户为单位填报，只调查家庭户，不调查集体户。此次不调查中国人民解放军现役军人和武装警察（包括军队管理的离退休干部）。

在各调查小区进行登记的人包括:

1. 居住本调查小区，户口在本乡、镇、街道;
2. 居住本调查小区半年以上，户口在外乡、镇、街道;
3. 居住本调查小区不满半年，离开户口所在地半年以上;
4. 居住本调查小区，户口待定。

二、第二次全国残疾人抽样调查使用三种调查表，一是《住户调查表》，二是《残疾人调查表》，三是《社区调查表》。调查项目共有52个，包括调查样本人群的家庭及其个人的状况，重点调查残疾人的致残原因、生活状况及其主要需求。

三、本资料是按照现场调查登记直接汇总的数据，未作任何调整。在使用本资料时，特别是推算总体时，对以下因素予以充分注意:

1. 本资料不含调查漏登的人口数;
2. 本资料数据抽样比为2.02‰;
3. 作为一次多指标的抽样调查，有些分组较细的指标，代表性相对较低。

四、本次调查的城乡划分口径为: 城镇包括街道和镇的居委会，农村包括乡和镇的村委会。

五、本资料中空项表示无该项数据，“---”表示数据不足本表最小单位数。

六、由于计算机运算中采取四舍五入的处理，个别汇总表分栏数据之和与合计数存在微小的差别，不影响对数据的使用。

七、为帮助读者准确使用本资料，附录中编印了《福建省第二次全国残疾人抽样调查主要数据公报》、《第二次全国残疾人抽样调查方案》、《第二次全国残疾人抽样调查残疾标准》、《第二次全国残疾人抽样调查住户调查表》和填写说明、《第二次全国残疾人抽样调查残疾人调查表》和填写说明、《第二次全国残疾人抽样调查社区调查表》和填写说明、《福建省第二次全国残疾人抽样调查抽样实施方案》、《福建省第二次全国残疾人抽样调查调查队组成》等。

编　者

2007年9月

目　录

第一部分　调查人口的基本状况

第二部分　残疾人口的基本状况

第三部分　残疾人的残疾类别、等级和主要致残原因

一、残疾类别与残疾等级

二、主要致残原因

第四部分　残疾人的活动和参与、义务教育、社会保障、接受服务及主要需求

一、活动和参与

1. 视力残疾人

第五部分　社区和住户基本情况

附　录

第一部分　调查人口的基本状况

1－1 各地区调查样本基本情况

单位：人

地 区	调查县(市、区)数(个)	调查乡(镇、街道)数(个)	调 查小区数(个)	调查户数(户)	调查人口			调查残疾人			残疾比例(%)
					小计	男	女	小计	男	女	
总 计	**22**	**88**	**176**	**21113**	**71484**	**36153**	**35331**	**4467**	**2242**	**2225**	**6.25**
厦门市思明区	1	4	8	1190	3309	1611	1698	155	78	77	4.68
龙岩市新罗区	1	4	8	998	3223	1635	1588	301	161	140	9.34
莆田市城厢区	1	4	8	885	3083	1518	1565	169	88	81	5.48
泉州市泉港区	1	4	8	810	3281	1637	1644	203	87	116	6.19
厦门市集美区	1	4	8	1065	3402	1678	1724	154	82	72	4.53
泉州市南安市	1	4	8	931	3189	1599	1590	142	78	64	4.45
福州市福清市	1	4	8	949	3320	1606	1714	208	112	96	6.27
泉州市晋江市	1	4	8	940	3442	1773	1669	163	84	79	4.74
福州市长乐市	1	4	8	1078	3283	1634	1649	178	86	92	5.42
宁德市福鼎市	1	4	8	1006	3178	1682	1496	182	91	91	5.73
南平市邵武市	1	4	8	1085	3298	1693	1605	260	128	132	7.88
莆田市仙游县	1	4	8	883	3255	1630	1625	197	86	111	6.05
福州市闽侯县	1	4	8	963	3207	1646	1561	201	101	100	6.27
福州市永泰县	1	4	8	855	3225	1650	1575	189	97	92	5.86
龙岩市上杭县	1	4	8	1001	3254	1568	1686	242	101	141	7.44
三明市大田县	1	4	8	923	3248	1705	1543	280	158	122	8.62
三明市沙县	1	4	8	999	3202	1608	1594	231	121	110	7.21
泉州市安溪县	1	4	8	808	3211	1656	1555	159	79	80	4.95
漳州市漳浦县	1	4	8	995	3189	1581	1608	216	104	112	6.77
漳州市南靖县	1	4	8	1021	3222	1645	1577	200	84	116	6.21
宁德市霞浦县	1	4	8	889	3236	1712	1524	221	117	104	6.83
南平市政和县	1	4	8	839	3227	1686	1541	216	119	97	6.69

1－2 分年龄、性别的人口

单位：人，%

年 龄	调查人口				调查残疾人			
	合计	男	女	性别比	合计	男	女	性别比
总 计	**71484**	**36153**	**35331**	**102.33**	**4467**	**2242**	**2225**	**100.76**
0-4	**3656**	**1999**	**1657**	**120.64**	**68**	**42**	**26**	**161.54**
0岁	765	431	334	129.04	8	6	2	300.00
1岁	740	397	343	115.74	10	7	3	233.33
2岁	738	414	324	127.78	12	8	4	200.00
3岁	712	374	338	110.65	17	9	8	112.50
4岁	701	383	318	120.44	21	12	9	133.33
5-9	**3561**	**1904**	**1657**	**114.91**	**54**	**34**	**20**	**170.00**
5岁	766	394	372	105.91	9	5	4	125.00
6岁	609	322	287	112.20	15	9	6	150.00
7岁	700	375	325	115.38	9	7	2	350.00
8岁	721	417	304	137.17	7	5	2	250.00
9岁	765	396	369	107.32	14	8	6	133.33
10-14	**5743**	**3123**	**2620**	**119.20**	**97**	**56**	**41**	**136.59**
10岁	950	534	416	128.37	11	8	3	266.67
11岁	1048	566	482	117.43	24	12	12	100.00
12岁	1065	583	482	120.95	14	7	7	100.00
13岁	1233	646	587	110.05	23	15	8	187.50
14岁	1447	794	653	121.59	25	14	11	127.27
15-19	**6969**	**3705**	**3264**	**113.51**	**130**	**74**	**56**	**132.14**
15岁	1793	952	841	113.20	30	18	12	150.00
16岁	1620	872	748	116.58	18	8	10	80.00
17岁	1427	756	671	112.67	32	20	12	166.67
18岁	1198	616	582	105.84	26	16	10	160.00
19岁	931	509	422	120.62	24	12	12	100.00
20-24	**4629**	**2224**	**2405**	**92.47**	**104**	**63**	**41**	**153.66**
20岁	851	415	436	95.18	23	13	10	130.00
21岁	873	414	459	90.20	18	12	6	200.00
22岁	854	397	457	86.87	22	8	14	57.14
23岁	1020	511	509	100.39	21	17	4	425.00
24岁	1031	487	544	89.52	20	13	7	185.71
25-29	**4940**	**2437**	**2503**	**97.36**	**128**	**78**	**50**	**156.00**
25岁	704	347	357	97.20	12	7	5	140.00

1-2 续表 1

单位：人，%

年龄	调查人口				调查残疾人			
	合计	男	女	性别比	合计	男	女	性别比
26岁	914	443	471	94.06	22	13	9	144.44
27岁	977	468	509	91.94	24	16	8	200.00
28岁	1139	566	573	98.78	35	20	15	133.33
29岁	1206	613	593	103.37	35	22	13	169.23
30-34	**6376**	**3126**	**3250**	**96.18**	**183**	**104**	**79**	**131.65**
30岁	1161	560	601	93.18	31	14	17	82.35
31岁	1099	544	555	98.02	41	25	16	156.25
32岁	1344	665	679	97.94	40	22	18	122.22
33岁	1345	668	677	98.67	38	23	15	153.33
34岁	1427	689	738	93.36	33	20	13	153.85
35-39	**6797**	**3331**	**3466**	**96.11**	**226**	**146**	**80**	**182.50**
35岁	1468	689	779	88.45	49	30	19	157.89
36岁	1318	655	663	98.79	43	30	13	230.77
37岁	1475	755	720	104.86	49	37	12	308.33
38岁	1247	608	639	95.15	37	20	17	117.65
39岁	1289	624	665	93.83	48	29	19	152.63
40-44	**6080**	**3020**	**3060**	**98.69**	**248**	**140**	**108**	**129.63**
40岁	1341	682	659	103.49	55	28	27	103.70
41岁	1215	619	596	103.86	46	33	13	253.85
42岁	1354	640	714	89.64	57	32	25	128.00
43岁	1446	739	707	104.53	59	32	27	118.52
44岁	724	340	384	88.54	31	15	16	93.75
45-49	**4738**	**2354**	**2384**	**98.74**	**165**	**95**	**70**	**135.71**
45岁	748	396	352	112.50	34	24	10	240.00
46岁	836	414	422	98.10	23	12	11	109.09
47岁	1002	486	516	94.19	31	15	16	93.75
48岁	1169	581	588	98.81	49	28	21	133.33
49岁	983	477	506	94.27	28	16	12	133.33
50-54	**4880**	**2453**	**2427**	**101.07**	**212**	**119**	**93**	**127.96**
50岁	978	486	492	98.78	41	27	14	192.86
51岁	1095	542	553	98.01	49	29	20	145.00
52岁	1039	516	523	98.66	54	26	28	92.86
53岁	1003	514	489	105.11	39	23	16	143.75
54岁	765	395	370	106.76	29	14	15	93.33

1－2 续表 2

单位：人，%

年 龄	调查人口				调查残疾人			
	合计	男	女	性别比	合计	男	女	性别比
55-59	**3415**	**1786**	**1629**	**109.64**	**197**	**115**	**82**	**140.24**
55岁	730	384	346	110.98	30	16	14	114.29
56岁	754	404	350	115.43	41	26	15	173.33
57岁	712	379	333	113.81	44	23	21	109.52
58岁	613	299	314	95.22	45	23	22	104.55
59岁	606	320	286	111.89	37	27	10	270.00
60-64	**2639**	**1399**	**1240**	**112.82**	**252**	**143**	**109**	**131.19**
60岁	557	288	269	107.06	41	26	15	173.33
61岁	553	300	253	118.58	54	28	26	107.69
62岁	521	289	232	124.57	45	26	19	136.84
63岁	528	275	253	108.70	52	29	23	126.09
64岁	480	247	233	106.01	60	34	26	130.77
65-69	**2236**	**1171**	**1065**	**109.95**	**320**	**179**	**141**	**126.95**
65岁	412	220	192	114.58	47	26	21	123.81
66岁	440	229	211	108.53	53	32	21	152.38
67岁	422	227	195	116.41	52	27	25	108.00
68岁	506	264	242	109.09	81	43	38	113.16
69岁	456	231	225	102.67	87	51	36	141.67
70-74	**2091**	**1020**	**1071**	**95.24**	**657**	**330**	**327**	**100.92**
70岁	460	212	248	85.48	126	71	55	129.09
71岁	424	211	213	99.06	130	62	68	91.18
72岁	478	237	241	98.34	147	69	78	88.46
73岁	402	196	206	95.15	143	70	73	95.89
74岁	327	164	163	100.61	111	58	53	109.43
75-79	**1491**	**652**	**839**	**77.71**	**647**	**260**	**387**	**67.18**
75岁	334	165	169	97.63	115	54	61	88.52
76岁	323	148	175	84.57	125	55	70	78.57
77岁	329	137	192	71.35	154	58	96	60.42
78岁	272	103	169	60.95	131	51	80	63.75
79岁	233	99	134	73.88	122	42	80	52.50
80-84	**819**	**313**	**506**	**61.86**	**480**	**170**	**310**	**54.84**
80岁	235	95	140	67.86	121	47	74	63.51
81岁	195	73	122	59.84	119	40	79	50.63
82岁	155	66	89	74.16	97	40	57	70.18
83岁	119	39	80	48.75	71	19	52	36.54
84岁	115	40	75	53.33	72	24	48	50.00
85+	**424**	**136**	**288**	**47.22**	**299**	**94**	**205**	**45.85**

1－2a 城镇分年龄、性别的人口

单位：人，%

年龄	调查人口				调查残疾人			
	合计	男	女	性别比	合计	男	女	性别比
总计	**21716**	**10766**	**10950**	**98.32**	**1012**	**533**	**479**	**111.27**
0-4	**1064**	**580**	**484**	**119.83**	**23**	**15**	**8**	**187.50**
0岁	208	117	91	128.57	1	1		
1岁	202	114	88	129.55	4	2	2	100.00
2岁	236	134	102	131.37	5	3	2	150.00
3岁	218	107	111	96.40	6	4	2	200.00
4岁	200	108	92	117.39	7	5	2	250.00
5-9	**1101**	**593**	**508**	**116.73**	**16**	**12**	**4**	**300.00**
5岁	244	115	129	89.15	2	1	1	100.00
6岁	174	96	78	123.08	6	4	2	200.00
7岁	204	111	93	119.35	3	3		
8岁	232	147	85	172.94	4	3	1	300.00
9岁	247	124	123	100.81	1	1		
10-14	**1559**	**842**	**717**	**117.43**	**27**	**15**	**12**	**125.00**
10岁	279	146	133	109.77	4	3	1	300.00
11岁	320	175	145	120.69	9	5	4	125.00
12岁	274	151	123	122.76	3	1	2	50.00
13岁	328	164	164	100.00	4	2	2	100.00
14岁	358	206	152	135.53	7	4	3	133.33
15-19	**1872**	**983**	**889**	**110.57**	**35**	**22**	**13**	**169.23**
15岁	440	235	205	114.63	8	4	4	100.00
16岁	431	233	198	117.68	3	3		
17岁	406	224	182	123.08	8	5	3	166.67
18岁	323	155	168	92.26	7	5	2	250.00
19岁	272	136	136	100.00	9	5	4	125.00
20-24	**1483**	**695**	**788**	**88.20**	**28**	**16**	**12**	**133.33**
20岁	243	121	122	99.18	6	3	3	100.00
21岁	274	114	160	71.25	3	2	1	200.00
22岁	256	120	136	88.24	7	3	4	75.00
23岁	354	172	182	94.51	7	6	1	600.00
24岁	356	168	188	89.36	5	2	3	66.67
25-29	**1682**	**801**	**881**	**90.92**	**34**	**23**	**11**	**209.09**
25岁	217	99	118	83.90	2	1	1	100.00

1－2a 续表 1

单位：人，%

年 龄	调查人口				调查残疾人			
	合计	男	女	性别比	合计	男	女	性别比
26岁	339	154	185	83.24	8	4	4	100.00
27岁	323	154	169	91.12	5	4	1	400.00
28岁	398	191	207	92.27	10	6	4	150.00
29岁	405	203	202	100.50	9	8	1	800.00
30-34	**2138**	**1007**	**1131**	**89.04**	**53**	**30**	**23**	**130.43**
30岁	396	176	220	80.00	11	6	5	120.00
31岁	364	181	183	98.91	9	6	3	200.00
32岁	437	205	232	88.36	14	9	5	180.00
33岁	462	230	232	99.14	6	3	3	100.00
34岁	479	215	264	81.44	13	6	7	85.71
35-39	**2154**	**1042**	**1112**	**93.71**	**51**	**36**	**15**	**240.00**
35岁	474	232	242	95.87	14	7	7	100.00
36岁	423	204	219	93.15	8	5	3	166.67
37岁	456	229	227	100.88	14	13	1	1300.00
38岁	378	176	202	87.13	4	1	3	33.33
39岁	423	201	222	90.54	11	10	1	1000.00
40-44	**2041**	**1008**	**1033**	**97.58**	**58**	**38**	**20**	**190.00**
40岁	404	209	195	107.18	11	6	5	120.00
41岁	434	218	216	100.93	12	11	1	1100.00
42岁	477	223	254	87.80	17	11	6	183.33
43岁	494	249	245	101.63	14	8	6	133.33
44岁	232	109	123	88.62	4	2	2	100.00
45-49	**1541**	**760**	**781**	**97.31**	**45**	**29**	**16**	**181.25**
45岁	269	154	115	133.91	7	5	2	250.00
46岁	300	137	163	84.05	7	5	2	250.00
47岁	298	150	148	101.35	9	6	3	200.00
48岁	369	176	193	91.19	14	8	6	133.33
49岁	305	143	162	88.27	8	5	3	166.67
50-54	**1473**	**739**	**734**	**100.68**	**43**	**24**	**19**	**126.32**
50岁	301	154	147	104.76	9	5	4	125.00
51岁	325	167	158	105.70	6	4	2	200.00
52岁	304	145	159	91.19	16	6	10	60.00
53岁	331	171	160	106.88	7	6	1	600.00
54岁	212	102	110	92.73	5	3	2	150.00

1－2a 续表 2

单位：人，%

年 龄	调查人口				调查残疾人			
	合计	男	女	性别比	合计	男	女	性别比
55-59	**965**	**493**	**472**	**104.45**	**37**	**23**	**14**	**164.29**
55岁	207	117	90	130.00	3	2	1	200.00
56岁	200	108	92	117.39	5	5		
57岁	202	101	101	100.00	11	5	6	83.33
58岁	170	82	88	93.18	12	7	5	140.00
59岁	186	85	101	84.16	6	4	2	200.00
60-64	**743**	**342**	**401**	**85.29**	**50**	**27**	**23**	**117.39**
60岁	156	71	85	83.53	5	5		
61岁	167	81	86	94.19	10	3	7	42.86
62岁	153	71	82	86.59	14	9	5	180.00
63岁	132	51	81	62.96	7	4	3	133.33
64岁	135	68	67	101.49	14	6	8	75.00
65-69	**615**	**326**	**289**	**112.80**	**72**	**41**	**31**	**132.26**
65岁	103	57	46	123.91	7	3	4	75.00
66岁	139	71	68	104.41	13	9	4	225.00
67岁	122	65	57	114.04	17	11	6	183.33
68岁	141	74	67	110.45	22	10	12	83.33
69岁	110	59	51	115.69	13	8	5	160.00
70-74	**563**	**257**	**306**	**83.99**	**132**	**61**	**71**	**85.92**
70岁	119	48	71	67.61	26	15	11	136.36
71岁	114	50	64	78.13	25	8	17	47.06
72岁	130	59	71	83.10	31	14	17	82.35
73岁	120	61	59	103.39	29	15	14	107.14
74岁	80	39	41	95.12	21	9	12	75.00
75-79	**393**	**175**	**218**	**80.28**	**137**	**57**	**80**	**71.25**
75岁	86	43	43	100.00	28	16	12	133.33
76岁	90	36	54	66.67	36	14	22	63.64
77岁	88	39	49	79.59	28	9	19	47.37
78岁	72	31	41	75.61	22	10	12	83.33
79岁	57	26	31	83.87	23	8	15	53.33
80-84	**224**	**83**	**141**	**58.87**	**102**	**36**	**66**	**54.55**
80岁	70	29	41	70.73	27	11	16	68.75
81岁	59	20	39	51.28	28	6	22	27.27
82岁	41	18	23	78.26	22	10	12	83.33
83岁	31	9	22	40.91	14	5	9	55.56
84岁	23	7	16	43.75	11	4	7	57.14
85+	**105**	**40**	**65**	**61.54**	**69**	**28**	**41**	**68.29**

1－2b 农村分年龄、性别的人口

单位：人，%

年 龄	调查人口				调查残疾人			
	合计	男	女	性别比	合计	男	女	性别比
总 计	**49768**	**25387**	**24381**	**104.13**	**3455**	**1709**	**1746**	**97.88**
0-4	**2592**	**1419**	**1173**	**120.97**	**45**	**27**	**18**	**150.00**
0岁	557	314	243	129.22	7	5	2	250.00
1岁	538	283	255	110.98	6	5	1	500.00
2岁	502	280	222	126.13	7	5	2	250.00
3岁	494	267	227	117.62	11	5	6	83.33
4岁	501	275	226	121.68	14	7	7	100.00
5-9	**2460**	**1311**	**1149**	**114.10**	**38**	**22**	**16**	**137.50**
5岁	522	279	243	114.81	7	4	3	133.33
6岁	435	226	209	108.13	9	5	4	125.00
7岁	496	264	232	113.79	6	4	2	200.00
8岁	489	270	219	123.29	3	2	1	200.00
9岁	518	272	246	110.57	13	7	6	116.67
10-14	**4184**	**2281**	**1903**	**119.86**	**70**	**41**	**29**	**141.38**
10岁	671	388	283	137.10	7	5	2	250.00
11岁	728	391	337	116.02	15	7	8	87.50
12岁	791	432	359	120.33	11	6	5	120.00
13岁	905	482	423	113.95	19	13	6	216.67
14岁	1089	588	501	117.37	18	10	8	125.00
15-19	**5097**	**2722**	**2375**	**114.61**	**95**	**52**	**43**	**120.93**
15岁	1353	717	636	112.74	22	14	8	175.00
16岁	1189	639	550	116.18	15	5	10	50.00
17岁	1021	532	489	108.79	24	15	9	166.67
18岁	875	461	414	111.35	19	11	8	137.50
19岁	659	373	286	130.42	15	7	8	87.50
20-24	**3146**	**1529**	**1617**	**94.56**	**76**	**47**	**29**	**162.07**
20岁	608	294	314	93.63	17	10	7	142.86
21岁	599	300	299	100.33	15	10	5	200.00
22岁	598	277	321	86.29	15	5	10	50.00
23岁	666	339	327	103.67	14	11	3	366.67
24岁	675	319	356	89.61	15	11	4	275.00
25-29	**3258**	**1636**	**1622**	**100.86**	**94**	**55**	**39**	**141.03**
25岁	487	248	239	103.77	10	6	4	150.00

1-2b 续表 1

单位：人，%

年 龄	调查人口				调查残疾人			
	合计	男	女	性别比	合计	男	女	性别比
26岁	575	289	286	101.05	14	9	5	180.00
27岁	654	314	340	92.35	19	12	7	171.43
28岁	741	375	366	102.46	25	14	11	127.27
29岁	801	410	391	104.86	26	14	12	116.67
30-34	**4238**	**2119**	**2119**	**100.00**	**130**	**74**	**56**	**132.14**
30岁	765	384	381	100.79	20	8	12	66.67
31岁	735	363	372	97.58	32	19	13	146.15
32岁	907	460	447	102.91	26	13	13	100.00
33岁	883	438	445	98.43	32	20	12	166.67
34岁	948	474	474	100.00	20	14	6	233.33
35-39	**4643**	**2289**	**2354**	**97.24**	**175**	**110**	**65**	**169.23**
35岁	994	457	537	85.10	35	23	12	191.67
36岁	895	451	444	101.58	35	25	10	250.00
37岁	1019	526	493	106.69	35	24	11	218.18
38岁	869	432	437	98.86	33	19	14	135.71
39岁	866	423	443	95.49	37	19	18	105.56
40-44	**4039**	**2012**	**2027**	**99.26**	**190**	**102**	**88**	**115.91**
40岁	937	473	464	101.94	44	22	22	100.00
41岁	781	401	380	105.53	34	22	12	183.33
42岁	877	417	460	90.65	40	21	19	110.53
43岁	952	490	462	106.06	45	24	21	114.29
44岁	492	231	261	88.51	27	13	14	92.86
45-49	**3197**	**1594**	**1603**	**99.44**	**120**	**66**	**54**	**122.22**
45岁	479	242	237	102.11	27	19	8	237.50
46岁	536	277	259	106.95	16	7	9	77.78
47岁	704	336	368	91.30	22	9	13	69.23
48岁	800	405	395	102.53	35	20	15	133.33
49岁	678	334	344	97.09	20	11	9	122.22
50-54	**3407**	**1714**	**1693**	**101.24**	**169**	**95**	**74**	**128.38**
50岁	677	332	345	96.23	32	22	10	220.00
51岁	770	375	395	94.94	43	25	18	138.89
52岁	735	371	364	101.92	38	20	18	111.11
53岁	672	343	329	104.26	32	17	15	113.33
54岁	553	293	260	112.69	24	11	13	84.62

1－2b 续表 2

单位：人，%

年 龄	调查人口				调查残疾人			
	合计	男	女	性别比	合计	男	女	性别比
55-59	**2450**	**1293**	**1157**	**111.75**	**160**	**92**	**68**	**135.29**
55岁	523	267	256	104.30	27	14	13	107.69
56岁	554	296	258	114.73	36	21	15	140.00
57岁	510	278	232	119.83	33	18	15	120.00
58岁	443	217	226	96.02	33	16	17	94.12
59岁	420	235	185	127.03	31	23	8	287.50
60-64	**1896**	**1057**	**839**	**125.98**	**202**	**116**	**86**	**134.88**
60岁	401	217	184	117.93	36	21	15	140.00
61岁	386	219	167	131.14	44	25	19	131.58
62岁	368	218	150	145.33	31	17	14	121.43
63岁	396	224	172	130.23	45	25	20	125.00
64岁	345	179	166	107.83	46	28	18	155.56
65-69	**1621**	**845**	**776**	**108.89**	**248**	**138**	**110**	**125.45**
65岁	309	163	146	111.64	40	23	17	135.29
66岁	301	158	143	110.49	40	23	17	135.29
67岁	300	162	138	117.39	35	16	19	84.21
68岁	365	190	175	108.57	59	33	26	126.92
69岁	346	172	174	98.85	74	43	31	138.71
70-74	**1528**	**763**	**765**	**99.74**	**525**	**269**	**256**	**105.08**
70岁	341	164	177	92.66	100	56	44	127.27
71岁	310	161	149	108.05	105	54	51	105.88
72岁	348	178	170	104.71	116	55	61	90.16
73岁	282	135	147	91.84	114	55	59	93.22
74岁	247	125	122	102.46	90	49	41	119.51
75-79	**1098**	**477**	**621**	**76.81**	**510**	**203**	**307**	**66.12**
75岁	248	122	126	96.83	87	38	49	77.55
76岁	233	112	121	92.56	89	41	48	85.42
77岁	241	98	143	68.53	126	49	77	63.64
78岁	200	72	128	56.25	109	41	68	60.29
79岁	176	73	103	70.87	99	34	65	52.31
80-84	**595**	**230**	**365**	**63.01**	**378**	**134**	**244**	**54.92**
80岁	165	66	99	66.67	94	36	58	62.07
81岁	136	53	83	63.86	91	34	57	59.65
82岁	114	48	66	72.73	75	30	45	66.67
83岁	88	30	58	51.72	57	14	43	32.56
84岁	92	33	59	55.93	61	20	41	48.78
85+	**319**	**96**	**223**	**43.05**	**230**	**66**	**164**	**40.24**

1-3 调查家庭户类别

单位：户

家庭户规模	合计	一代户	二代户	三代户	四代户及以上
总　计	**21113**	**5050**	**11392**	**4438**	**233**
一人户	1885	1885			
二人户	4099	3089	1010		
三人户	5736	61	5507	168	
四人户	5083	15	3764	1300	4
五人户	2677		917	1718	42
六人户	1139		158	890	91
七人户	332		26	247	59
八人户	140		8	103	29
九人户	22		2	12	8

1－4 各地区分性别、户口登记状况的人口

单位：人

地区	调查人口			住本调查小区，户口在本乡、镇、街道		
	合计	男	女	小计	男	女
总计	**71484**	**36153**	**35331**	**64387**	**32672**	**31715**
厦门市思明区	3309	1611	1698	2253	1081	1172
龙岩市新罗区	3223	1635	1588	2879	1465	1414
莆田市城厢区	3083	1518	1565	2788	1364	1424
泉州市泉港区	3281	1637	1644	3131	1548	1583
厦门市集美区	3402	1678	1724	2903	1441	1462
泉州市南安市	3189	1599	1590	2628	1313	1315
福州市福清市	3320	1606	1714	3005	1473	1532
泉州市晋江市	3442	1773	1669	3227	1659	1568
福州市长乐市	3283	1634	1649	2721	1378	1343
宁德市福鼎市	3178	1682	1496	2959	1583	1376
南平市邵武市	3298	1693	1605	2843	1482	1361
莆田市仙游县	3255	1630	1625	3087	1543	1544
福州市闽侯县	3207	1646	1561	2974	1533	1441
福州市永泰县	3225	1650	1575	3156	1620	1536
龙岩市上杭县	3254	1568	1686	2960	1428	1532
三明市大田县	3248	1705	1543	3077	1612	1465
三明市沙县	3202	1608	1594	2878	1446	1432
泉州市安溪县	3211	1656	1555	2993	1538	1455
漳州市漳浦县	3189	1581	1608	2949	1473	1476
漳州市南靖县	3222	1645	1577	3080	1566	1514
宁德市霞浦县	3236	1712	1524	3075	1631	1444
南平市政和县	3227	1686	1541	2821	1495	1326

1-4 续表

单位：人

地区	住本调查小区半年以上，户口在外乡、镇、街道			住本调查小区不满半年，离开户所在地半年以上			住本调查小区，户口待定		
	小计	男	女	小计	男	女	小计	男	女
总　计	**6429**	**3151**	**3278**	**188**	**100**	**88**	**480**	**230**	**250**
厦门市思明区	999	497	502	50	30	20	7	3	4
龙岩市新罗区	333	165	168	4	2	2	7	3	4
莆田市城厢区	274	143	131	11	7	4	10	4	6
泉州市泉港区	116	70	46	3	2	1	31	17	14
厦门市集美区	476	228	248	18	8	10	5	1	4
泉州市南安市	523	268	255	20	9	11	18	9	9
福州市福清市	242	103	139	5	3	2	68	27	41
泉州市晋江市	195	103	92				20	11	9
福州市长乐市	521	234	287	2	1	1	39	21	18
宁德市福鼎市	209	96	113	3	1	2	7	2	5
南平市邵武市	436	203	233				19	8	11
莆田市仙游县	85	49	36				83	38	45
福州市闽侯县	213	103	110	1		1	19	10	9
福州市永泰县	66	28	38				3	2	1
龙岩市上杭县	290	140	150				4		4
三明市大田县	115	67	48	38	19	19	18	7	11
三明市沙县	278	140	138	12	6	6	34	16	18
泉州市安溪县	196	101	95	8	7	1	14	10	4
漳州市漳浦县	221	98	123	2	1	1	17	9	8
漳州市南靖县	117	63	54	2		2	23	16	7
宁德市霞浦县	133	69	64				28	12	16
南平市政和县	391	183	208	9	4	5	6	4	2

1－5 各地区分户口登记状况、户口性质的人口

单位：人

地 区	合 计			住本调查小区户口在本乡、镇、街道		
	合计	农业	非农业	小计	农业	非农业
总 计	**71004**	**58190**	**12814**	**64387**	**53954**	**10433**
厦门市思明区	3302	611	2691	2253	12	2241
龙岩市新罗区	3216	2664	552	2879	2452	427
莆田市城厢区	3073	2298	775	2788	2175	613
泉州市泉港区	3250	3089	161	3131	3030	101
厦门市集美区	3397	1848	1549	2903	1534	1369
泉州市南安市	3171	2718	453	2628	2342	286
福州市福清市	3252	2806	446	3005	2609	396
泉州市晋江市	3422	3315	107	3227	3179	48
福州市长乐市	3244	2640	604	2721	2302	419
宁德市福鼎市	3171	2759	412	2959	2645	314
南平市邵武市	3279	2678	601	2843	2388	455
莆田市仙游县	3172	2814	358	3087	2770	317
福州市闽侯县	3188	3034	154	2974	2873	101
福州市永泰县	3222	2500	722	3156	2456	700
龙岩市上杭县	3250	3004	246	2960	2888	72
三明市大田县	3230	3048	182	3077	2915	162
三明市沙县	3168	2724	444	2878	2518	360
泉州市安溪县	3197	2783	414	2993	2661	332
漳州市漳浦县	3172	2449	723	2949	2280	669
漳州市南靖县	3199	2913	286	3080	2826	254
宁德市霞浦县	3208	2664	544	3075	2593	482
南平市政和县	3221	2831	390	2821	2506	315

1-5 续表

单位：人

地　区	住本调查小区半年以上户口在外乡、镇、街道			住本调查小区不满半年，离开户所在地半年以上		
	小计	农业	非农业	小计	农业	非农业
总　计	**6429**	**4074**	**2355**	**188**	**162**	**26**
厦门市思明区	999	558	441	50	41	9
龙岩市新罗区	333	208	125	4	4	
莆田市城厢区	274	117	157	11	6	5
泉州市泉港区	116	56	60	3	3	
厦门市集美区	476	302	174	18	12	6
泉州市南安市	523	356	167	20	20	
福州市福清市	242	192	50	5	5	
泉州市晋江市	195	136	59			
福州市长乐市	521	337	184	2	1	1
宁德市福鼎市	209	111	98	3	3	
南平市邵武市	436	290	146			
莆田市仙游县	85	44	41			
福州市闽侯县	213	160	53	1	1	
福州市永泰县	66	44	22			
龙岩市上杭县	290	116	174			
三明市大田县	115	95	20	38	38	
三明市沙县	278	196	82	12	10	2
泉州市安溪县	196	114	82	8	8	
漳州市漳浦县	221	169	52	2		2
漳州市南靖县	117	86	31	2	1	1
宁德市霞浦县	133	71	62			
南平市政和县	391	316	75	9	9	

1－6 6岁及以上人口分年龄、性别的受教育程度

单位：人

年龄	调查人口			不识字			未上过学		
	合计	男	女	小计	男	女	小计	男	女
总 计	**67062**	**33760**	**33302**	**9817**	**2122**	**7695**	**351**	**144**	**207**
6-9岁	**2795**	**1510**	**1285**	**225**	**125**	**100**	**24**	**7**	**17**
6岁	609	322	287	208	117	91	17	6	11
7岁	700	375	325	10	4	6	4	1	3
8岁	721	417	304	5	4	1			
9岁	765	396	369	2		2	3		3
10-14	**5743**	**3123**	**2620**	**23**	**12**	**11**	**4**	**2**	**2**
10岁	950	534	416	4	2	2	1		1
11岁	1048	566	482	6	4	2	1	1	
12岁	1065	583	482	3	1	2	2	1	1
13岁	1233	646	587	4	2	2			
14岁	1447	794	653	6	3	3			
15-19	**6969**	**3705**	**3264**	**43**	**20**	**23**	**3**	**2**	**1**
15岁	1793	952	841	5	3	2			
16岁	1620	872	748	8	3	5			
17岁	1427	756	671	10	4	6	1	1	
18岁	1198	616	582	7	4	3	1	1	
19岁	931	509	422	13	6	7	1		1
20-24	**4629**	**2224**	**2405**	**64**	**26**	**38**	**3**	**2**	**1**
20岁	851	415	436	13	7	6			
21岁	873	414	459	11	5	6			
22岁	854	397	457	18	4	14	1		1
23岁	1020	511	509	12	7	5	1	1	
24岁	1031	487	544	10	3	7	1	1	
25-29	**4940**	**2437**	**2503**	**128**	**29**	**99**	**7**	**4**	**3**
25岁	704	347	357	10	3	7	2		2
26岁	914	443	471	21	4	17	1	1	
27岁	977	468	509	26	7	19	2	1	1
28岁	1139	566	573	33	7	26	2	2	
29岁	1206	613	593	38	8	30			

1－6 续表 1

单位：人

年龄	调查人口			不识字			未上过学		
	合计	男	女	小计	男	女	小计	男	女
30-34	**6376**	**3126**	**3250**	**338**	**51**	**287**	**16**	**8**	**8**
30岁	1161	560	601	45	4	41	5	4	1
31岁	1099	544	555	42	8	34	2	2	
32岁	1344	665	679	70	12	58	5	1	4
33岁	1345	668	677	79	13	66	2	1	1
34岁	1427	689	738	102	14	88	2		2
35-39	**6797**	**3331**	**3466**	**578**	**70**	**508**	**22**	**2**	**20**
35岁	1468	689	779	100	12	88	3		3
36岁	1318	655	663	116	21	95	3		3
37岁	1475	755	720	112	12	100	8	2	6
38岁	1247	608	639	116	10	106	5		5
39岁	1289	624	665	134	15	119	3		3
40-44	**6080**	**3020**	**3060**	**703**	**105**	**598**	**30**	**2**	**28**
40岁	1341	682	659	140	26	114	9	1	8
41岁	1215	619	596	128	17	111	5		5
42岁	1354	640	714	157	22	135	6	1	5
43岁	1446	739	707	167	24	143	4		4
44岁	724	340	384	111	16	95	6		6
45-49	**4738**	**2354**	**2384**	**902**	**119**	**783**	**42**	**10**	**32**
45岁	748	396	352	109	21	88	4	1	3
46岁	836	414	422	145	12	133	14	3	11
47岁	1002	486	516	204	31	173	9	2	7
48岁	1169	581	588	230	25	205	8		8
49岁	983	477	506	214	30	184	7	4	3
50-54	**4880**	**2453**	**2427**	**1111**	**178**	**933**	**35**	**8**	**27**
50岁	978	486	492	199	27	172	12	2	10
51岁	1095	542	553	260	43	217	7		7
52岁	1039	516	523	240	39	201	4	1	3
53岁	1003	514	489	246	43	203	6	2	4
54岁	765	395	370	166	26	140	6	3	3

1-6 续表 2

单位：人

年 龄	调查人口			不识字			未上过学		
	合计	男	女	小计	男	女	小计	男	女
55-59	**3415**	**1786**	**1629**	**802**	**145**	**657**	**28**	**14**	**14**
55岁	730	384	346	176	35	141	9	3	6
56岁	754	404	350	183	37	146	4	1	3
57岁	712	379	333	150	28	122	9	6	3
58岁	613	299	314	156	20	136	4	3	1
59岁	606	320	286	137	25	112	2	1	1
60-64	**2639**	**1399**	**1240**	**896**	**201**	**695**	**25**	**16**	**9**
60岁	557	288	269	159	25	134	6	5	1
61岁	553	300	253	169	32	137	5	3	2
62岁	521	289	232	174	40	134	9	4	5
63岁	528	275	253	203	53	150	2	2	
64岁	480	247	233	191	51	140	3	2	1
65-69	**2236**	**1171**	**1065**	**994**	**261**	**733**	**30**	**18**	**12**
65岁	412	220	192	173	44	129	8	8	
66岁	440	229	211	179	42	137	7	2	5
67岁	422	227	195	173	49	124	5	2	3
68岁	506	264	242	242	56	186	7	4	3
69岁	456	231	225	227	70	157	3	2	1
70-74	**2091**	**1020**	**1071**	**1163**	**337**	**826**	**35**	**22**	**13**
70岁	460	212	248	260	75	185	5	2	3
71岁	424	211	213	224	65	159	9	3	6
72岁	478	237	241	256	73	183	10	9	1
73岁	402	196	206	221	59	162	7	5	2
74岁	327	164	163	202	65	137	4	3	1
75-79	**1491**	**652**	**839**	**964**	**257**	**707**	**24**	**12**	**12**
75岁	334	165	169	204	61	143	5	4	1
76岁	323	148	175	206	58	148	6	2	4
77岁	329	137	192	220	56	164	7	3	4
78岁	272	103	169	184	41	143	3	2	1
79岁	233	99	134	150	41	109	3	1	2
80+	**1243**	**449**	**794**	**883**	**186**	**697**	**23**	**15**	**8**

1-6 续表 3

单位：人

年龄	小学			初中			高中		
	小计	男	女	小计	男	女	小计	男	女
总 计	**24728**	**12407**	**12321**	**21645**	**12746**	**8899**	**6250**	**3861**	**2389**
6-9岁	**2544**	**1378**	**1166**	**2**		**2**			
6岁	383	199	184	1		1			
7岁	685	370	315	1		1			
8岁	716	413	303						
9岁	760	396	364						
10-14	**3513**	**1913**	**1600**	**2190**	**1189**	**1001**	**12**	**7**	**5**
10岁	940	531	409	5	1	4			
11岁	1026	554	472	15	7	8			
12岁	932	512	420	128	69	59			
13岁	472	244	228	755	398	357	2	2	
14岁	143	72	71	1287	714	573	10	5	5
15-19	**379**	**153**	**226**	**3902**	**2118**	**1784**	**2285**	**1232**	**1053**
15岁	92	46	46	1539	821	718	143	75	68
16岁	64	26	38	894	510	384	602	303	299
17岁	60	23	37	560	302	258	712	379	333
18岁	92	36	56	461	244	217	537	291	246
19岁	71	22	49	448	241	207	291	184	107
20-24	**572**	**196**	**376**	**2639**	**1292**	**1347**	**467**	**290**	**177**
20岁	102	34	68	460	222	238	126	80	46
21岁	80	30	50	497	235	262	102	56	46
22岁	103	36	67	523	244	279	72	51	21
23岁	140	50	90	573	292	281	82	55	27
24岁	147	46	101	586	299	287	85	48	37
25-29	**1160**	**445**	**715**	**2451**	**1339**	**1112**	**366**	**196**	**170**
25岁	108	40	68	405	221	184	48	21	27
26岁	173	61	112	475	250	225	66	40	26
27岁	205	87	118	470	246	224	79	38	41
28岁	323	127	196	526	294	232	86	49	37
29岁	351	130	221	575	328	247	87	48	39

1-6 续表 4

单位：人

年龄	小学			初中			高中		
	小计	男	女	小计	男	女	小计	男	女
30-34	**2336**	**915**	**1421**	**2711**	**1578**	**1133**	**441**	**267**	**174**
30岁	370	146	224	529	294	235	88	48	40
31岁	403	149	254	478	275	203	75	42	33
32岁	487	193	294	579	334	245	95	60	35
33岁	522	206	316	564	342	222	87	54	33
34岁	554	221	333	561	333	228	96	63	33
35-39	**2904**	**1195**	**1709**	**2334**	**1451**	**883**	**535**	**356**	**179**
35岁	619	221	398	529	315	214	112	81	31
36岁	573	246	327	428	265	163	122	78	44
37岁	620	280	340	527	331	196	123	72	51
38岁	530	231	299	431	258	173	84	61	23
39岁	562	217	345	419	282	137	94	64	30
40-44	**2271**	**911**	**1360**	**1915**	**1235**	**680**	**775**	**525**	**250**
40岁	553	240	313	424	268	156	128	94	34
41岁	473	197	276	397	260	137	138	95	43
42岁	471	161	310	458	290	168	177	122	55
43岁	517	217	300	432	288	144	226	143	83
44岁	257	96	161	204	129	75	106	71	35
45-49	**2084**	**1013**	**1071**	**938**	**664**	**274**	**596**	**414**	**182**
45岁	306	140	166	184	133	51	109	74	35
46岁	349	173	176	187	129	58	112	75	37
47岁	446	207	239	188	133	55	124	90	34
48岁	523	266	257	206	149	57	157	106	51
49岁	460	227	233	173	120	53	94	69	25
50-54	**2326**	**1264**	**1062**	**930**	**665**	**265**	**317**	**227**	**90**
50岁	439	225	214	193	137	56	96	67	29
51岁	498	269	229	203	145	58	85	58	27
52岁	525	288	237	171	112	59	65	52	13
53岁	485	270	215	194	152	42	40	25	15
54岁	379	212	167	169	119	50	31	25	6

1-6 续表 5

单位：人

年龄	小学			初中			高中		
	小计	男	女	小计	男	女	小计	男	女
55-59	**1652**	**950**	**702**	**663**	**472**	**191**	**124**	**92**	**32**
55岁	320	177	143	176	133	43	22	18	4
56岁	392	238	154	125	89	36	17	11	6
57岁	358	206	152	131	88	43	34	25	9
58岁	289	157	132	115	84	31	18	13	5
59岁	293	172	121	116	78	38	33	25	8
60-64	**969**	**617**	**352**	**489**	**369**	**120**	**144**	**102**	**42**
60岁	232	135	97	122	94	28	17	11	6
61岁	213	141	72	111	84	27	30	22	8
62岁	175	122	53	101	76	25	33	24	9
63岁	175	113	62	95	67	28	33	24	9
64岁	174	106	68	60	48	12	31	21	10
65-69	**773**	**545**	**228**	**206**	**163**	**43**	**92**	**74**	**18**
65岁	141	95	46	45	35	10	23	20	3
66岁	147	101	46	51	42	9	17	13	4
67岁	160	109	51	32	23	9	21	18	3
68岁	173	137	36	40	33	7	19	15	4
69岁	152	103	49	38	30	8	12	8	4
70-74	**624**	**461**	**163**	**152**	**111**	**41**	**44**	**36**	**8**
70岁	136	95	41	33	19	14	9	7	2
71岁	132	93	39	35	29	6	6	6	
72岁	147	110	37	38	28	10	8	6	2
73岁	126	95	31	27	20	7	8	8	
74岁	83	68	15	19	15	4	13	9	4
75-79	**365**	**270**	**95**	**76**	**61**	**15**	**34**	**30**	**4**
75岁	89	70	19	22	18	4	6	6	
76岁	82	62	20	15	13	2	9	9	
77岁	76	56	20	12	10	2	8	6	2
78岁	62	43	19	13	9	4	6	5	1
79岁	56	39	17	14	11	3	5	4	1
80+	**256**	**181**	**75**	**47**	**39**	**8**	**18**	**13**	**5**

1-6 续表 6

单位：人

年 龄	中 专			大学专科			大学本科			研究生		
	小计	男	女	小计	男	女	小计	男	女	小计	男	女
总 计	**2074**	**1121**	**953**	**1418**	**847**	**571**	**735**	**479**	**256**	**44**	**33**	**11**
6-9岁												
6岁												
7岁												
8岁												
9岁												
10-14	**1**		**1**									
10岁												
11岁												
12岁												
13岁												
14岁	1		1									
15-19	**286**	**150**	**136**	**46**	**21**	**25**	**25**	**9**	**16**			
15岁	14	7	7									
16岁	52	30	22									
17岁	80	45	35	3	2	1	1		1			
18岁	80	32	48	11	6	5	9	2	7			
19岁	60	36	24	32	13	19	15	7	8			
20-24	**458**	**223**	**235**	**298**	**137**	**161**	**127**	**57**	**70**	**1**	**1**	
20岁	80	39	41	51	23	28	19	10	9			
21岁	99	45	54	60	31	29	24	12	12			
22岁	75	34	41	44	18	26	18	10	8			
23岁	110	57	53	69	32	37	32	16	16	1	1	
24岁	94	48	46	74	33	41	34	9	25			
25-29	**444**	**212**	**232**	**277**	**148**	**129**	**100**	**61**	**39**	**7**	**3**	**4**
25岁	64	30	34	52	23	29	15	9	6			
26岁	105	45	60	52	30	22	21	12	9			
27岁	112	51	61	63	28	35	19	10	9	1		1
28岁	88	39	49	53	30	23	24	17	7	4	1	3
29岁	75	47	28	57	37	20	21	13	8	2	2	

1-6 续表 7

单位：人

年龄	中专			大学专科			大学本科			研究生		
	小计	男	女	小计	男	女	小计	男	女	小计	男	女
30-34	**193**	**105**	**88**	**216**	**117**	**99**	**118**	**78**	**40**	**7**	**7**	
30岁	44	22	22	55	28	27	25	14	11			
31岁	30	21	9	50	31	19	17	14	3	2	2	
32岁	45	23	22	40	26	14	21	14	7	2	2	
33岁	35	19	16	34	20	14	20	11	9	2	2	
34岁	39	20	19	37	12	25	35	25	10	1	1	
35-39	**148**	**77**	**71**	**155**	**93**	**62**	**108**	**78**	**30**	**13**	**9**	**4**
35岁	37	20	17	37	19	18	26	19	7	5	2	3
36岁	24	12	12	29	18	11	21	13	8	2	2	
37岁	29	15	14	31	20	11	22	20	2	3	3	
38岁	25	13	12	30	18	12	24	15	9	2	2	
39岁	33	17	16	28	18	10	15	11	4	1		1
40-44	**140**	**78**	**62**	**136**	**88**	**48**	**103**	**70**	**33**	**7**	**6**	**1**
40岁	29	15	14	30	18	12	24	17	7	4	3	1
41岁	24	18	6	31	20	11	19	12	7			
42岁	36	15	21	24	17	7	24	11	13	1	1	
43岁	36	19	17	36	25	11	27	22	5	1	1	
44岁	15	11	4	15	8	7	9	8	1	1	1	
45-49	**62**	**41**	**21**	**86**	**70**	**16**	**25**	**21**	**4**	**3**	**2**	**1**
45岁	10	8	2	19	13	6	7	6	1			
46岁	10	5	5	12	11	1	7	6	1			
47岁	13	8	5	13	10	3	4	4		1	1	
48岁	18	12	6	26	23	3	1		1			
49岁	11	8	3	16	13	3	6	5	1	2	1	1
50-54	**69**	**41**	**28**	**69**	**52**	**17**	**20**	**16**	**4**	**3**	**2**	**1**
50岁	15	11	4	19	12	7	4	4		1	1	
51岁	17	8	9	16	13	3	7	5	2	2	1	1
52岁	15	8	7	15	12	3	4	4				
53岁	16	9	7	14	11	3	2	2				
54岁	6	5	1	5	4	1	3	1	2			

1－6 续表 8

单位：人

年 龄	中 专			大学专科			大学本科			研究生		
	小计	男	女	小计	男	女	小计	男	女	小计	男	女
55-59	**78**	**56**	**22**	**49**	**41**	**8**	**17**	**14**	**3**	**2**	**2**	
55岁	15	9	6	8	5	3	4	4				
56岁	18	15	3	10	9	1	5	4	1			
57岁	18	15	3	11	10	1	1	1				
58岁	14	8	6	17	14	3						
59岁	13	9	4	3	3		7	5	2	2	2	
60-64	**67**	**50**	**17**	**18**	**17**	**1**	**30**	**26**	**4**	**1**	**1**	
60岁	14	12	2	3	3		4	3	1			
61岁	15	9	6	3	3		7	6	1			
62岁	14	10	4	7	6	1	8	7	1			
63岁	14	11	3	2	2		4	3	1			
64岁	10	8	2	3	3		7	7		1	1	
65-69	**72**	**53**	**19**	**31**	**28**	**3**	**38**	**29**	**9**			
65岁	13	10	3	5	5		4	3	1			
66岁	23	16	7	6	5	1	10	8	2			
67岁	14	11	3	10	9	1	7	6	1			
68岁	11	9	2	7	6	1	7	4	3			
69岁	11	7	4	3	3		10	8	2			
70-74	**38**	**23**	**15**	**18**	**16**	**2**	**17**	**14**	**3**			
70岁	8	6	2	6	5	1	3	3				
71岁	11	8	3	4	4		3	3				
72岁	8	4	4	3	2	1	8	5	3			
73岁	7	3	4	3	3		3	3				
74岁	4	2	2	2	2							
75-79	**8**	**3**	**5**	**15**	**15**		**5**	**4**	**1**			
75岁	2	1	1	3	3		3	2	1			
76岁	1		1	2	2		2	2				
77岁	1	1		5	5							
78岁	1		1	3	3							
79岁	3	1	2	2	2							
80+	**10**	**9**	**1**	**4**	**4**		**2**	**2**				

1－7 15岁及以上分年龄、性别的文官人口

单位：人，%

年龄	调查人口			文盲人口			文盲人口占调查人口的比例		
	合计	男	女	小计	男	女	总比例	男	女
总计	**58524**	**29127**	**29397**	**9569**	**1985**	**7584**	**16.35**	**6.81**	**25.80**
15-19	**6969**	**3705**	**3264**	**43**	**20**	**23**	**0.62**	**0.54**	**0.70**
15岁	1793	952	841	5	3	2	0.28	0.32	0.24
16岁	1620	872	748	8	3	5	0.49	0.34	0.67
17岁	1427	756	671	10	4	6	0.70	0.53	0.89
18岁	1198	616	582	7	4	3	0.58	0.65	0.52
19岁	931	509	422	13	6	7	1.40	1.18	1.66
20-24	**4629**	**2224**	**2405**	**64**	**26**	**38**	**1.38**	**1.17**	**1.58**
20岁	851	415	436	13	7	6	1.53	1.69	1.38
21岁	873	414	459	11	5	6	1.26	1.21	1.31
22岁	854	397	457	18	4	14	2.11	1.01	3.06
23岁	1020	511	509	12	7	5	1.18	1.37	0.98
24岁	1031	487	544	10	3	7	0.97	0.62	1.29
25-29	**4940**	**2437**	**2503**	**128**	**29**	**99**	**2.59**	**1.19**	**3.96**
25岁	704	347	357	10	3	7	1.42	0.86	1.96
26岁	914	443	471	21	4	17	2.30	0.90	3.61
27岁	977	468	509	26	7	19	2.66	1.50	3.73
28岁	1139	566	573	33	7	26	2.90	1.24	4.54
29岁	1206	613	593	38	8	30	3.15	1.31	5.06
30-34	**6376**	**3126**	**3250**	**338**	**51**	**287**	**5.30**	**1.63**	**8.83**
30岁	1161	560	601	45	4	41	3.88	0.71	6.82
31岁	1099	544	555	42	8	34	3.82	1.47	6.13
32岁	1344	665	679	70	12	58	5.21	1.80	8.54
33岁	1345	668	677	79	13	66	5.87	1.95	9.75
34岁	1427	689	738	102	14	88	7.15	2.03	11.92
35-39	**6797**	**3331**	**3466**	**578**	**70**	**508**	**8.50**	**2.10**	**14.66**
35岁	1468	689	779	100	12	88	6.81	1.74	11.30

1－7 续表 1

单位：人，%

年 龄	调查人口			文盲人口			文盲人口占调查人口的比例		
	合计	男	女	小计	男	女	总比例	男	女
36岁	1318	655	663	116	21	95	8.80	3.21	14.33
37岁	1475	755	720	112	12	100	7.59	1.59	13.89
38岁	1247	608	639	116	10	106	9.30	1.64	16.59
39岁	1289	624	665	134	15	119	10.40	2.40	17.89
40-44	**6080**	**3020**	**3060**	**703**	**105**	**598**	**11.56**	**3.48**	**19.54**
40岁	1341	682	659	140	26	114	10.44	3.81	17.30
41岁	1215	619	596	128	17	111	10.53	2.75	18.62
42岁	1354	640	714	157	22	135	11.60	3.44	18.91
43岁	1446	739	707	167	24	143	11.55	3.25	20.23
44岁	724	340	384	111	16	95	15.33	4.71	24.74
45-49	**4738**	**2354**	**2384**	**902**	**119**	**783**	**19.04**	**5.06**	**32.84**
45岁	748	396	352	109	21	88	14.57	5.30	25.00
46岁	836	414	422	145	12	133	17.34	2.90	31.52
47岁	1002	486	516	204	31	173	20.36	6.38	33.53
48岁	1169	581	588	230	25	205	19.67	4.30	34.86
49岁	983	477	506	214	30	184	21.77	6.29	36.36
50-54	**4880**	**2453**	**2427**	**1111**	**178**	**933**	**22.77**	**7.26**	**38.44**
50岁	978	486	492	199	27	172	20.35	5.56	34.96
51岁	1095	542	553	260	43	217	23.74	7.93	39.24
52岁	1039	516	523	240	39	201	23.10	7.56	38.43
53岁	1003	514	489	246	43	203	24.53	8.37	41.51
54岁	765	395	370	166	26	140	21.70	6.58	37.84
55-59	**3415**	**1786**	**1629**	**802**	**145**	**657**	**23.48**	**8.12**	**40.33**
55岁	730	384	346	176	35	141	24.11	9.11	40.75
56岁	754	404	350	183	37	146	24.27	9.16	41.71
57岁	712	379	333	150	28	122	21.07	7.39	36.64
58岁	613	299	314	156	20	136	25.45	6.69	43.31
59岁	606	320	286	137	25	112	22.61	7.81	39.16
60-64	**2639**	**1399**	**1240**	**896**	**201**	**695**	**33.95**	**14.37**	**56.05**
60岁	557	288	269	159	25	134	28.55	8.68	49.81
61岁	553	300	253	169	32	137	30.56	10.67	54.15

1-7 续表 2

单位：人，%

年 龄	调查人口			文盲人口			文盲人口占调查人口的比例		
	合计	男	女	小计	男	女	总比例	男	女
62岁	521	289	232	174	40	134	33.40	13.84	57.76
63岁	528	275	253	203	53	150	38.45	19.27	59.29
64岁	480	247	233	191	51	140	39.79	20.65	60.09
65-69	**2236**	**1171**	**1065**	**994**	**261**	**733**	**44.45**	**22.29**	**68.83**
65岁	412	220	192	173	44	129	41.99	20.00	67.19
66岁	440	229	211	179	42	137	40.68	18.34	64.93
67岁	422	227	195	173	49	124	41.00	21.59	63.59
68岁	506	264	242	242	56	186	47.83	21.21	76.86
69岁	456	231	225	227	70	157	49.78	30.30	69.78
70-74	**2091**	**1020**	**1071**	**1163**	**337**	**826**	**55.62**	**33.04**	**77.12**
70岁	460	212	248	260	75	185	56.52	35.38	74.60
71岁	424	211	213	224	65	159	52.83	30.81	74.65
72岁	478	237	241	256	73	183	53.56	30.80	75.93
73岁	402	196	206	221	59	162	54.98	30.10	78.64
74岁	327	164	163	202	65	137	61.77	39.63	84.05
75-79	**1491**	**652**	**839**	**964**	**257**	**707**	**64.65**	**39.42**	**84.27**
75岁	334	165	169	204	61	143	61.08	36.97	84.62
76岁	323	148	175	206	58	148	63.78	39.19	84.57
77岁	329	137	192	220	56	164	66.87	40.88	85.42
78岁	272	103	169	184	41	143	67.65	39.81	84.62
79岁	233	99	134	150	41	109	64.38	41.41	81.34
80-84	**819**	**313**	**506**	**563**	**131**	**432**	**68.74**	**41.85**	**85.38**
80岁	235	95	140	162	38	124	68.94	40.00	88.57
81岁	195	73	122	117	18	99	60.00	24.66	81.15
82岁	155	66	89	111	36	75	71.61	54.55	84.27
83岁	119	39	80	87	20	67	73.11	51.28	83.75
84岁	115	40	75	86	19	67	74.78	47.50	89.33
85+	**424**	**136**	**288**	**320**	**55**	**265**	**75.47**	**40.44**	**92.01**

1－7a 城镇15岁及以上分年龄、性别的文盲人口

单位：人，%

年龄	调查人口			文盲人口			文盲人口占调查人口的比例		
	合计	男	女	小计	男	女	总比例	男	女
总计	**17992**	**8751**	**9241**	**1658**	**299**	**1359**	**9.22**	**3.42**	**14.71**
15-19	**1872**	**983**	**889**	**9**	**6**	**3**	**0.48**	**0.61**	**0.34**
15岁	440	235	205						
16岁	431	233	198	1	1		0.23	0.43	
17岁	406	224	182	2	1	1	0.49	0.45	0.55
18岁	323	155	168	3	2	1	0.93	1.29	0.60
19岁	272	136	136	3	2	1	1.10	1.47	0.74
20-24	**1483**	**695**	**788**	**10**	**3**	**7**	**0.67**	**0.43**	**0.89**
20岁	243	121	122	2		2	0.82		1.64
21岁	274	114	160	1		1	0.36		0.63
22岁	256	120	136	2	1	1	0.78	0.83	0.74
23岁	354	172	182	3	2	1	0.85	1.16	0.55
24岁	356	168	188	2		2	0.56		1.06
25-29	**1682**	**801**	**881**	**23**	**5**	**18**	**1.37**	**0.62**	**2.04**
25岁	217	99	118	2	1	1	0.92	1.01	0.85
26岁	339	154	185	3	1	2	0.88	0.65	1.08
27岁	323	154	169	3		3	0.93		1.78
28岁	398	191	207	7	1	6	1.76	0.52	2.90
29岁	405	203	202	8	2	6	1.98	0.99	2.97
30-34	**2138**	**1007**	**1131**	**59**	**9**	**50**	**2.76**	**0.89**	**4.42**
30岁	396	176	220	8	1	7	2.02	0.57	3.18
31岁	364	181	183	8	1	7	2.20	0.55	3.83
32岁	437	205	232	13	3	10	2.97	1.46	4.31
33岁	462	230	232	11	2	9	2.38	0.87	3.88
34岁	479	215	264	19	2	17	3.97	0.93	6.44
35-39	**2154**	**1042**	**1112**	**93**	**12**	**81**	**4.32**	**1.15**	**7.28**
35岁	474	232	242	19	1	18	4.01	0.43	7.44

1－7a 续表 1

单位：人，%

年龄	调查人口			文盲人口			文盲人口占调查人口的比例		
	合计	男	女	小计	男	女	总比例	男	女
36岁	423	204	219	17	4	13	4.02	1.96	5.94
37岁	456	229	227	14	4	10	3.07	1.75	4.41
38岁	378	176	202	17	1	16	4.50	0.57	7.92
39岁	423	201	222	26	2	24	6.15	1.00	10.81
40-44	**2041**	**1008**	**1033**	**124**	**22**	**102**	**6.08**	**2.18**	**9.87**
40岁	404	209	195	28	8	20	6.93	3.83	10.26
41岁	434	218	216	26	3	23	5.99	1.38	10.65
42岁	477	223	254	30	8	22	6.29	3.59	8.66
43岁	494	249	245	20	2	18	4.05	0.80	7.35
44岁	232	109	123	20	1	19	8.62	0.92	15.45
45-49	**1541**	**760**	**781**	**147**	**18**	**129**	**9.54**	**2.37**	**16.52**
45岁	269	154	115	15	5	10	5.58	3.25	8.70
46岁	300	137	163	30		30	10.00		18.40
47岁	298	150	148	23	4	19	7.72	2.67	12.84
48岁	369	176	193	44	5	39	11.92	2.84	20.21
49岁	305	143	162	35	4	31	11.48	2.80	19.14
50-54	**1473**	**739**	**734**	**172**	**28**	**144**	**11.68**	**3.79**	**19.62**
50岁	301	154	147	30	4	26	9.97	2.60	17.69
51岁	325	167	158	38	5	33	11.69	2.99	20.89
52岁	304	145	159	31	4	27	10.20	2.76	16.98
53岁	331	171	160	46	6	40	13.90	3.51	25.00
54岁	212	102	110	27	9	18	12.74	8.82	16.36
55-59	**965**	**493**	**472**	**97**	**13**	**84**	**10.05**	**2.64**	**17.80**
55岁	207	117	90	21	4	17	10.14	3.42	18.89
56岁	200	108	92	20	3	17	10.00	2.78	18.48
57岁	202	101	101	17	2	15	8.42	1.98	14.85
58岁	170	82	88	18	4	14	10.59	4.88	15.91
59岁	186	85	101	21		21	11.29		20.79
60-64	**743**	**342**	**401**	**156**	**26**	**130**	**21.00**	**7.60**	**32.42**
60岁	156	71	85	28	3	25	17.95	4.23	29.41
61岁	167	81	86	28	4	24	16.77	4.94	27.91

1－7a 续表 2

单位：人，%

年龄	调查人口			文盲人口			文盲人口占调查人口的比例		
	合计	男	女	小计	男	女	总比例	男	女
62岁	153	71	82	32	4	28	20.92	5.63	34.15
63岁	132	51	81	32	8	24	24.24	15.69	29.63
64岁	135	68	67	36	7	29	26.67	10.29	43.28
65-69	**615**	**326**	**289**	**165**	**31**	**134**	**26.83**	**9.51**	**46.37**
65岁	103	57	46	22	3	19	21.36	5.26	41.30
66岁	139	71	68	40	6	34	28.78	8.45	50.00
67岁	122	65	57	28	4	24	22.95	6.15	42.11
68岁	141	74	67	46	8	38	32.62	10.81	56.72
69岁	110	59	51	29	10	19	26.36	16.95	37.25
70-74	**563**	**257**	**306**	**215**	**46**	**169**	**38.19**	**17.90**	**55.23**
70岁	119	48	71	52	13	39	43.70	27.08	54.93
71岁	114	50	64	41	8	33	35.96	16.00	51.56
72岁	130	59	71	43	9	34	33.08	15.25	47.89
73岁	120	61	59	44	5	39	36.67	8.20	66.10
74岁	80	39	41	35	11	24	43.75	28.21	58.54
75-79	**393**	**175**	**218**	**197**	**44**	**153**	**50.13**	**25.14**	**70.18**
75岁	86	43	43	41	13	28	47.67	30.23	65.12
76岁	90	36	54	49	7	42	54.44	19.44	77.78
77岁	88	39	49	52	14	38	59.09	35.90	77.55
78岁	72	31	41	37	7	30	51.39	22.58	73.17
79岁	57	26	31	18	3	15	31.58	11.54	48.39
80-84	**224**	**83**	**141**	**122**	**21**	**101**	**54.46**	**25.30**	**71.63**
80岁	70	29	41	38	7	31	54.29	24.14	75.61
81岁	59	20	39	27	1	26	45.76	5.00	66.67
82岁	41	18	23	26	9	17	63.41	50.00	73.91
83岁	31	9	22	18	3	15	58.06	33.33	68.18
84岁	23	7	16	13	1	12	56.52	14.29	75.00
85+	**105**	**40**	**65**	**69**	**15**	**54**	**65.71**	**37.50**	**83.08**

1－7b 农村15岁及以上分年龄、性别的文盲人口

单位：人，%

年 龄	调查人口			文盲人口			文盲人口占调查人口的比例		
	合计	男	女	小计	男	女	总比例	男	女
总 计	**40532**	**20376**	**20156**	**7911**	**1686**	**6225**	**19.52**	**8.27**	**30.88**
15-19	**5097**	**2722**	**2375**	**34**	**14**	**20**	**0.67**	**0.51**	**0.84**
15岁	1353	717	636	5	3	2	0.37	0.42	0.31
16岁	1189	639	550	7	2	5	0.59	0.31	0.91
17岁	1021	532	489	8	3	5	0.78	0.56	1.02
18岁	875	461	414	4	2	2	0.46	0.43	0.48
19岁	659	373	286	10	4	6	1.52	1.07	2.10
20-24	**3146**	**1529**	**1617**	**54**	**23**	**31**	**1.72**	**1.50**	**1.92**
20岁	608	294	314	11	7	4	1.81	2.38	1.27
21岁	599	300	299	10	5	5	1.67	1.67	1.67
22岁	598	277	321	16	3	13	2.68	1.08	4.05
23岁	666	339	327	9	5	4	1.35	1.47	1.22
24岁	675	319	356	8	3	5	1.19	0.94	1.40
25-29	**3258**	**1636**	**1622**	**105**	**24**	**81**	**3.22**	**1.47**	**4.99**
25岁	487	248	239	8	2	6	1.64	0.81	2.51
26岁	575	289	286	18	3	15	3.13	1.04	5.24
27岁	654	314	340	23	7	16	3.52	2.23	4.71
28岁	741	375	366	26	6	20	3.51	1.60	5.46
29岁	801	410	391	30	6	24	3.75	1.46	6.14
30-34	**4238**	**2119**	**2119**	**279**	**42**	**237**	**6.58**	**1.98**	**11.18**
30岁	765	384	381	37	3	34	4.84	0.78	8.92
31岁	735	363	372	34	7	27	4.63	1.93	7.26
32岁	907	460	447	57	9	48	6.28	1.96	10.74
33岁	883	438	445	68	11	57	7.70	2.51	12.81
34岁	948	474	474	83	12	71	8.76	2.53	14.98
35-39	**4643**	**2289**	**2354**	**485**	**58**	**427**	**10.45**	**2.53**	**18.14**
35岁	994	457	537	81	11	70	8.15	2.41	13.04

1－7b 续表 1

单位：人，%

年 龄	调查人口			文盲人口			文盲人口占调查人口的比例		
	合计	男	女	小计	男	女	总比例	男	女
36岁	895	451	444	99	17	82	11.06	3.77	18.47
37岁	1019	526	493	98	8	90	9.62	1.52	18.26
38岁	869	432	437	99	9	90	11.39	2.08	20.59
39岁	866	423	443	108	13	95	12.47	3.07	21.44
40-44	**4039**	**2012**	**2027**	**579**	**83**	**496**	**14.34**	**4.13**	**24.47**
40岁	937	473	464	112	18	94	11.95	3.81	20.26
41岁	781	401	380	102	14	88	13.06	3.49	23.16
42岁	877	417	460	127	14	113	14.48	3.36	24.57
43岁	952	490	462	147	22	125	15.44	4.49	27.06
44岁	492	231	261	91	15	76	18.50	6.49	29.12
45-49	**3197**	**1594**	**1603**	**755**	**101**	**654**	**23.62**	**6.34**	**40.80**
45岁	479	242	237	94	16	78	19.62	6.61	32.91
46岁	536	277	259	115	12	103	21.46	4.33	39.77
47岁	704	336	368	181	27	154	25.71	8.04	41.85
48岁	800	405	395	186	20	166	23.25	4.94	42.03
49岁	678	334	344	179	26	153	26.40	7.78	44.48
50-54	**3407**	**1714**	**1693**	**939**	**150**	**789**	**27.56**	**8.75**	**46.60**
50岁	677	332	345	169	23	146	24.96	6.93	42.32
51岁	770	375	395	222	38	184	28.83	10.13	46.58
52岁	735	371	364	209	35	174	28.44	9.43	47.80
53岁	672	343	329	200	37	163	29.76	10.79	49.54
54岁	553	293	260	139	17	122	25.14	5.80	46.92
55-59	**2450**	**1293**	**1157**	**705**	**132**	**573**	**28.78**	**10.21**	**49.52**
55岁	523	267	256	155	31	124	29.64	11.61	48.44
56岁	554	296	258	163	34	129	29.42	11.49	50.00
57岁	510	278	232	133	26	107	26.08	9.35	46.12
58岁	443	217	226	138	16	122	31.15	7.37	53.98
59岁	420	235	185	116	25	91	27.62	10.64	49.19
60-64	**1896**	**1057**	**839**	**740**	**175**	**565**	**39.03**	**16.56**	**67.34**
60岁	401	217	184	131	22	109	32.67	10.14	59.24
61岁	386	219	167	141	28	113	36.53	12.79	67.66

1－7b 续表 2

单位：人，%

年 龄	调查人口			文盲人口			文盲人口占调查人口的比例		
	合计	男	女	小计	男	女	总比例	男	女
62岁	368	218	150	142	36	106	38.59	16.51	70.67
63岁	396	224	172	171	45	126	43.18	20.09	73.26
64岁	345	179	166	155	44	111	44.93	24.58	66.87
65-69	**1621**	**845**	**776**	**829**	**230**	**599**	**51.14**	**27.22**	**77.19**
65岁	309	163	146	151	41	110	48.87	25.15	75.34
66岁	301	158	143	139	36	103	46.18	22.78	72.03
67岁	300	162	138	145	45	100	48.33	27.78	72.46
68岁	365	190	175	196	48	148	53.70	25.26	84.57
69岁	346	172	174	198	60	138	57.23	34.88	79.31
70-74	**1528**	**763**	**765**	**948**	**291**	**657**	**62.04**	**38.14**	**85.88**
70岁	341	164	177	208	62	146	61.00	37.80	82.49
71岁	310	161	149	183	57	126	59.03	35.40	84.56
72岁	348	178	170	213	64	149	61.21	35.96	87.65
73岁	282	135	147	177	54	123	62.77	40.00	83.67
74岁	247	125	122	167	54	113	67.61	43.20	92.62
75-79	**1098**	**477**	**621**	**767**	**213**	**554**	**69.85**	**44.65**	**89.21**
75岁	248	122	126	163	48	115	65.73	39.34	91.27
76岁	233	112	121	157	51	106	67.38	45.54	87.60
77岁	241	98	143	168	42	126	69.71	42.86	88.11
78岁	200	72	128	147	34	113	73.50	47.22	88.28
79岁	176	73	103	132	38	94	75.00	52.05	91.26
80-84	**595**	**230**	**365**	**441**	**110**	**331**	**74.12**	**47.83**	**90.68**
80岁	165	66	99	124	31	93	75.15	46.97	93.94
81岁	136	53	83	90	17	73	66.18	32.08	87.95
82岁	114	48	66	85	27	58	74.56	56.25	87.88
83岁	88	30	58	69	17	52	78.41	56.67	89.66
84岁	92	33	59	73	18	55	79.35	54.55	93.22
85+	**319**	**96**	**223**	**251**	**40**	**211**	**78.68**	**41.67**	**94.62**

1－8　15岁及以上人口分年龄、性别的婚姻状况

单位：人

年龄	调查人口			未婚			初婚有配偶		
	合计	男	女	小计	男	女	小计	男	女
总计	**58524**	**29127**	**29397**	**12165**	**7267**	**4898**	**40975**	**20155**	**20820**
15-19	**6969**	**3705**	**3264**	**6920**	**3694**	**3226**	**47**	**10**	**37**
15岁	1793	952	841	1792	951	841	1	1	
16岁	1620	872	748	1615	870	745	4	1	3
17岁	1427	756	671	1425	755	670	2	1	1
18岁	1198	616	582	1186	615	571	12	1	11
19岁	931	509	422	902	503	399	28	6	22
20-24	**4629**	**2224**	**2405**	**3193**	**1868**	**1325**	**1430**	**354**	**1076**
20岁	851	415	436	769	411	358	81	4	77
21岁	873	414	459	745	401	344	128	13	115
22岁	854	397	457	598	350	248	255	47	208
23岁	1020	511	509	613	405	208	406	106	300
24岁	1031	487	544	468	301	167	560	184	376
25-29	**4940**	**2437**	**2503**	**1055**	**813**	**242**	**3835**	**1611**	**2224**
25岁	704	347	357	278	195	83	425	152	273
26岁	914	443	471	235	176	59	674	266	408
27岁	977	468	509	209	169	40	758	296	462
28岁	1139	566	573	194	159	35	930	403	527
29岁	1206	613	593	139	114	25	1048	494	554
30-34	**6376**	**3126**	**3250**	**378**	**316**	**62**	**5835**	**2730**	**3105**
30岁	1161	560	601	106	84	22	1025	464	561
31岁	1099	544	555	85	72	13	995	461	534
32岁	1344	665	679	75	62	13	1238	586	652
33岁	1345	668	677	61	59	2	1237	590	647
34岁	1427	689	738	51	39	12	1340	629	711
35-39	**6797**	**3331**	**3466**	**200**	**178**	**22**	**6336**	**3009**	**3327**
35岁	1468	689	779	44	39	5	1363	614	749

1-8 续表 1

单位：人

年 龄	调查人口			未 婚			初婚有配偶		
	合计	男	女	小计	男	女	小计	男	女
36岁	1318	655	663	47	43	4	1224	587	637
37岁	1475	755	720	49	42	7	1376	684	692
38岁	1247	608	639	33	30	3	1172	554	618
39岁	1289	624	665	27	24	3	1201	570	631
40-44	**6080**	**3020**	**3060**	**96**	**87**	**9**	**5676**	**2799**	**2877**
40岁	1341	682	659	30	28	2	1251	629	622
41岁	1215	619	596	24	23	1	1135	571	564
42岁	1354	640	714	18	15	3	1259	585	674
43岁	1446	739	707	19	16	3	1350	694	656
44岁	724	340	384	5	5		681	320	361
45-49	**4738**	**2354**	**2384**	**64**	**64**		**4351**	**2160**	**2191**
45岁	748	396	352	15	15		682	358	324
46岁	836	414	422	9	9		774	385	389
47岁	1002	486	516	12	12		917	440	477
48岁	1169	581	588	10	10		1083	540	543
49岁	983	477	506	18	18		895	437	458
50-54	**4880**	**2453**	**2427**	**55**	**50**	**5**	**4452**	**2266**	**2186**
50岁	978	486	492	13	11	2	902	447	455
51岁	1095	542	553	10	10		995	500	495
52岁	1039	516	523	12	11	1	943	476	467
53岁	1003	514	489	9	8	1	914	475	439
54岁	765	395	370	11	10	1	698	368	330
55-59	**3415**	**1786**	**1629**	**48**	**47**	**1**	**2969**	**1611**	**1358**
55岁	730	384	346	12	12		655	339	316
56岁	754	404	350	9	9		663	372	291
57岁	712	379	333	10	9	1	635	357	278
58岁	613	299	314	7	7		516	268	248
59岁	606	320	286	10	10		500	275	225
60-64	**2639**	**1399**	**1240**	**41**	**39**	**2**	**2115**	**1212**	**903**
60岁	557	288	269	5	5		451	250	201
61岁	553	300	253	9	8	1	460	270	190

1－8 续表 2

单位：人

年 龄	调查人口			未 婚			初婚有配偶		
	合计	男	女	小计	男	女	小计	男	女
62岁	521	289	232	8	7	1	425	252	173
63岁	528	275	253	12	12		411	231	180
64岁	480	247	233	7	7		368	209	159
65-69	**2236**	**1171**	**1065**	**42**	**42**		**1639**	**958**	**681**
65岁	412	220	192	10	10		327	183	144
66岁	440	229	211	3	3		332	197	135
67岁	422	227	195	9	9		317	183	134
68岁	506	264	242	13	13		350	208	142
69岁	456	231	225	7	7		313	187	126
70-74	**2091**	**1020**	**1071**	**38**	**38**		**1278**	**751**	**527**
70岁	460	212	248	9	9		297	161	136
71岁	424	211	213	8	8		270	158	112
72岁	478	237	241	12	12		287	169	118
73岁	402	196	206	6	6		230	140	90
74岁	327	164	163	3	3		194	123	71
75-79	**1491**	**652**	**839**	**25**	**22**	**3**	**677**	**437**	**240**
75岁	334	165	169	6	6		176	117	59
76岁	323	148	175	6	5	1	164	106	58
77岁	329	137	192	5	3	2	150	102	48
78岁	272	103	169	3	3		100	58	42
79岁	233	99	134	5	5		87	54	33
80-84	**819**	**313**	**506**	**7**	**6**	**1**	**274**	**193**	**81**
80岁	235	95	140	4	4		88	61	27
81岁	195	73	122	1		1	67	47	20
82岁	155	66	89	2	2		47	39	8
83岁	119	39	80				39	20	19
84岁	115	40	75				33	26	7
85+	**424**	**136**	**288**	**3**	**3**		**61**	**54**	**7**

1-8 续表 3

单位：人

年 龄	再婚有配偶			离 婚			丧 偶		
	小计	男	女	小计	男	女	小计	男	女
总 计	**729**	**335**	**394**	**517**	**370**	**147**	**4138**	**1000**	**3138**
15-19	**1**		**1**	**1**	**1**				
15岁									
16岁				1	1				
17岁									
18岁									
19岁	1		1						
20-24	**2**		**2**	**3**	**2**	**1**	**1**		**1**
20岁				1		1			
21岁									
22岁	1		1						
23岁							1		1
24岁	1		1	2	2				
25-29	**18**	**2**	**16**	**25**	**9**	**16**	**7**	**2**	**5**
25岁				1		1			
26岁	2		2	3	1	2			
27岁	2		2	7	3	4	1		1
28岁	8	2	6	5	1	4	2	1	1
29岁	6		6	9	4	5	4	1	3
30-34	**61**	**21**	**40**	**79**	**52**	**27**	**23**	**7**	**16**
30岁	8	1	7	19	10	9	3	1	2
31岁	5	2	3	8	7	1	6	2	4
32岁	6	2	4	20	14	6	5	1	4
33岁	25	9	16	16	9	7	6	1	5
34岁	17	7	10	16	12	4	3	2	1
35-39	**102**	**45**	**57**	**103**	**76**	**27**	**56**	**23**	**33**
35岁	32	15	17	21	15	6	8	6	2

1-8 续表 4

单位：人

年 龄	再婚有配偶			离 婚			丧 偶		
	小计	男	女	小计	男	女	小计	男	女
36岁	17	7	10	14	11	3	16	7	9
37岁	11	2	9	26	22	4	13	5	8
38岁	17	9	8	18	12	6	7	3	4
39岁	25	12	13	24	16	8	12	2	10
40-44	**115**	**47**	**68**	**86**	**57**	**29**	**107**	**30**	**77**
40岁	15	5	10	20	13	7	25	7	18
41岁	26	10	16	15	11	4	15	4	11
42岁	30	15	15	23	14	9	24	11	13
43岁	27	10	17	21	15	6	29	4	25
44岁	17	7	10	7	4	3	14	4	10
45-49	**100**	**44**	**56**	**68**	**48**	**20**	**155**	**38**	**117**
45岁	21	8	13	15	11	4	15	4	11
46岁	16	6	10	14	7	7	23	7	16
47岁	23	14	9	11	10	1	39	10	29
48岁	21	11	10	17	12	5	38	8	30
49岁	19	5	14	11	8	3	40	9	31
50-54	**97**	**47**	**50**	**50**	**39**	**11**	**226**	**51**	**175**
50岁	25	11	14	10	9	1	28	8	20
51岁	22	8	14	15	11	4	53	13	40
52岁	23	15	8	8	7	1	53	7	46
53岁	14	7	7	10	8	2	56	16	40
54岁	13	6	7	7	4	3	36	7	29
55-59	**64**	**35**	**29**	**30**	**27**	**3**	**304**	**66**	**238**
55岁	10	8	2	6	6		47	19	28
56岁	17	10	7	4	3	1	61	10	51
57岁	6	1	5	6	6		55	6	49
58岁	19	9	10	7	5	2	64	10	54
59岁	12	7	5	7	7		77	21	56
60-64	**51**	**29**	**22**	**24**	**19**	**5**	**408**	**100**	**308**
60岁	14	8	6	5	5		82	20	62
61岁	10	6	4	6	4	2	68	12	56

1－8 续表 5

单位：人

年 龄	再婚有配偶			离 婚			丧 偶		
	小计	男	女	小计	男	女	小计	男	女
62岁	10	4	6	3	1	2	75	25	50
63岁	7	5	2	2	2		96	25	71
64岁	10	6	4	8	7	1	87	18	69
65－69	**39**	**25**	**14**	**20**	**18**	**2**	**496**	**128**	**368**
65岁	8	5	3	5	5		62	17	45
66岁	9	5	4	2	2		94	22	72
67岁	8	5	3	2	2		86	28	58
68岁	8	6	2	6	5	1	129	32	97
69岁	6	4	2	5	4	1	125	29	96
70－74	**37**	**17**	**20**	**15**	**13**	**2**	**723**	**201**	**522**
70岁	7	3	4	6	5	1	141	34	107
71岁	8	4	4	1		1	137	41	96
72岁	10	6	4	6	6		163	44	119
73岁	8	3	5	2	2		156	45	111
74岁	4	1	3				126	37	89
75－79	**23**	**12**	**11**	**7**	**7**		**759**	**174**	**585**
75岁	3	3		2	2		147	37	110
76岁	4	2	2	1	1		148	34	114
77岁	7	3	4				167	29	138
78岁	6	2	4	4	4		159	36	123
79岁	3	2	1				138	38	100
80－84	**14**	**7**	**7**	**4**	**1**	**3**	**520**	**106**	**414**
80岁	4	3	1				139	27	112
81岁	7	2	5				120	24	96
82岁	1	1		1		1	104	24	80
83岁				1	1		79	18	61
84岁	2	1	1	2		2	78	13	65
85+	**5**	**4**	**1**	**2**	**1**	**1**	**353**	**74**	**279**

1－9　15岁及以上人口分性别、受教育程度的婚姻状况

单位：人

受教育程度	调查人口			未　婚			初婚有配偶		
	合计	男	女	小计	男	女	小计	男	女
总　　计	**58524**	**29127**	**29397**	**12165**	**7267**	**4898**	**40975**	**20155**	**20820**
不 识 字	9569	1985	7584	358	304	54	6350	1268	5082
未上过学	323	135	188	23	21	2	240	91	149
小　　学	18671	9116	9555	1216	806	410	15903	7567	8336
初　　中	19453	11557	7896	6335	3749	2586	12529	7465	5064
高　　中	6238	3854	2384	2834	1610	1224	3198	2124	1074
中　　专	2073	1121	952	776	443	333	1234	649	585
大学专科	1418	847	571	430	230	200	953	594	359
大学本科	735	479	256	189	101	88	530	369	161
研 究 生	44	33	11	4	3	1	38	28	10

1－9　续表

单位：人

受教育程度	再婚有配偶			离　婚			丧　偶		
	小计	男	女	小计	男	女	小计	男	女
总　　计	**729**	**335**	**394**	**517**	**370**	**147**	**4138**	**1000**	**3138**
不 识 字	188	31	157	75	55	20	2598	327	2271
未上过学	5	2	3	5	5		50	16	34
小　　学	269	127	142	184	139	45	1099	477	622
初　　中	171	103	68	161	119	42	257	121	136
高　　中	56	42	14	59	35	24	91	43	48
中　　专	16	11	5	15	9	6	32	9	23
大学专科	14	11	3	13	6	7	8	6	2
大学本科	8	6	2	5	2	3	3	1	2
研 究 生	2	2							

1－10　分年龄、性别的经济活动人口

单位：人

年 龄	调查人口			在业人口			不在业人口		
	合计	男	女	小计	男	女	小计	男	女
总 计	**58524**	**29127**	**29397**	**36185**	**21247**	**14938**	**22339**	**7880**	**14459**
15-19	**6969**	**3705**	**3264**	**1740**	**912**	**828**	**5229**	**2793**	**2436**
15岁	1793	952	841	96	56	40	1697	896	801
16岁	1620	872	748	238	124	114	1382	748	634
17岁	1427	756	671	392	207	185	1035	549	486
18岁	1198	616	582	500	253	247	698	363	335
19岁	931	509	422	514	272	242	417	237	180
20-24	**4629**	**2224**	**2405**	**3350**	**1759**	**1591**	**1279**	**465**	**814**
20岁	851	415	436	554	278	276	297	137	160
21岁	873	414	459	627	297	330	246	117	129
22岁	854	397	457	612	322	290	242	75	167
23岁	1020	511	509	773	435	338	247	76	171
24岁	1031	487	544	784	427	357	247	60	187
25-29	**4940**	**2437**	**2503**	**3926**	**2273**	**1653**	**1014**	**164**	**850**
25岁	704	347	357	571	322	249	133	25	108
26岁	914	443	471	721	408	313	193	35	158
27岁	977	468	509	783	441	342	194	27	167
28岁	1139	566	573	908	527	381	231	39	192
29岁	1206	613	593	943	575	368	263	38	225
30-34	**6376**	**3126**	**3250**	**5180**	**2960**	**2220**	**1196**	**166**	**1030**
30岁	1161	560	601	928	535	393	233	25	208
31岁	1099	544	555	893	511	382	206	33	173
32岁	1344	665	679	1111	633	478	233	32	201
33岁	1345	668	677	1102	623	479	243	45	198
34岁	1427	689	738	1146	658	488	281	31	250
35-39	**6797**	**3331**	**3466**	**5625**	**3131**	**2494**	**1172**	**200**	**972**
35岁	1468	689	779	1198	651	547	270	38	232
36岁	1318	655	663	1103	612	491	215	43	172
37岁	1475	755	720	1243	713	530	232	42	190
38岁	1247	608	639	1054	578	476	193	30	163
39岁	1289	624	665	1027	577	450	262	47	215

1－10 续表

单位：人

年龄	调查人口			在业人口			不在业人口		
	合计	男	女	小计	男	女	小计	男	女
40-44	**6080**	**3020**	**3060**	**5021**	**2834**	**2187**	**1059**	**186**	**873**
40岁	1341	682	659	1135	645	490	206	37	169
41岁	1215	619	596	1006	576	430	209	43	166
42岁	1354	640	714	1120	599	521	234	41	193
43岁	1446	739	707	1181	697	484	265	42	223
44岁	724	340	384	579	317	262	145	23	122
45-49	**4738**	**2354**	**2384**	**3730**	**2179**	**1551**	**1008**	**175**	**833**
45岁	748	396	352	586	366	220	162	30	132
46岁	836	414	422	644	381	263	192	33	159
47岁	1002	486	516	806	461	345	196	25	171
48岁	1169	581	588	928	535	393	241	46	195
49岁	983	477	506	766	436	330	217	41	176
50-54	**4880**	**2453**	**2427**	**3478**	**2204**	**1274**	**1402**	**249**	**1153**
50岁	978	486	492	717	437	280	261	49	212
51岁	1095	542	553	790	485	305	305	57	248
52岁	1039	516	523	755	475	280	284	41	243
53岁	1003	514	489	708	461	247	295	53	242
54岁	765	395	370	508	346	162	257	49	208
55-59	**3415**	**1786**	**1629**	**2055**	**1424**	**631**	**1360**	**362**	**998**
55岁	730	384	346	482	318	164	248	66	182
56岁	754	404	350	479	330	149	275	74	201
57岁	712	379	333	441	315	126	271	64	207
58岁	613	299	314	333	221	112	280	78	202
59岁	606	320	286	320	240	80	286	80	206
60-64	**2639**	**1399**	**1240**	**1111**	**816**	**295**	**1528**	**583**	**945**
60岁	557	288	269	262	181	81	295	107	188
61岁	553	300	253	243	188	55	310	112	198
62岁	521	289	232	237	173	64	284	116	168
63岁	528	275	253	185	145	40	343	130	213
64岁	480	247	233	184	129	55	296	118	178
65+	**7061**	**3292**	**3769**	**969**	**755**	**214**	**6092**	**2537**	**3555**

1－11　人口分年龄、性别的职业状况

单位：人

年龄	在业人口			国家机关、党群组织、企业、事业单位负责人			专业技术人员			办事人员和有关人员		
	合计	男	女	小计	男	女	小计	男	女	小计	男	女
总　计	**36185**	**21247**	**14938**	**566**	**483**	**83**	**1824**	**937**	**887**	**1474**	**1009**	**465**
15–19	1740	912	828	1		1	52	20	32	35	16	19
20–24	3350	1759	1591	15	8	7	229	75	154	194	99	95
25–29	3926	2273	1653	46	40	6	355	148	207	217	119	98
30–34	5180	2960	2220	84	67	17	304	148	156	217	153	64
35–39	5625	3131	2494	104	83	21	261	135	126	204	140	64
40–44	5021	2834	2187	123	105	18	240	126	114	206	131	75
45–49	3730	2179	1551	81	71	10	144	96	48	132	100	32
50–54	3478	2204	1274	65	62	3	121	82	39	140	127	13
55–59	2055	1424	631	35	35		86	76	10	93	89	4
60–64	1111	816	295	10	10		18	17	1	18	17	1
65+	969	755	214	2	2		14	14		18	18	

1－11　续表

单位：人

年龄	商业、服务业人员			农、林、牧、渔、水利业生产人员			生产、运输设备操作人员及有关人员			不便分类的其他从业人员		
	小计	男	女	小计	男	女	小计	男	女	小计	男	女
总　计	**6513**	**3443**	**3070**	**16471**	**9190**	**7281**	**9293**	**6156**	**3137**	**44**	**29**	**15**
15–19	425	198	227	406	245	161	816	429	387	5	4	1
20–24	812	361	451	807	448	359	1291	766	525	2	2	
25–29	842	436	406	1129	648	481	1331	878	453	6	4	2
30–34	1041	527	514	1809	963	846	1718	1097	621	7	5	2
35–39	999	506	493	2517	1245	1272	1534	1017	517	6	5	1
40–44	884	445	439	2361	1180	1181	1201	845	356	6	2	4
45–49	628	362	266	2074	1040	1034	669	509	160	2	1	1
50–54	468	308	160	2228	1249	979	453	374	79	3	2	1
55–59	207	150	57	1450	911	539	183	162	21	1	1	
60–64	111	85	26	893	636	257	59	51	8	2		2
65+	96	65	31	797	625	172	38	28	10	4	3	1

1－12　人口分性别、受教育程度的职业状况

单位：人

受教育程度	在业人口			国家机关、党群组织、企业、事业单位负责人			专业技术人员			办事人员和有关人员		
	合计	男	女	小计	男	女	小计	男	女	小计	男	女
总　计	**36185**	**21247**	**14938**	**566**	**483**	**83**	**1824**	**937**	**887**	**1474**	**1009**	**465**
不识字	3658	959	2699	1		1	3	1	2	10	7	3
未上过学	185	80	105	2	1	1				1		1
小　学	12947	7242	5705	65	58	7	54	37	17	132	113	19
初　中	13314	8958	4356	168	149	19	274	147	127	348	274	74
高　中	3013	2201	812	135	119	16	259	147	112	295	182	113
中　专	1401	776	625	51	40	11	462	194	268	217	127	90
大学专科	1100	654	446	87	65	22	459	220	239	322	206	116
大学本科	529	348	181	54	49	5	284	169	115	145	97	48
研究生	38	29	9	3	2	1	29	22	7	4	3	1

1－12　续表

单位：人

受教育程度	商业、服务业人员			农、林、牧、渔、水利业生产人员			生产、运输设备操作人员及有关人员			不便分类的其他从业人员		
	合计	男	女	小计	男	女	小计	男	女	小计	男	女
总　计	**6513**	**3443**	**3070**	**16471**	**9190**	**7281**	**9293**	**6156**	**3137**	**44**	**29**	**15**
不识字	347	73	274	2958	790	2168	333	87	246	6	1	5
未上过学	18	8	10	149	66	83	15	5	10			
小　学	1912	951	961	7792	4306	3486	2976	1767	1209	16	10	6
初　中	2952	1681	1271	4877	3454	1423	4677	3239	1438	18	14	4
高　中	822	497	325	602	510	92	899	745	154	1	1	
中　专	292	125	167	71	45	26	308	245	63			
大学专科	144	92	52	19	17	2	67	52	15	2	2	
大学本科	25	15	10	3	2	1	17	15	2	1	1	
研究生	1	1					1	1				

1-13 分年龄、性别的未工作人口

单位：人

年龄	未工作人口			在校学生			离退休		
	合计	男	女	小计	男	女	小计	男	女
总　计	**22339**	**7880**	**14459**	**4894**	**2601**	**2293**	**2082**	**1169**	**913**
15-19	**5229**	**2793**	**2436**	**4649**	**2458**	**2191**			
15岁	1697	896	801	1614	843	771			
16岁	1382	748	634	1268	676	592			
17岁	1035	549	486	904	470	434			
18岁	698	363	335	575	301	274			
19岁	417	237	180	288	168	120			
20-24	**1279**	**465**	**814**	**234**	**136**	**98**			
20岁	297	137	160	121	66	55			
21岁	246	117	129	65	41	24			
22岁	242	75	167	21	13	8			
23岁	247	76	171	16	11	5			
24岁	247	60	187	11	5	6			
25-29	**1014**	**164**	**850**	**6**	**3**	**3**			
25岁	133	25	108	1	1				
26岁	193	35	158	1		1			
27岁	194	27	167	2	2				
28岁	231	39	192	2		2			
29岁	263	38	225						
30-34	**1196**	**166**	**1030**	**1**	**1**				
30岁	233	25	208						
31岁	206	33	173						
32岁	233	32	201	1	1				
33岁	243	45	198						
34岁	281	31	250						
35-39	**1172**	**200**	**972**	**2**	**1**	**1**			
35岁	270	38	232						
36岁	215	43	172						

1－13 续表 1

单位：人

年 龄	未工作人口			在校学生			离退休		
	合计	男	女	小计	男	女	小计	男	女
37岁	232	42	190	1		1			
38岁	193	30	163						
39岁	262	47	215	1	1				
40-44	**1059**	**186**	**873**				**2**		**2**
40岁	206	37	169				1		1
41岁	209	43	166						
42岁	234	41	193				1		1
43岁	265	42	223						
44岁	145	23	122						
45-49	**1008**	**175**	**833**	**2**	**2**		**33**	**5**	**28**
45岁	162	30	132				2		2
46岁	192	33	159	1	1		7	1	6
47岁	196	25	171				6		6
48岁	241	46	195	1	1		13	2	11
49岁	217	41	176				5	2	3
50-54	**1402**	**249**	**1153**				**236**	**19**	**217**
50岁	261	49	212				36	4	32
51岁	305	57	248				51	3	48
52岁	284	41	243				52	3	49
53岁	295	53	242				57	7	50
54岁	257	49	208				40	2	38
55-59	**1360**	**362**	**998**				**272**	**85**	**187**
55岁	248	66	182				50	16	34
56岁	275	74	201				46	14	32
57岁	271	64	207				54	18	36
58岁	280	78	202				57	16	41
59岁	286	80	206				65	21	44

1－13 续表 2

单位：人

年 龄	未工作人口			在校学生			离退休		
	合计	男	女	小计	男	女	小计	男	女
60-64	**1528**	**583**	**945**				**454**	**283**	**171**
60岁	295	107	188				84	52	32
61岁	310	112	198				91	54	37
62岁	284	116	168				99	61	38
63岁	343	130	213				97	57	40
64岁	296	118	178				83	59	24
65-69	**1639**	**714**	**925**				**429**	**303**	**126**
65岁	279	123	156				89	59	30
66岁	303	126	177				91	62	29
67岁	307	137	170				83	64	19
68岁	382	170	212				87	63	24
69岁	368	158	210				79	55	24
70-74	**1810**	**796**	**1014**				**329**	**232**	**97**
70岁	373	145	228				63	40	23
71岁	371	171	200				70	52	18
72岁	415	184	231				86	58	28
73岁	355	161	194				61	48	13
74岁	296	135	161				49	34	15
75-79	**1414**	**588**	**826**				**200**	**155**	**45**
75岁	317	150	167				48	39	9
76岁	303	131	172				45	36	9
77岁	313	124	189				38	31	7
78岁	257	93	164				33	24	9
79岁	224	90	134				36	25	11
80-84	**807**	**305**	**502**				**89**	**65**	**24**
80岁	233	95	138				25	19	6
81岁	190	69	121				26	20	6
82岁	152	63	89				12	10	2
83岁	119	39	80				13	7	6
84岁	113	39	74				13	9	4
85+	**422**	**134**	**288**				**38**	**22**	**16**

1－13 续表 3

单位：人

年 龄	料理家务			丧失劳动能力			毕业后未工作			因单位原因失去原工作		
	小计	男	女	小计	男	女	小计	男	女	小计	男	女
总 计	**9145**	**601**	**8544**	**3975**	**1954**	**2021**	**662**	**440**	**222**	**424**	**279**	**145**
15-19	**83**	**4**	**79**	**52**	**27**	**25**	**321**	**222**	**99**			
15岁	12	1	11	9	7	2	44	31	13			
16岁	10	1	9	10	4	6	70	49	21			
17岁	9		9	9	5	4	81	56	25			
18岁	26	1	25	8	2	6	66	43	23			
19岁	26	1	25	16	9	7	60	43	17			
20-24	**508**	**6**	**502**	**62**	**41**	**21**	**279**	**174**	**105**	**14**	**9**	**5**
20岁	56	3	53	14	9	5	73	40	33	2	2	
21岁	63	2	61	11	8	3	68	42	26	3	2	1
22岁	103		103	11	4	7	53	33	20	3	2	1
23岁	137	1	136	13	12	1	53	37	16	1		1
24岁	149		149	13	8	5	32	22	10	5	3	2
25-29	**757**	**4**	**753**	**63**	**39**	**24**	**49**	**34**	**15**	**12**	**9**	**3**
25岁	87		87	7	5	2	12	6	6	2	1	1
26岁	138		138	6	3	3	17	14	3	1	1	
27岁	153	2	151	12	9	3	8	4	4	1	1	
28岁	167		167	20	11	9	9	7	2	6	4	2
29岁	212	2	210	18	11	7	3	3		2	2	
30-34	**972**	**8**	**964**	**76**	**49**	**27**	**10**	**8**	**2**	**29**	**20**	**9**
30岁	192	2	190	17	9	8	2	1	1	2	2	
31岁	163		163	14	10	4	3	3		3	2	1
32岁	189	3	186	16	9	7	1	1		5	3	2
33岁	190	1	189	18	14	4	2	2		8	7	1
34岁	238	2	236	11	7	4	2	1	1	11	6	5
35-39	**914**	**9**	**905**	**97**	**72**	**25**	**1**	**1**		**43**	**22**	**21**
35岁	216	3	213	20	15	5	1	1		10	2	8
36岁	167	2	165	17	14	3				7	5	2

1－13 续表 4

单位：人

年 龄	料理家务			丧失劳动能力			毕业后未工作			因单位原因失去原工作		
	小计	男	女	小计	男	女	小计	男	女	小计	男	女
37岁	176	1	175	23	16	7				8	5	3
38岁	155	1	154	14	12	2				7	4	3
39岁	200	2	198	23	15	8				11	6	5
40-44	**792**	**14**	**778**	**87**	**59**	**28**				**85**	**38**	**47**
40岁	153	2	151	24	16	8				9	3	6
41岁	158	3	155	18	15	3				15	10	5
42岁	175	2	173	20	14	6				17	8	9
43岁	193	3	190	18	10	8				32	12	20
44岁	113	4	109	7	4	3				12	5	7
45-49	**731**	**16**	**715**	**68**	**49**	**19**	**1**	**1**		**89**	**42**	**47**
45岁	124	5	119	12	11	1				9	5	4
46岁	130	2	128	7	7					30	12	18
47岁	153	3	150	14	9	5				13	7	6
48岁	161	3	158	21	13	8	1	1		22	8	14
49岁	163	3	160	14	9	5				15	10	5
50-54	**910**	**31**	**879**	**96**	**57**	**39**				**71**	**65**	**6**
50岁	182	9	173	14	10	4				16	15	1
51岁	185	3	182	28	19	9				16	12	4
52岁	190	9	181	17	7	10				13	12	1
53岁	188	5	183	18	11	7				12	12	
54岁	165	5	160	19	10	9				14	14	
55-59	**826**	**71**	**755**	**125**	**81**	**44**				**67**	**63**	**4**
55岁	149	11	138	21	14	7				12	11	1
56岁	170	11	159	23	16	7				19	18	1
57岁	172	14	158	17	8	9				11	10	1
58岁	162	17	145	40	25	15				11	11	
59岁	173	18	155	24	18	6				14	13	1

1－13 续表 5

单位：人

年 龄	料理家务			丧失劳动能力			毕业后未工作			因单位原因失去原工作		
	小计	男	女	小计	男	女	小计	男	女	小计	男	女
60-64	**769**	**98**	**671**	**238**	**144**	**94**				**5**	**4**	**1**
60岁	153	16	137	42	24	18				2	2	
61岁	159	22	137	50	28	22						
62岁	127	15	112	42	27	15						
63岁	180	27	153	53	35	18				3	2	1
64岁	150	18	132	51	30	21						
65-69	**707**	**121**	**586**	**464**	**258**	**206**				**5**	**3**	**2**
65岁	124	19	105	59	40	19				2	1	1
66岁	131	19	112	73	39	34						
67岁	137	22	115	79	44	35				1		1
68岁	153	30	123	132	67	65				2	2	
69岁	162	31	131	121	68	53						
70-74	**606**	**109**	**497**	**836**	**423**	**413**	**1**		**1**	**4**	**4**	
70岁	149	19	130	156	82	74						
71岁	128	23	105	163	87	76				1	1	
72岁	131	28	103	190	92	98				1	1	
73岁	108	20	88	176	85	91				2	2	
74岁	90	19	71	151	77	74	1		1			
75-79	**379**	**66**	**313**	**821**	**354**	**467**						
75岁	98	18	80	169	91	78						
76岁	78	12	66	178	81	97						
77岁	75	15	60	195	74	121						
78岁	74	11	63	145	53	92						
79岁	54	10	44	134	55	79						
80-84	**147**	**38**	**109**	**559**	**197**	**362**						
80岁	48	13	35	155	60	95						
81岁	32	6	26	130	43	87						
82岁	27	9	18	110	43	67						
83岁	19	3	16	86	28	58						
84岁	21	7	14	78	23	55						
85+	**44**	**6**	**38**	**331**	**104**	**227**						

1-13 续表 6

单位：人

年 龄	因本人原因失去原工作			承包土地被征用			其 他		
	小计	男	女	小计	男	女	小计	男	女
总 计	**339**	**222**	**117**	**163**	**132**	**31**	**655**	**482**	**173**
15-19	**19**	**9**	**10**	**1**	**1**		**104**	**72**	**32**
15岁	1	1					17	13	4
16岁	4	2	2				20	16	4
17岁	5	2	3				27	16	11
18岁	2	2					21	14	7
19岁	7	2	5	1	1		19	13	6
20-24	**69**	**33**	**36**	**5**	**3**	**2**	**108**	**63**	**45**
20岁	10	6	4				21	11	10
21岁	13	7	6	1	1		22	14	8
22岁	21	8	13				30	15	15
23岁	13	6	7	1		1	13	9	4
24岁	12	6	6	3	2	1	22	14	8
25-29	**58**	**31**	**27**	**9**	**8**	**1**	**60**	**36**	**24**
25岁	10	3	7	1	1		13	8	5
26岁	15	8	7	3	2	1	12	7	5
27岁	9	5	4	1	1		8	3	5
28岁	14	9	5	1	1		12	7	5
29岁	10	6	4	3	3		15	11	4
30-34	**48**	**31**	**17**	**9**	**5**	**4**	**51**	**44**	**7**
30岁	12	6	6	2	2		6	3	3
31岁	10	6	4	1	1		12	11	1
32岁	10	6	4	1	1		10	8	2
33岁	12	10	2	2	1	1	11	10	1
34岁	4	3	1	3		3	12	12	
35-39	**42**	**34**	**8**	**13**	**11**	**2**	**60**	**50**	**10**
35岁	6	5	1	2	2		15	10	5
36岁	8	7	1	3	3		13	12	1

1－13 续表 7

单位：人

年 龄	因本人原因失去原工作			承包土地被征用			其 他		
	小计	男	女	小计	男	女	小计	男	女
37岁	9	7	2	3	2	1	12	11	1
38岁	7	5	2	3	2	1	7	6	1
39岁	12	10	2	2	2		13	11	2
40-44	**23**	**18**	**5**	**21**	**15**	**6**	**49**	**42**	**7**
40岁	6	4	2	2	2		11	10	1
41岁	2	2		6	5	1	10	8	2
42岁	7	6	1	2	1	1	12	10	2
43岁	6	4	2	7	5	2	9	8	1
44岁	2	2		4	2	2	7	6	1
45-49	**27**	**18**	**9**	**20**	**14**	**6**	**37**	**28**	**9**
45岁	5	3	2	2	2		8	4	4
46岁	6	4	2	3	1	2	8	5	3
47岁	3	2	1	3	1	2	4	3	1
48岁	9	7	2	6	5	1	7	6	1
49岁	4	2	2	6	5	1	10	10	
50-54	**26**	**24**	**2**	**29**	**24**	**5**	**34**	**29**	**5**
50岁	5	4	1	3	2	1	5	5	
51岁	8	7	1	10	9	1	7	4	3
52岁	2	2		4	4		6	4	2
53岁	7	7		7	5	2	6	6	
54岁	4	4		5	4	1	10	10	
55-59	**13**	**12**	**1**	**23**	**22**	**1**	**34**	**28**	**6**
55岁	3	3		4	4		9	7	2
56岁	3	2	1	7	7		7	6	1
57岁	5	5		6	5	1	6	4	2
58岁				3	3		7	6	1
59岁	2	2		3	3		5	5	

1-13 续表 8

单位：人

年 龄	因本人原因失去原工作			承包土地被征用			其 他		
	小计	男	女	小计	男	女	小计	男	女
60-64	**7**	**6**	**1**	**17**	**15**	**2**	**38**	**33**	**5**
60岁	2	2		5	5		7	6	1
61岁	1	1		3	1	2	6	6	
62岁	2	1	1	3	3		11	9	2
63岁	2	2		2	2		6	5	1
64岁				4	4		8	7	1
65-69	**2**	**2**		**8**	**7**	**1**	**24**	**20**	**4**
65岁							5	4	1
66岁				4	3	1	4	3	1
67岁				1	1		6	6	
68岁	1	1		2	2		5	5	
69岁	1	1		1	1		4	2	2
70-74	**3**	**3**		**5**	**4**	**1**	**26**	**21**	**5**
70岁							5	4	1
71岁	1	1		2	2		6	5	1
72岁				3	2	1	4	3	1
73岁	1	1					7	5	2
74岁	1	1					4	4	
75-79	**1**	**1**		**2**	**2**		**11**	**10**	**1**
75岁							2	2	
76岁	1	1					1	1	
77岁				1	1		4	3	1
78岁				1	1		4	4	
79岁									
80-84	**1**		**1**	**1**	**1**		**10**	**4**	**6**
80岁	1		1	1	1		3	2	1
81岁							2		2
82岁							3	1	2
83岁							1	1	
84岁							1		1
85+							**9**	**2**	**7**

1－14 分年龄、性别的未工作者主要生活来源

单位：人

年 龄	未工作人口			离退休金			领取基本生活费		
	合计	男	女	小计	男	女	小计	男	女
总 计	**22339**	**7880**	**14459**	**2070**	**1163**	**907**	**675**	**407**	**268**
15－19	**5229**	**2793**	**2436**				**29**	**16**	**13**
15岁	1697	896	801				5	3	2
16岁	1382	748	634				11	6	5
17岁	1035	549	486				6	3	3
18岁	698	363	335				5	2	3
19岁	417	237	180				2	2	
20－24	**1279**	**465**	**814**				**14**	**9**	**5**
20岁	297	137	160				3	1	2
21岁	246	117	129				3	2	1
22岁	242	75	167				4	2	2
23岁	247	76	171				2	2	
24岁	247	60	187				2	2	
25－29	**1014**	**164**	**850**				**13**	**9**	**4**
25岁	133	25	108				2	1	1
26岁	193	35	158				1	1	
27岁	194	27	167				3	2	1
28岁	231	39	192				3	2	1
29岁	263	38	225				4	3	1
30－34	**1196**	**166**	**1030**				**31**	**20**	**11**
30岁	233	25	208				6	3	3
31岁	206	33	173				7	5	2
32岁	233	32	201				4	1	3
33岁	243	45	198				6	6	
34岁	281	31	250				8	5	3
35－39	**1172**	**200**	**972**				**49**	**29**	**20**
35岁	270	38	232				14	7	7

1-14 续表 1

单位：人

年 龄	未工作人口			离退休金			领取基本生活费		
	合计	男	女	小计	男	女	小计	男	女
36岁	215	43	172				9	6	3
37岁	232	42	190				8	4	4
38岁	193	30	163				9	6	3
39岁	262	47	215				9	6	3
40-44	**1059**	**186**	**873**	**4**	**1**	**3**	**63**	**32**	**31**
40岁	206	37	169	1		1	12	4	8
41岁	209	43	166	2	1	1	9	6	3
42岁	234	41	193	1		1	18	9	9
43岁	265	42	223				17	10	7
44岁	145	23	122				7	3	4
45-49	**1008**	**175**	**833**	**34**	**5**	**29**	**57**	**31**	**26**
45岁	162	30	132	2		2	10	6	4
46岁	192	33	159	7	1	6	14	7	7
47岁	196	25	171	6		6	8	4	4
48岁	241	46	195	13	2	11	16	9	7
49岁	217	41	176	6	2	4	9	5	4
50-54	**1402**	**249**	**1153**	**235**	**19**	**216**	**48**	**34**	**14**
50岁	261	49	212	36	4	32	7	4	3
51岁	305	57	248	50	3	47	11	10	1
52岁	284	41	243	52	3	49	11	7	4
53岁	295	53	242	57	7	50	7	5	2
54岁	257	49	208	40	2	38	12	8	4
55-59	**1360**	**362**	**998**	**270**	**85**	**185**	**51**	**37**	**14**
55岁	248	66	182	51	16	35	9	7	2
56岁	275	74	201	46	14	32	13	10	3
57岁	271	64	207	54	19	35	6	6	
58岁	280	78	202	56	16	40	14	7	7
59岁	286	80	206	63	20	43	9	7	2

1－14 续表 2

单位：人

年龄	未工作人口 合计	男	女	离退休金 小计	男	女	领取基本生活费 小计	男	女
60-64	**1528**	**583**	**945**	**453**	**282**	**171**	**40**	**26**	**14**
60岁	295	107	188	85	53	32	6	5	1
61岁	310	112	198	91	54	37	5	2	3
62岁	284	116	168	99	61	38	6	3	3
63岁	343	130	213	94	55	39	14	10	4
64岁	296	118	178	84	59	25	9	6	3
65-69	**1639**	**714**	**925**	**423**	**299**	**124**	**70**	**43**	**27**
65岁	279	123	156	88	59	29	7	6	1
66岁	303	126	177	90	62	28	5	4	1
67岁	307	137	170	81	62	19	17	10	7
68岁	382	170	212	86	62	24	22	14	8
69岁	368	158	210	78	54	24	19	9	10
70-74	**1810**	**796**	**1014**	**327**	**232**	**95**	**84**	**54**	**30**
70岁	373	145	228	61	40	21	17	10	7
71岁	371	171	200	68	51	17	15	10	5
72岁	415	184	231	86	58	28	21	12	9
73岁	355	161	194	63	49	14	21	17	4
74岁	296	135	161	49	34	15	10	5	5
75-79	**1414**	**588**	**826**	**198**	**153**	**45**	**66**	**39**	**27**
75岁	317	150	167	47	38	9	14	11	3
76岁	303	131	172	44	35	9	18	10	8
77岁	313	124	189	38	31	7	12	6	6
78岁	257	93	164	33	24	9	8	4	4
79岁	224	90	134	36	25	11	14	8	6
80-84	**807**	**305**	**502**	**87**	**64**	**23**	**39**	**22**	**17**
80岁	233	95	138	23	18	5	13	8	5
81岁	190	69	121	26	20	6	8	5	3
82岁	152	63	89	12	10	2	8	4	4
83岁	119	39	80	13	7	6	6	2	4
84岁	113	39	74	13	9	4	4	3	1
85+	**422**	**134**	**288**	**39**	**23**	**16**	**21**	**6**	**15**

1－14　续表 3

单位：人

年　龄	家庭其他成员供养			财产性收入			保险收入			其　他		
	小计	男	女	小计	男	女	小计	男	女	小计	男	女
总 计	**18847**	**5861**	**12986**	**272**	**162**	**110**	**17**	**9**	**8**	**458**	**278**	**180**
15－19	**5176**	**2762**	**2414**	**2**	**2**					**22**	**13**	**9**
15岁	1685	890	795	1	1					6	2	4
16岁	1363	735	628	1	1					7	6	1
17岁	1025	545	480							4	1	3
18岁	691	360	331							2	1	1
19岁	412	232	180							3	3	
20－24	**1233**	**447**	**786**	**10**	**1**	**9**				**22**	**8**	**14**
20岁	289	135	154	1		1				4	1	3
21岁	240	115	125							3		3
22岁	232	70	162	1		1				5	3	2
23岁	239	72	167	1		1				5	2	3
24岁	233	55	178	7	1	6				5	2	3
25－29	**951**	**128**	**823**	**18**	**11**	**7**				**32**	**16**	**16**
25岁	125	21	104	3	1	2				3	2	1
26岁	182	29	153	2	2					8	3	5
27岁	182	21	161	4	3	1				5	1	4
28岁	214	27	187	5	4	1				9	6	3
29岁	248	30	218	4	1	3				7	4	3
30－34	**1099**	**106**	**993**	**28**	**15**	**13**				**38**	**25**	**13**
30岁	213	16	197	3	1	2				11	5	6
31岁	189	21	168	4	1	3				6	6	
32岁	214	22	192	7	5	2				8	4	4
33岁	221	29	192	9	5	4				7	5	2
34岁	262	18	244	5	3	2				6	5	1
35－39	**1023**	**102**	**921**	**36**	**23**	**13**	**1**		**1**	**63**	**46**	**17**
35岁	239	20	219	7	4	3				10	7	3

1-14 续表 4

单位：人

年 龄	家庭其他成员供养			财产性收入			保险收入			其 他		
	小计	男	女	小计	男	女	小计	男	女	小计	男	女
36岁	181	18	163	10	6	4				15	13	2
37岁	202	23	179	8	6	2				14	9	5
38岁	171	16	155	4	3	1	1		1	8	5	3
39岁	230	25	205	7	4	3				16	12	4
40-44	**888**	**83**	**805**	**49**	**29**	**20**				**55**	**41**	**14**
40岁	172	21	151	11	6	5				10	6	4
41岁	178	21	157	10	6	4				10	9	1
42岁	194	18	176	9	6	3				12	8	4
43岁	221	14	207	13	7	6				14	11	3
44岁	123	9	114	6	4	2				9	7	2
45-49	**828**	**86**	**742**	**33**	**19**	**14**	**1**	**1**		**55**	**33**	**22**
45岁	138	18	120	5	3	2				7	3	4
46岁	146	12	134	9	4	5	1	1		15	8	7
47岁	167	14	153	9	4	5				6	3	3
48岁	186	18	168	7	5	2				19	12	7
49岁	191	24	167	3	3					8	7	1
50-54	**1032**	**133**	**899**	**49**	**35**	**14**				**38**	**28**	**10**
50岁	197	25	172	14	11	3				7	5	2
51岁	226	31	195	9	7	2				9	6	3
52岁	206	21	185	10	6	4				5	4	1
53岁	215	30	185	12	9	3				4	2	2
54岁	188	26	162	4	2	2				13	11	2
55-59	**993**	**208**	**785**	**15**	**10**	**5**	**3**	**1**	**2**	**28**	**21**	**7**
55岁	178	37	141	2	1	1				8	5	3
56岁	205	41	164	1		1	1		1	9	9	
57岁	201	31	170	8	7	1				2	1	1
58岁	204	51	153	1	1					5	3	2
59岁	205	48	157	3	1	2	2	1	1	4	3	1

1－14 续表 5

单位：人

年龄	家庭其他成员供养			财产性收入			保险收入			其他		
	小计	男	女	小计	男	女	小计	男	女	小计	男	女
60-64	**1004**	**254**	**750**	**10**	**6**	**4**	**8**	**5**	**3**	**13**	**10**	**3**
60岁	195	43	152	3		3	2	2		4	4	
61岁	207	51	156	2	1	1	1	1		4	3	1
62岁	175	49	126	2	2		2	1	1			
63岁	229	62	167	1	1		3	1	2	2	1	1
64岁	198	49	149	2	2					3	2	1
65-69	**1117**	**361**	**756**	**6**	**4**	**2**	**1**		**1**	**22**	**7**	**15**
65岁	178	53	125	3	2	1				3	3	
66岁	203	60	143							5		5
67岁	205	64	141							4	1	3
68岁	269	93	176	2	1	1	1		1	2		2
69岁	262	91	171	1	1					8	3	5
70-74	**1367**	**493**	**874**	**5**		**5**	**2**	**2**		**25**	**15**	**10**
70岁	290	92	198							5	3	2
71岁	282	108	174	3		3				3	2	1
72岁	298	108	190	2		2	2	2		6	4	2
73岁	266	91	175							5	4	1
74岁	231	94	137							6	2	4
75-79	**1116**	**381**	**735**	**9**	**6**	**3**	**1**		**1**	**24**	**9**	**15**
75岁	252	99	153	1	1					3	1	2
76岁	235	83	152	1	1		1		1	4	2	2
77岁	255	82	173	5	3	2				3	2	1
78岁	204	60	144	2	1	1				10	4	6
79岁	170	57	113							4		4
80-84	**670**	**214**	**456**	**1**	**1**					**10**	**4**	**6**
80岁	194	67	127	1	1					2	1	1
81岁	156	44	112									
82岁	127	47	80							5	2	3
83岁	98	29	69							2	1	1
84岁	95	27	68							1		1
85+	**350**	**103**	**247**	**1**		**1**				**11**	**2**	**9**

第二部分　残疾人口的基本状况

2－1 各地区分性别、残疾类别的残疾人

单位：人

地　区	残疾人			视力残疾人			听力残疾人			言语残疾人		
	合计	男	女	小计	男	女	小计	男	女	小计	男	女
总　计	**4467**	**2242**	**2225**	**718**	**279**	**439**	**1239**	**626**	**613**	**54**	**31**	**23**
厦门市思明区	155	78	77	23	14	9	40	15	25	2	1	1
龙岩市新罗区	301	161	140	12	2	10	138	72	66	4	4	
莆田市城厢区	169	88	81	37	18	19	23	12	11	1		1
泉州市泉港区	203	87	116	44	15	29	46	17	29	4	1	3
厦门市集美区	154	82	72	26	8	18	46	34	12			
泉州市南安市	142	78	64	24	7	17	22	13	9	5	4	1
福州市福清市	208	112	96	14	4	10	76	44	32	2	2	
泉州市晋江市	163	84	79	18	7	11	48	23	25	1		1
福州市长乐市	178	86	92	38	14	24	28	13	15	1	1	
宁德市福鼎市	182	91	91	40	18	22	15	11	4	3	1	2
南平市邵武市	260	128	132	44	15	29	95	48	47	2	2	
莆田市仙游县	197	86	111	29	6	23	52	25	27	1	1	
福州市闽侯县	201	101	100	9	6	3	78	33	45	2	1	1
福州市永泰县	189	97	92	23	8	15	56	26	30	1	1	
龙岩市上杭县	242	101	141	40	14	26	77	35	42	3	3	
三明市大田县	280	158	122	62	23	39	53	34	19	3	3	
三明市沙县	231	121	110	24	11	13	87	47	40	6	2	4
泉州市安溪县	159	79	80	30	11	19	34	22	12	2	1	1
漳州市漳浦县	216	104	112	19	8	11	73	31	42	1		1
漳州市南靖县	200	84	116	39	12	27	68	32	36	1	1	
宁德市霞浦县	221	117	104	83	37	46	35	14	21	5	1	4
南平市政和县	216	119	97	40	21	19	49	25	24	4	1	3

2-1 续表

单位：人

地区	肢体残疾人			智力残疾人			精神残疾人			多重残疾人		
	小计	男	女	小计	男	女	小计	男	女	小计	男	女
总　计	**1008**	**565**	**443**	**386**	**213**	**173**	**330**	**174**	**156**	**732**	**354**	**378**
厦门市思明区	32	16	16	6	2	4	17	10	7	35	20	15
龙岩市新罗区	46	30	16	19	12	7	16	8	8	66	33	33
莆田市城厢区	57	32	25	10	8	2	9	4	5	32	14	18
泉州市泉港区	54	29	25	8	4	4	16	7	9	31	14	17
厦门市集美区	37	16	21	7	5	2	9	7	2	29	12	17
泉州市南安市	46	25	21	13	7	6	6	5	1	26	17	9
福州市福清市	28	17	11	43	24	19	13	7	6	32	14	18
泉州市晋江市	51	25	26	17	11	6	10	8	2	18	10	8
福州市长乐市	43	21	22	21	15	6	22	9	13	25	13	12
宁德市福鼎市	60	30	30	15	6	9	23	12	11	26	13	13
南平市邵武市	46	28	18	21	8	13	19	7	12	33	20	13
莆田市仙游县	47	25	22	23	11	12	21	9	12	24	9	15
福州市闽侯县	36	19	17	6	5	1	12	7	5	58	30	28
福州市永泰县	45	27	18	15	11	4	23	14	9	26	10	16
龙岩市上杭县	25	10	15	27	13	14	15	8	7	55	18	37
三明市大田县	72	50	22	25	12	13	17	9	8	48	27	21
三明市沙县	44	27	17	19	13	6	11	4	7	40	17	23
泉州市安溪县	43	24	19	19	6	13	8	5	3	23	10	13
漳州市漳浦县	62	29	33	21	10	11	20	15	5	20	11	9
漳州市南靖县	33	18	15	21	11	10	16	4	12	22	6	16
宁德市霞浦县	44	30	14	7	7		14	7	7	33	21	12
南平市政和县	57	37	20	23	12	11	13	8	5	30	15	15

2-2 分年龄、性别、残疾类别的残疾人

单位：人

年龄	残疾人			视力残疾人			听力残疾人			言语残疾人		
	合计	男	女	小计	男	女	小计	男	女	小计	男	女
总　计	**4467**	**2242**	**2225**	**718**	**279**	**439**	**1239**	**626**	**613**	**54**	**31**	**23**
0-4	**68**	**42**	**26**				**1**	**1**		**5**	**2**	**3**
0岁	8	6	2									
1岁	10	7	3									
2岁	12	8	4				1	1				
3岁	17	9	8							1		1
4岁	21	12	9							4	2	2
5-9	**54**	**34**	**20**	**2**	**1**	**1**	**1**		**1**	**3**	**2**	**1**
5岁	9	5	4	1		1						
6岁	15	9	6							1	1	
7岁	9	7	2									
8岁	7	5	2	1	1					1		1
9岁	14	8	6				1		1	1	1	
10-14	**97**	**56**	**41**	**4**	**3**	**1**	**3**	**2**	**1**	**6**	**4**	**2**
10岁	11	8	3				1		1			
11岁	24	12	12				2	2		1	1	
12岁	14	7	7							2	1	1
13岁	23	15	8	1	1							
14岁	25	14	11	3	2	1				3	2	1
15-19	**130**	**74**	**56**	**12**	**5**	**7**	**7**	**5**	**2**	**2**	**1**	**1**
15岁	30	18	12	3	1	2	3	2	1			
16岁	18	8	10	1		1	1	1				
17岁	32	20	12	3	1	2	2	2		1	1	
18岁	26	16	10	3	2	1						
19岁	24	12	12	2	1	1	1		1	1		1
20-24	**104**	**63**	**41**	**5**	**3**	**2**	**2**	**1**	**1**	**1**	**1**	
20岁	23	13	10	1	1							
21岁	18	12	6	2	2							
22岁	22	8	14	1		1				1	1	
23岁	21	17	4	1		1	1		1			
24岁	20	13	7				1	1				
25-29	**128**	**78**	**50**	**8**	**7**	**1**	**3**	**2**	**1**	**3**	**2**	**1**
25岁	12	7	5									

2-2 续表 1

单位：人

年龄	残疾人			视力残疾人			听力残疾人			言语残疾人		
	合计	男	女	小计	男	女	小计	男	女	小计	男	女
26岁	22	13	9	2	2							
27岁	24	16	8	1		1	1	1		1	1	
28岁	35	20	15	2	2		1		1			
29岁	35	22	13	3	3		1	1		2	1	1
30-34	**183**	**104**	**79**	**12**	**7**	**5**	**10**	**4**	**6**	**4**	**3**	**1**
30岁	31	14	17	1	1		3	2	1			
31岁	41	25	16	3	2	1	1		1	2	2	
32岁	40	22	18	4	3	1	2	1	1	1	1	
33岁	38	23	15	3	1	2	2	1	1			
34岁	33	20	13	1		1	2		2	1		1
35-39	**226**	**146**	**80**	**13**	**10**	**3**	**11**	**7**	**4**	**5**	**3**	**2**
35岁	49	30	19	1	1							
36岁	43	30	13	2	1	1	1	1		1	1	
37岁	49	37	12	5	3	2	6	4	2	2	1	1
38岁	37	20	17	4	4		1		1	2	1	1
39岁	48	29	19	1	1		3	2	1			
40-44	**248**	**140**	**108**	**18**	**10**	**8**	**24**	**10**	**14**	**6**	**3**	**3**
40岁	55	28	27	4	2	2	2	1	1	1		1
41岁	46	33	13	4	4		6	3	3	2	1	1
42岁	57	32	25	3	2	1	7	2	5	1		1
43岁	59	32	27	4		4	4	2	2	2	2	
44岁	31	15	16	3	2	1	5	2	3			
45-49	**165**	**95**	**70**	**17**	**10**	**7**	**18**	**8**	**10**	**5**	**2**	**3**
45岁	34	24	10	3	2	1	2	1	1	2	1	1
46岁	23	12	11	7	3	4	1		1	1		1
47岁	31	15	16	3	1	2	4	2	2			
48岁	49	28	21	3	3		4	2	2	2	1	1
49岁	28	16	12	1	1		7	3	4			
50-54	**212**	**119**	**93**	**18**	**9**	**9**	**39**	**19**	**20**	**6**	**3**	**3**
50岁	41	27	14	2	1	1	7	4	3	2	1	1
51岁	49	29	20	5	4	1	6	4	2	1		1
52岁	54	26	28	4	3	1	9	1	8	1	1	
53岁	39	23	16	2		2	13	8	5			
54岁	29	14	15	5	1	4	4	2	2	2	1	1

2-2 续表 2

单位：人

年 龄	残疾人			视力残疾人			听力残疾人			言语残疾人		
	合计	男	女	小计	男	女	小计	男	女	小计	男	女
55-59	**197**	**115**	**82**	**27**	**15**	**12**	**46**	**28**	**18**	**1**		**1**
55岁	30	16	14	2	1	1	6	4	2	1		1
56岁	41	26	15	6	2	4	10	7	3			
57岁	44	23	21	6	3	3	7	2	5			
58岁	45	23	22	5	3	2	14	7	7			
59岁	37	27	10	8	6	2	9	8	1			
60-64	**252**	**143**	**109**	**38**	**17**	**21**	**69**	**41**	**28**	**2**	**2**	
60岁	41	26	15	6	3	3	12	9	3	1	1	
61岁	54	28	26	9	2	7	16	11	5			
62岁	45	26	19	8	6	2	11	5	6			
63岁	52	29	23	4	1	3	12	5	7			
64岁	60	34	26	11	5	6	18	11	7	1	1	
65-69	**320**	**179**	**141**	**51**	**15**	**36**	**129**	**83**	**46**	**3**	**2**	**1**
65岁	47	26	21	10	3	7	14	10	4	1		1
66岁	53	32	21	8	3	5	24	15	9			
67岁	52	27	25	6	1	5	19	11	8			
68岁	81	43	38	12	3	9	36	22	14	1	1	
69岁	87	51	36	15	5	10	36	25	11	1	1	
70-74	**657**	**330**	**327**	**162**	**58**	**104**	**299**	**173**	**126**	**1**		**1**
70岁	126	71	55	37	15	22	50	28	22			
71岁	130	62	68	35	13	22	57	30	27			
72岁	147	69	78	33	12	21	71	40	31	1		1
73岁	143	70	73	32	11	21	63	36	27			
74岁	111	58	53	25	7	18	58	39	19			
75-79	**647**	**260**	**387**	**172**	**55**	**117**	**274**	**116**	**158**	**1**	**1**	
75岁	115	54	61	26	9	17	47	25	22			
76岁	125	55	70	33	14	19	54	20	34			
77岁	154	58	96	35	10	25	69	30	39	1	1	
78岁	131	51	80	39	10	29	59	26	33			
79岁	122	42	80	39	12	27	45	15	30			
80-84	**480**	**170**	**310**	**108**	**38**	**70**	**180**	**81**	**99**			
80岁	121	47	74	25	10	15	45	21	24			
81岁	119	40	79	32	10	22	48	22	26			
82岁	97	40	57	21	7	14	35	17	18			
83岁	71	19	52	15	4	11	23	8	15			
84岁	72	24	48	15	7	8	29	13	16			
85+	**299**	**94**	**205**	**51**	**16**	**35**	**123**	**45**	**78**			

2-2 续表 3

单位：人

年龄	肢体残疾人			智力残疾人			精神残疾人			多重残疾人		
	小计	男	女	小计	男	女	小计	男	女	小计	男	女
总 计	**1008**	**565**	**443**	**386**	**213**	**173**	**330**	**174**	**156**	**732**	**354**	**378**
0-4	**4**	**3**	**1**	**36**	**21**	**15**	**1**		**1**	**21**	**15**	**6**
0岁				8	6	2						
1岁	1	1		8	5	3				1	1	
2岁	1	1		7	3	4				3	3	
3岁	1		1	5	2	3				10	7	3
4岁	1	1		8	5	3	1		1	7	4	3
5-9	**7**	**7**		**27**	**17**	**10**				**14**	**7**	**7**
5岁	1	1		6	4	2				1		1
6岁	1	1		10	6	4				3	1	2
7岁	1	1		4	3	1				4	3	1
8岁	1	1		2	1	1				2	2	
9岁	3	3		5	3	2				4	1	3
10-14	**21**	**11**	**10**	**37**	**19**	**18**	**2**	**1**	**1**	**24**	**16**	**8**
10岁	2	2		5	3	2				3	3	
11岁	3	2	1	12	4	8				6	3	3
12岁	3	1	2	4	3	1				5	2	3
13岁	8	4	4	9	5	4	1	1		4	4	
14岁	5	2	3	7	4	3	1		1	6	4	2
15-19	**27**	**16**	**11**	**45**	**28**	**17**	**7**	**5**	**2**	**30**	**14**	**16**
15岁	3	3		16	9	7	2	2		3	1	2
16岁	5	2	3	8	4	4				3	1	2
17岁	12	7	5	8	5	3	1	1		5	3	2
18岁	2	1	1	7	5	2	2	2		12	6	6
19岁	5	3	2	6	5	1	2		2	7	3	4
20-24	**23**	**15**	**8**	**29**	**18**	**11**	**14**	**8**	**6**	**30**	**17**	**13**
20岁	2	1	1	6	3	3	5	3	2	9	5	4
21岁	3	2	1	7	5	2	1		1	5	3	2
22岁	2	1	1	7	3	4	3	1	2	8	2	6
23岁	7	6	1	7	6	1				5	5	
24岁	9	5	4	2	1	1	5	4	1	3	2	1
25-29	**39**	**26**	**13**	**21**	**12**	**9**	**22**	**14**	**8**	**32**	**15**	**17**
25岁	1	1		3	2	1	3	1	2	5	3	2

2-2 续表 4

单位：人

年龄	肢体残疾人			智力残疾人			精神残疾人			多重残疾人		
	小计	男	女	小计	男	女	小计	男	女	小计	男	女
26岁	7	4	3	4	3	1	2	1	1	7	3	4
27岁	6	5	1	5	3	2	4	3	1	6	3	3
28岁	12	8	4	7	3	4	9	6	3	4	1	3
29岁	13	8	5	2	1	1	4	3	1	10	5	5
30-34	**47**	**29**	**18**	**30**	**15**	**15**	**39**	**23**	**16**	**41**	**23**	**18**
30岁	9	4	5	5	1	4	4	3	1	9	3	6
31岁	10	6	4	7	2	5	10	7	3	8	6	2
32岁	9	6	3	6	3	3	9	3	6	9	5	4
33岁	9	6	3	4	2	2	10	6	4	10	7	3
34岁	10	7	3	8	7	1	6	4	2	5	2	3
35-39	**80**	**57**	**23**	**40**	**20**	**20**	**47**	**27**	**20**	**30**	**22**	**8**
35岁	17	12	5	11	4	7	10	7	3	10	6	4
36岁	17	11	6	9	6	3	8	5	3	5	5	
37岁	18	16	2	5	3	2	10	8	2	3	2	1
38岁	12	7	5	7	1	6	6	3	3	5	4	1
39岁	16	11	5	8	6	2	13	4	9	7	5	2
40-44	**82**	**54**	**28**	**33**	**19**	**14**	**49**	**23**	**26**	**36**	**21**	**15**
40岁	21	13	8	7	2	5	9	3	6	11	7	4
41岁	16	12	4	6	5	1	6	4	2	6	4	2
42岁	21	14	7	7	3	4	11	7	4	7	4	3
43岁	16	10	6	9	7	2	15	6	9	9	5	4
44岁	8	5	3	4	2	2	8	3	5	3	1	2
45-49	**53**	**33**	**20**	**19**	**10**	**9**	**33**	**24**	**9**	**20**	**8**	**12**
45岁	12	8	4	7	6	1	4	4		4	2	2
46岁	5	3	2				7	5	2	2	1	1
47岁	10	5	5	3	2	1	7	4	3	4	1	3
48岁	21	13	8	5		5	8	6	2	6	3	3
49岁	5	4	1	4	2	2	7	5	2	4	1	3
50-54	**74**	**51**	**23**	**18**	**11**	**7**	**44**	**19**	**25**	**13**	**7**	**6**
50岁	18	13	5	2	2		10	6	4			
51岁	14	11	3	4	2	2	14	5	9	5	3	2
52岁	19	11	8	6	3	3	11	4	7	4	3	1
53岁	15	11	4	3	2	1	3	1	2	3	1	2
54岁	8	5	3	3	2	1	6	3	3	1		1

2-2 续表 5

单位：人

年 龄	肢体残疾人			智力残疾人			精神残疾人			多重残疾人		
	小计	男	女	小计	男	女	小计	男	女	小计	男	女
55-59	**73**	**45**	**28**	**15**	**8**	**7**	**16**	**6**	**10**	**19**	**13**	**6**
55岁	7	3	4	4	3	1	5	3	2	5	2	3
56岁	15	9	6	4	3	1	3	2	1	3	3	
57岁	20	15	5	4	1	3	5		5	2	2	
58岁	14	8	6	3	1	2	3	1	2	6	3	3
59岁	17	10	7							3	3	
60-64	**81**	**53**	**28**	**13**	**7**	**6**	**19**	**8**	**11**	**30**	**15**	**15**
60岁	11	7	4	5	3	2	2	2		4	1	3
61岁	17	11	6	2		2	4	1	3	6	3	3
62岁	16	10	6	1	1		3	1	2	6	3	3
63岁	21	16	5	3	2	1	3	2	1	9	3	6
64岁	16	9	7	2	1	1	7	2	5	5	5	
65-69	**87**	**54**	**33**	**8**	**3**	**5**	**9**	**4**	**5**	**33**	**18**	**15**
65岁	12	7	5				4	1	3	6	5	1
66岁	13	9	4	2	1	1	1	1		5	3	2
67岁	21	13	8				1		1	5	2	3
68岁	20	13	7	1		1	2	1	1	9	3	6
69岁	21	12	9	5	2	3	1	1		8	5	3
70-74	**103**	**46**	**57**	**4**	**2**	**2**	**13**	**7**	**6**	**75**	**44**	**31**
70岁	17	11	6	2	2		3	2	1	17	13	4
71岁	19	11	8				5	2	3	14	6	8
72岁	22	8	14	2		2	1		1	17	9	8
73岁	30	11	19				3	2	1	15	10	5
74岁	15	5	10				1	1		12	6	6
75-79	**93**	**39**	**54**	**4**	**2**	**2**	**8**	**4**	**4**	**95**	**43**	**52**
75岁	15	7	8	2	1	1	1		1	24	12	12
76岁	19	11	8				1	1		18	9	9
77岁	33	8	25				1		1	15	9	6
78岁	11	8	3	2	1	1	2	2		18	4	14
79岁	15	5	10				3	1	2	20	9	11
80-84	**77**	**17**	**60**	**6**	**1**	**5**	**5**	**1**	**4**	**104**	**32**	**72**
80岁	22	5	17	2	1	1	2		2	25	10	15
81岁	12	1	11	2		2	1		1	24	7	17
82岁	18	8	10							23	8	15
83岁	17	3	14	2		2	1	1		13	3	10
84岁	8		8				1		1	19	4	15
85+	**37**	**9**	**28**	**1**		**1**	**2**		**2**	**85**	**24**	**61**

2－2a　城镇分年龄、性别、残疾类别的残疾人

单位：人

年　龄	残疾人			视力残疾人			听力残疾人			言语残疾人		
	合计	男	女	小计	男	女	小计	男	女	小计	男	女
总　计	**1012**	**533**	**479**	**154**	**61**	**93**	**276**	**149**	**127**	**14**	**6**	**8**
0-4	**23**	**15**	**8**							**2**	**1**	**1**
0岁	1	1										
1岁	4	2	2									
2岁	5	3	2									
3岁	6	4	2									
4岁	7	5	2							2	1	1
5-9	**16**	**12**	**4**	**1**	**1**					**1**		**1**
5岁	2	1	1									
6岁	6	4	2									
7岁	3	3										
8岁	4	3	1	1	1					1		1
9岁	1	1										
10-14	**27**	**15**	**12**	**1**	**1**		**1**	**1**		**2**	**1**	**1**
10岁	4	3	1									
11岁	9	5	4				1	1				
12岁	3	1	2							2	1	1
13岁	4	2	2									
14岁	7	4	3	1	1							
15-19	**35**	**22**	**13**	**5**	**3**	**2**	**2**	**2**		**2**	**1**	**1**
15岁	8	4	4	2	1	1						
16岁	3	3					1	1				
17岁	8	5	3				1	1		1	1	
18岁	7	5	2	1	1							
19岁	9	5	4	2	1	1				1		1
20-24	**28**	**16**	**12**	**2**	**1**	**1**						
20岁	6	3	3									
21岁	3	2	1	1	1							
22岁	7	3	4	1		1						
23岁	7	6	1									
24岁	5	2	3									
25-29	**34**	**23**	**11**	**5**	**4**	**1**				**2**	**2**	
25岁	2	1	1									

2－2a　续表 1

单位：人

年　龄	残疾人			视力残疾人			听力残疾人			言语残疾人		
	合计	男	女	小计	男	女	小计	男	女	小计	男	女
26岁	8	4	4	2	2							
27岁	5	4	1	1		1				1	1	
28岁	10	6	4	1	1							
29岁	9	8	1	1	1					1	1	
30-34	**53**	**30**	**23**	**7**	**3**	**4**	**5**	**2**	**3**	**1**		**1**
30岁	11	6	5				3	2	1			
31岁	9	6	3	1	1							
32岁	14	9	5	2	1	1						
33岁	6	3	3	3	1	2	1		1			
34岁	13	6	7	1		1	1		1	1		1
35-39	**51**	**36**	**15**	**4**	**4**		**2**	**2**				
35岁	14	7	7	1	1							
36岁	8	5	3									
37岁	14	13	1	3	3		1	1				
38岁	4	1	3									
39岁	11	10	1				1	1				
40-44	**58**	**38**	**20**	**6**	**5**	**1**	**5**	**2**	**3**			
40岁	11	6	5	1	1		1		1			
41岁	12	11	1	2	2		1		1			
42岁	17	11	6	1	1		2	1	1			
43岁	14	8	6	1		1	1	1				
44岁	4	2	2	1	1							
45-49	**45**	**29**	**16**	**6**	**5**	**1**	**3**	**2**	**1**	**2**		**2**
45岁	7	5	2	1	1		1	1				
46岁	7	5	2	1	1					1		1
47岁	9	6	3	1		1	1	1				
48岁	14	8	6	2	2					1		1
49岁	8	5	3	1	1		1		1			
50-54	**43**	**24**	**19**	**5**	**2**	**3**	**5**	**2**	**3**	**1**		**1**
50岁	9	5	4				1	1		1		1
51岁	6	4	2	1	1							
52岁	16	6	10	2	1	1	3		3			
53岁	7	6	1				1	1				
54岁	5	3	2	2		2						

2－2a 续表 2

单位：人

年龄	残疾人			视力残疾人			听力残疾人			言语残疾人		
	合计	男	女	小计	男	女	小计	男	女	小计	男	女
55－59	**37**	**23**	**14**	**6**	**4**	**2**	**5**	**4**	**1**			
55岁	3	2	1									
56岁	5	5		1	1		1	1				
57岁	11	5	6	2	1	1						
58岁	12	7	5	2	2		1		1			
59岁	6	4	2	1		1	3	3				
60－64	**50**	**27**	**23**	**9**	**3**	**6**	**13**	**9**	**4**			
60岁	5	5					2	2				
61岁	10	3	7	2		2	2	1	1			
62岁	14	9	5	4	3	1	3	1	2			
63岁	7	4	3	1		1	2	2				
64岁	14	6	8	2		2	4	3	1			
65－69	**72**	**41**	**31**	**8**	**2**	**6**	**31**	**18**	**13**	**1**	**1**	
65岁	7	3	4	2	1	1	3	2	1			
66岁	13	9	4				7	4	3			
67岁	17	11	6				8	5	3			
68岁	22	10	12	4	1	3	8	3	5	1	1	
69岁	13	8	5	2		2	5	4	1			
70－74	**132**	**61**	**71**	**22**	**2**	**20**	**70**	**39**	**31**			
70岁	26	15	11	3		3	12	7	5			
71岁	25	8	17	4		4	12	5	7			
72岁	31	14	17	5	1	4	19	11	8			
73岁	29	15	14	6	1	5	14	8	6			
74岁	21	9	12	4		4	13	8	5			
75－79	**137**	**57**	**80**	**39**	**12**	**27**	**60**	**28**	**32**			
75岁	28	16	12	4	2	2	14	8	6			
76岁	36	14	22	11	4	7	19	6	13			
77岁	28	9	19	6	1	5	13	6	7			
78岁	22	10	12	8	2	6	7	6	1			
79岁	23	8	15	10	3	7	7	2	5			
80－84	**102**	**36**	**66**	**21**	**4**	**17**	**42**	**24**	**18**			
80岁	27	11	16	1		1	13	7	6			
81岁	28	6	22	8	2	6	10	4	6			
82岁	22	10	12	4	1	3	10	7	3			
83岁	14	5	9	4		4	5	3	2			
84岁	11	4	7	4	1	3	4	3	1			
85+	**69**	**28**	**41**	**7**	**5**	**2**	**32**	**14**	**18**			

2-2a 续表 3

单位：人

年 龄	肢体残疾人			智力残疾人			精神残疾人			多重残疾人		
	小计	男	女	小计	男	女	小计	男	女	小计	男	女
总 计	**245**	**138**	**107**	**85**	**50**	**35**	**81**	**50**	**31**	**157**	**79**	**78**
0-4	**2**	**2**		**8**	**4**	**4**	**1**		**1**	**10**	**8**	**2**
0岁				1	1							
1岁	1	1		3	1	2						
2岁				3	1	2				2	2	
3岁										6	4	2
4岁	1	1		1	1		1		1	2	2	
5-9	**2**	**2**		**7**	**6**	**1**				**5**	**3**	**2**
5岁				2	1	1						
6岁	1	1		3	3					2		2
7岁	1	1		2	2							
8岁										2	2	
9岁										1	1	
10-14	**5**	**3**	**2**	**6**	**2**	**4**	**1**		**1**	**11**	**7**	**4**
10岁	1	1		1		1				2	2	
11岁	1	1		3	1	2				4	2	2
12岁										1		1
13岁	2	1	1	2	1	1						
14岁	1		1				1		1	4	3	1
15-19	**5**	**2**	**3**	**11**	**9**	**2**	**1**		**1**	**9**	**5**	**4**
15岁	1	1		4	2	2				1		1
16岁				1	1					1	1	
17岁	2		2	2	2					2	1	1
18岁				1	1					5	3	2
19岁	2	1	1	3	3		1		1			
20-24	**4**	**1**	**3**	**10**	**5**	**5**	**6**	**4**	**2**	**6**	**5**	**1**
20岁	1		1	2		2	1	1		2	2	
21岁										2	1	1
22岁				4	2	2	2	1	1			
23岁	2	1	1	3	3					2	2	
24岁	1		1	1		1	3	2	1			
25-29	**17**	**10**	**7**	**3**	**2**	**1**	**3**	**2**	**1**	**4**	**3**	**1**
25岁				1		1				1	1	

2－2a 续表 4

单位：人

年 龄	肢体残疾人			智力残疾人			精神残疾人			多重残疾人		
	小计	男	女	小计	男	女	小计	男	女	小计	男	女
26岁	4	1	3							2	1	1
27岁	1	1					2	2				
28岁	7	4	3	1	1		1		1			
29岁	5	4	1	1	1					1	1	
30-34	**14**	**7**	**7**	**8**	**6**	**2**	**10**	**8**	**2**	**8**	**4**	**4**
30岁	2		2	2	1	1	1	1		3	2	1
31岁	4	2	2	1	1		2	2		1		1
32岁	4	3	1	3	2	1	4	3	1	1		1
33岁							1	1		1	1	
34岁	4	2	2	2	2		2	1	1	2	1	1
35-39	**25**	**19**	**6**	**6**		**6**	**8**	**7**	**1**	**6**	**4**	**2**
35岁	5	3	2	3		3	2	2		3	1	2
36岁	6	5	1	1		1	1		1			
37岁	5	5		1		1	3	3		1	1	
38岁	2		2	1		1	1	1				
39岁	7	6	1				1	1		2	2	
40-44	**18**	**12**	**6**	**9**	**6**	**3**	**11**	**7**	**4**	**9**	**6**	**3**
40岁	4	2	2	2	1	1	2	2		1		1
41岁	4	4		2	2					3	3	
42岁	7	4	3	2	1	1	4	3	1	1	1	
43岁	2	2		1	1		5	2	3	4	2	2
44岁	1		1	2	1	1						
45-49	**16**	**9**	**7**	**5**	**3**	**2**	**11**	**8**	**3**	**2**	**2**	
45岁	1		1	4	3	1						
46岁	3	2	1				2	2				
47岁	3	2	1				3	2	1	1	1	
48岁	6	3	3	1		1	3	2	1	1	1	
49岁	3	2	1				3	2	1			
50-54	**14**	**11**	**3**	**3**	**1**	**2**	**13**	**7**	**6**	**2**	**1**	**1**
50岁	3	2	1				4	2	2			
51岁	2	2					2	1	1	1		1
52岁	5	3	2	2		2	4	2	2			
53岁	3	3					2	1	1	1	1	
54岁	1	1		1	1		1	1				

2－2a　续表 5

单位：人

年　龄	肢体残疾人			智力残疾人			精神残疾人			多重残疾人		
	小计	男	女	小计	男	女	小计	男	女	小计	男	女
55-59	**15**	**10**	**5**	**2**	**1**	**1**	**4**	**1**	**3**	**5**	**3**	**2**
55岁	1	1								2	1	1
56岁	2	2								1	1	
57岁	5	4	1	1		1	3		3			
58岁	5	2	3	1	1		1	1		2	1	1
59岁	2	1	1									
60-64	**16**	**9**	**7**	**2**	**2**		**6**	**3**	**3**	**4**	**1**	**3**
60岁	1	1		1	1		1	1				
61岁	3	2	1				1		1	2		2
62岁	4	3	1	1	1		1	1		1		1
63岁	3	1	2							1	1	
64岁	5	2	3				3	1	2			
65-69	**24**	**17**	**7**	**1**	**1**		**1**		**1**	**6**	**2**	**4**
65岁							1		1	1		1
66岁	5	4	1							1	1	
67岁	9	6	3									
68岁	5	4	1							4	1	3
69岁	5	3	2	1	1							
70-74	**18**	**9**	**9**	**1**	**1**		**3**	**1**	**2**	**18**	**9**	**9**
70岁	3	3		1	1		1	1		6	3	3
71岁	4	2	2				1		1	4	1	3
72岁	5	1	4							2	1	1
73岁	4	3	1				1		1	4	3	1
74岁	2		2							2	1	1
75-79	**16**	**7**	**9**	**1**	**1**		**1**	**1**		**20**	**8**	**12**
75岁	1		1	1	1					8	5	3
76岁	2	2					1	1		3	1	2
77岁	6	1	5							3	1	2
78岁	3	2	1							4		4
79岁	4	2	2							2	1	1
80-84	**21**	**4**	**17**	**2**		**2**	**1**	**1**		**15**	**3**	**12**
80岁	6	1	5							7	3	4
81岁	4		4	2		2				4		4
82岁	6	2	4							2		2
83岁	4	1	3				1	1				
84岁	1		1							2		2
85+	**13**	**4**	**9**							**17**	**5**	**12**

2－2b 农村分年龄、性别、残疾类别的残疾人

单位：人

年 龄	残疾人			视力残疾人			听力残疾人			言语残疾人		
	合计	男	女	小计	男	女	小计	男	女	小计	男	女
总 计	**3455**	**1709**	**1746**	**564**	**218**	**346**	**963**	**477**	**486**	**40**	**25**	**15**
0-4	**45**	**27**	**18**				**1**	**1**		**3**	**1**	**2**
0岁	7	5	2									
1岁	6	5	1									
2岁	7	5	2				1	1				
3岁	11	5	6							1		1
4岁	14	7	7							2	1	1
5-9	**38**	**22**	**16**	**1**		**1**	**1**		**1**	**2**	**2**	
5岁	7	4	3	1		1						
6岁	9	5	4							1	1	
7岁	6	4	2									
8岁	3	2	1									
9岁	13	7	6				1		1	1	1	
10-14	**70**	**41**	**29**	**3**	**2**	**1**	**2**	**1**	**1**	**4**	**3**	**1**
10岁	7	5	2				1		1			
11岁	15	7	8				1	1		1	1	
12岁	11	6	5									
13岁	19	13	6	1	1							
14岁	18	10	8	2	1	1				3	2	1
15-19	**95**	**52**	**43**	**7**	**2**	**5**	**5**	**3**	**2**			
15岁	22	14	8	1		1	3	2	1			
16岁	15	5	10	1		1						
17岁	24	15	9	3	1	2	1	1				
18岁	19	11	8	2	1	1						
19岁	15	7	8				1		1			
20-24	**76**	**47**	**29**	**3**	**2**	**1**	**2**	**1**	**1**	**1**	**1**	
20岁	17	10	7	1	1							
21岁	15	10	5	1	1							
22岁	15	5	10							1	1	
23岁	14	11	3	1		1	1		1			
24岁	15	11	4				1	1				
25-29	**94**	**55**	**39**	**3**	**3**		**3**	**2**	**1**	**1**		**1**
25岁	10	6	4									

2－2b 续表 1

单位：人

年龄	残疾人			视力残疾人			听力残疾人			言语残疾人		
	合计	男	女	小计	男	女	小计	男	女	小计	男	女
26岁	14	9	5									
27岁	19	12	7				1	1				
28岁	25	14	11	1	1		1		1			
29岁	26	14	12	2	2		1	1		1		1
30-34	**130**	**74**	**56**	**5**	**4**	**1**	**5**	**2**	**3**	**3**	**3**	
30岁	20	8	12	1	1							
31岁	32	19	13	2	1	1	1		1	2	2	
32岁	26	13	13	2	2		2	1	1	1	1	
33岁	32	20	12				1	1				
34岁	20	14	6				1		1			
35-39	**175**	**110**	**65**	**9**	**6**	**3**	**9**	**5**	**4**	**5**	**3**	**2**
35岁	35	23	12									
36岁	35	25	10	2	1	1	1	1		1	1	
37岁	35	24	11	2		2	5	3	2	2	1	1
38岁	33	19	14	4	4		1		1	2	1	1
39岁	37	19	18	1	1		2	1	1			
40-44	**190**	**102**	**88**	**12**	**5**	**7**	**19**	**8**	**11**	**6**	**3**	**3**
40岁	44	22	22	3	1	2	1	1		1		1
41岁	34	22	12	2	2		5	3	2	2	1	1
42岁	40	21	19	2	1	1	5	1	4	1		1
43岁	45	24	21	3		3	3	1	2	2	2	
44岁	27	13	14	2	1	1	5	2	3			
45-49	**120**	**66**	**54**	**11**	**5**	**6**	**15**	**6**	**9**	**3**	**2**	**1**
45岁	27	19	8	2	1	1	1		1	2	1	1
46岁	16	7	9	6	2	4	1		1			
47岁	22	9	13	2	1	1	3	1	2			
48岁	35	20	15	1	1		4	2	2	1	1	
49岁	20	11	9				6	3	3			
50-54	**169**	**95**	**74**	**13**	**7**	**6**	**34**	**17**	**17**	**5**	**3**	**2**
50岁	32	22	10	2	1	1	6	3	3	1	1	
51岁	43	25	18	4	3	1	6	4	2	1		1
52岁	38	20	18	2	2		6	1	5	1	1	
53岁	32	17	15	2		2	12	7	5			
54岁	24	11	13	3	1	2	4	2	2	2	1	1

2－2b 续表 2

单位：人

年龄	残疾人			视力残疾人			听力残疾人			言语残疾人		
	合计	男	女	小计	男	女	小计	男	女	小计	男	女
55-59	**160**	**92**	**68**	**21**	**11**	**10**	**41**	**24**	**17**	**1**		**1**
55岁	27	14	13	2	1	1	6	4	2	1		1
56岁	36	21	15	5	1	4	9	6	3			
57岁	33	18	15	4	2	2	7	2	5			
58岁	33	16	17	3	1	2	13	7	6			
59岁	31	23	8	7	6	1	6	5	1			
60-64	**202**	**116**	**86**	**29**	**14**	**15**	**56**	**32**	**24**	**2**	**2**	
60岁	36	21	15	6	3	3	10	7	3	1	1	
61岁	44	25	19	7	2	5	14	10	4			
62岁	31	17	14	4	3	1	8	4	4			
63岁	45	25	20	3	1	2	10	3	7			
64岁	46	28	18	9	5	4	14	8	6	1	1	
65-69	**248**	**138**	**110**	**43**	**13**	**30**	**98**	**65**	**33**	**2**	**1**	**1**
65岁	40	23	17	8	2	6	11	8	3	1		1
66岁	40	23	17	8	3	5	17	11	6			
67岁	35	16	19	6	1	5	11	6	5			
68岁	59	33	26	8	2	6	28	19	9			
69岁	74	43	31	13	5	8	31	21	10	1	1	
70-74	**525**	**269**	**256**	**140**	**56**	**84**	**229**	**134**	**95**	**1**		**1**
70岁	100	56	44	34	15	19	38	21	17			
71岁	105	54	51	31	13	18	45	25	20			
72岁	116	55	61	28	11	17	52	29	23	1		1
73岁	114	55	59	26	10	16	49	28	21			
74岁	90	49	41	21	7	14	45	31	14			
75-79	**510**	**203**	**307**	**133**	**43**	**90**	**214**	**88**	**126**	**1**	**1**	
75岁	87	38	49	22	7	15	33	17	16			
76岁	89	41	48	22	10	12	35	14	21			
77岁	126	49	77	29	9	20	56	24	32	1	1	
78岁	109	41	68	31	8	23	52	20	32			
79岁	99	34	65	29	9	20	38	13	25			
80-84	**378**	**134**	**244**	**87**	**34**	**53**	**138**	**57**	**81**			
80岁	94	36	58	24	10	14	32	14	18			
81岁	91	34	57	24	8	16	38	18	20			
82岁	75	30	45	17	6	11	25	10	15			
83岁	57	14	43	11	4	7	18	5	13			
84岁	61	20	41	11	6	5	25	10	15			
85+	**230**	**66**	**164**	**44**	**11**	**33**	**91**	**31**	**60**			

2－2b 续表 3

单位：人

年 龄	肢体残疾人			智力残疾人			精神残疾人			多重残疾人		
	小计	男	女	小计	男	女	小计	男	女	小计	男	女
总 计	**763**	**427**	**336**	**301**	**163**	**138**	**249**	**124**	**125**	**575**	**275**	**300**
0–4	**2**	**1**	**1**	**28**	**17**	**11**				**11**	**7**	**4**
0岁				7	5	2						
1岁				5	4	1				1	1	
2岁	1	1		4	2	2				1	1	
3岁	1		1	5	2	3				4	3	1
4岁				7	4	3				5	2	3
5–9	**5**	**5**		**20**	**11**	**9**				**9**	**4**	**5**
5岁	1	1		4	3	1				1		1
6岁				7	3	4				1	1	
7岁				2	1	1				4	3	1
8岁	1	1		2	1	1						
9岁	3	3		5	3	2				3		3
10–14	**16**	**8**	**8**	**31**	**17**	**14**	**1**	**1**		**13**	**9**	**4**
10岁	1	1		4	3	1				1	1	
11岁	2	1	1	9	3	6				2	1	1
12岁	3	1	2	4	3	1				4	2	2
13岁	6	3	3	7	4	3	1	1		4	4	
14岁	4	2	2	7	4	3				2	1	1
15–19	**22**	**14**	**8**	**34**	**19**	**15**	**6**	**5**	**1**	**21**	**9**	**12**
15岁	2	2		12	7	5	2	2		2	1	1
16岁	5	2	3	7	3	4				2		2
17岁	10	7	3	6	3	3	1	1		3	2	1
18岁	2	1	1	6	4	2	2	2		7	3	4
19岁	3	2	1	3	2	1	1		1	7	3	4
20–24	**19**	**14**	**5**	**19**	**13**	**6**	**8**	**4**	**4**	**24**	**12**	**12**
20岁	1	1		4	3	1	4	2	2	7	3	4
21岁	3	2	1	7	5	2	1		1	3	2	1
22岁	2	1	1	3	1	2	1		1	8	2	6
23岁	5	5		4	3	1				3	3	
24岁	8	5	3	1	1		2	2		3	2	1
25–29	**22**	**16**	**6**	**18**	**10**	**8**	**19**	**12**	**7**	**28**	**12**	**16**
25岁	1	1		2	2		3	1	2	4	2	2

2－2b 续表 4

单位：人

年龄	肢体残疾人			智力残疾人			精神残疾人			多重残疾人		
	小计	男	女	小计	男	女	小计	男	女	小计	男	女
26岁	3	3		4	3	1	2	1	1	5	2	3
27岁	5	4	1	5	3	2	2	1	1	6	3	3
28岁	5	4	1	6	2	4	8	6	2	4	1	3
29岁	8	4	4	1		1	4	3	1	9	4	5
30-34	**33**	**22**	**11**	**22**	**9**	**13**	**29**	**15**	**14**	**33**	**19**	**14**
30岁	7	4	3	3		3	3	2	1	6	1	5
31岁	6	4	2	6	1	5	8	5	3	7	6	1
32岁	5	3	2	3	1	2	5		5	8	5	3
33岁	9	6	3	4	2	2	9	5	4	9	6	3
34岁	6	5	1	6	5	1	4	3	1	3	1	2
35-39	**55**	**38**	**17**	**34**	**20**	**14**	**39**	**20**	**19**	**24**	**18**	**6**
35岁	12	9	3	8	4	4	8	5	3	7	5	2
36岁	11	6	5	8	6	2	7	5	2	5	5	
37岁	13	11	2	4	3	1	7	5	2	2	1	1
38岁	10	7	3	6	1	5	5	2	3	5	4	1
39岁	9	5	4	8	6	2	12	3	9	5	3	2
40-44	**64**	**42**	**22**	**24**	**13**	**11**	**38**	**16**	**22**	**27**	**15**	**12**
40岁	17	11	6	5	1	4	7	1	6	10	7	3
41岁	12	8	4	4	3	1	6	4	2	3	1	2
42岁	14	10	4	5	2	3	7	4	3	6	3	3
43岁	14	8	6	8	6	2	10	4	6	5	3	2
44岁	7	5	2	2	1	1	8	3	5	3	1	2
45-49	**37**	**24**	**13**	**14**	**7**	**7**	**22**	**16**	**6**	**18**	**6**	**12**
45岁	11	8	3	3	3		4	4		4	2	2
46岁	2	1	1				5	3	2	2	1	1
47岁	7	3	4	3	2	1	4	2	2	3		3
48岁	15	10	5	4		4	5	4	1	5	2	3
49岁	2	2		4	2	2	4	3	1	4	1	3
50-54	**60**	**40**	**20**	**15**	**10**	**5**	**31**	**12**	**19**	**11**	**6**	**5**
50岁	15	11	4	2	2		6	4	2			
51岁	12	9	3	4	2	2	12	4	8	4	3	1
52岁	14	8	6	4	3	1	7	2	5	4	3	1
53岁	12	8	4	3	2	1	1		1	2		2
54岁	7	4	3	2	1	1	5	2	3	1		1

2－2b 续表 5

单位：人

年龄	肢体残疾人			智力残疾人			精神残疾人			多重残疾人		
	小计	男	女	小计	男	女	小计	男	女	小计	男	女
55-59	**58**	**35**	**23**	**13**	**7**	**6**	**12**	**5**	**7**	**14**	**10**	**4**
55岁	6	2	4	4	3	1	5	3	2	3	1	2
56岁	13	7	6	4	3	1	3	2	1	2	2	
57岁	15	11	4	3	1	2	2		2	2	2	
58岁	9	6	3	2		2	2		2	4	2	2
59岁	15	9	6							3	3	
60-64	**65**	**44**	**21**	**11**	**5**	**6**	**13**	**5**	**8**	**26**	**14**	**12**
60岁	10	6	4	4	2	2	1	1		4	1	3
61岁	14	9	5	2		2	3	1	2	4	3	1
62岁	12	7	5				2		2	5	3	2
63岁	18	15	3	3	2	1	3	2	1	8	2	6
64岁	11	7	4	2	1	1	4	1	3	5	5	
65-69	**63**	**37**	**26**	**7**	**2**	**5**	**8**	**4**	**4**	**27**	**16**	**11**
65岁	12	7	5				3	1	2	5	5	
66岁	8	5	3	2	1	1	1	1		4	2	2
67岁	12	7	5				1		1	5	2	3
68岁	15	9	6	1		1	2	1	1	5	2	3
69岁	16	9	7	4	1	3	1	1		8	5	3
70-74	**85**	**37**	**48**	**3**	**1**	**2**	**10**	**6**	**4**	**57**	**35**	**22**
70岁	14	8	6	1	1		2	1	1	11	10	1
71岁	15	9	6				4	2	2	10	5	5
72岁	17	7	10	2		2	1		1	15	8	7
73岁	26	8	18				2	2		11	7	4
74岁	13	5	8				1	1		10	5	5
75-79	**77**	**32**	**45**	**3**	**1**	**2**	**7**	**3**	**4**	**75**	**35**	**40**
75岁	14	7	7	1		1	1		1	16	7	9
76岁	17	9	8							15	8	7
77岁	27	7	20				1		1	12	8	4
78岁	8	6	2	2	1	1	2	2		14	4	10
79岁	11	3	8				3	1	2	18	8	10
80-84	**56**	**13**	**43**	**4**	**1**	**3**	**4**		**4**	**89**	**29**	**60**
80岁	16	4	12	2	1	1	2		2	18	7	11
81岁	8	1	7				1		1	20	7	13
82岁	12	6	6							21	8	13
83岁	13	2	11	2		2				13	3	10
84岁	7		7				1		1	17	4	13
85+	**24**	**5**	**19**	**1**		**1**	**2**		**2**	**68**	**19**	**49**

2－3　多重残疾人的残疾类别组合

单位：人，%

残疾类别组合	多重残疾人			占多重残疾人总数的比重
	合计	男	女	
总　　计	**732**	**354**	**378**	**100.00**
二种残疾类别组合人数小计	**613**	**288**	**325**	**83.74**
视力、听力	201	77	124	27.46
视力、言语	3	1	2	0.41
视力、肢体	52	23	29	7.10
视力、智力	5	2	3	0.68
视力、精神	1	1		0.14
听力、言语	98	53	45	13.39
听力、智力	12	6	6	1.64
听力、肢体	61	25	36	8.33
听力、精神	9		9	1.23
言语、智力	49	30	19	6.69
言语、肢体	17	10	7	2.32
言语、精神	2	1	1	0.27
智力、肢体	35	20	15	4.78
智力、精神	58	32	26	7.92
肢体、精神	10	7	3	1.37
三种残疾类别组合人数小计	**103**	**60**	**43**	**14.07**
视力、听力、言语	3	3		0.41
视力、听力、肢体	19	7	12	2.60
视力、听力、智力	4	2	2	0.55

2-3 续表

单位：人，%

残疾类别组合	多重残疾人数			占多重残疾人总数的比重
	合计	男	女	
视力、听力、精神				
视力、言语、肢体				
视力、言语、智力	1	1		0.14
视力、言语、精神				
视力、肢体、智力	4	3	1	0.55
视力、肢体、精神				
视力、智力、精神	3	3		0.41
听力、言语、肢体	5	4	1	0.68
听力、言语、智力	10	4	6	1.37
听力、言语、精神	2	1	1	0.27
听力、肢体、智力				
听力、肢体、精神	1	1		0.14
听力、智力、精神	3	3		0.41
言语、肢体、智力	24	14	10	3.28
言语、肢体、精神	2	1	1	0.27
言语、智力、精神	10	5	5	1.37
肢体、智力、精神	12	8	4	1.64
四种残疾类别组合人数小计	**13**	**4**	**9**	**1.78**
五种残疾类别组合人数小计	**3**	**2**	**1**	**0.41**
六种残疾类别组合人数小计				

2－4 各地区分民族、性别的残疾人

单位：人

地 区	残疾人			汉 族			回 族		
	合计	男	女	小计	男	女	小计	男	女
总 计	**4467**	**2242**	**2225**	**4356**	**2188**	**2168**	**16**	**11**	**5**
厦门市思明区	155	78	77	155	78	77			
龙岩市新罗区	301	161	140	301	161	140			
莆田市城厢区	169	88	81	169	88	81			
泉州市泉港区	203	87	116	186	77	109	15	10	5
厦门市集美区	154	82	72	153	82	71			
泉州市南安市	142	78	64	142	78	64			
福州市福清市	208	112	96	208	112	96			
泉州市晋江市	163	84	79	163	84	79			
福州市长乐市	178	86	92	177	85	92			
宁德市福鼎市	182	91	91	156	78	78	1	1	
南平市邵武市	260	128	132	248	118	130			
莆田市仙游县	197	86	111	197	86	111			
福州市闽侯县	201	101	100	201	101	100			
福州市永泰县	189	97	92	189	97	92			
龙岩市上杭县	242	101	141	230	100	130			
三明市大田县	280	158	122	279	158	121			
三明市沙县	231	121	110	231	121	110			
泉州市安溪县	159	79	80	155	79	76			
漳州市漳浦县	216	104	112	215	104	111			
漳州市南靖县	200	84	116	200	84	116			
宁德市霞浦县	221	117	104	189	100	89			
南平市政和县	216	119	97	212	117	95			

2－4 续表

单位：人

地区	藏族			壮族			畲族			其他少数民族		
	小计	男	女	小计	男	女	小计	男	女	小计	男	女
总计	**1**	**1**		**1**		**1**	**92**	**42**	**50**	**1**		**1**
厦门市思明区												
龙岩市新罗区												
莆田市城厢区												
泉州市泉港区							2		2			
厦门市集美区										1		1
泉州市南安市												
福州市福清市												
泉州市晋江市												
福州市长乐市	1	1										
宁德市福鼎市							25	12	13			
南平市邵武市							12	10	2			
莆田市仙游县												
福州市闽侯县												
福州市永泰县												
龙岩市上杭县							12	1	11			
三明市大田县							1		1			
三明市沙县												
泉州市安溪县							4		4			
漳州市漳浦县							1		1			
漳州市南靖县												
宁德市霞浦县							32	17	15			
南平市政和县				1		1	3	2	1			

2－5　各地区分性别、户口登记状况的残疾人

单位：人

地　区	残疾人			住本调查小区，户口在本乡、镇、街道		
	合计	男	女	小计	男	女
总　计	**4467**	**2242**	**2225**	**4221**	**2102**	**2119**
厦门市思明区	155	78	77	130	65	65
龙岩市新罗区	301	161	140	286	152	134
莆田市城厢区	169	88	81	153	75	78
泉州市泉港区	203	87	116	197	83	114
厦门市集美区	154	82	72	148	79	69
泉州市南安市	142	78	64	138	76	62
福州市福清市	208	112	96	196	106	90
泉州市晋江市	163	84	79	157	82	75
福州市长乐市	178	86	92	162	77	85
宁德市福鼎市	182	91	91	178	91	87
南平市邵武市	260	128	132	238	113	125
莆田市仙游县	197	86	111	194	84	110
福州市闽侯县	201	101	100	192	95	97
福州市永泰县	189	97	92	187	96	91
龙岩市上杭县	242	101	141	226	91	135
三明市大田县	280	158	122	264	148	116
三明市沙县	231	121	110	216	112	104
泉州市安溪县	159	79	80	153	78	75
漳州市漳浦县	216	104	112	204	97	107
漳州市南靖县	200	84	116	196	81	115
宁德市霞浦县	221	117	104	217	115	102
南平市政和县	216	119	97	189	106	83

2-5 续表

单位：人

地区	住本调查小区半年以上，户口在外乡、镇、街道			住本调查小区不满半年，离开户口所在地半年以上			住本调查小区，户口待定		
	小计	男	女	小计	男	女	小计	男	女
总计	**230**	**131**	**99**	**3**	**2**	**1**	**13**	**7**	**6**
厦门市思明区	24	12	12	1	1				
龙岩市新罗区	15	9	6						
莆田市城厢区	16	13	3						
泉州市泉港区	6	4	2						
厦门市集美区	5	3	2				1		1
泉州市南安市	3	2	1				1		1
福州市福清市	10	4	6				2	2	
泉州市晋江市	6	2	4						
福州市长乐市	14	8	6				2	1	1
宁德市福鼎市	4		4						
南平市邵武市	22	15	7						
莆田市仙游县	2	1	1				1	1	
福州市闽侯县	6	4	2				3	2	1
福州市永泰县	2	1	1						
龙岩市上杭县	16	10	6						
三明市大田县	12	9	3	2	1	1	2		2
三明市沙县	15	9	6						
泉州市安溪县	6	1	5						
漳州市漳浦县	12	7	5						
漳州市南靖县	4	3	1						
宁德市霞浦县	3	1	2				1	1	
南平市政和县	27	13	14						

2－6 各地区分性别、户口性质的残疾人

单位：人

地区	残疾人			农业户口			非农业户口			户口性质待定		
	合计	男	女	小计	男	女	小计	男	女	小计	男	女
总　计	**4467**	**2242**	**2225**	**3832**	**1873**	**1959**	**622**	**362**	**260**	**13**	**7**	**6**
厦门市思明区	155	78	77	16	10	6	139	68	71			
龙岩市新罗区	301	161	140	261	130	131	40	31	9			
莆田市城厢区	169	88	81	152	76	76	17	12	5			
泉州市泉港区	203	87	116	198	82	116	5	5				
厦门市集美区	154	82	72	75	36	39	78	46	32	1		1
泉州市南安市	142	78	64	130	72	58	11	6	5	1		1
福州市福清市	208	112	96	189	99	90	17	11	6	2	2	
泉州市晋江市	163	84	79	161	82	79	2	2				
福州市长乐市	178	86	92	147	69	78	29	16	13	2	1	1
宁德市福鼎市	182	91	91	168	83	85	14	8	6			
南平市邵武市	260	128	132	229	113	116	31	15	16			
莆田市仙游县	197	86	111	177	77	100	19	8	11	1	1	
福州市闽侯县	201	101	100	188	90	98	10	9	1	3	2	1
福州市永泰县	189	97	92	133	70	63	56	27	29			
龙岩市上杭县	242	101	141	222	85	137	20	16	4			
三明市大田县	280	158	122	270	152	118	8	6	2	2		2
三明市沙县	231	121	110	208	106	102	23	15	8			
泉州市安溪县	159	79	80	146	69	77	13	10	3			
漳州市漳浦县	216	104	112	195	91	104	21	13	8			
漳州市南靖县	200	84	116	194	82	112	6	2	4			
宁德市霞浦县	221	117	104	185	95	90	35	21	14	1	1	
南平市政和县	216	119	97	188	104	84	28	15	13			

2－7　有残疾人的家庭户类别

单位：户

家庭户类型	合计	一代户				二代户			
		小计	只有1个残疾人的户	有2个残疾人的户	有3人以上残疾人的户	小计	只有1个残疾人的户	有2个残疾人的户	有3人以上残疾人的户
总　计	**3873**	**986**	**886**	**100**		**1399**	**1173**	**207**	**19**
一人户	428	428	428						
二人户	756	546	446	100		210	179	31	
三人户	723	12	12			654	536	108	10
四人户	811					400	336	57	7
五人户	613					109	98	9	2
六人户	363					21	19	2	
七人户	125					4	4		
八人户	46								
九人户	8					1	1		

2－7　续表

单位：户

家庭户类型	三代户				四代户及以上			
	小计	只有1个残疾人的户	有2个残疾人的户	有3人以上残疾人的户	小计	只有1个残疾人的户	有2个残疾人的户	有3人以上残疾人的户
总　计	**1344**	**1139**	**185**	**20**	**144**	**126**	**15**	**3**
一人户								
二人户								
三人户	57	53	4					
四人户	409	353	50	6	2	2		
五人户	477	411	61	5	27	26	1	
六人户	289	234	50	5	53	49	4	
七人户	84	67	13	4	37	31	5	1
八人户	27	20	7		19	14	5	
九人户	1	1			6	4		2

2－7a　城镇有残疾人的家庭户类别

单位：户

家庭户类型	合计	一代户				二代户			
		小计	只有1个残疾人的户	有2个残疾人的户	有3人以上残疾人的户	小计	只有1个残疾人的户	有2个残疾人的户	有3人以上残疾人的户
总　计	**865**	**224**	**196**	**28**		**298**	**241**	**52**	**5**
一人户	87	87	87						
二人户	180	131	103	28		49	38	11	
三人户	162	6	6			144	119	22	3
四人户	184					81	63	17	1
五人户	131					19	16	2	1
六人户	85					3	3		
七人户	24					1	1		
八人户	10								
九人户	2					1	1		

2－7a　续表

单位：户

家庭户类型	三代户				四代户及以上			
	小计	只有1个残疾人的户	有2个残疾人的户	有3人以上残疾人的户	小计	只有1个残疾人的户	有2个残疾人的户	有3人以上残疾人的户
总　计	**315**	**271**	**36**	**8**	**28**	**23**	**5**	
一人户								
二人户								
三人户	12	12						
四人户	103	87	13	3				
五人户	108	94	12	2	4	4		
六人户	72	62	8	2	10	9	1	
七人户	12	9	2	1	11	7	4	
八人户	8	7	1		2	2		
九人户					1	1		

2－7b 农村有残疾人的家庭户类别

单位：户

家庭户类型	合计	一代户				二代户			
		小计	只有1个残疾人的户	有2个残疾人的户	有3人以上残疾人的户	小计	只有1个残疾人的户	有2个残疾人的户	有3人以上残疾人的户
总　计	**3008**	**762**	**690**	**72**		**1101**	**932**	**155**	**14**
一人户	341	341	341						
二人户	576	415	343	72		161	141	20	
三人户	561	6	6			510	417	86	7
四人户	627					319	273	40	6
五人户	482					90	82	7	1
六人户	278					18	16	2	
七人户	101					3	3		
八人户	36								
九人户	6								

2－7b 续表

单位：户

家庭户类型	三代户				四代户及以上			
	小计	只有1个残疾人的户	有2个残疾人的户	有3人以上残疾人的户	小计	只有1个残疾人的户	有2个残疾人的户	有3人以上残疾人的户
总　计	**1029**	**868**	**149**	**12**	**116**	**103**	**10**	**3**
一人户								
二人户								
三人户	45	41	4					
四人户	306	266	37	3	2	2		
五人户	369	317	49	3	23	22	1	
六人户	217	172	42	3	43	40	3	
七人户	72	58	11	3	26	24	1	1
八人户	19	13	6		17	12	5	
九人户	1	1			5	3		2

2－8 6岁及以上残疾人分年龄、性别的受教育程度

单位：人

年 龄	残疾人			不识字			未上过学		
	合计	男	女	小计	男	女	小计	男	女
总 计	**4390**	**2195**	**2195**	**2281**	**683**	**1598**	**49**	**34**	**15**
6岁	15	9	6	7	6	1			
7岁	9	7	2	2	2				
8岁	7	5	2	2	2				
9岁	14	8	6	1		1			
10岁	11	8	3	4	2	2			
11岁	24	12	12	5	3	2			
12岁	14	7	7	2	1	1			
13岁	23	15	8	4	2	2			
14岁	25	14	11	5	3	2			
15岁	30	18	12	5	3	2			
16岁	18	8	10	8	3	5			
17岁	32	20	12	8	4	4	1	1	
18岁	26	16	10	6	4	2			
19岁	24	12	12	12	6	6			
20岁	23	13	10	13	7	6			
21岁	18	12	6	7	4	3			
22岁	22	8	14	10	4	6	1		1
23岁	21	17	4	5	4	1			
24岁	20	13	7	3	2	1			
25岁	12	7	5	5	2	3	1		1
26岁	22	13	9	7	4	3			
27岁	24	16	8	10	4	6			
28岁	35	20	15	14	5	9	1	1	
29岁	35	22	13	8	3	5			
30岁	31	14	17	9	2	7	3	2	1

2-8 续表 1

单位：人

年龄	残疾人			不识字			未上过学		
	小计	男	女	小计	男	女	小计	男	女
31岁	41	25	16	13	6	7			
32岁	40	22	18	16	8	8			
33岁	38	23	15	10	6	4			
34岁	33	20	13	12	5	7	1		1
35岁	49	30	19	20	9	11			
36岁	43	30	13	14	9	5			
37岁	49	37	12	11	5	6			
38岁	37	20	17	15	5	10			
39岁	48	29	19	10	5	5			
40岁	55	28	27	19	8	11	1	1	
41岁	46	33	13	15	8	7			
42岁	57	32	25	19	9	10			
43岁	59	32	27	24	11	13			
44岁	31	15	16	11	1	10			
45岁	34	24	10	16	9	7			
46岁	23	12	11	5		5	1	1	
47岁	31	15	16	13	3	10	1		1
48岁	49	28	21	15	2	13			
49岁	28	16	12	16	7	9			
50岁	41	27	14	13	7	6			
51岁	49	29	20	23	7	16			
52岁	54	26	28	17	4	13			
53岁	39	23	16	15	6	9			
54岁	29	14	15	10	2	8			
55岁	30	16	14	12	4	8			
56岁	41	26	15	18	8	10			
57岁	44	23	21	13	3	10	1	1	
58岁	45	23	22	18	5	13	2	2	
59岁	37	27	10	12	4	8			

2－8 续表 2

单位：人

年 龄	残疾人			不识字			未上过学		
	小计	男	女	小计	男	女	小计	男	女
60岁	41	26	15	14	5	9	1	1	
61岁	54	28	26	26	6	20	1	1	
62岁	45	26	19	22	7	15	1	1	
63岁	52	29	23	23	8	15	1	1	
64岁	60	34	26	29	9	20			
65岁	47	26	21	25	10	15	1	1	
66岁	53	32	21	25	10	15			
67岁	52	27	25	27	6	21	1		1
68岁	81	43	38	47	13	34			
69岁	87	51	36	49	18	31			
70岁	126	71	55	69	30	39			
71岁	130	62	68	82	26	56	2	1	1
72岁	147	69	78	88	25	63	1	1	
73岁	143	70	73	84	24	60	4	3	1
74岁	111	58	53	68	24	44	2	1	1
75岁	115	54	61	76	21	55	1	1	
76岁	125	55	70	85	25	60	1		1
77岁	154	58	96	109	24	85	2	1	1
78岁	131	51	80	91	20	71	2	2	
79岁	122	42	80	85	17	68	1		1
80岁	121	47	74	85	20	65			
81岁	119	40	79	75	9	66	3	2	1
82岁	97	40	57	71	23	48	3	2	1
83岁	71	19	52	56	10	46	1		1
84岁	72	24	48	52	9	43			
85＋	299	94	205	231	36	195	6	6	

2-8 续表 3

单位：人

年龄	小学			初中			高中		
	小计	男	女	小计	男	女	小计	男	女
总 计	**1379**	**941**	**438**	**493**	**384**	**109**	**113**	**92**	**21**
6岁	8	3	5						
7岁	7	5	2						
8岁	5	3	2						
9岁	13	8	5						
10岁	6	6		1		1			
11岁	19	9	10						
12岁	12	6	6						
13岁	15	11	4	4	2	2			
14岁	7	4	3	13	7	6			
15岁	16	11	5	9	4	5			
16岁	6	3	3	4	2	2			
17岁	5	3	2	15	11	4	2		2
18岁	16	9	7	2	1	1	1	1	
19岁	3	2	1	6	3	3	2	1	1
20岁	4	2	2	5	3	2	1	1	
21岁	6	4	2	5	4	1			
22岁	5	1	4	5	2	3	1	1	
23岁	7	6	1	8	6	2	1	1	
24岁	4	2	2	11	8	3	1	1	
25岁	2	2		4	3	1			
26岁	6	2	4	8	6	2			
27岁	9	8	1	4	4		1		1
28岁	12	8	4	6	4	2	1	1	
29岁	12	7	5	10	7	3			
30岁	12	5	7	5	4	1	1	1	

2-8 续表 4

单位：人

年 龄	小学			初中			高中		
	小计	男	女	小计	男	女	小计	男	女
31岁	15	9	6	10	7	3	2	2	
32岁	14	6	8	7	7		1	1	
33岁	14	5	9	9	7	2	1	1	
34岁	10	7	3	7	6	1	3	2	1
35岁	17	12	5	9	6	3	3	3	
36岁	17	11	6	10	8	2	1	1	
37岁	24	20	4	10	8	2	4	4	
38岁	12	7	5	8	6	2	1	1	
39岁	26	13	13	8	7	1	3	3	
40岁	24	9	15	10	9	1			
41岁	21	15	6	9	9		1	1	
42岁	18	9	9	13	11	2	6	3	3
43岁	21	9	12	11	10	1	2	1	1
44岁	12	8	4	7	5	2	1	1	
45岁	7	6	1	4	4		5	3	2
46岁	9	4	5	5	4	1	2	2	
47岁	10	5	5	5	5		2	2	
48岁	20	15	5	11	9	2	3	2	1
49岁	9	7	2	2	1	1	1	1	
50岁	16	10	6	7	5	2	5	5	
51岁	17	13	4	5	5		3	3	
52岁	28	16	12	7	5	2	1		1
53岁	18	11	7	5	5				
54岁	11	9	2	6	2	4	1	1	
55岁	13	7	6	5	5				
56岁	16	12	4	6	5	1			
57岁	25	16	9	5	3	2			
58岁	20	12	8	3	2	1	2	2	
59岁	15	13	2	7	7		3	3	

2-8 续表 5

单位：人

年 龄	小学			初中			高中		
	小计	男	女	小计	男	女	小计	男	女
60岁	14	9	5	10	9	1			
61岁	18	15	3	9	6	3			
62岁	8	8		9	6	3	4	3	1
63岁	15	10	5	8	6	2	3	3	
64岁	23	17	6	5	5		3	3	
65岁	12	7	5	3	3		5	4	1
66岁	18	13	5	7	7		2	1	1
67岁	18	15	3	3	3		1	1	
68岁	27	25	2	6	5	1			
69岁	28	23	5	6	6		2	2	
70岁	48	35	13	2	1	1	1	1	
71岁	33	23	10	9	8	1	2	2	
72岁	44	33	11	10	7	3	2	1	1
73岁	46	35	11	7	6	1			
74岁	34	28	6	4	4		1	1	
75岁	31	25	6	6	6				
76岁	32	24	8	4	4		2	2	
77岁	31	23	8	6	5	1	4	3	1
78岁	28	22	6	7	4	3	1	1	
79岁	27	17	10	8	7	1			
80岁	23	18	5	9	6	3	2	1	1
81岁	35	24	11	2	2		3	2	1
82岁	17	11	6	2	1	1	1		1
83岁	8	4	4	2	1	1	3	3	
84岁	14	9	5	4	4		1	1	
85+	51	42	9	9	8	1	1	1	

2-8 续表 6

单位：人

年 龄	中 专			大学专科			大学本科			研究生		
	小计	男	女	小计	男	女	小计	男	女	小计	男	女
总 计	**33**	**26**	**7**	**30**	**26**	**4**	**12**	**9**	**3**			
6岁												
7岁												
8岁												
9岁												
10岁												
11岁												
12岁												
13岁												
14岁												
15岁												
16岁												
17岁	1	1										
18岁	1	1										
19岁				1		1						
20岁												
21岁												
22岁												
23岁												
24岁	1		1									
25岁												
26岁				1	1							
27岁												
28岁				1	1							
29岁	3	3		2	2							
30岁							1		1			

2-8 续表 7

单位：人

年 龄	中 专			大学专科			大学本科			研究生		
	小计	男	女	小计	男	女	小计	男	女	小计	男	女
31岁				1	1							
32岁				1		1	1		1			
33岁	2	2		1	1		1	1				
34岁												
35岁												
36岁	1	1										
37岁												
38岁				1	1							
39岁	1	1										
40岁				1	1							
41岁												
42岁	1		1									
43岁				1	1							
44岁												
45岁				1	1		1	1				
46岁	1	1										
47岁												
48岁												
49岁												
50岁												
51岁				1	1							
52岁				1	1							
53岁				1	1							
54岁				1		1						
55岁												
56岁	1	1										
57岁												
58岁												
59岁												

2-8 续表 8

单位：人

年 龄	中 专			大学专科			大学本科			研究生		
	小计	男	女	小计	男	女	小计	男	女	小计	男	女
60岁	1	1		1	1							
61岁												
62岁				1	1							
63岁	2	1	1									
64岁												
65岁							1	1				
66岁							1	1				
67岁	1	1		1	1							
68岁							1		1			
69岁	1	1					1	1				
70岁	2	1	1	3	2	1	1	1				
71岁	1	1		1	1							
72岁	1	1					1	1				
73岁				1	1		1	1				
74岁	2		2									
75岁							1	1				
76岁	1		1									
77岁	1	1		1	1							
78岁				2	2							
79岁				1	1							
80岁	2	2										
81岁	1	1										
82岁	1	1		2	2							
83岁	1	1										
84岁	1	1										
85+	1	1										

2－8a 城镇6岁及以上残疾人分年龄、性别的受教育程度

单位：人

年龄	残疾人			不识字			未上过学		
	合计	男	女	小计	男	女	小计	男	女
总计	**987**	**517**	**470**	**378**	**114**	**264**	**17**	**10**	**7**
6岁	6	4	2	5	4	1			
7岁	3	3							
8岁	4	3	1	2	2				
9岁	1	1							
10岁	4	3	1	2	1	1			
11岁	9	5	4	3	2	1			
12岁	3	1	2						
13岁	4	2	2						
14岁	7	4	3	2	1	1			
15岁	8	4	4						
16岁	3	3		1	1				
17岁	8	5	3	2	1	1	1	1	
18岁	7	5	2	3	2	1			
19岁	9	5	4	3	2	1			
20岁	6	3	3	2		2			
21岁	3	2	1						
22岁	7	3	4	1	1				
23岁	7	6	1	2	2				
24岁	5	2	3	1		1			
25岁	2	1	1	1		1			
26岁	8	4	4	1	1				
27岁	5	4	1	1		1			
28岁	10	6	4	1		1			
29岁	9	8	1	1	1				
30岁	11	6	5	2	1	1	3	2	1

2－8a 续表 1

单位：人

年 龄	残疾人			不识字			未上过学		
	小计	男	女	小计	男	女	小计	男	女
31岁	9	6	3	1		1			
32岁	14	9	5	3	2	1			
33岁	6	3	3	2	1	1			
34岁	13	6	7	2		2	1		1
35岁	14	7	7	4	1	3			
36岁	8	5	3						
37岁	14	13	1	2	2				
38岁	4	1	3	1		1			
39岁	11	10	1						
40岁	11	6	5	2	1	1			
41岁	12	11	1	3	3				
42岁	17	11	6	6	4	2			
43岁	14	8	6	5	1	4			
44岁	4	2	2	2	1	1			
45岁	7	5	2	4	3	1			
46岁	7	5	2				1	1	
47岁	9	6	3	3	1	2			
48岁	14	8	6	5	2	3			
49岁	8	5	3	2	2				
50岁	9	5	4	2	1	1			
51岁	6	4	2	2		2			
52岁	16	6	10	3		3			
53岁	7	6	1	1	1				
54岁	5	3	2	1	1				
55岁	3	2	1						
56岁	5	5		2	2				
57岁	11	5	6	2	1	1			
58岁	12	7	5	4	2	2			
59岁	6	4	2	1		1			

2－8a 续表 2

单位：人

年 龄	残疾人			不识字			未上过学		
	小计	男	女	小计	男	女	小计	男	女
60岁	5	5							
61岁	10	3	7	5		5			
62岁	14	9	5	2	1	1			
63岁	7	4	3	2	2				
64岁	14	6	8	5		5			
65岁	7	3	4	1		1			
66岁	13	9	4	2		2			
67岁	17	11	6	6	1	5			
68岁	22	10	12	11	3	8			
69岁	13	8	5	6	2	4			
70岁	26	15	11	16	8	8			
71岁	25	8	17	12	3	9	1		1
72岁	31	14	17	12	3	9			
73岁	29	15	14	12	2	10	2	1	1
74岁	21	9	12	11	4	7	1		1
75岁	28	16	12	15	6	9			
76岁	36	14	22	20	4	16	1		1
77岁	28	9	19	18	2	16			
78岁	22	10	12	13	2	11	1	1	
79岁	23	8	15	7		7	1		1
80岁	27	11	16	14	3	11			
81岁	28	6	22	17		17			
82岁	22	10	12	12	3	9			
83岁	14	5	9	9	2	7			
84岁	11	4	7	4		4			
85+	69	28	41	45	9	36	4	4	

2－8a 续表 3

单位：人

年 龄	小 学			初 中			高 中		
	小计	男	女	小计	男	女	小计	男	女
总 计	**330**	**203**	**127**	**165**	**116**	**49**	**51**	**40**	**11**
6岁	1		1						
7岁	3	3							
8岁	2	1	1						
9岁	1	1							
10岁	2	2							
11岁	6	3	3						
12岁	3	1	2						
13岁	2	1	1	2	1	1			
14岁	2	2		3	1	2			
15岁	6	4	2	2		2			
16岁	2	2							
17岁				4	3	1	1		1
18岁	3	2	1				1	1	
19岁	3	2	1	1		1	2	1	1
20岁	1	1		3	2	1			
21岁	1		1	2	2				
22岁	1		1	4	1	3	1	1	
23岁	2	2		3	2	1			
24岁	1		1	2	1	1	1	1	
25岁				1	1				
26岁	2		2	4	2	2			
27岁	2	2		2	2				
28岁	5	3	2	3	2	1	1	1	
29岁	2	1	1	3	3				
30岁	3	1	2	1	1		1	1	

2－8a 续表 4

单位：人

年 龄	小 学			初 中			高 中		
	小计	男	女	小计	男	女	小计	男	女
31岁	4	3	1	2	1	1	1	1	
32岁	3	1	2	5	5		1	1	
33岁	2		2				1	1	
34岁	4	1	3	4	3	1	2	2	
35岁	5	3	2	4	2	2	1	1	
36岁	2		2	5	4	1			
37岁	7	7		5	4	1			
38岁	2		2						
39岁	8	7	1	1	1		2	2	
40岁	4		4	4	4				
41岁	6	5	1	2	2		1	1	
42岁	5	2	3	3	3		2	2	
43岁	6	4	2	2	2				
44岁				2	1	1			
45岁	1	1					1		1
46岁	4	2	2	1	1		1	1	
47岁	3	2	1	1	1		2	2	
48岁	7	6	1	2		2			
49岁	5	3	2	1		1			
50岁	2	1	1	3	1	2	2	2	
51岁	1	1		1	1		1	1	
52岁	9	4	5	2	1	1	1		1
53岁	4	3	1	1	1				
54岁	1	1		2	1	1			
55岁	1		1	2	2				
56岁	1	1		1	1				
57岁	7	3	4	2	1	1			
58岁	4	2	2	2	1	1	2	2	
59岁	3	2	1	1	1		1	1	

2－8a 续表 5

单位：人

年龄	小学			初中			高中		
	小计	男	女	小计	男	女	小计	男	女
60岁				5	5				
61岁	1	1		4	2	2			
62岁	3	3		4	1	3	4	3	1
63岁				3	1	2	1	1	
64岁	5	2	3	2	2		2	2	
65岁	3	1	2	1	1		2	1	1
66岁	5	4	1	4	4		1		1
67岁	5	4	1	3	3		1	1	
68岁	7	5	2	3	2	1			
69岁	6	5	1	1	1				
70岁	5	4	1				1	1	
71岁	8	2	6	2	1	1			
72岁	11	5	6	6	5	1	1		1
73岁	11	9	2	3	2	1			
74岁	7	5	2						
75岁	10	7	3	2	2				
76岁	12	8	4	2	2				
77岁	7	5	2	2	1	1			
78岁	4	3	1	2	2				
79岁	10	4	6	4	3	1			
80岁	7	5	2	5	3	2	1		1
81岁	9	5	4				2	1	1
82岁	7	5	2				1		1
83岁	1		1	1		1	2	2	
84岁	5	2	3	1	1		1	1	
85+	14	10	4	4	3	1	1	1	

2－8a 续表 6

单位：人

年 龄	中 专			大学专科			大学本科			研究生		
	小计	男	女	小计	男	女	小计	男	女	小计	男	女
总 计	**15**	**9**	**6**	**23**	**20**	**3**	**8**	**5**	**3**			
6岁												
7岁												
8岁												
9岁												
10岁												
11岁												
12岁												
13岁												
14岁												
15岁												
16岁												
17岁												
18岁												
19岁												
20岁												
21岁												
22岁												
23岁												
24岁												
25岁												
26岁				1	1							
27岁												
28岁												
29岁	2	2		1	1							
30岁							1		1			

2－8a 续表 7

单位：人

年 龄	中 专			大学专科			大学本科			研究生		
	小计	男	女	小计	男	女	小计	男	女	小计	男	女
31岁				1	1							
32岁				1		1	1		1			
33岁	1	1										
34岁												
35岁												
36岁	1	1										
37岁												
38岁				1	1							
39岁												
40岁				1	1							
41岁												
42岁	1		1									
43岁				1	1							
44岁												
45岁				1	1							
46岁												
47岁												
48岁												
49岁												
50岁												
51岁				1	1							
52岁				1	1							
53岁				1	1							
54岁				1		1						
55岁												
56岁	1	1										
57岁												
58岁												
59岁												

2－8a 续表 8

单位：人

年龄	中专			大学专科			大学本科			研究生		
	小计	男	女	小计	男	女	小计	男	女	小计	男	女
60岁												
61岁												
62岁				1	1							
63岁	1		1									
64岁												
65岁												
66岁							1	1				
67岁	1	1		1	1							
68岁							1		1			
69岁												
70岁	1		1	2	1	1	1	1				
71岁	1	1		1	1							
72岁							1	1				
73岁							1	1				
74岁	2		2									
75岁							1	1				
76岁	1		1									
77岁				1	1							
78岁				2	2							
79岁				1	1							
80岁												
81岁												
82岁				2	2							
83岁	1	1										
84岁												
85+	1	1										

2－8b 农村6岁及以上残疾人分年龄、性别的受教育程度

单位：人

年龄	残疾人			不识字			未上过学		
	合计	男	女	小计	男	女	小计	男	女
总 计	**3403**	**1678**	**1725**	**1903**	**569**	**1334**	**32**	**24**	**8**
6岁	9	5	4	2	2				
7岁	6	4	2	2	2				
8岁	3	2	1						
9岁	13	7	6	1		1			
10岁	7	5	2	2	1	1			
11岁	15	7	8	2	1	1			
12岁	11	6	5	2	1	1			
13岁	19	13	6	4	2	2			
14岁	18	10	8	3	2	1			
15岁	22	14	8	5	3	2			
16岁	15	5	10	7	2	5			
17岁	24	15	9	6	3	3			
18岁	19	11	8	3	2	1			
19岁	15	7	8	9	4	5			
20岁	17	10	7	11	7	4			
21岁	15	10	5	7	4	3			
22岁	15	5	10	9	3	6	1		1
23岁	14	11	3	3	2	1			
24岁	15	11	4	2	2				
25岁	10	6	4	4	2	2	1		1
26岁	14	9	5	6	3	3			
27岁	19	12	7	9	4	5			
28岁	25	14	11	13	5	8	1	1	
29岁	26	14	12	7	2	5			
30岁	20	8	12	7	1	6			

2-8b 续表 1

单位：人

年龄	残疾人			不识字			未上过学		
	小计	男	女	小计	男	女	小计	男	女
31岁	32	19	13	12	6	6			
32岁	26	13	13	13	6	7			
33岁	32	20	12	8	5	3			
34岁	20	14	6	10	5	5			
35岁	35	23	12	16	8	8			
36岁	35	25	10	14	9	5			
37岁	35	24	11	9	3	6			
38岁	33	19	14	14	5	9			
39岁	37	19	18	10	5	5			
40岁	44	22	22	17	7	10	1	1	
41岁	34	22	12	12	5	7			
42岁	40	21	19	13	5	8			
43岁	45	24	21	19	10	9			
44岁	27	13	14	9		9			
45岁	27	19	8	12	6	6			
46岁	16	7	9	5		5			
47岁	22	9	13	10	2	8	1		1
48岁	35	20	15	10		10			
49岁	20	11	9	14	5	9			
50岁	32	22	10	11	6	5			
51岁	43	25	18	21	7	14			
52岁	38	20	18	14	4	10			
53岁	32	17	15	14	5	9			
54岁	24	11	13	9	1	8			
55岁	27	14	13	12	4	8			
56岁	36	21	15	16	6	10			
57岁	33	18	15	11	2	9	1	1	
58岁	33	16	17	14	3	11	2	2	
59岁	31	23	8	11	4	7			

2－8b 续表 2

单位：人

年 龄	残疾人			不识字			未上过学		
	小计	男	女	小计	男	女	小计	男	女
60岁	36	21	15	14	5	9	1	1	
61岁	44	25	19	21	6	15	1	1	
62岁	31	17	14	20	6	14	1	1	
63岁	45	25	20	21	6	15	1	1	
64岁	46	28	18	24	9	15			
65岁	40	23	17	24	10	14	1	1	
66岁	40	23	17	23	10	13			
67岁	35	16	19	21	5	16	1		1
68岁	59	33	26	36	10	26			
69岁	74	43	31	43	16	27			
70岁	100	56	44	53	22	31			
71岁	105	54	51	70	23	47	1	1	
72岁	116	55	61	76	22	54	1	1	
73岁	114	55	59	72	22	50	2	2	
74岁	90	49	41	57	20	37	1	1	
75岁	87	38	49	61	15	46	1	1	
76岁	89	41	48	65	21	44			
77岁	126	49	77	91	22	69	2	1	1
78岁	109	41	68	78	18	60	1	1	
79岁	99	34	65	78	17	61			
80岁	94	36	58	71	17	54			
81岁	91	34	57	58	9	49	3	2	1
82岁	75	30	45	59	20	39	3	2	1
83岁	57	14	43	47	8	39	1		1
84岁	61	20	41	48	9	39			
85+	230	66	164	186	27	159	2	2	

2－8b 续表 3

单位：人

年龄	小学			初中			高中		
	小计	男	女	小计	男	女	小计	男	女
总计	**1049**	**738**	**311**	**328**	**268**	**60**	**62**	**52**	**10**
6岁	7	3	4						
7岁	4	2	2						
8岁	3	2	1						
9岁	12	7	5						
10岁	4	4		1		1			
11岁	13	6	7						
12岁	9	5	4						
13岁	13	10	3	2	1	1			
14岁	5	2	3	10	6	4			
15岁	10	7	3	7	4	3			
16岁	4	1	3	4	2	2			
17岁	5	3	2	11	8	3	1		1
18岁	13	7	6	2	1	1			
19岁				5	3	2			
20岁	3	1	2	2	1	1	1	1	
21岁	5	4	1	3	2	1			
22岁	4	1	3	1	1				
23岁	5	4	1	5	4	1	1	1	
24岁	3	2	1	9	7	2			
25岁	2	2		3	2	1			
26岁	4	2	2	4	4				
27岁	7	6	1	2	2		1		1
28岁	7	5	2	3	2	1			
29岁	10	6	4	7	4	3			
30岁	9	4	5	4	3	1			

2－8b 续表 4

单位：人

年 龄	小 学			初 中			高 中		
	小计	男	女	小计	男	女	小计	男	女
31岁	11	6	5	8	6	2	1	1	
32岁	11	5	6	2	2				
33岁	12	5	7	9	7	2			
34岁	6	6		3	3		1		1
35岁	12	9	3	5	4	1	2	2	
36岁	15	11	4	5	4	1	1	1	
37岁	17	13	4	5	4	1	4	4	
38岁	10	7	3	8	6	2	1	1	
39岁	18	6	12	7	6	1	1	1	
40岁	20	9	11	6	5	1			
41岁	15	10	5	7	7				
42岁	13	7	6	10	8	2	4	1	3
43岁	15	5	10	9	8	1	2	1	1
44岁	12	8	4	5	4	1	1	1	
45岁	6	5	1	4	4		4	3	1
46岁	5	2	3	4	3	1	1	1	
47岁	7	3	4	4	4				
48岁	13	9	4	9	9		3	2	1
49岁	4	4		1	1		1	1	
50岁	14	9	5	4	4		3	3	
51岁	16	12	4	4	4		2	2	
52岁	19	12	7	5	4	1			
53岁	14	8	6	4	4				
54岁	10	8	2	4	1	3	1	1	
55岁	12	7	5	3	3				
56岁	15	11	4	5	4	1			
57岁	18	13	5	3	2	1			
58岁	16	10	6	1	1				
59岁	12	11	1	6	6		2	2	

2－8b 续表 5

单位：人

年龄	小学			初中			高中		
	小计	男	女	小计	男	女	小计	男	女
60岁	14	9	5	5	4	1			
61岁	17	14	3	5	4	1			
62岁	5	5		5	5				
63岁	15	10	5	5	5		2	2	
64岁	18	15	3	3	3		1	1	
65岁	9	6	3	2	2		3	3	
66岁	13	9	4	3	3		1	1	
67岁	13	11	2						
68岁	20	20		3	3				
69岁	22	18	4	5	5		2	2	
70岁	43	31	12	2	1	1			
71岁	25	21	4	7	7		2	2	
72岁	33	28	5	4	2	2	1	1	
73岁	35	26	9	4	4				
74岁	27	23	4	4	4		1	1	
75岁	21	18	3	4	4				
76岁	20	16	4	2	2		2	2	
77岁	24	18	6	4	4		4	3	1
78岁	24	19	5	5	2	3	1	1	
79岁	17	13	4	4	4				
80岁	16	13	3	4	3	1	1	1	
81岁	26	19	7	2	2		1	1	
82岁	10	6	4	2	1	1			
83岁	7	4	3	1	1		1	1	
84岁	9	7	2	3	3				
85+	37	32	5	5	5				

2－8b 续表 6

单位：人

年 龄	中 专			大学专科			大学本科			研究生		
	小计	男	女	小计	男	女	小计	男	女	小计	男	女
总 计	**18**	**17**	**1**	**7**	**6**	**1**	**4**	**4**				
6岁												
7岁												
8岁												
9岁												
10岁												
11岁												
12岁												
13岁												
14岁												
15岁												
16岁												
17岁	1	1										
18岁	1	1										
19岁				1		1						
20岁												
21岁												
22岁												
23岁												
24岁	1		1									
25岁												
26岁												
27岁												
28岁				1	1							
29岁	1	1		1	1							
30岁												

2－8b 续表 7

单位：人

年龄	中专			大学专科			大学本科			研究生		
	小计	男	女	小计	男	女	小计	男	女	小计	男	女
31岁												
32岁												
33岁	1	1		1	1		1	1				
34岁												
35岁												
36岁												
37岁												
38岁												
39岁	1	1										
40岁												
41岁												
42岁												
43岁												
44岁												
45岁							1	1				
46岁	1	1										
47岁												
48岁												
49岁												
50岁												
51岁												
52岁												
53岁												
54岁												
55岁												
56岁												
57岁												
58岁												
59岁												

2－8b 续表 8

单位：人

年 龄	中 专			大学专科			大学本科			研究生		
	小计	男	女	小计	男	女	小计	男	女	小计	男	女
60岁	1	1		1	1							
61岁												
62岁												
63岁	1	1										
64岁												
65岁							1	1				
66岁												
67岁												
68岁												
69岁	1	1					1	1				
70岁	1	1		1	1							
71岁												
72岁	1	1										
73岁				1	1							
74岁												
75岁												
76岁												
77岁	1	1										
78岁												
79岁												
80岁	2	2										
81岁	1	1										
82岁	1	1										
83岁												
84岁	1	1										
85+												

2－9　各地区6岁及以上残疾人分性别的受教育程度

单位：人

地　区	残疾人			不识字			未上过学		
	合计	男	女	小计	男	女	小计	男	女
总　计	**4390**	**2195**	**2195**	**2281**	**683**	**1598**	**49**	**34**	**15**
厦门市思明区	152	76	76	55	17	38	1	1	
龙岩市新罗区	291	155	136	138	39	99			
莆田市城厢区	164	85	79	77	20	57	1	1	
泉州市泉港区	200	85	115	98	13	85	2	2	
厦门市集美区	153	82	71	66	25	41	2	1	1
泉州市南安市	138	75	63	71	17	54	2	1	1
福州市福清市	202	108	94	122	46	76	5	5	
泉州市晋江市	163	84	79	62	16	46			
福州市长乐市	174	82	92	71	20	51	2	1	1
宁德市福鼎市	180	91	89	118	46	72	6	6	
南平市邵武市	260	128	132	125	39	86	1		1
莆田市仙游县	194	84	110	99	24	75	3	2	1
福州市闽侯县	195	97	98	125	43	82			
福州市永泰县	186	96	90	73	24	49	2		2
龙岩市上杭县	232	96	136	130	19	111	1		1
三明市大田县	279	158	121	165	60	105	4	4	
三明市沙县	226	117	109	140	53	87	1	1	
泉州市安溪县	158	78	80	70	19	51	2	2	
漳州市漳浦县	214	102	112	104	25	79	1		1
漳州市南靖县	196	82	114	116	25	91	6	4	2
宁德市霞浦县	218	115	103	136	48	88	6	2	4
南平市政和县	215	119	96	120	45	75	1	1	

2-9 续表 1

单位：人

地区	小学			初中			高中		
	小计	男	女	小计	男	女	小计	男	女
总计	**1379**	**941**	**438**	**493**	**384**	**109**	**113**	**92**	**21**
厦门市思明区	45	25	20	30	17	13	10	7	3
龙岩市新罗区	83	60	23	46	34	12	15	14	1
莆田市城厢区	54	38	16	22	18	4	6	5	1
泉州市泉港区	70	45	25	22	19	3	6	4	2
厦门市集美区	42	25	17	24	16	8	6	5	1
泉州市南安市	39	33	6	22	20	2	4	4	
福州市福清市	54	41	13	15	13	2	5	2	3
泉州市晋江市	76	46	30	19	16	3	6	6	
福州市长乐市	76	47	29	18	11	7	4	2	2
宁德市福鼎市	38	27	11	17	12	5	1		1
南平市邵武市	100	63	37	28	22	6	6	4	2
莆田市仙游县	68	37	31	22	19	3	2	2	
福州市闽侯县	49	34	15	16	16		3	2	1
福州市永泰县	71	45	26	27	18	9	5	4	1
龙岩市上杭县	63	43	20	30	26	4	4	4	
三明市大田县	86	74	12	18	14	4	4	4	
三明市沙县	58	39	19	21	18	3	4	4	
泉州市安溪县	57	33	24	17	14	3	5	5	
漳州市漳浦县	71	46	25	27	21	6	8	7	1
漳州市南靖县	61	45	16	12	7	5			
宁德市霞浦县	58	47	11	11	11		5	5	
南平市政和县	60	48	12	29	22	7	4	2	2

2-9 续表 2

单位：人

地区	中专			大学专科			大学本科			研究生		
	小计	男	女	小计	男	女	小计	男	女	小计	男	女
总计	**33**	**26**	**7**	**30**	**26**	**4**	**12**	**9**	**3**			
厦门市思明区	2	2		8	6	2	1	1				
龙岩市新罗区	3	2	1	5	5		1	1				
莆田市城厢区	2	2		1	1		1		1			
泉州市泉港区	2	2										
厦门市集美区	2	1	1	6	6		5	3	2			
泉州市南安市												
福州市福清市				1	1							
泉州市晋江市												
福州市长乐市	2		2	1	1							
宁德市福鼎市												
南平市邵武市												
莆田市仙游县												
福州市闽侯县	1	1		1	1							
福州市永泰县	7	4	3	1	1							
龙岩市上杭县	1	1		1	1		2	2				
三明市大田县	1	1		1	1							
三明市沙县	1	1		1	1							
泉州市安溪县	4	4		2		2	1	1				
漳州市漳浦县	3	3										
漳州市南靖县	1	1										
宁德市霞浦县				1	1		1	1				
南平市政和县	1	1										

2-10 各地区15岁及以上残疾人分性别的文盲人口

单位：人，%

地区	残疾人口			文盲人口			文盲人口占残疾人口的比例		
	合计	男	女	小计	男	女	总比例	男	女
总计	**4248**	**2110**	**2138**	**2249**	**662**	**1587**	**52.94**	**31.37**	**74.23**
厦门市思明区	149	73	76	53	15	38	35.57	20.55	50.00
龙岩市新罗区	286	150	136	137	38	99	47.90	25.33	72.79
莆田市城厢区	160	81	79	77	20	57	48.13	24.69	72.15
泉州市泉港区	192	80	112	97	12	85	50.52	15.00	75.89
厦门市集美区	148	79	69	66	25	41	44.59	31.65	59.42
泉州市南安市	130	70	60	68	15	53	52.31	21.43	88.33
福州市福清市	198	105	93	120	45	75	60.61	42.86	80.65
泉州市晋江市	161	82	79	61	15	46	37.89	18.29	58.23
福州市长乐市	167	77	90	70	19	51	41.92	24.68	56.67
宁德市福鼎市	169	86	83	115	44	71	68.05	51.16	85.54
南平市邵武市	255	126	129	124	39	85	48.63	30.95	65.89
莆田市仙游县	187	81	106	95	22	73	50.80	27.16	68.87
福州市闽侯县	194	97	97	125	43	82	64.43	44.33	84.54
福州市永泰县	179	90	89	72	23	49	40.22	25.56	55.06
龙岩市上杭县	223	92	131	130	19	111	58.30	20.65	84.73
三明市大田县	258	146	112	159	57	102	61.63	39.04	91.07
三明市沙县	218	112	106	138	51	87	63.30	45.54	82.08
泉州市安溪县	153	75	78	69	18	51	45.10	24.00	65.38
漳州市漳浦县	208	102	106	103	25	78	49.52	24.51	73.58
漳州市南靖县	190	78	112	116	25	91	61.05	32.05	81.25
宁德市霞浦县	215	113	102	135	47	88	62.79	41.59	86.27
南平市政和县	208	115	93	119	45	74	57.21	39.13	79.57

2－10a 各地区城镇15岁及以上残疾人分性别的文盲人口

单位：人，%

地区	残疾人口			文盲人口			文盲人口占残疾人口的比例		
	合计	男	女	小计	男	女	总比例	男	女
总计	**946**	**491**	**455**	**364**	**104**	**260**	**38.48**	**21.18**	**57.14**
厦门市思明区	149	73	76	53	15	38	35.57	20.55	50.00
龙岩市新罗区	54	29	25	18	3	15	33.33	10.34	60.00
莆田市城厢区	39	22	17	9	2	7	23.08	9.09	41.18
泉州市泉港区	36	20	16	12	2	10	33.33	10.00	62.50
厦门市集美区	108	61	47	45	19	26	41.67	31.15	55.32
泉州市南安市	40	20	20	18	3	15	45.00	15.00	75.00
福州市福清市	20	11	9	9	4	5	45.00	36.36	55.56
泉州市晋江市	35	18	17	15	5	10	42.86	27.78	58.82
福州市长乐市	32	18	14						
宁德市福鼎市	50	28	22	39	21	18	78.00	75.00	81.82
南平市邵武市	35	17	18	11	3	8	31.43	17.65	44.44
莆田市仙游县	95	46	49	38	8	30	40.00	17.39	61.22
福州市闽侯县									
福州市永泰县	52	24	28	12	1	11	23.08	4.17	39.29
龙岩市上杭县	29	18	11	10	2	8	34.48	11.11	72.73
三明市大田县	18	11	7	2		2	11.11		28.57
三明市沙县	32	16	16	13	2	11	40.63	12.50	68.75
泉州市安溪县	23	9	14	11		11	47.83		78.57
漳州市漳浦县	23	14	9	4	1	3	17.39	7.14	33.33
漳州市南靖县	18	8	10	10	2	8	55.56	25.00	80.00
宁德市霞浦县	58	28	30	35	11	24	60.34	39.29	80.00
南平市政和县									

2－10b 各地区农村15岁及以上残疾人分性别的文盲人口

单位：人，%

地区	残疾人口			文盲人口			文盲人口占残疾人口的比例		
	合计	男	女	小计	男	女	总比例	男	女
总 计	**3302**	**1619**	**1683**	**1885**	**558**	**1327**	**57.09**	**34.47**	**78.85**
厦门市思明区									
龙岩市新罗区	232	121	111	119	35	84	51.29	28.93	75.68
莆田市城厢区	121	59	62	68	18	50	56.20	30.51	80.65
泉州市泉港区	156	60	96	85	10	75	54.49	16.67	78.13
厦门市集美区	40	18	22	21	6	15	52.50	33.33	68.18
泉州市南安市	90	50	40	50	12	38	55.56	24.00	95.00
福州市福清市	178	94	84	111	41	70	62.36	43.62	83.33
泉州市晋江市	126	64	62	46	10	36	36.51	15.63	58.06
福州市长乐市	135	59	76	70	19	51	51.85	32.20	67.11
宁德市福鼎市	119	58	61	76	23	53	63.87	39.66	86.89
南平市邵武市	220	109	111	113	36	77	51.36	33.03	69.37
莆田市仙游县	92	35	57	57	14	43	61.96	40.00	75.44
福州市闽侯县	194	97	97	125	43	82	64.43	44.33	84.54
福州市永泰县	127	66	61	60	22	38	47.24	33.33	62.30
龙岩市上杭县	194	74	120	120	17	103	61.86	22.97	85.83
三明市大田县	240	135	105	157	57	100	65.42	42.22	95.24
三明市沙县	186	96	90	125	49	76	67.20	51.04	84.44
泉州市安溪县	130	66	64	58	18	40	44.62	27.27	62.50
漳州市漳浦县	185	88	97	99	24	75	53.51	27.27	77.32
漳州市南靖县	172	70	102	106	23	83	61.63	32.86	81.37
宁德市霞浦县	157	85	72	100	36	64	63.69	42.35	88.89
南平市政和县	208	115	93	119	45	74	57.21	39.13	79.57

2-11 15岁及以上残疾人分年龄、性别的文盲人口

单位：人，%

年龄	残疾人口			文盲人口			文盲人口占残疾人口的比例		
	合计	男	女	小计	男	女	总比例	男	女
总计	**4248**	**2110**	**2138**	**2249**	**662**	**1587**	**52.94**	**31.37**	**74.23**
15-19	**130**	**74**	**56**	**39**	**20**	**19**	**30.00**	**27.03**	**33.93**
15岁	30	18	12	5	3	2	16.67	16.67	16.67
16岁	18	8	10	8	3	5	44.44	37.50	50.00
17岁	32	20	12	8	4	4	25.00	20.00	33.33
18岁	26	16	10	6	4	2	23.08	25.00	20.00
19岁	24	12	12	12	6	6	50.00	50.00	50.00
20-24	**104**	**63**	**41**	**38**	**21**	**17**	**36.54**	**33.33**	**41.46**
20岁	23	13	10	13	7	6	56.52	53.85	60.00
21岁	18	12	6	7	4	3	38.89	33.33	50.00
22岁	22	8	14	10	4	6	45.45	50.00	42.86
23岁	21	17	4	5	4	1	23.81	23.53	25.00
24岁	20	13	7	3	2	1	15.00	15.38	14.29
25-29	**128**	**78**	**50**	**44**	**18**	**26**	**34.38**	**23.08**	**52.00**
25岁	12	7	5	5	2	3	41.67	28.57	60.00
26岁	22	13	9	7	4	3	31.82	30.77	33.33
27岁	24	16	8	10	4	6	41.67	25.00	75.00
28岁	35	20	15	14	5	9	40.00	25.00	60.00
29岁	35	22	13	8	3	5	22.86	13.64	38.46
30-34	**183**	**104**	**79**	**60**	**27**	**33**	**32.79**	**25.96**	**41.77**
30岁	31	14	17	9	2	7	29.03	14.29	41.18
31岁	41	25	16	13	6	7	31.71	24.00	43.75
32岁	40	22	18	16	8	8	40.00	36.36	44.44
33岁	38	23	15	10	6	4	26.32	26.09	26.67
34岁	33	20	13	12	5	7	36.36	25.00	53.85
35-39	**226**	**146**	**80**	**70**	**33**	**37**	**30.97**	**22.60**	**46.25**
35岁	49	30	19	20	9	11	40.82	30.00	57.89
36岁	43	30	13	14	9	5	32.56	30.00	38.46

2-11 续表 1

单位：人，%

年 龄	15岁及以上残疾人口			文盲人口			文盲人口占15岁及以上残疾人口比例		
	合计	男	女	小计	男	女	总比例	男	女
37岁	49	37	12	11	5	6	22.45	13.51	50.00
38岁	37	20	17	15	5	10	40.54	25.00	58.82
39岁	48	29	19	10	5	5	20.83	17.24	26.32
40-44	**248**	**140**	**108**	**88**	**37**	**51**	**35.48**	**26.43**	**47.22**
40岁	55	28	27	19	8	11	34.55	28.57	40.74
41岁	46	33	13	15	8	7	32.61	24.24	53.85
42岁	57	32	25	19	9	10	33.33	28.13	40.00
43岁	59	32	27	24	11	13	40.68	34.38	48.15
44岁	31	15	16	11	1	10	35.48	6.67	62.50
45-49	**165**	**95**	**70**	**65**	**21**	**44**	**39.39**	**22.11**	**62.86**
45岁	34	24	10	16	9	7	47.06	37.50	70.00
46岁	23	12	11	5		5	21.74		45.45
47岁	31	15	16	13	3	10	41.94	20.00	62.50
48岁	49	28	21	15	2	13	30.61	7.14	61.90
49岁	28	16	12	16	7	9	57.14	43.75	75.00
50-54	**212**	**119**	**93**	**78**	**26**	**52**	**36.79**	**21.85**	**55.91**
50岁	41	27	14	13	7	6	31.71	25.93	42.86
51岁	49	29	20	23	7	16	46.94	24.14	80.00
52岁	54	26	28	17	4	13	31.48	15.38	46.43
53岁	39	23	16	15	6	9	38.46	26.09	56.25
54岁	29	14	15	10	2	8	34.48	14.29	53.33
55-59	**197**	**115**	**82**	**73**	**24**	**49**	**37.06**	**20.87**	**59.76**
55岁	30	16	14	12	4	8	40.00	25.00	57.14
56岁	41	26	15	18	8	10	43.90	30.77	66.67
57岁	44	23	21	13	3	10	29.55	13.04	47.62
58岁	45	23	22	18	5	13	40.00	21.74	59.09
59岁	37	27	10	12	4	8	32.43	14.81	80.00
60-64	**252**	**143**	**109**	**114**	**35**	**79**	**45.24**	**24.48**	**72.48**
60岁	41	26	15	14	5	9	34.15	19.23	60.00

2-11 续表 2

单位：人，%

年 龄	15岁及以上残疾人口			文盲人口			文盲人口占15岁及以上残疾人口比例		
	合计	男	女	小计	男	女	总比例	男	女
61岁	54	28	26	26	6	20	48.15	21.43	76.92
62岁	45	26	19	22	7	15	48.89	26.92	78.95
63岁	52	29	23	23	8	15	44.23	27.59	65.22
64岁	60	34	26	29	9	20	48.33	26.47	76.92
65-69	**320**	**179**	**141**	**173**	**57**	**116**	**54.06**	**31.84**	**82.27**
65岁	47	26	21	25	10	15	53.19	38.46	71.43
66岁	53	32	21	25	10	15	47.17	31.25	71.43
67岁	52	27	25	27	6	21	51.92	22.22	84.00
68岁	81	43	38	47	13	34	58.02	30.23	89.47
69岁	87	51	36	49	18	31	56.32	35.29	86.11
70-74	**657**	**330**	**327**	**391**	**129**	**262**	**59.51**	**39.09**	**80.12**
70岁	126	71	55	69	30	39	54.76	42.25	70.91
71岁	130	62	68	82	26	56	63.08	41.94	82.35
72岁	147	69	78	88	25	63	59.86	36.23	80.77
73岁	143	70	73	84	24	60	58.74	34.29	82.19
74岁	111	58	53	68	24	44	61.26	41.38	83.02
75-79	**647**	**260**	**387**	**446**	**107**	**339**	**68.93**	**41.15**	**87.60**
75岁	115	54	61	76	21	55	66.09	38.89	90.16
76岁	125	55	70	85	25	60	68.00	45.45	85.71
77岁	154	58	96	109	24	85	70.78	41.38	88.54
78岁	131	51	80	91	20	71	69.47	39.22	88.75
79岁	122	42	80	85	17	68	69.67	40.48	85.00
80-84	**480**	**170**	**310**	**339**	**71**	**268**	**70.63**	**41.76**	**86.45**
80岁	121	47	74	85	20	65	70.25	42.55	87.84
81岁	119	40	79	75	9	66	63.03	22.50	83.54
82岁	97	40	57	71	23	48	73.20	57.50	84.21
83岁	71	19	52	56	10	46	78.87	52.63	88.46
84岁	72	24	48	52	9	43	72.22	37.50	89.58
85+	**299**	**94**	**205**	**231**	**36**	**195**	**77.26**	**38.30**	**95.12**

2－12　15岁及以上残疾人分年龄、性别的婚姻状况

单位：人

年　龄	残疾人			未　婚			初婚有配偶		
	合计	男	女	小计	男	女	小计	男	女
总　计	**4248**	**2110**	**2138**	**581**	**474**	**107**	**2159**	**1229**	**930**
15－19	**130**	**74**	**56**	**129**	**74**	**55**	**1**		**1**
15岁	30	18	12	30	18	12			
16岁	18	8	10	18	8	10			
17岁	32	20	12	32	20	12			
18岁	26	16	10	26	16	10			
19岁	24	12	12	23	12	11	1		1
20－24	**104**	**63**	**41**	**83**	**59**	**24**	**19**	**4**	**15**
20岁	23	13	10	19	13	6	3		3
21岁	18	12	6	16	11	5	2	1	1
22岁	22	8	14	17	8	9	4		4
23岁	21	17	4	16	15	1	5	2	3
24岁	20	13	7	15	12	3	5	1	4
25－29	**128**	**78**	**50**	**60**	**50**	**10**	**63**	**25**	**38**
25岁	12	7	5	9	5	4	3	2	1
26岁	22	13	9	8	7	1	13	5	8
27岁	24	16	8	13	12	1	11	4	7
28岁	35	20	15	17	14	3	16	6	10
29岁	35	22	13	13	12	1	20	8	12
30－34	**183**	**104**	**79**	**70**	**63**	**7**	**104**	**35**	**69**
30岁	31	14	17	12	8	4	18	5	13
31岁	41	25	16	18	18		22	7	15
32岁	40	22	18	10	9	1	26	10	16
33岁	38	23	15	16	16		22	7	15
34岁	33	20	13	14	12	2	16	6	10
35－39	**226**	**146**	**80**	**71**	**68**	**3**	**135**	**64**	**71**
35岁	49	30	19	16	14	2	30	14	16
36岁	43	30	13	16	16		21	10	11

2-12 续表 1

单位：人

年 龄	残疾人			未 婚			初婚有配偶		
	合计	男	女	小计	男	女	小计	男	女
37岁	49	37	12	15	15		28	17	11
38岁	37	20	17	11	11		25	9	16
39岁	48	29	19	13	12	1	31	14	17
40-44	**248**	**140**	**108**	**42**	**39**	**3**	**178**	**87**	**91**
40岁	55	28	27	12	12		38	16	22
41岁	46	33	13	9	9		32	21	11
42岁	57	32	25	8	7	1	43	19	24
43岁	59	32	27	10	8	2	40	21	19
44岁	31	15	16	3	3		25	10	15
45-49	**165**	**95**	**70**	**23**	**23**		**129**	**64**	**65**
45岁	34	24	10	9	9		22	12	10
46岁	23	12	11	3	3		19	8	11
47岁	31	15	16	3	3		26	11	15
48岁	49	28	21				44	26	18
49岁	28	16	12	8	8		18	7	11
50-54	**212**	**119**	**93**	**19**	**18**	**1**	**159**	**81**	**78**
50岁	41	27	14	5	5		27	16	11
51岁	49	29	20	3	3		35	19	16
52岁	54	26	28	6	5	1	41	18	23
53岁	39	23	16	3	3		32	17	15
54岁	29	14	15	2	2		24	11	13
55-59	**197**	**115**	**82**	**18**	**18**		**159**	**88**	**71**
55岁	30	16	14	5	5		24	11	13
56岁	41	26	15	4	4		33	20	13
57岁	44	23	21	3	3		38	18	20
58岁	45	23	22	4	4		37	18	19
59岁	37	27	10	2	2		27	21	6
60-64	**252**	**143**	**109**	**18**	**17**	**1**	**177**	**109**	**68**
60岁	41	26	15	1	1		31	22	9

2－12 续表 2

单位：人

年 龄	残疾人			未 婚			初婚有配偶		
	合计	男	女	小计	男	女	小计	男	女
61岁	54	28	26	5	4	1	32	20	12
62岁	45	26	19	3	3		37	21	16
63岁	52	29	23	6	6		39	22	17
64岁	60	34	26	3	3		38	24	14
65-69	**320**	**179**	**141**	**17**	**17**		**215**	**130**	**85**
65岁	47	26	21	4	4		33	16	17
66岁	53	32	21				39	25	14
67岁	52	27	25	4	4		36	18	18
68岁	81	43	38	4	4		51	31	20
69岁	87	51	36	5	5		56	40	16
70-74	**657**	**330**	**327**	**16**	**16**		**366**	**229**	**137**
70岁	126	71	55	3	3		82	49	33
71岁	130	62	68	4	4		72	43	29
72岁	147	69	78	3	3		76	46	30
73岁	143	70	73	3	3		77	48	29
74岁	111	58	53	3	3		59	43	16
75-79	**647**	**260**	**387**	**12**	**9**	**3**	**261**	**163**	**98**
75岁	115	54	61	1	1		58	39	19
76岁	125	55	70	4	3	1	59	38	21
77岁	154	58	96	3	1	2	65	41	24
78岁	131	51	80	1	1		41	26	15
79岁	122	42	80	3	3		38	19	19
80-84	**480**	**170**	**310**	**2**	**2**		**149**	**109**	**40**
80岁	121	47	74	1	1		39	29	10
81岁	119	40	79				38	27	11
82岁	97	40	57	1	1		27	24	3
83岁	71	19	52				22	10	12
84岁	72	24	48				23	19	4
85+	**299**	**94**	**205**	**1**	**1**		**44**	**41**	**3**

2－12 续表 3

单位：人

年龄	再婚有配偶			离婚			丧偶		
	小计	男	女	小计	男	女	小计	男	女
总计	**88**	**44**	**44**	**73**	**61**	**12**	**1347**	**302**	**1045**
15－19									
15岁									
16岁									
17岁									
18岁									
19岁									
20－24	**1**		**1**	**1**		**1**			
20岁				1		1			
21岁									
22岁	1		1						
23岁									
24岁									
25－29	**2**		**2**	**3**	**3**				
25岁									
26岁				1	1				
27岁									
28岁	2		2						
29岁				2	2				
30－34	**1**		**1**	**6**	**5**	**1**	**2**	**1**	**1**
30岁				1	1				
31岁							1		1
32岁				4	3	1			
33岁									
34岁	1		1	1	1		1	1	
35－39	**2**	**1**	**1**	**13**	**10**	**3**	**5**	**3**	**2**
35岁	1		1	2	2				
36岁	1	1		3	2	1	2	1	1

2-12 续表 4

单位：人

年龄	再婚有配偶			离婚			丧偶		
	小计	男	女	小计	男	女	小计	男	女
37岁				5	4	1	1	1	
38岁							1		1
39岁				3	2	1	1	1	
40-44	**8**	**3**	**5**	**10**	**8**	**2**	**10**	**3**	**7**
40岁	2		2	1		1	2		2
41岁	1	1		2	2		2		2
42岁	2	2		2	2		2	2	
43岁	3		3	3	3		3		3
44岁				2	1	1	1	1	
45-49	**3**	**2**	**1**	**6**	**6**		**4**		**4**
45岁				3	3				
46岁	1	1							
47岁				1	1		1		1
48岁	1	1		1	1		3		3
49岁	1		1	1	1				
50-54	**8**	**4**	**4**	**9**	**9**		**17**	**7**	**10**
50岁	2		2	3	3		4	3	1
51岁	3	2	1	4	4		4	1	3
52岁	2	2		1	1		4		4
53岁				1	1		3	2	1
54岁	1		1				2	1	1
55-59	**3**	**2**	**1**	**1**	**1**		**16**	**6**	**10**
55岁							1		1
56岁	2	1	1				2	1	1
57岁				1	1		2	1	1
58岁							4	1	3
59岁	1	1					7	3	4
60-64	**7**	**4**	**3**	**6**	**5**	**1**	**44**	**8**	**36**
60岁	2	2		1	1		6		6

2－12 续表 5

单位：人

年 龄	再婚有配偶			离 婚			丧 偶		
	小计	男	女	小计	男	女	小计	男	女
61岁	3	1	2	1	1		13	2	11
62岁							5	2	3
63岁	1		1				6	1	5
64岁	1	1		4	3	1	14	3	11
65-69	**8**	**4**	**4**	**6**	**5**	**1**	**74**	**23**	**51**
65岁	2	2		1	1		7	3	4
66岁	1		1	1	1		12	6	6
67岁	3	2	1	1	1		8	2	6
68岁	1		1	2	2		23	6	17
69岁	1		1	1		1	24	6	18
70-74	**16**	**8**	**8**	**5**	**4**	**1**	**254**	**73**	**181**
70岁	3	1	2	3	2	1	35	16	19
71岁	4	1	3				50	14	36
72岁	5	4	1	2	2		61	14	47
73岁	2	1	1				61	18	43
74岁	2	1	1				47	11	36
75-79	**13**	**7**	**6**	**4**	**4**		**357**	**77**	**280**
75岁	2	2		1	1		53	11	42
76岁	1		1	1	1		60	13	47
77岁	3	2	1				83	14	69
78岁	4	1	3	2	2		83	21	62
79岁	3	2	1				78	18	60
80-84	**13**	**7**	**6**	**2**	**1**	**1**	**314**	**51**	**263**
80岁	4	3	1				77	14	63
81岁	6	2	4				75	11	64
82岁	1	1		1		1	67	14	53
83岁				1	1		48	8	40
84岁	2	1	1				47	4	43
85+	**3**	**2**	**1**	**1**		**1**	**250**	**50**	**200**

2－13 残疾人分年龄、性别的经济活动人口

单位：人

年 龄	残疾人口			在业人口			不在业人口		
	合计	男	女	小计	男	女	小计	男	女
总 计	**4248**	**2110**	**2138**	**924**	**661**	**263**	**3324**	**1449**	**1875**
15-19	**130**	**74**	**56**	**29**	**18**	**11**	**101**	**56**	**45**
15岁	30	18	12	3	2	1	27	16	11
16岁	18	8	10	3	2	1	15	6	9
17岁	32	20	12	9	6	3	23	14	9
18岁	26	16	10	10	7	3	16	9	7
19岁	24	12	12	4	1	3	20	11	9
20-24	**104**	**63**	**41**	**22**	**14**	**8**	**82**	**49**	**33**
20岁	23	13	10	4	4		19	9	10
21岁	18	12	6	6	4	2	12	8	4
22岁	22	8	14	3	1	2	19	7	12
23岁	21	17	4	4	2	2	17	15	2
24岁	20	13	7	5	3	2	15	10	5
25-29	**128**	**78**	**50**	**45**	**31**	**14**	**83**	**47**	**36**
25岁	12	7	5	2		2	10	7	3
26岁	22	13	9	13	8	5	9	5	4
27岁	24	16	8	9	7	2	15	9	6
28岁	35	20	15	11	7	4	24	13	11
29岁	35	22	13	10	9	1	25	13	12
30-34	**183**	**104**	**79**	**68**	**46**	**22**	**115**	**58**	**57**
30岁	31	14	17	8	5	3	23	9	14
31岁	41	25	16	19	11	8	22	14	8
32岁	40	22	18	15	11	4	25	11	14
33岁	38	23	15	13	9	4	25	14	11
34岁	33	20	13	13	10	3	20	10	10
35-39	**226**	**146**	**80**	**98**	**70**	**28**	**128**	**76**	**52**
35岁	49	30	19	20	12	8	29	18	11
36岁	43	30	13	19	16	3	24	14	10

2-13 续表 1

单位：人

年龄	残疾人口			在业人口			不在业人口		
	合计	男	女	小计	男	女	小计	男	女
37岁	49	37	12	26	21	5	23	16	7
38岁	37	20	17	16	9	7	21	11	10
39岁	48	29	19	17	12	5	31	17	14
40-44	**248**	**140**	**108**	**129**	**81**	**48**	**119**	**59**	**60**
40岁	55	28	27	25	14	11	30	14	16
41岁	46	33	13	23	18	5	23	15	8
42岁	57	32	25	30	19	11	27	13	14
43岁	59	32	27	31	20	11	28	12	16
44岁	31	15	16	20	10	10	11	5	6
45-49	**165**	**95**	**70**	**74**	**51**	**23**	**91**	**44**	**47**
45岁	34	24	10	20	15	5	14	9	5
46岁	23	12	11	10	5	5	13	7	6
47岁	31	15	16	14	8	6	17	7	10
48岁	49	28	21	18	14	4	31	14	17
49岁	28	16	12	12	9	3	16	7	9
50-54	**212**	**119**	**93**	**117**	**79**	**38**	**95**	**40**	**55**
50岁	41	27	14	28	21	7	13	6	7
51岁	49	29	20	26	17	9	23	12	11
52岁	54	26	28	28	19	9	26	7	19
53岁	39	23	16	23	14	9	16	9	7
54岁	29	14	15	12	8	4	17	6	11
55-59	**197**	**115**	**82**	**92**	**67**	**25**	**105**	**48**	**57**
55岁	30	16	14	13	9	4	17	7	10
56岁	41	26	15	17	13	4	24	13	11
57岁	44	23	21	24	16	8	20	7	13
58岁	45	23	22	18	10	8	27	13	14
59岁	37	27	10	20	19	1	17	8	9

2-13 续表 2

单位：人

年 龄	残疾人口			在业人口			不在业人口		
	合计	男	女	小计	男	女	小计	男	女
60-64	**252**	**143**	**109**	**75**	**61**	**14**	**177**	**82**	**95**
60岁	41	26	15	13	11	2	28	15	13
61岁	54	28	26	14	14		40	14	26
62岁	45	26	19	15	13	2	30	13	17
63岁	52	29	23	14	9	5	38	20	18
64岁	60	34	26	19	14	5	41	20	21
65-69	**320**	**179**	**141**	**72**	**58**	**14**	**248**	**121**	**127**
65岁	47	26	21	9	8	1	38	18	20
66岁	53	32	21	22	17	5	31	15	16
67岁	52	27	25	10	7	3	42	20	22
68岁	81	43	38	17	14	3	64	29	35
69岁	87	51	36	14	12	2	73	39	34
70-74	**657**	**330**	**327**	**74**	**63**	**11**	**583**	**267**	**316**
70岁	126	71	55	27	23	4	99	48	51
71岁	130	62	68	15	11	4	115	51	64
72岁	147	69	78	10	9	1	137	60	77
73岁	143	70	73	12	11	1	131	59	72
74岁	111	58	53	10	9	1	101	49	52
75-79	**647**	**260**	**387**	**20**	**16**	**4**	**627**	**244**	**383**
75岁	115	54	61	3	3		112	51	61
76岁	125	55	70	8	7	1	117	48	69
77岁	154	58	96	2	2		152	56	96
78岁	131	51	80	4	1	3	127	50	77
79岁	122	42	80	3	3		119	39	80
80-84	**480**	**170**	**310**	**8**	**5**	**3**	**472**	**165**	**307**
80岁	121	47	74	2		2	119	47	72
81岁	119	40	79	4	3	1	115	37	78
82岁	97	40	57	1	1		96	39	57
83岁	71	19	52				71	19	52
84岁	72	24	48	1	1		71	23	48
85+	**299**	**94**	**205**	**1**	**1**		**298**	**93**	**205**

2－13a 城镇残疾人分年龄、性别的经济活动人口

单位：人

年 龄	残疾人口			在业人口			不在业人口		
	合计	男	女	小计	男	女	小计	男	女
总 计	**946**	**491**	**455**	**173**	**123**	**50**	**773**	**368**	**405**
15-19	**35**	**22**	**13**	**10**	**7**	**3**	**25**	**15**	**10**
15岁	8	4	4	1	1		7	3	4
16岁	3	3		1	1		2	2	
17岁	8	5	3	2	1	1	6	4	2
18岁	7	5	2	3	3		4	2	2
19岁	9	5	4	3	1	2	6	4	2
20-24	**28**	**16**	**12**	**7**	**2**	**5**	**21**	**14**	**7**
20岁	6	3	3				6	3	3
21岁	3	2	1	2	1	1	1	1	
22岁	7	3	4	3	1	2	4	2	2
23岁	7	6	1	1		1	6	6	
24岁	5	2	3	1		1	4	2	2
25-29	**34**	**23**	**11**	**12**	**10**	**2**	**22**	**13**	**9**
25岁	2	1	1				2	1	1
26岁	8	4	4	5	3	2	3	1	2
27岁	5	4	1	2	2		3	2	1
28岁	10	6	4	4	4		6	2	4
29岁	9	8	1	1	1		8	7	1
30-34	**53**	**30**	**23**	**17**	**10**	**7**	**36**	**20**	**16**
30岁	11	6	5	3	2	1	8	4	4
31岁	9	6	3	3	2	1	6	4	2
32岁	14	9	5	5	3	2	9	6	3
33岁	6	3	3	2		2	4	3	1
34岁	13	6	7	4	3	1	9	3	6
35-39	**51**	**36**	**15**	**27**	**20**	**7**	**24**	**16**	**8**
35岁	14	7	7	7	4	3	7	3	4
36岁	8	5	3	5	4	1	3	1	2

2－13a 续表 1

单位：人

年龄	残疾人口			在业人口			不在业人口		
	合计	男	女	小计	男	女	小计	男	女
37岁	14	13	1	8	8		6	5	1
38岁	4	1	3	3		3	1	1	
39岁	11	10	1	4	4		7	6	1
40－44	**58**	**38**	**20**	**33**	**22**	**11**	**25**	**16**	**9**
40岁	11	6	5	7	4	3	4	2	2
41岁	12	11	1	6	5	1	6	6	
42岁	17	11	6	10	6	4	7	5	2
43岁	14	8	6	8	6	2	6	2	4
44岁	4	2	2	2	1	1	2	1	1
45－49	**45**	**29**	**16**	**17**	**13**	**4**	**28**	**16**	**12**
45岁	7	5	2	4	3	1	3	2	1
46岁	7	5	2	3	3		4	2	2
47岁	9	6	3	4	3	1	5	3	2
48岁	14	8	6	3	2	1	11	6	5
49岁	8	5	3	3	2	1	5	3	2
50－54	**43**	**24**	**19**	**16**	**13**	**3**	**27**	**11**	**16**
50岁	9	5	4	4	3	1	5	2	3
51岁	6	4	2	3	3		3	1	2
52岁	16	6	10	6	4	2	10	2	8
53岁	7	6	1	1	1		6	5	1
54岁	5	3	2	2	2		3	1	2
55－59	**37**	**23**	**14**	**11**	**9**	**2**	**26**	**14**	**12**
55岁	3	2	1				3	2	1
56岁	5	5		2	2		3	3	
57岁	11	5	6	4	3	1	7	2	5
58岁	12	7	5	2	1	1	10	6	4
59岁	6	4	2	3	3		3	1	2

2－13a 续表 2

单位：人

年 龄	残疾人口			在业人口			不在业人口		
	合计	男	女	小计	男	女	小计	男	女
60-64	**50**	**27**	**23**	**8**	**6**	**2**	**42**	**21**	**21**
60岁	5	5		1	1		4	4	
61岁	10	3	7				10	3	7
62岁	14	9	5	3	3		11	6	5
63岁	7	4	3	1	1		6	3	3
64岁	14	6	8	3	1	2	11	5	6
65-69	**72**	**41**	**31**	**4**	**3**	**1**	**68**	**38**	**30**
65岁	7	3	4				7	3	4
66岁	13	9	4	1	1		12	8	4
67岁	17	11	6	1	1		16	10	6
68岁	22	10	12	2	1	1	20	9	11
69岁	13	8	5				13	8	5
70-74	**132**	**61**	**71**	**7**	**5**	**2**	**125**	**56**	**69**
70岁	26	15	11	2	2		24	13	11
71岁	25	8	17				25	8	17
72岁	31	14	17				31	14	17
73岁	29	15	14	2	1	1	27	14	13
74岁	21	9	12	3	2	1	18	7	11
75-79	**137**	**57**	**80**	**3**	**3**		**134**	**54**	**80**
75岁	28	16	12				28	16	12
76岁	36	14	22	2	2		34	12	22
77岁	28	9	19				28	9	19
78岁	22	10	12				22	10	12
79岁	23	8	15	1	1		22	7	15
80-84	**102**	**36**	**66**	**1**		**1**	**101**	**36**	**65**
80岁	27	11	16				27	11	16
81岁	28	6	22	1		1	27	6	21
82岁	22	10	12				22	10	12
83岁	14	5	9				14	5	9
84岁	11	4	7				11	4	7
85+	**69**	**28**	**41**				**69**	**28**	**41**

2－13b 农村残疾人分年龄、性别的经济活动人口

单位：人

年龄	残疾人口			在业人口			不在业人口		
	合计	男	女	小计	男	女	小计	男	女
总计	**3302**	**1619**	**1683**	**751**	**538**	**213**	**2551**	**1081**	**1470**
15－19	**95**	**52**	**43**	**19**	**11**	**8**	**76**	**41**	**35**
15岁	22	14	8	2	1	1	20	13	7
16岁	15	5	10	2	1	1	13	4	9
17岁	24	15	9	7	5	2	17	10	7
18岁	19	11	8	7	4	3	12	7	5
19岁	15	7	8	1		1	14	7	7
20－24	**76**	**47**	**29**	**15**	**12**	**3**	**61**	**35**	**26**
20岁	17	10	7	4	4		13	6	7
21岁	15	10	5	4	3	1	11	7	4
22岁	15	5	10				15	5	10
23岁	14	11	3	3	2	1	11	9	2
24岁	15	11	4	4	3	1	11	8	3
25－29	**94**	**55**	**39**	**33**	**21**	**12**	**61**	**34**	**27**
25岁	10	6	4	2		2	8	6	2
26岁	14	9	5	8	5	3	6	4	2
27岁	19	12	7	7	5	2	12	7	5
28岁	25	14	11	7	3	4	18	11	7
29岁	26	14	12	9	8	1	17	6	11
30－34	**130**	**74**	**56**	**51**	**36**	**15**	**79**	**38**	**41**
30岁	20	8	12	5	3	2	15	5	10
31岁	32	19	13	16	9	7	16	10	6
32岁	26	13	13	10	8	2	16	5	11
33岁	32	20	12	11	9	2	21	11	10
34岁	20	14	6	9	7	2	11	7	4
35－39	**175**	**110**	**65**	**71**	**50**	**21**	**104**	**60**	**44**
35岁	35	23	12	13	8	5	22	15	7
36岁	35	25	10	14	12	2	21	13	8

2－13b 续表 1

单位：人

年 龄	残疾人口			在业人口			不在业人口		
	合计	男	女	小计	男	女	小计	男	女
37岁	35	24	11	18	13	5	17	11	6
38岁	33	19	14	13	9	4	20	10	10
39岁	37	19	18	13	8	5	24	11	13
40-44	**190**	**102**	**88**	**96**	**59**	**37**	**94**	**43**	**51**
40岁	44	22	22	18	10	8	26	12	14
41岁	34	22	12	17	13	4	17	9	8
42岁	40	21	19	20	13	7	20	8	12
43岁	45	24	21	23	14	9	22	10	12
44岁	27	13	14	18	9	9	9	4	5
45-49	**120**	**66**	**54**	**57**	**38**	**19**	**63**	**28**	**35**
45岁	27	19	8	16	12	4	11	7	4
46岁	16	7	9	7	2	5	9	5	4
47岁	22	9	13	10	5	5	12	4	8
48岁	35	20	15	15	12	3	20	8	12
49岁	20	11	9	9	7	2	11	4	7
50-54	**169**	**95**	**74**	**101**	**66**	**35**	**68**	**29**	**39**
50岁	32	22	10	24	18	6	8	4	4
51岁	43	25	18	23	14	9	20	11	9
52岁	38	20	18	22	15	7	16	5	11
53岁	32	17	15	22	13	9	10	4	6
54岁	24	11	13	10	6	4	14	5	9
55-59	**160**	**92**	**68**	**81**	**58**	**23**	**79**	**34**	**45**
55岁	27	14	13	13	9	4	14	5	9
56岁	36	21	15	15	11	4	21	10	11
57岁	33	18	15	20	13	7	13	5	8
58岁	33	16	17	16	9	7	17	7	10
59岁	31	23	8	17	16	1	14	7	7

2－13b 续表 2

单位：人

年 龄	残疾人口			在业人口			不在业人口		
	合计	男	女	小计	男	女	小计	男	女
60-64	**202**	**116**	**86**	**67**	**55**	**12**	**135**	**61**	**74**
60岁	36	21	15	12	10	2	24	11	13
61岁	44	25	19	14	14		30	11	19
62岁	31	17	14	12	10	2	19	7	12
63岁	45	25	20	13	8	5	32	17	15
64岁	46	28	18	16	13	3	30	15	15
65-69	**248**	**138**	**110**	**68**	**55**	**13**	**180**	**83**	**97**
65岁	40	23	17	9	8	1	31	15	16
66岁	40	23	17	21	16	5	19	7	12
67岁	35	16	19	9	6	3	26	10	16
68岁	59	33	26	15	13	2	44	20	24
69岁	74	43	31	14	12	2	60	31	29
70-74	**525**	**269**	**256**	**67**	**58**	**9**	**458**	**211**	**247**
70岁	100	56	44	25	21	4	75	35	40
71岁	105	54	51	15	11	4	90	43	47
72岁	116	55	61	10	9	1	106	46	60
73岁	114	55	59	10	10		104	45	59
74岁	90	49	41	7	7		83	42	41
75-79	**510**	**203**	**307**	**17**	**13**	**4**	**493**	**190**	**303**
75岁	87	38	49	3	3		84	35	49
76岁	89	41	48	6	5	1	83	36	47
77岁	126	49	77	2	2		124	47	77
78岁	109	41	68	4	1	3	105	40	65
79岁	99	34	65	2	2		97	32	65
80-84	**378**	**134**	**244**	**7**	**5**	**2**	**371**	**129**	**242**
80岁	94	36	58	2		2	92	36	56
81岁	91	34	57	3	3		88	31	57
82岁	75	30	45	1	1		74	29	45
83岁	57	14	43				57	14	43
84岁	61	20	41	1	1		60	19	41
85+	**230**	**66**	**164**	**1**	**1**		**229**	**65**	**164**

2－14　残疾人分年龄、性别的职业状况

单位：人

年　龄	在业残疾人			国家机关、党群组织、企业、事业单位负责人			专业技术人员			办事人员和有关人员		
	合计	男	女	合计	男	女	合计	男	女	小计	男	女
总　计	**924**	**661**	**263**	**3**	**3**		**11**	**11**		**21**	**19**	**2**
15-19	29	18	11									
20-24	22	14	8							1		1
25-29	45	31	14							1	1	
30-34	68	46	22				1	1		2	1	1
35-39	98	70	28				1	1		3	3	
40-44	129	81	48				1	1		5	5	
45-49	74	51	23				1	1		1	1	
50-54	117	79	38	2	2		2	2		4	4	
55-59	92	67	25	1	1		2	2		2	2	
60-64	75	61	14							2	2	
65+	175	143	32				3	3				

2－14　续表

单位：人

年　龄	商业、服务业人员			农、林、牧、渔、水利业生产人员			生产、运输设备操作人员及有关人员			不便分类的其他从业人员		
	小计	男	女	小计	男	女	小计	男	女	合计	男	女
总　计	**164**	**127**	**37**	**579**	**396**	**183**	**144**	**104**	**40**	**2**	**1**	**1**
15-19	12	9	3	3	3		14	6	8			
20-24	7	5	2	4	2	2	10	7	3			
25-29	7	6	1	20	11	9	17	13	4			
30-34	13	10	3	33	21	12	19	13	6			
35-39	20	16	4	48	32	16	26	18	8			
40-44	22	16	6	75	39	36	26	20	6			
45-49	20	14	6	46	30	16	6	5	1			
50-54	22	18	4	79	45	34	8	8				
55-59	7	7		74	50	24	6	5	1			
60-64	10	9	1	59	46	13	4	4				
65+	24	17	7	138	117	21	8	5	3	2	1	1

2－15 残疾人分性别、受教育程度的职业状况

单位：人

受教育程度	在业残疾人			国家机关、党群组织、企业、事业单位负责人			专业技术人员			办事人员和有关人员		
	合计	男	女	小计	男	女	小计	男	女	小计	男	女
总　计	**924**	**661**	**263**	**3**	**3**		**11**	**11**		**21**	**19**	**2**
不识字	280	144	136				1	1				
未上过学	12	12										
小　学	403	306	97				1	1		7	6	1
初　中	173	147	26				1	1		7	7	
高　中	38	35	3	1	1		3	3		3	3	
中　专	4	4		1	1		3	3				
大学专科	11	11		1	1		2	2		3	3	
大学本科	3	2	1							1		1
研究生												

2－15 续表

单位：人

受教育程度	商业、服务业人员			农、林、牧、渔、水利业生产人员			生产、运输设备操作人员及有关人员			不便分类的其他从业人员		
	小计	男	女	小计	男	女	小计	男	女	小计	男	女
总　计	**164**	**127**	**37**	**579**	**396**	**183**	**144**	**104**	**40**	**2**	**1**	**1**
不识字	29	13	16	219	112	107	29	17	12	2	1	1
未上过学	1	1		9	9		2	2				
小　学	67	55	12	260	196	64	68	48	20			
初　中	49	42	7	78	67	11	38	30	8			
高　中	14	12	2	10	9	1	7	7				
中　专												
大学专科	3	3		2	2							
大学本科	1	1		1	1							
研究生												

2－16 各地区残疾人分性别的未工作状况

单位：人

地　区	未工作残疾人			在校学生			离退休		
	合计	男	女	小计	男	女	小计	男	女
总　计	**3324**	**1449**	**1875**	**27**	**13**	**14**	**286**	**202**	**84**
厦门市思明区	129	57	72	1	1		54	22	32
龙岩市新罗区	228	102	126	2		2	26	19	7
莆田市城厢区	126	56	70	1	1		12	9	3
泉州市泉港区	150	53	97	1		1	5	5	
厦门市集美区	133	70	63	3	2	1	34	25	9
泉州市南安市	96	47	49	2	2		3	2	1
福州市福清市	162	80	82	1		1	8	8	
泉州市晋江市	127	59	68	2	1	1	4	4	
福州市长乐市	142	54	88	2	1	1	14	9	5
宁德市福鼎市	129	59	70	1		1	2	2	
南平市邵武市	182	76	106	4	2	2	12	9	3
莆田市仙游县	135	49	86				7	4	3
福州市闽侯县	170	76	94				11	11	
福州市永泰县	155	74	81				26	19	7
龙岩市上杭县	173	68	105	2	1	1	17	15	2
三明市大田县	158	70	88	1		1	6	6	
三明市沙县	165	69	96				16	12	4
泉州市安溪县	117	49	68	1		1	7	7	
漳州市漳浦县	160	69	91	2	1	1	8	6	2
漳州市南靖县	150	54	96				3		3
宁德市霞浦县	181	86	95				5	4	1
南平市政和县	156	72	84	1	1		6	4	2

2－16 续表 1

单位：人

地　区	料理家务			丧失劳动能力			毕业后未工作		
	小计	男	女	小计	男	女	小计	男	女
总　计	**741**	**103**	**638**	**2128**	**1023**	**1105**	**13**	**8**	**5**
厦门市思明区	11	1	10	49	21	28			
龙岩市新罗区	55	4	51	121	61	60	1	1	
莆田市城厢区	32	10	22	79	35	44			
泉州市泉港区	30	5	25	110	41	69			
厦门市集美区	31	4	27	53	30	23	1	1	
泉州市南安市	29	3	26	55	34	21			
福州市福清市	86	32	54	59	33	26			
泉州市晋江市	28	6	22	88	43	45			
福州市长乐市	42		42	80	41	39	2	1	1
宁德市福鼎市	14		14	104	52	52	1	1	
南平市邵武市	39	3	36	122	58	64	2	1	1
莆田市仙游县	26	3	23	99	40	59			
福州市闽侯县	33	2	31	124	61	63	1	1	
福州市永泰县	13	1	12	115	54	61	1		1
龙岩市上杭县	39	7	32	110	41	69			
三明市大田县	33	2	31	111	57	54	1		1
三明市沙县	47	2	45	100	55	45			
泉州市安溪县	16	1	15	88	37	51	2	1	1
漳州市漳浦县	25	2	23	108	48	60			
漳州市南靖县	47	9	38	97	42	55			
宁德市霞浦县	30	6	24	143	73	70			
南平市政和县	35		35	113	66	47	1	1	

2-16 续表 2

单位：人

地区	因单位原因失去原工作			因本人原因失去原工作			承包土地被征用			其他		
	小计	男	女	小计	男	女	小计	男	女	小计	男	女
总计	**12**	**10**	**2**	**25**	**19**	**6**	**8**	**7**	**1**	**84**	**64**	**20**
厦门市思明区	4	4		4	3	1	3	3		3	2	1
龙岩市新罗区	1	1		1		1	4	3	1	17	13	4
莆田市城厢区				1	1					1		1
泉州市泉港区				1	1					3	1	2
厦门市集美区	3	2	1	1	1		1	1		6	4	2
泉州市南安市				1	1					6	5	1
福州市福清市				1	1					7	6	1
泉州市晋江市				1	1					4	4	
福州市长乐市										2	2	
宁德市福鼎市	1	1		5	2	3				1	1	
南平市邵武市				1	1					2	2	
莆田市仙游县	1		1	1	1					1	1	
福州市闽侯县										1	1	
福州市永泰县												
龙岩市上杭县				3	2	1				2	2	
三明市大田县	1	1								5	4	1
三明市沙县										2		2
泉州市安溪县				3	3							
漳州市漳浦县	1	1		1	1					15	10	5
漳州市南靖县										3	3	
宁德市霞浦县										3	3	
南平市政和县												

2－16a 各地区城镇残疾人分性别的未工作状况

单位：人

地区	未工作残疾人			在校学生			离退休		
	合计	男	女	小计	男	女	小计	男	女
总计	**773**	**368**	**405**	**11**	**5**	**6**	**189**	**112**	**77**
厦门市思明区	129	57	72	1	1		54	22	32
龙岩市新罗区	50	26	24				13	8	5
莆田市城厢区	23	11	12				7	4	3
泉州市泉港区	25	11	14						
厦门市集美区	96	53	43	3	2	1	31	22	9
泉州市南安市	30	13	17	2	2		1		1
福州市福清市	20	11	9				2	2	
泉州市晋江市	25	12	13	1		1	2	2	
福州市长乐市	29	16	13				9	6	3
宁德市福鼎市	41	23	18	1		1	1	1	
南平市邵武市	30	14	16	1		1	9	7	2
莆田市仙游县	66	27	39				7	4	3
福州市闽侯县									
福州市永泰县	51	23	28				21	14	7
龙岩市上杭县	26	16	10				10	8	2
三明市大田县	4	1	3	1		1	1	1	
三明市沙县	24	10	14				9	5	4
泉州市安溪县	17	5	12				2	2	
漳州市漳浦县	19	10	9	1		1	4	2	2
漳州市南靖县	16	7	9				3		3
宁德市霞浦县	52	22	30				3	2	1
南平市政和县									

2－16a 续表 1

单位：人

地 区	料理家务			丧失劳动能力			毕业后未工作		
	小计	男	女	小计	男	女	小计	男	女
总 计	**137**	**17**	**120**	**385**	**196**	**189**	**2**	**1**	**1**
厦门市思明区	11	1	10	49	21	28			
龙岩市新罗区	8	1	7	22	13	9			
莆田市城厢区	7	2	5	8	4	4			
泉州市泉港区	6	1	5	19	10	9			
厦门市集美区	20	3	17	34	21	13			
泉州市南安市	7		7	18	9	9			
福州市福清市	9	4	5	7	4	3			
泉州市晋江市	4		4	18	10	8			
福州市长乐市	7		7	11	8	3	1	1	
宁德市福鼎市	8		8	29	20	9			
南平市邵武市	9		9	10	6	4			
莆田市仙游县	14	3	11	43	19	24			
福州市闽侯县									
福州市永泰县	5		5	24	9	15	1		1
龙岩市上杭县	1		1	11	5	6			
三明市大田县	2		2						
三明市沙县	5		5	9	5	4			
泉州市安溪县				15	3	12			
漳州市漳浦县	4	1	3	6	3	3			
漳州市南靖县	3	1	2	10	6	4			
宁德市霞浦县	7		7	42	20	22			
南平市政和县									

2－16a 续表 2

单位：人

地　区	因单位原因失去原工作			因本人原因失去原工作			承包土地被征用			其　他		
	小计	男	女	小计	男	女	小计	男	女	小计	男	女
总　计	**11**	**9**	**2**	**12**	**9**	**3**	**7**	**6**	**1**	**19**	**13**	**6**
厦门市思明区	4	4		4	3	1	3	3		3	2	1
龙岩市新罗区	1	1		1		1	4	3	1	1		1
莆田市城厢区				1	1							
泉州市泉港区												
厦门市集美区	3	2	1	1	1					4	2	2
泉州市南安市										2	2	
福州市福清市										2	1	1
泉州市晋江市												
福州市长乐市										1	1	
宁德市福鼎市	1	1								1	1	
南平市邵武市										1	1	
莆田市仙游县	1		1	1	1							
福州市闽侯县												
福州市永泰县												
龙岩市上杭县				3	2	1				1	1	
三明市大田县												
三明市沙县										1		1
泉州市安溪县												
漳州市漳浦县	1	1		1	1					2	2	
漳州市南靖县												
宁德市霞浦县												
南平市政和县												

2－16b 各地区农村残疾人分性别的未工作状况

单位：人

地区	未工作残疾人			在校学生			离退休		
	合计	男	女	小计	男	女	小计	男	女
总计	**2551**	**1081**	**1470**	**16**	**8**	**8**	**97**	**90**	**7**
厦门市思明区									
龙岩市新罗区	178	76	102	2		2	13	11	2
莆田市城厢区	103	45	58	1	1		5	5	
泉州市泉港区	125	42	83	1		1	5	5	
厦门市集美区	37	17	20				3	3	
泉州市南安市	66	34	32				2	2	
福州市福清市	142	69	73	1		1	6	6	
泉州市晋江市	102	47	55	1	1		2	2	
福州市长乐市	113	38	75	2	1	1	5	3	2
宁德市福鼎市	88	36	52				1	1	
南平市邵武市	152	62	90	3	2	1	3	2	1
莆田市仙游县	69	22	47						
福州市闽侯县	170	76	94				11	11	
福州市永泰县	104	51	53				5	5	
龙岩市上杭县	147	52	95	2	1	1	7	7	
三明市大田县	154	69	85				5	5	
三明市沙县	141	59	82				7	7	
泉州市安溪县	100	44	56	1		1	5	5	
漳州市漳浦县	141	59	82	1	1		4	4	
漳州市南靖县	134	47	87						
宁德市霞浦县	129	64	65				2	2	
南平市政和县	156	72	84	1	1		6	4	2

2-16b 续表 1

单位：人

地区	料理家务			丧失劳动能力			毕业后未工作		
	小计	男	女	小计	男	女	小计	男	女
总计	**604**	**86**	**518**	**1743**	**827**	**916**	**11**	**7**	**4**
厦门市思明区									
龙岩市新罗区	47	3	44	99	48	51	1	1	
莆田市城厢区	25	8	17	71	31	40			
泉州市泉港区	24	4	20	91	31	60			
厦门市集美区	11	1	10	19	9	10	1	1	
泉州市南安市	22	3	19	37	25	12			
福州市福清市	77	28	49	52	29	23			
泉州市晋江市	24	6	18	70	33	37			
福州市长乐市	35		35	69	33	36	1		1
宁德市福鼎市	6		6	75	32	43	1	1	
南平市邵武市	30	3	27	112	52	60	2	1	1
莆田市仙游县	12		12	56	21	35			
福州市闽侯县	33	2	31	124	61	63	1	1	
福州市永泰县	8	1	7	91	45	46			
龙岩市上杭县	38	7	31	99	36	63			
三明市大田县	31	2	29	111	57	54	1		1
三明市沙县	42	2	40	91	50	41			
泉州市安溪县	16	1	15	73	34	39	2	1	1
漳州市漳浦县	21	1	20	102	45	57			
漳州市南靖县	44	8	36	87	36	51			
宁德市霞浦县	23	6	17	101	53	48			
南平市政和县	35		35	113	66	47	1	1	

2-16b 续表 2

单位：人

地区	因单位原因失去原工作			因本人原因失去原工作			承包土地被征用			其他		
	小计	男	女	小计	男	女	小计	男	女	小计	男	女
总计	**1**	**1**		**13**	**10**	**3**	**1**	**1**		**65**	**51**	**14**
厦门市思明区												
龙岩市新罗区										16	13	3
莆田市城厢区										1		1
泉州市泉港区				1	1					3	1	2
厦门市集美区							1	1		2	2	
泉州市南安市				1	1					4	3	1
福州市福清市				1	1					5	5	
泉州市晋江市				1	1					4	4	
福州市长乐市										1	1	
宁德市福鼎市				5	2	3						
南平市邵武市				1	1					1	1	
莆田市仙游县										1	1	
福州市闽侯县										1	1	
福州市永泰县												
龙岩市上杭县										1	1	
三明市大田县	1	1								5	4	1
三明市沙县										1		1
泉州市安溪县				3	3							
漳州市漳浦县										13	8	5
漳州市南靖县										3	3	
宁德市霞浦县										3	3	
南平市政和县												

2－17 残疾人分年龄、性别的未工作状况

单位：人

年龄	未工作残疾人			在校学生			离退休		
	合计	男	女	小计	男	女	小计	男	女
总计	**3324**	**1449**	**1875**	**27**	**13**	**14**	**286**	**202**	**84**
15-19	101	56	45	26	13	13			
20-24	82	49	33	1		1			
25-29	83	47	36						
30-34	115	58	57						
35-39	128	76	52						
40-44	119	59	60						
45-49	91	44	47				3	2	1
50-54	95	40	55				6	2	4
55-59	105	48	57				4	2	2
60-64	177	82	95				34	25	9
65-69	248	121	127				34	25	9
70-74	583	267	316				70	49	21
75-79	627	244	383				70	55	15
80-84	472	165	307				40	28	12
85+	298	93	205				25	14	11

2－17 续表 1

单位：人

年龄	料理家务			丧失劳动能力			毕业后未工作		
	小计	男	女	小计	男	女	小计	男	女
总计	**741**	**103**	**638**	**2128**	**1023**	**1105**	**13**	**8**	**5**
15-19	4		4	49	26	23	6	4	2
20-24	10	1	9	55	38	17	5	3	2
25-29	15	1	14	55	36	19			
30-34	33	1	32	66	43	23			
35-39	28		28	85	62	23			
40-44	43	4	39	71	50	21			
45-49	32		32	48	35	13	1	1	
50-54	26	1	25	59	34	25			
55-59	35	5	30	60	37	23			
60-64	54	3	51	84	50	34			
65-69	64	13	51	144	78	66			
70-74	162	34	128	342	177	165	1		1
75-79	134	17	117	417	167	250			
80-84	72	19	53	353	115	238			
85+	29	4	25	240	75	165			

2－17　续表 2

单位：人

年龄	因单位原因失去原工作			因本人原因失去原工作			承包土地被征用			其他		
	小计	男	女	小计	男	女	小计	男	女	小计	男	女
总计	**12**	**10**	**2**	**25**	**19**	**6**	**8**	**7**	**1**	**84**	**64**	**20**
15–19				3	1	2				13	12	1
20–24				4	2	2				7	5	2
25–29				5	5					8	5	3
30–34	3	2	1	5	5					8	7	1
35–39	2	2		2	2					11	10	1
40–44	1	1								4	4	
45–49	2	2		2	1	1				3	3	
50–54	1	1		1		1	1	1		1	1	
55–59	3	2	1							3	2	1
60–64				2	2		1	1		2	1	1
65–69				1	1		3	3		2	1	1
70–74							1		1	7	7	
75–79							2	2		4	3	1
80–84										7	3	4
85+										4		4

2－17a　城镇残疾人分年龄、性别的未工作状况

单位：人

年龄	未工作残疾人			在校学生			离退休		
	合计	男	女	小计	男	女	小计	男	女
总计	**773**	**368**	**405**	**11**	**5**	**6**	**189**	**112**	**77**
15–19	25	15	10	11	5	6			
20–24	21	14	7						
25–29	22	13	9						
30–34	36	20	16						
35–39	24	16	8						
40–44	25	16	9						
45–49	28	16	12				3	2	1
50–54	27	11	16				5	2	3
55–59	26	14	12				4	2	2
60–64	42	21	21				20	12	8
65–69	68	38	30				23	15	8
70–74	125	56	69				43	25	18
75–79	134	54	80				43	29	14
80–84	101	36	65				27	15	12
85+	69	28	41				21	10	11

2－17a 续表 1

单位：人

年 龄	料理家务			丧失劳动能力			毕业后未工作		
	小计	男	女	小计	男	女	小计	男	女
总 计	**137**	**17**	**120**	**385**	**196**	**189**	**2**	**1**	**1**
15-19	1		1	12	9	3			
20-24				15	11	4	2	1	1
25-29	3		3	13	8	5			
30-34	9	1	8	18	12	6			
35-39	4		4	17	13	4			
40-44	5		5	16	12	4			
45-49	6		6	15	11	4			
50-54	4		4	15	7	8			
55-59	6	1	5	12	9	3			
60-64	7	1	6	13	6	7			
65-69	14	2	12	27	17	10			
70-74	28	4	24	53	27	26			
75-79	27	1	26	62	22	40			
80-84	17	6	11	56	15	41			
85+	6	1	5	41	17	24			

2－17a 续表 2

单位：人

年 龄	因单位原因失去原工作			因本人原因失去原工作			承包土地被征用			其 他		
	小计	男	女	小计	男	女	小计	男	女	小计	男	女
总 计	**11**	**9**	**2**	**12**	**9**	**3**	**7**	**6**	**1**	**19**	**13**	**6**
15-19										1	1	
20-24				2	1	1				2	1	1
25-29				3	3					3	2	1
30-34	3	2	1	3	3					3	2	1
35-39	1	1		1	1					1	1	
40-44	1	1								3	3	
45-49	2	2		1		1				1	1	
50-54	1	1		1		1	1	1				
55-59	3	2	1							1		1
60-64				1	1					1	1	
65-69							3	3		1	1	
70-74							1		1			
75-79							2	2				
80-84										1		1
85+										1		1

2－17b 农村残疾人分年龄、性别的未工作状况

单位：人

年龄	未工作残疾人			在校学生			离退休		
	合计	男	女	小计	男	女	小计	男	女
总计	**2551**	**1081**	**1470**	**16**	**8**	**8**	**97**	**90**	**7**
15-19	76	41	35	15	8	7			
20-24	61	35	26	1		1			
25-29	61	34	27						
30-34	79	38	41						
35-39	104	60	44						
40-44	94	43	51						
45-49	63	28	35						
50-54	68	29	39				1		1
55-59	79	34	45						
60-64	135	61	74				14	13	1
65-69	180	83	97				11	10	1
70-74	458	211	247				27	24	3
75-79	493	190	303				27	26	1
80-84	371	129	242				13	13	
85+	229	65	164				4	4	

2－17b 续表 1

单位：人

年龄	料理家务			丧失劳动能力			毕业后未工作		
	小计	男	女	小计	男	女	小计	男	女
总计	**604**	**86**	**518**	**1743**	**827**	**916**	**11**	**7**	**4**
15-19	3		3	37	17	20	6	4	2
20-24	10	1	9	40	27	13	3	2	1
25-29	12	1	11	42	28	14			
30-34	24		24	48	31	17			
35-39	24		24	68	49	19			
40-44	38	4	34	55	38	17			
45-49	26		26	33	24	9	1	1	
50-54	22	1	21	44	27	17			
55-59	29	4	25	48	28	20			
60-64	47	2	45	71	44	27			
65-69	50	11	39	117	61	56			
70-74	134	30	104	289	150	139	1		1
75-79	107	16	91	355	145	210			
80-84	55	13	42	297	100	197			
85+	23	3	20	199	58	141			

2－17b 续表 2

单位：人

年龄	因单位原因失去原工作			因本人原因失去原工作			承包土地被征用			其他		
	小计	男	女	小计	男	女	小计	男	女	小计	男	女
总计	**1**	**1**		**13**	**10**	**3**	**1**	**1**		**65**	**51**	**14**
15-19				3	1	2				12	11	1
20-24				2	1	1				5	4	1
25-29				2	2					5	3	2
30-34				2	2					5	5	
35-39	1	1		1	1					10	9	1
40-44										1	1	
45-49				1	1					2	2	
50-54										1	1	
55-59										2	2	
60-64				1	1		1	1		1		1
65-69				1	1					1		1
70-74										7	7	
75-79										4	3	1
80-84										6	3	3
85+										3		3

2－18　各地区分性别、未工作残疾人的主要生活来源

单位：人

地　区	未工作残疾人			离退休金			领取基本生活费		
	合计	男	女	小计	男	女	小计	男	女
总　计	**3324**	**1449**	**1875**	**284**	**202**	**82**	**337**	**213**	**124**
厦门市思明区	129	57	72	54	22	32	16	8	8
龙岩市新罗区	228	102	126	26	20	6	14	9	5
莆田市城厢区	126	56	70	13	9	4	5	3	2
泉州市泉港区	150	53	97	4	4		12	8	4
厦门市集美区	133	70	63	34	25	9	8	5	3
泉州市南安市	96	47	49	4	3	1	3	1	2
福州市福清市	162	80	82	8	8		13	9	4
泉州市晋江市	127	59	68	4	4		7	5	2
福州市长乐市	142	54	88	11	8	3	6	4	2
宁德市福鼎市	129	59	70	2	2		18	9	9
南平市邵武市	182	76	106	12	9	3	9	7	2
莆田市仙游县	135	49	86	7	4	3	27	15	12
福州市闽侯县	170	76	94	11	11		9	6	3
福州市永泰县	155	74	81	26	19	7	15	11	4
龙岩市上杭县	173	68	105	17	15	2	26	14	12
三明市大田县	158	70	88	6	6		24	12	12
三明市沙县	165	69	96	16	12	4	4	3	1
泉州市安溪县	117	49	68	7	7		15	11	4
漳州市漳浦县	160	69	91	8	6	2	18	12	6
漳州市南靖县	150	54	96	3		3	5	4	1
宁德市霞浦县	181	86	95	5	4	1	25	20	5
南平市政和县	156	72	84	6	4	2	58	37	21

2-18 续表

单位：人

地区	家庭其他成员供养			财产性收入			保险收入			其他		
	小计	男	女	小计	男	女	小计	男	女	小计	男	女
总计	**2619**	**988**	**1631**	**9**	**6**	**3**	**2**	**1**	**1**	**73**	**39**	**34**
厦门市思明区	50	20	30	2	2					7	5	2
龙岩市新罗区	177	68	109							11	5	6
莆田市城厢区	103	43	60	1		1				4	1	3
泉州市泉港区	132	39	93							2	2	
厦门市集美区	79	33	46							12	7	5
泉州市南安市	89	43	46									
福州市福清市	140	62	78	1	1							
泉州市晋江市	116	50	66									
福州市长乐市	120	40	80	1	1					4	1	3
宁德市福鼎市	100	42	58	3	2	1	1	1		5	3	2
南平市邵武市	160	60	100							1		1
莆田市仙游县	99	28	71							2	2	
福州市闽侯县	146	55	91							4	4	
福州市永泰县	114	44	70									
龙岩市上杭县	119	36	83				1		1	10	3	7
三明市大田县	127	52	75							1		1
三明市沙县	145	54	91									
泉州市安溪县	93	30	63							2	1	1
漳州市漳浦县	132	49	83							2	2	
漳州市南靖县	141	49	92							1	1	
宁德市霞浦县	147	60	87	1		1				3	2	1
南平市政和县	90	31	59							2		2

2－19　分年龄、性别、未工作残疾人的主要生活来源

单位：人

年　龄	未工作残疾人			离退休金			领取基本生活费		
	合计	男	女	小计	男	女	小计	男	女
总　计	**3324**	**1449**	**1875**	**284**	**202**	**82**	**337**	**213**	**124**
15-19	101	56	45				5	3	2
20-24	82	49	33				13	9	4
25-29	83	47	36				10	6	4
30-34	115	58	57				21	13	8
35-39	128	76	52				36	23	13
40-44	119	59	60				38	24	14
45-49	91	44	47	3	2	1	24	18	6
50-54	95	40	55	5	2	3	16	11	5
55-59	105	48	57	4	2	2	12	10	2
60-64	177	82	95	34	25	9	17	14	3
65-69	248	121	127	34	25	9	23	13	10
70-74	583	267	316	70	50	20	43	27	16
75-79	627	244	383	69	54	15	38	23	15
80-84	472	165	307	39	27	12	25	15	10
85+	298	93	205	26	15	11	16	4	12

2－19　续表

单位：人

年　龄	家庭其他成员供养			财产性收入			保险收入			其　他		
	小计	男	女	小计	男	女	小计	男	女	小计	男	女
总　计	**2619**	**988**	**1631**	**9**	**6**	**3**	**2**	**1**	**1**	**73**	**39**	**34**
15-19	94	51	43							2	2	
20-24	69	40	29									
25-29	71	40	31							2	1	1
30-34	89	42	47							5	3	2
35-39	81	43	38	1	1					10	9	1
40-44	75	30	45	1	1					5	4	1
45-49	62	22	40							2	2	
50-54	69	23	46	1	1					4	3	1
55-59	85	33	52	1	1					3	2	1
60-64	124	41	83	1	1		1	1				
65-69	187	83	104							4		4
70-74	460	185	275	2		2				8	5	3
75-79	508	162	346	1	1		1		1	10	4	6
80-84	401	121	280							7	2	5
85+	244	72	172	1		1				11	2	9

2－19a 城镇分年龄、性别、未工作残疾人的主要生活来源

单位：人

年 龄	未工作残疾人			离退休金			领取基本生活费		
	合计	男	女	小计	男	女	小计	男	女
总 计	**773**	**368**	**405**	**188**	**112**	**76**	**60**	**36**	**24**
15-19	25	15	10				1	1	
20-24	21	14	7				3	2	1
25-29	22	13	9				2	1	1
30-34	36	20	16				4	3	1
35-39	24	16	8				4	2	2
40-44	25	16	9				11	7	4
45-49	28	16	12	3	2	1	7	6	1
50-54	27	11	16	5	2	3	3	1	2
55-59	26	14	12	4	2	2	3	2	1
60-64	42	21	21	20	12	8	3	2	1
65-69	68	38	30	23	15	8	5	3	2
70-74	125	56	69	42	25	17	5	4	1
75-79	134	54	80	43	29	14	4		4
80-84	101	36	65	26	14	12	2	2	
85+	69	28	41	22	11	11	3		3

2－19a 续表

单位：人

年 龄	家庭其他成员供养			财产性收入			保险收入			其 他		
	小计	男	女	小计	男	女	小计	男	女	小计	男	女
总 计	**498**	**202**	**296**	**7**	**5**	**2**				**20**	**13**	**7**
15-19	24	14	10									
20-24	18	12	6									
25-29	20	12	8									
30-34	30	15	15							2	2	
35-39	16	10	6	1	1					3	3	
40-44	12	7	5							2	2	
45-49	17	7	10							1	1	
50-54	17	6	11	1	1					1	1	
55-59	18	9	9	1	1							
60-64	18	6	12	1	1							
65-69	39	20	19							1		1
70-74	74	27	47	2		2				2		2
75-79	83	22	61	1	1					3	2	1
80-84	70	19	51							3	1	2
85+	42	16	26							2	1	1

2－19b 农村分年龄、性别、未工作残疾人的主要生活来源

单位：人

年龄	未工作残疾人			离退休金			领取基本生活费		
	合计	男	女	小计	男	女	小计	男	女
总 计	**2551**	**1081**	**1470**	**96**	**90**	**6**	**277**	**177**	**100**
15–19	76	41	35				4	2	2
20–24	61	35	26				10	7	3
25–29	61	34	27				8	5	3
30–34	79	38	41				17	10	7
35–39	104	60	44				32	21	11
40–44	94	43	51				27	17	10
45–49	63	28	35				17	12	5
50–54	68	29	39				13	10	3
55–59	79	34	45				9	8	1
60–64	135	61	74	14	13	1	14	12	2
65–69	180	83	97	11	10	1	18	10	8
70–74	458	211	247	28	25	3	38	23	15
75–79	493	190	303	26	25	1	34	23	11
80–84	371	129	242	13	13		23	13	10
85+	229	65	164	4	4		13	4	9

2－19b 续表

单位：人

年龄	家庭其他成员供养			财产性收入			保险收入			其 他		
	小计	男	女	小计	男	女	小计	男	女	小计	男	女
总 计	**2121**	**786**	**1335**	**2**	**1**	**1**	**2**	**1**	**1**	**53**	**26**	**27**
15–19	70	37	33							2	2	
20–24	51	28	23									
25–29	51	28	23							2	1	1
30–34	59	27	32							3	1	2
35–39	65	33	32							7	6	1
40–44	63	23	40	1	1					3	2	1
45–49	45	15	30							1	1	
50–54	52	17	35							3	2	1
55–59	67	24	43							3	2	1
60–64	106	35	71				1	1				
65–69	148	63	85							3		3
70–74	386	158	228							6	5	1
75–79	425	140	285				1			7	2	5
80–84	331	102	229							4	1	3
85+	202	56	146	1		1				9	1	8

2－20 0－14岁残疾儿童及其家庭基本情况

指　　标	单 位	数 量
0－14岁残疾儿童总人数	人	219
有残疾儿童的家庭户	户	216
残疾类别		
视力残疾人	人	6
听力残疾人	人	5
言语残疾人	人	14
肢体残疾人	人	32
智力残疾人	人	100
精神残疾人	人	3
多重残疾人	人	59
性别		
男	人	132
女	人	87
性别比(以女性为100)		151.72
年龄		
0-5岁	人	77
6岁	人	15
7-14岁	人	127
民族		
汉族	人	214
少数民族	人	5
户口性质		
农业	人	181
非农业	人	27
户口待定	人	11
受教育程度		
未上过学	人	
小学	人	92
初中	人	18
在校生接受义务教育情况		
普通教育学校普通班	人	91
普通教育学校特教班	人	5
特殊教育学校	人	9
其他	人	7
残疾儿童家庭户2005年人均收入水平		
户人均收入	元	3385
城市	元	4567
农村	元	2897
人均收入在0-683元之间	户	8
人均收入在684-994元之间	户	16

2－21 15岁及以上残疾妇女及其家庭基本情况

指　　标	单 位	数 量
15岁及以上残疾妇女总人数	人	2138
有残疾妇女的家庭户	户	2079
残疾类别		
视力残疾人	人	437
听力残疾人	人	611
言语残疾人	人	17
肢体残疾人	人	432
智力残疾人	人	130
精神残疾人	人	154
多重残疾人	人	357
年龄		
15-49岁	人	484
50-59岁	人	175
60-74岁	人	577
75-89岁	人	845
90岁及以上	人	57
民族		
汉族	人	2085
少数民族	人	53
户口性质		
农业	人	1884
非农业	人	253
户口待定	人	1
文盲人口	人	1587
受教育程度		
未上过学	人	15
小学	人	401
初中	人	100

2－21 续表

指　　标	单 位	数 量
高中	人	21
中专	人	7
大学专科	人	4
大学本科	人	3
研究生	人	
婚姻状况		
未婚	人	107
初婚有配偶	人	930
再婚有配偶	人	44
离婚	人	12
丧偶	人	1045
当前工作状况		
当前有工作	人	263
当前无工作	人	1875
当前无工作者主要生活来源		
离退休金	人	82
领取基本生活费	人	124
家庭其他成员供养	人	1631
财产性收入	人	3
保险收入	人	1
其他	人	34
残疾妇女家庭户2005年人均收入水平		
户人均收入	元	3526
城市	元	5003
农村	元	3135
人均收入在0-683元之间	户	115
人均收入在684-994元之间	户	75

2－22 60岁及以上老年残疾人及其家庭基本情况

指　　标	单 位	数 量
60岁及以上老年残疾人总数	人	2655
有老年残疾人的家庭户	户	2447
残疾类别		
视力残疾人	人	582
听力残疾人	人	1074
言语残疾人	人	7
肢体残疾人	人	478
智力残疾人	人	36
精神残疾人	人	56
多重残疾人	人	422
性别		
男	人	1176
女	人	1479
性别比(以女性为100)		79.51
年龄		
60-74岁	人	1229
75-89岁	人	1354
90岁及以上	人	72
民族		
汉族	人	2592
少数民族	人	63
户口性质		
农业	人	2251
非农业	人	402
户口待定	人	2
文盲人口	人	1694
受教育程度		
未上过学	人	35
小学	人	683

2－22 续表

指　　标	单　位	数　量
初中	人	157
高中	人	44
中专	人	20
大学专科	人	14
大学本科	人	8
研究生	人	
婚姻状况		
未婚	人	66
初婚有配偶	人	1212
再婚有配偶	人	60
离婚	人	24
丧偶	人	1293
当前工作状况		
当前有工作	人	250
当前无工作	人	2405
当前无工作者主要生活来源		
离退休金	人	272
领取基本生活费	人	162
家庭其他成员供养	人	1924
财产性收入	人	5
保险收入	人	2
其他	人	40
老年残疾人家庭户2005年人均收入水平		
户人均收入	元	3600
城市	元	5200
农村	元	3164
人均收入在0-683元之间	户	130
人均收入在684-994元之间	户	85

第三部分　残疾人的残疾类别、等级和主要致残原因

3－1 各地区残疾人分残疾类别、残疾等级的分布

单位：人

地区	视力残疾					听力残疾				
	小计	一级	二级	三级	四级	小计	一级	二级	三级	四级
总计	**718**	**110**	**53**	**62**	**493**	**1239**	**69**	**129**	**563**	**478**
厦门市思明区	23	5	4	2	12	40	6	5	13	16
龙岩市新罗区	12	2	2	2	6	138	2	10	50	76
莆田市城厢区	37	7		4	26	23	2	3	15	3
泉州市泉港区	44	3	4	8	29	46	5	14	27	
厦门市集美区	26	7	3	2	14	46	1	4	20	21
泉州市南安市	24	2	3	1	18	22	1	5	15	1
福州市福清市	14	8		1	5	76	6	3	40	27
泉州市晋江市	18	1			17	48	5	6	31	6
福州市长乐市	38	2	4	1	31	28	1	1	7	19
宁德市福鼎市	40	7	5	7	21	15		11	4	
南平市邵武市	44	7	1		36	95	9	15	49	22
莆田市仙游县	29	3		5	21	52	2	1	5	44
福州市闽侯县	9	4	1		4	78	4	3	41	30
福州市永泰县	23	5	1	3	14	56	5	3	33	15
龙岩市上杭县	40	7	3	5	25	77	2	10	59	6
三明市大田县	62	3	3	1	55	53	1	8	29	15
三明市沙县	24	1	1	3	19	87	5	5	37	40
泉州市安溪县	30	9	3		18	34			22	12
漳州市漳浦县	19	9	2	3	5	73	8	7	30	28
漳州市南靖县	39	4	6	3	26	68		3	8	57
宁德市霞浦县	83	9	4	7	63	35	2	4	15	14
南平市政和县	40	5	3	4	28	49	2	8	13	26

3－1 续表 1

单位：人

地区	言语残疾					肢体残疾				
	小计	一级	二级	三级	四级	小计	一级	二级	三级	四级
总　计	**54**	**8**	**5**	**11**	**30**	**1008**	**38**	**93**	**216**	**661**
厦门市思明区	2				2	32		5	8	19
龙岩市新罗区	4			1	3	46	4	1	16	25
莆田市城厢区	1				1	57		4	5	48
泉州市泉港区	4	1		2	1	54		7	14	33
厦门市集美区						37	1	5	4	27
泉州市南安市	5	1			4	46	2	5	4	35
福州市福清市	2			2		28		6	6	16
泉州市晋江市	1	1				51	3	3	7	38
福州市长乐市	1				1	43	2	3	8	30
宁德市福鼎市	3			2	1	60	2	11	9	38
南平市邵武市	2				2	46	3	3	13	27
莆田市仙游县	1	1				47	1	5	13	28
福州市闽侯县	2	1			1	36		4	8	24
福州市永泰县	1				1	45		2	11	32
龙岩市上杭县	3				3	25		8	8	9
三明市大田县	3		1		2	72	7	6	26	33
三明市沙县	6	2	1	1	2	44	2	3	10	29
泉州市安溪县	2				2	43	3	1	6	33
漳州市漳浦县	1				1	62	3	4	9	46
漳州市南靖县	1		1			33	1	2	4	26
宁德市霞浦县	5	1	1	1	2	44		3	13	28
南平市政和县	4		1	2	1	57	4	2	14	37

3－1 续表 2

单位：人

地　区	智力残疾					精神残疾				
	小计	一级	二级	三级	四级	小计	一级	二级	三级	四级
总　计	**386**	**39**	**54**	**114**	**179**	**330**	**83**	**49**	**64**	**134**
厦门市思明区	6	1	1	3	1	17	2	2	5	8
龙岩市新罗区	19		1	10	8	16	4	4	1	7
莆田市城厢区	10	2	2	2	4	9	7	1	1	
泉州市泉港区	8	1	3	1	3	16	1	3	6	6
厦门市集美区	7		2	1	4	9		2	3	4
泉州市南安市	13	1		3	9	6	4			2
福州市福清市	43	3	6	9	25	13	5	1	4	3
泉州市晋江市	17	1	1	7	8	10	3	2		5
福州市长乐市	21		1	11	9	22	2	2	13	5
宁德市福鼎市	15		4	6	5	23	10	3	4	6
南平市邵武市	21	5	1	3	12	19	2	2	1	14
莆田市仙游县	23		3	12	8	21	3		4	14
福州市闽侯县	6	2	1	1	2	12	2	2	2	6
福州市永泰县	15	3	5	1	6	23	5	5	6	7
龙岩市上杭县	27		1	6	20	15	3	2	1	9
三明市大田县	25	10	1	6	8	17	4	1	5	7
三明市沙县	19	1	2	5	11	11	4	1		6
泉州市安溪县	19	1	3	9	6	8	2	1	1	4
漳州市漳浦县	21		5	6	10	20	3	6	1	10
漳州市南靖县	21	3	6	5	7	16	7	3	3	3
宁德市霞浦县	7	3	4			14	4	2	2	6
南平市政和县	23	2	1	7	13	13	6	4	1	2

3－1 续表 3

单位：人

地　区	多重残疾				
	小计	一级	二级	三级	四级
总　计	**732**	**309**	**120**	**189**	**114**
厦门市思明区	35	9	8	12	6
龙岩市新罗区	66	25	12	17	12
莆田市城厢区	32	7	8	16	1
泉州市泉港区	31	11	7	10	3
厦门市集美区	29	15	3	6	5
泉州市南安市	26	15	4	4	3
福州市福清市	32	18	5	4	5
泉州市晋江市	18	7	3	4	4
福州市长乐市	25	11	2	3	9
宁德市福鼎市	26	17	6	1	2
南平市邵武市	33	17	3	9	4
莆田市仙游县	24	14	2	3	5
福州市闽侯县	58	30	10	12	6
福州市永泰县	26	12	4	7	3
龙岩市上杭县	55	17	11	23	4
三明市大田县	48	13	4	22	9
三明市沙县	40	13	10	12	5
泉州市安溪县	23	11	1	6	5
漳州市漳浦县	20	13	4	1	2
漳州市南靖县	22	6	2	6	8
宁德市霞浦县	33	14	5	6	8
南平市政和县	30	14	6	5	5

3－1a　各地区城镇残疾人分残疾类别、残疾等级的分布

单位：人

地区	视力残疾					听力残疾				
	小计	一级	二级	三级	四级	小计	一级	二级	三级	四级
总　计	**154**	**32**	**11**	**9**	**102**	**276**	**15**	**32**	**106**	**123**
厦门市思明区	23	5	4	2	12	40	6	5	13	16
龙岩市新罗区						29			9	20
莆田市城厢区	13	6		1	6	3		1	2	
泉州市泉港区	7	1	1		5	9		2	7	
厦门市集美区	18	5	3	1	9	35	1	4	15	15
泉州市南安市	5				5	9		2	7	
福州市福清市	2	2				7	1		2	4
泉州市晋江市	5				5	15	2	2	6	5
福州市长乐市	7	1	1		5	5		1	2	2
宁德市福鼎市	7	1		1	5	9		6	3	
南平市邵武市	7	2			5	14		1	8	5
莆田市仙游县	11			2	9	26	1	1	2	22
福州市闽侯县										
福州市永泰县	5		1		4	24	2	2	9	11
龙岩市上杭县	3	2			1	11		2	6	3
三明市大田县	5				5	3	1	1		1
三明市沙县	5	1			4	13			7	6
泉州市安溪县	4	1			3	3			3	
漳州市漳浦县	1	1				6	1		3	2
漳州市南靖县	6	3		1	2	7			1	6
宁德市霞浦县	20	1	1	1	17	8		2	1	5
南平市政和县										

3－1a 续表 1

单位：人

地　区	言语残疾					肢体残疾				
	小计	一级	二级	三级	四级	小计	一级	二级	三级	四级
总　计	**14**	**2**	**1**	**2**	**9**	**245**	**9**	**24**	**58**	**154**
厦门市思明区	2				2	32		5	8	19
龙岩市新罗区						8	2		3	3
莆田市城厢区						13		1	1	11
泉州市泉港区	2			1	1	11		2	2	7
厦门市集美区						29	1	4	4	20
泉州市南安市	5	1			4	14	1	1		12
福州市福清市						1				1
泉州市晋江市						9			1	8
福州市长乐市						11	1	1	5	4
宁德市福鼎市						17		3	3	11
南平市邵武市						6	3	1	1	1
莆田市仙游县	1	1				27			11	16
福州市闽侯县										
福州市永泰县						8			3	5
龙岩市上杭县						6		4	1	1
三明市大田县						9		1	8	
三明市沙县	1				1	10		1	2	7
泉州市安溪县	1				1	10	1			9
漳州市漳浦县						11			2	9
漳州市南靖县						4				4
宁德市霞浦县	2		1	1		9			3	6
南平市政和县										

3－1a 续表 2

单位：人

地区	智力残疾					精神残疾				
	小计	一级	二级	三级	四级	小计	一级	二级	三级	四级
总计	**85**	**11**	**10**	**26**	**38**	**81**	**20**	**8**	**17**	**36**
厦门市思明区	6	1	1	3	1	17	2	2	5	8
龙岩市新罗区	3			3		2				2
莆田市城厢区	5	2		1	2	3	3			
泉州市泉港区	1		1			3		2	1	
厦门市集美区	5		1	1	3	7		2	2	3
泉州市南安市	8			2	6	1	1			
福州市福清市	7	3		2	2					
泉州市晋江市	2			2		1	1			
福州市长乐市	5			1	4	3	1	1	1	
宁德市福鼎市	5			2	3	10	4		2	4
南平市邵武市	5	2			3	1				1
莆田市仙游县	14		2	6	6	12	1		1	10
福州市闽侯县										
福州市永泰县						5	1	1	2	1
龙岩市上杭县	6			1	5	4	3			1
三明市大田县	2	1			1	1				1
三明市沙县	2		1		1					
泉州市安溪县	2		1	1						
漳州市漳浦县	3		1	1	1	3	1		1	1
漳州市南靖县						1	1			
宁德市霞浦县	4	2	2			7	1		2	4
南平市政和县										

3－1a 续表 3

单位：人

地　区	多重残疾				
	小计	一级	二级	三级	四级
总　计	**157**	**68**	**21**	**37**	**31**
厦门市思明区	35	9	8	12	6
龙岩市新罗区	16	8	3	1	4
莆田市城厢区	7	2	2	3	
泉州市泉港区	7	4		3	
厦门市集美区	19	12	2	4	1
泉州市南安市	6	3	1		2
福州市福清市	7	4		1	2
泉州市晋江市	4	3		1	
福州市长乐市	3	1	1		1
宁德市福鼎市	6	5			1
南平市邵武市	3			1	2
莆田市仙游县	10	6		1	3
福州市闽侯县					
福州市永泰县	12	3	2	5	2
龙岩市上杭县	2			1	1
三明市大田县	1				1
三明市沙县	3	2		1	
泉州市安溪县	4	3			1
漳州市漳浦县	2	1			1
漳州市南靖县					
宁德市霞浦县	10	2	2	3	3
南平市政和县					

3－1b 各地区农村残疾人分残疾类别、残疾等级的分布

单位：人

地区	视力残疾					听力残疾				
	小计	一级	二级	三级	四级	小计	一级	二级	三级	四级
总计	**564**	**78**	**42**	**53**	**391**	**963**	**54**	**97**	**457**	**355**
厦门市思明区										
龙岩市新罗区	12	2	2	2	6	109	2	10	41	56
莆田市城厢区	24	1		3	20	20	2	2	13	3
泉州市泉港区	37	2	3	8	24	37	5	12	20	
厦门市集美区	8	2		1	5	11			5	6
泉州市南安市	19	2	3	1	13	13	1	3	8	1
福州市福清市	12	6		1	5	69	5	3	38	23
泉州市晋江市	13	1			12	33	3	4	25	1
福州市长乐市	31	1	3	1	26	23	1		5	17
宁德市福鼎市	33	6	5	6	16	6		5	1	
南平市邵武市	37	5	1		31	81	9	14	41	17
莆田市仙游县	18	3		3	12	26	1		3	22
福州市闽侯县	9	4	1		4	78	4	3	41	30
福州市永泰县	18	5		3	10	32	3	1	24	4
龙岩市上杭县	37	5	3	5	24	66	2	8	53	3
三明市大田县	57	3	3	1	50	50		7	29	14
三明市沙县	19		1	3	15	74	5	5	30	34
泉州市安溪县	26	8	3		15	31			19	12
漳州市漳浦县	18	8	2	3	5	67	7	7	27	26
漳州市南靖县	33	1	6	2	24	61		3	7	51
宁德市霞浦县	63	8	3	6	46	27	2	2	14	9
南平市政和县	40	5	3	4	28	49	2	8	13	26

3－1b　续表 1

单位：人

地　区	言语残疾					肢体残疾				
	小计	一级	二级	三级	四级	小计	一级	二级	三级	四级
总　计	**40**	**6**	**4**	**9**	**21**	**763**	**29**	**69**	**158**	**507**
厦门市思明区										
龙岩市新罗区	4			1	3	38	2	1	13	22
莆田市城厢区	1				1	44		3	4	37
泉州市泉港区	2	1		1		43		5	12	26
厦门市集美区						8		1		7
泉州市南安市						32	1	4	4	23
福州市福清市	2			2		27		6	6	15
泉州市晋江市	1	1				42	3	3	6	30
福州市长乐市	1				1	32	1	2	3	26
宁德市福鼎市	3			2	1	43	2	8	6	27
南平市邵武市	2				2	40		2	12	26
莆田市仙游县						20	1	5	2	12
福州市闽侯县	2	1			1	36		4	8	24
福州市永泰县	1				1	37		2	8	27
龙岩市上杭县	3				3	19		4	7	8
三明市大田县	3		1		2	63	7	5	18	33
三明市沙县	5	2	1	1	1	34	2	2	8	22
泉州市安溪县	1				1	33	2	1	6	24
漳州市漳浦县	1				1	51	3	4	7	37
漳州市南靖县	1		1			29	1	2	4	22
宁德市霞浦县	3	1			2	35		3	10	22
南平市政和县	4		1	2	1	57	4	2	14	37

3－1b 续表 2

单位：人

地区	智力残疾					精神残疾				
	小计	一级	二级	三级	四级	小计	一级	二级	三级	四级
总　计	**301**	**28**	**44**	**88**	**141**	**249**	**63**	**41**	**47**	**98**
厦门市思明区										
龙岩市新罗区	16		1	7	8	14	4	4	1	5
莆田市城厢区	5		2	1	2	6	4	1	1	
泉州市泉港区	7	1	2	1	3	13	1	1	5	6
厦门市集美区	2		1		1	2			1	1
泉州市南安市	5	1		1	3	5	3			2
福州市福清市	36		6	7	23	13	5	1	4	3
泉州市晋江市	15	1	1	5	8	9	2	2		5
福州市长乐市	16		1	10	5	19	1	1	12	5
宁德市福鼎市	10		4	4	2	13	6	3	2	2
南平市邵武市	16	3	1	3	9	18	2	2	1	13
莆田市仙游县	9		1	6	2	9	2		3	4
福州市闽侯县	6	2	1	1	2	12	2	2	2	6
福州市永泰县	15	3	5	1	6	18	4	4	4	6
龙岩市上杭县	21		1	5	15	11		2	1	8
三明市大田县	23	9	1	6	7	16	4	1	5	6
三明市沙县	17	1	1	5	10	11	4	1		6
泉州市安溪县	17	1	2	8	6	8	2	1	1	4
漳州市漳浦县	18		4	5	9	17	2	6		9
漳州市南靖县	21	3	6	5	7	15	6	3	3	3
宁德市霞浦县	3	1	2			7	3	2		2
南平市政和县	23	2	1	7	13	13	6	4	1	2

3－1b 续表 3

单位：人

地 区	多重残疾				
	小计	一级	二级	三级	四级
总 计	**575**	**241**	**99**	**152**	**83**
厦门市思明区					
龙岩市新罗区	50	17	9	16	8
莆田市城厢区	25	5	6	13	1
泉州市泉港区	24	7	7	7	3
厦门市集美区	10	3	1	2	4
泉州市南安市	20	12	3	4	1
福州市福清市	25	14	5	3	3
泉州市晋江市	14	4	3	3	4
福州市长乐市	22	10	1	3	8
宁德市福鼎市	20	12	6	1	1
南平市邵武市	30	17	3	8	2
莆田市仙游县	14	8	2	2	2
福州市闽侯县	58	30	10	12	6
福州市永泰县	14	9	2	2	1
龙岩市上杭县	53	17	11	22	3
三明市大田县	47	13	4	22	8
三明市沙县	37	11	10	11	5
泉州市安溪县	19	8	1	6	4
漳州市漳浦县	18	12	4	1	1
漳州市南靖县	22	6	2	6	8
宁德市霞浦县	23	12	3	3	5
南平市政和县	30	14	6	5	5

3－2 残疾人分残疾类别、残疾等级的年龄构成

单位：人

年龄	视力残疾					听力残疾				
	小计	一级	二级	三级	四级	小计	一级	二级	三级	四级
总计	**718**	**110**	**53**	**62**	**493**	**1239**	**69**	**129**	**563**	**478**
0岁										
1岁										
2岁						1	1			
3岁										
4岁										
5岁	1				1					
6岁										
7岁										
8岁	1				1					
9岁						1				1
10岁						1			1	
11岁						2		1		1
12岁										
13岁	1		1							
14岁	3				3					
15岁	3		1		2	3		1	1	1
16岁	1	1				1		1		
17岁	3	3				2		1	1	
18岁	3	1			2					
19岁	2	1			1	1			1	
20岁	1	1								
21岁	2				2					
22岁	1	1								
23岁	1				1	1			1	
24岁						1			1	
25岁										
26岁	2				2					

3-2 续表 1

单位：人

年 龄	视力残疾					听力残疾				
	小计	一级	二级	三级	四级	小计	一级	二级	三级	四级
27岁	1				1	1	1			
28岁	2	1			1	1		1		
29岁	3	1			2	1		1		
30岁	1	1				3	1		2	
31岁	3	1			2	1				1
32岁	4	2			2	2		1		1
33岁	3	2			1	2		1	1	
34岁	1				1	2	1		1	
35岁	1	1								
36岁	2				2	1				1
37岁	5	2			3	6			2	4
38岁	4	1			3	1				1
39岁	1				1	3	2			1
40岁	4	1	1	1	1	2		1	1	
41岁	4		3	1		6		1	2	3
42岁	3	1			2	7	1	1	3	2
43岁	4	2			2	4			2	2
44岁	3		1		2	5		2	2	1
45岁	3				3	2			2	
46岁	7		1		6	1				1
47岁	3	2		1		4		3		1
48岁	3	1		1	1	4			2	2
49岁	1	1				7		1	2	4
50岁	2	1			1	7		1	4	2
51岁	5	3		1	1	6		1	3	2
52岁	4		1	1	2	9		2	5	2
53岁	2	1			1	13	1	1	9	2
54岁	5	1	1	1	2	4			3	1

3-2 续表 2

单位：人

年 龄	视力残疾					听力残疾				
	小计	一级	二级	三级	四级	小计	一级	二级	三级	四级
55岁	2		1		1	6	1	1		4
56岁	6		2		4	10		1	5	4
57岁	6	2		1	3	7	1	2	4	
58岁	5	1			4	14	1	2	6	5
59岁	8	2		1	5	9	2	1	5	1
60岁	6	2		1	3	12		2	5	5
61岁	9	1	1		7	16			11	5
62岁	8	1	3		4	11		2	5	4
63岁	4	2		1	1	12			9	3
64岁	11	1	1	2	7	18	3	3	9	3
65岁	10		1		9	14		1	4	9
66岁	8	2			6	24		2	13	9
67岁	6	1	1		4	19	1	2	10	6
68岁	12	2	1	1	8	36	3	3	17	13
69岁	15	1		1	13	36	2	5	17	12
70岁	37	2	5	3	27	50	1	4	15	30
71岁	35	2	2	3	28	57	3	4	26	24
72岁	33	5		2	26	71	4	4	28	35
73岁	32	6	3	3	20	63	1	6	28	28
74岁	25		3	2	20	58	6	5	24	23
75岁	26	4	3		19	47	2	2	22	21
76岁	33	2	1	3	27	54	2	7	19	26
77岁	35	4		7	24	69	1	2	37	29
78岁	39	3	1	2	33	59	1	3	30	25
79岁	39	4	1	5	29	45		4	22	19
80岁	25	3	1	3	18	45	5	7	10	23
81岁	32	11	1	4	16	48	2	6	21	19
82岁	21	3	2	1	15	35	2	3	18	12
83岁	15		2	1	12	23	1	3	11	8
84岁	15	2	2	1	10	29	1		21	7
85+	51	7	5	7	32	123	15	20	59	29

3－2 续表 3

单位：人

年龄	言语残疾					肢体残疾				
	小计	一级	二级	三级	四级	小计	一级	二级	三级	四级
总计	**54**	**8**	**5**	**11**	**30**	**1008**	**38**	**93**	**216**	**661**
0岁										
1岁						1				1
2岁						1				1
3岁	1	1				1				1
4岁	4		2		2	1			1	
5岁						1				1
6岁	1				1	1				1
7岁						1				1
8岁	1			1		1				1
9岁	1				1	3	1			2
10岁						2				2
11岁	1	1				3	1		1	1
12岁	2				2	3			1	2
13岁						8	1		2	5
14岁	3			2	1	5			1	4
15岁						3	1		1	1
16岁						5			2	3
17岁	1				1	12		2	1	9
18岁						2				2
19岁	1				1	5			2	3
20岁						2			1	1
21岁						3	1	1		1
22岁	1				1	2			1	1
23岁						7		3		4
24岁						9		1	3	5
25岁						1	1			
26岁						7		1	2	4

3-2 续表 4

单位：人

年 龄	言语残疾					肢体残疾				
	小计	一级	二级	三级	四级	小计	一级	二级	三级	四级
27岁	1	1				6		1	1	4
28岁						12			4	8
29岁	2				2	13		1	2	10
30岁						9	1		3	5
31岁	2			1	1	10			1	9
32岁	1				1	9		2	1	6
33岁						9			1	8
34岁	1			1		10	1		1	8
35岁						17	3	3	4	7
36岁	1		1			17	2	2	1	12
37岁	2	1			1	18			4	14
38岁	2	1			1	12			5	7
39岁						16	2	1	6	7
40岁	1				1	21		2	6	13
41岁	2			2		16	1		4	11
42岁	1	1				21		2	5	14
43岁	2				2	16		1	4	11
44岁						8	1		2	5
45岁	2			1	1	12	1	1	4	6
46岁	1				1	5			1	4
47岁						10	1	1	4	4
48岁	2				2	21		1	7	13
49岁						5			1	4
50岁	2		1	1		18			4	14
51岁	1		1			14		1	5	8
52岁	1				1	19		3	3	13
53岁						15		1	3	11
54岁	2			1	1	8		1	3	4

3-2 续表 5

单位：人

年 龄	言语残疾					肢体残疾				
	小计	一级	二级	三级	四级	小计	一级	二级	三级	四级
55岁	1				1	7			3	4
56岁						15		4		11
57岁						20		3	3	14
58岁						14	1	2	2	9
59岁						17		2	5	10
60岁	1				1	11		1	3	7
61岁						17		1	4	12
62岁						16		1	2	13
63岁						21		1	7	13
64岁	1				1	16		1	2	13
65岁	1			1		12		1	3	8
66岁						13	1	2	4	6
67岁						21	3	3	6	9
68岁	1	1				20	2	2	4	12
69岁	1				1	21		2	3	16
70岁						17	1		2	14
71岁						19		1	4	14
72岁	1	1				22		2	4	16
73岁						30	1	2	2	25
74岁						15		2	1	12
75岁						15		1	2	12
76岁						19	1	3	1	14
77岁	1				1	33		3	7	23
78岁						11			4	7
79岁						15	2	2	4	7
80岁						22	1	4	5	12
81岁						12		2	2	8
82岁						18		1	5	12
83岁						17	1		2	14
84岁						8		2	2	4
85+						37	5	10	9	13

3-2 续表 6

单位：人

年 龄	智力残疾					精神残疾				
	小计	一级	二级	三级	四级	小计	一级	二级	三级	四级
总 计	**386**	**39**	**54**	**114**	**179**	**330**	**83**	**49**	**64**	**134**
0岁	8			2	6					
1岁	8				8					
2岁	7			2	5					
3岁	5	1		1	3					
4岁	8		1	4	3	1				1
5岁	6		2	1	3					
6岁	10			4	6					
7岁	4				4					
8岁	2		1		1					
9岁	5	1	1	2	1					
10岁	5	2	1		2					
11岁	12	4	1	5	2					
12岁	4	1	1	1	1					
13岁	9	2		4	3	1	1			
14岁	7	2		1	4	1				1
15岁	16	2	5	3	6	2		1		1
16岁	8	1	2	2	3					
17岁	8	1		2	5	1		1		
18岁	7		2	2	3	2	1			1
19岁	6	1	1	3	1	2	1	1		
20岁	6		2	4		5			2	3
21岁	7		3	2	2	1	1			
22岁	7	1	2	1	3	3	1	2		
23岁	7	2		2	3					
24岁	2		1		1	5	3		1	1
25岁	3		2		1	3	1		1	1
26岁	4		1		3	2		1		1

3-2 续表 7

单位：人

年 龄	智力残疾					精神残疾				
	小计	一级	二级	三级	四级	小计	一级	二级	三级	四级
27岁	5		1		4	4	1			3
28岁	7	1	1	2	3	9	4	1	1	3
29岁	2				2	4	1	1	1	1
30岁	5	2	1	1	1	4			1	3
31岁	7		1	1	5	10	2	2	2	4
32岁	6	1	1	2	2	9			2	7
33岁	4			3	1	10	3	2	1	4
34岁	8	1	2	3	2	6	2	1	2	1
35岁	11	2	1	4	4	10	2	1	2	5
36岁	9	1		4	4	8		2	3	3
37岁	5		1	2	2	10	2	3	2	3
38岁	7		2	2	3	6		1	1	4
39岁	8	1		2	5	13	4		1	8
40岁	7	1		3	3	9	1	2	1	5
41岁	6	2	1	2	1	6	3		1	2
42岁	7		1	1	5	11		3	1	7
43岁	9	1		4	4	15	2	1	5	7
44岁	4		2	1	1	8	5	1	1	1
45岁	7		1	3	3	4	1			3
46岁						7		2	3	2
47岁	3		1	1	1	7	1	1	3	2
48岁	5			3	2	8	4	2	1	1
49岁	4			2	2	7	4		2	1
50岁	2			1	1	10	3	1	2	4
51岁	4			1	3	14	2	1	4	7
52岁	6			2	4	11	3	1	2	5
53岁	3				3	3	1	1	1	
54岁	3			1	2	6		1	1	4

3-2 续表 8

单位：人

年龄	智力残疾					精神残疾				
	小计	一级	二级	三级	四级	小计	一级	二级	三级	四级
55岁	4		1		3	5		1	3	1
56岁	4		1		3	3	1	1		1
57岁	4		1	3		5	1	1	1	2
58岁	3		2	1		3	1			2
59岁										
60岁	5			1	4	2			1	1
61岁	2	1	1			4		1	1	2
62岁	1			1		3	1			2
63岁	3	2		1		3	1	1		1
64岁	2				2	7	4	2		1
65岁						4	1			3
66岁	2			1	1	1				1
67岁						1		1		
68岁	1			1		2	2			
69岁	5			1	4	1		1		
70岁	2			1	1	3	1			2
71岁						5	1		2	2
72岁	2	1		1		1	1			
73岁						3	2			1
74岁						1		1		
75岁	2		1		1	1			1	
76岁						1	1			
77岁						1	1			
78岁	2		1	1		2		1		1
79岁						3	1		2	
80岁	2				2	2	1		1	
81岁	2	1			1	1				1
82岁										
83岁	2			1	1	1			1	
84岁						1	1			
85+	1			1		2	1	1		

3-2 续表 9

单位：人

年 龄	多重残疾				
	小计	一级	二级	三级	四级
总 计	**732**	**309**	**120**	**189**	**114**
0岁					
1岁	1	1			
2岁	3	3			
3岁	10	7		1	2
4岁	7	3	3	1	
5岁	1		1		
6岁	3		2		1
7岁	4	2	1	1	
8岁	2	2			
9岁	4	1	2	1	
10岁	3	1	2		
11岁	6	5	1		
12岁	5	5			
13岁	4	2	2		
14岁	6	4	1	1	
15岁	3	2	1		
16岁	3	1	2		
17岁	5	2	2	1	
18岁	12	7	1	3	1
19岁	7	5	1		1
20岁	9	7	1	1	
21岁	5	3	1		1
22岁	8	6	2		
23岁	5	3	1	1	
24岁	3	2		1	
25岁	5	3		1	1
26岁	7	4	1	2	

3-2 续表 10

单位：人

年　龄	多重残疾				
	小计	一级	二级	三级	四级
27岁	6	5		1	
28岁	4	1		3	
29岁	10	5	1	2	2
30岁	9	5	1	2	1
31岁	8	6	2		
32岁	9	8		1	
33岁	10	8	2		
34岁	5	5			
35岁	10	6	3	1	
36岁	5	5			
37岁	3	2	1		
38岁	5	3	1	1	
39岁	7	3	2	2	
40岁	11	5	2	2	2
41岁	6	3	1		2
42岁	7	5		1	1
43岁	9	8	1		
44岁	3	2			1
45岁	4	2	1	1	
46岁	2	2			
47岁	4	2		2	
48岁	6	4	1	1	
49岁	4	3	1		
50岁					
51岁	5	2	1		2
52岁	4	3			1
53岁	3	1			2
54岁	1		1		

3-2 续表 11

单位：人

年 龄	多重残疾				
	小计	一级	二级	三级	四级
55岁	5	4		1	
56岁	3	1	1	1	
57岁	2	1		1	
58岁	6	3		2	1
59岁	3	3			
60岁	4	2		1	1
61岁	6	3		2	1
62岁	6	3	1	1	1
63岁	9	4	1	2	2
64岁	5	3		2	
65岁	6	1	1	3	1
66岁	5	1		2	2
67岁	5	2		1	2
68岁	9	2	3	1	3
69岁	8	2	1	3	2
70岁	17	4	3	6	4
71岁	14	4	2	4	4
72岁	17	3	2	6	6
73岁	15	2	4	5	4
74岁	12	3		5	4
75岁	24	5	3	8	8
76岁	18	7	1	4	6
77岁	15	4	2	5	4
78岁	18	1	2	10	5
79岁	20	3	3	8	6
80岁	25	5	3	15	2
81岁	24	7	3	9	5
82岁	23	8	2	9	4
83岁	13	4	4	3	2
84岁	19	4	6	8	1
85+	85	25	22	26	12

3－2a　残疾人分残疾类别、残疾等级的年龄构成(男性)

单位：人

年　龄	视力残疾					听力残疾				
	小计	一级	二级	三级	四级	小计	一级	二级	三级	四级
总　计	**279**	**53**	**20**	**21**	**185**	**626**	**39**	**62**	**283**	**242**
0岁										
1岁										
2岁						1	1			
3岁										
4岁										
5岁										
6岁										
7岁										
8岁	1				1					
9岁										
10岁										
11岁						2		1		1
12岁										
13岁	1		1							
14岁	2				2					
15岁	1				1	2			1	1
16岁						1		1		
17岁	1	1				2		1	1	
18岁	2	1			1					
19岁	1	1								
20岁	1	1								
21岁	2				2					
22岁										
23岁										
24岁						1			1	
25岁										
26岁	2				2					

3－2a 续表 1

单位：人

年 龄	视力残疾					听力残疾				
	小计	一级	二级	三级	四级	小计	一级	二级	三级	四级
27岁						1	1			
28岁	2	1			1					
29岁	3	1			2	1		1		
30岁	1	1				2			2	
31岁	2	1			1					
32岁	3	1			2	1		1		
33岁	1	1				1			1	
34岁										
35岁	1	1								
36岁	1				1	1				1
37岁	3	1			2	4			1	3
38岁	4	1			3					
39岁	1				1	2	2			
40岁	2	1			1	1			1	
41岁	4		3	1		3		1		2
42岁	2	1			1	2			1	1
43岁						2			1	1
44岁	2		1		1	2			1	1
45岁	2				2	1			1	
46岁	3		1		2					
47岁	1	1				2		2		
48岁	3	1		1	1	2			1	1
49岁	1	1				3		1		2
50岁	1	1				4		1	1	2
51岁	4	2		1	1	4			2	2
52岁	3		1	1	1	1			1	
53岁						8	1	1	6	
54岁	1			1		2			2	

3－2a 续表 2

单位：人

年 龄	视力残疾					听力残疾				
	小计	一级	二级	三级	四级	小计	一级	二级	三级	四级
55岁	1				1	4	1	1		2
56岁	2		1		1	7			4	3
57岁	3			1	2	2		1	1	
58岁	3	1			2	7		1	3	3
59岁	6	1			5	8	2	1	4	1
60岁	3	1		1	1	9			4	5
61岁	2				2	11			10	1
62岁	6	1	3		2	5		1	2	2
63岁	1	1				5			3	2
64岁	5		1		4	11	3	2	4	2
65岁	3		1		2	10		1	2	7
66岁	3				3	15		1	11	3
67岁	1	1				11	1		6	4
68岁	3	2			1	22	2	2	10	8
69岁	5	1		1	3	25	2	3	12	8
70岁	15	1	2	2	10	28	1	2	10	15
71岁	13	1		1	11	30	2	1	15	12
72岁	12	1			11	40	2	2	20	16
73岁	11	3	2		6	36	1	3	14	18
74岁	7		1		6	39	4	4	15	16
75岁	9	3			6	25	1	1	10	13
76岁	14	1	1	2	10	20	1	2	9	8
77岁	10	3		2	5	30		1	14	15
78岁	10	2			8	26	1		14	11
79岁	12			1	11	15		3	7	5
80岁	10	1		1	8	21	3	4	5	9
81岁	10	2		2	6	22	2	4	6	10
82岁	7				7	17		1	9	7
83岁	4				4	8	1		2	5
84岁	7	2		1	4	13			11	2
85+	16	3	1	1	11	45	4	9	21	11

3－2a 续表 3

单位：人

年 龄	言语残疾					肢体残疾				
	小计	一级	二级	三级	四级	小计	一级	二级	三级	四级
总 计	**31**	**3**	**2**	**4**	**22**	**565**	**24**	**49**	**128**	**364**
0岁										
1岁						1				1
2岁						1				1
3岁										
4岁	2		1		1	1			1	
5岁						1				1
6岁	1				1	1				1
7岁						1				1
8岁						1				1
9岁	1				1	3	1			2
10岁						2				2
11岁	1	1				2	1		1	
12岁	1				1	1			1	
13岁						4	1		1	2
14岁	2			1	1	2			1	1
15岁						3	1		1	1
16岁						2				2
17岁	1				1	7		2	1	4
18岁						1				1
19岁						3			1	2
20岁						1			1	
21岁						2	1			1
22岁	1				1	1			1	
23岁						6		3		3
24岁						5		1	1	3
25岁						1	1			
26岁						4			2	2

3-2a 续表 4

单位：人

年 龄	言语残疾					肢体残疾				
	小计	一级	二级	三级	四级	小计	一级	二级	三级	四级
27岁	1	1				5		1	1	3
28岁						8			3	5
29岁	1				1	8		1	2	5
30岁						4			1	3
31岁	2			1	1	6			1	5
32岁	1				1	6		2	1	3
33岁						6			1	5
34岁						7	1		1	5
35岁						12	2	2	2	6
36岁	1		1			11	2	2	1	6
37岁	1				1	16			3	13
38岁	1				1	7			4	3
39岁						11	2	1	4	4
40岁						13		2	4	7
41岁	1			1		12	1		3	8
42岁						14		2	4	8
43岁	2				2	10		1	2	7
44岁						5			2	3
45岁	1				1	8	1		3	4
46岁						3			1	2
47岁						5	1	1	1	2
48岁	1				1	13		1	6	6
49岁						4				4
50岁	1			1		13			4	9
51岁						11		1	4	6
52岁	1				1	11		1	1	9
53岁						11		1	2	8
54岁	1				1	5		1	2	2

3－2a 续表 5

单位：人

年 龄	言语残疾					肢体残疾				
	小计	一级	二级	三级	四级	小计	一级	二级	三级	四级
55岁						3				3
56岁						9		1		8
57岁						15		1	2	12
58岁						8	1	1	1	5
59岁						10		1	5	4
60岁	1				1	7		1	2	4
61岁						11		1	2	8
62岁						10		1	2	7
63岁						16		1	5	10
64岁	1				1	9		1	1	7
65岁						7		1	2	4
66岁						9	1		4	4
67岁						13		3	4	6
68岁	1	1				13	2	1	2	8
69岁	1				1	12		1	2	9
70岁						11			2	9
71岁						11		1		10
72岁						8			1	7
73岁						11		2	1	8
74岁						5				5
75岁						7			1	6
76岁						11	1	2	1	7
77岁	1				1	8			3	5
78岁						8			3	5
79岁						5			1	4
80岁						5	1			4
81岁						1				1
82岁						8			2	6
83岁						3				3
84岁										
85+						9	2	3	2	2

3－2a 续表 6

单位：人

年龄	智力残疾					精神残疾				
	小计	一级	二级	三级	四级	小计	一级	二级	三级	四级
总　计	**213**	**20**	**33**	**55**	**105**	**174**	**43**	**25**	**33**	**73**
0岁	6			1	5					
1岁	5				5					
2岁	3			1	2					
3岁	2			1	1					
4岁	5		1	3	1					
5岁	4		2		2					
6岁	6			2	4					
7岁	3				3					
8岁	1		1							
9岁	3	1	1		1					
10岁	3		1		2					
11岁	4	1		3						
12岁	3	1	1		1					
13岁	5	1		2	2	1	1			
14岁	4	1		1	2					
15岁	9		2	1	6	2		1		1
16岁	4	1		1	2					
17岁	5	1			4	1		1		
18岁	5		2	1	2	2	1			1
19岁	5	1	1	2	1					
20岁	3		2	1		3			1	2
21岁	5		2	2	1					
22岁	3		2		1	1		1		
23岁	6	2		2	2					
24岁	1				1	4	2		1	1
25岁	2		1		1	1			1	
26岁	3		1		2	1				1

3－2a 续表 7

单位：人

年 龄	智力残疾					精神残疾				
	小计	一级	二级	三级	四级	小计	一级	二级	三级	四级
27岁	3		1		2	3				3
28岁	3			1	2	6	4	1		1
29岁	1				1	3	1	1		1
30岁	1	1				3			1	2
31岁	2				2	7	2	1	2	2
32岁	3	1		2		3			1	2
33岁	2			2		6	3	2		1
34岁	7	1	1	3	2	4	1		2	1
35岁	4	1	1	1	1	7	2	1	1	3
36岁	6	1		3	2	5		1	2	2
37岁	3		1	2		8	1	2	2	3
38岁	1		1			3				3
39岁	6	1			5	4	1			3
40岁	2			1	1	3				3
41岁	5	1	1	2	1	4	2		1	1
42岁	3		1	1	1	7		2		5
43岁	7	1		2	4	6	1		4	1
44岁	2		2			3	1	1	1	
45岁	6		1	3	2	4	1			3
46岁						5		1	2	2
47岁	2		1		1	4		1	1	2
48岁						6	3	1	1	1
49岁	2			1	1	5	2		2	1
50岁	2			1	1	6	2		1	3
51岁	2			1	1	5	1		1	3
52岁	3				3	4		1		3
53岁	2				2	1	1			
54岁	2				2	3			1	2

3-2a 续表 8

单位：人

年 龄	智力残疾					精神残疾				
	小计	一级	二级	三级	四级	小计	一级	二级	三级	四级
55岁	3		1		2	3		1	1	1
56岁	3				3	2	1			1
57岁	1			1						
58岁	1			1		1	1			
59岁										
60岁	3				3	2			1	1
61岁						1		1		
62岁	1			1		1	1			
63岁	2	2				2	1			1
64岁	1				1	2	1	1		
65岁						1				1
66岁	1				1	1				1
67岁										
68岁						1	1			
69岁	2				2	1		1		
70岁	2			1	1	2	1			1
71岁						2			1	1
72岁										
73岁						2	1			1
74岁						1		1		
75岁	1		1							
76岁						1	1			
77岁										
78岁	1			1		2		1		1
79岁						1	1			
80岁	1				1					
81岁										
82岁										
83岁						1			1	
84岁										
85+										

3－2a 续表 9

单位：人

年 龄	多重残疾				
	小计	一级	二级	三级	四级
总 计	**354**	**171**	**51**	**82**	**50**
0岁					
1岁	1	1			
2岁	3	3			
3岁	7	4		1	2
4岁	4	2	2		
5岁					
6岁	1		1		
7岁	3	2		1	
8岁	2	2			
9岁	1		1		
10岁	3	1	2		
11岁	3	2	1		
12岁	2	2			
13岁	4	2	2		
14岁	4	3		1	
15岁	1	1			
16岁	1	1			
17岁	3	1	1	1	
18岁	6	4	1	1	
19岁	3	1	1		1
20岁	5	4	1		
21岁	3	1	1		1
22岁	2	2			
23岁	5	3	1	1	
24岁	2	2			
25岁	3	2			1
26岁	3	2		1	

3－2a 续表 10

单位：人

年龄	多重残疾				
	小计	一级	二级	三级	四级
27岁	3	2		1	
28岁	1			1	
29岁	5	3		1	1
30岁	3	3			
31岁	6	6			
32岁	5	5			
33岁	7	6	1		
34岁	2	2			
35岁	6	2	3	1	
36岁	5	5			
37岁	2	2			
38岁	4	2	1	1	
39岁	5	2	1	2	
40岁	7	5	1	1	
41岁	4	2			2
42岁	4	3		1	
43岁	5	5			
44岁	1	1			
45岁	2	2			
46岁	1	1			
47岁	1			1	
48岁	3	2		1	
49岁	1	1			
50岁					
51岁	3		1		2
52岁	3	2			1
53岁	1				1
54岁					

3－2a 续表 11

单位：人

年 龄	多重残疾				
	小计	一级	二级	三级	四级
55岁	2	1		1	
56岁	3	1	1	1	
57岁	2	1		1	
58岁	3	2			1
59岁	3	3			
60岁	1	1			
61岁	3	1		2	
62岁	3	2			1
63岁	3	2			1
64岁	5	3		2	
65岁	5	1		3	1
66岁	3	1		1	1
67岁	2	1			1
68岁	3		1	1	1
69岁	5	2	1	1	1
70岁	13	4	2	5	2
71岁	6	1	2	1	2
72岁	9	2	1	2	4
73岁	10	1	1	5	3
74岁	6	2		3	1
75岁	12	3	2	4	3
76岁	9	4	1	2	2
77岁	9	3	1	3	2
78岁	4	1		2	1
79岁	9	1	2	4	2
80岁	10	2	1	6	1
81岁	7	1	2	3	1
82岁	8	3	2	2	1
83岁	3	2	1		
84岁	4	1	2	1	
85+	24	6	5	8	5

3－2b 残疾人分残疾类别、残疾等级的年龄构成(女性)

单位：人

年 龄	视力残疾					听力残疾				
	小计	一级	二级	三级	四级	小计	一级	二级	三级	四级
总 计	**439**	**57**	**33**	**41**	**308**	**613**	**30**	**67**	**280**	**236**
0岁										
1岁										
2岁										
3岁										
4岁										
5岁	1				1					
6岁										
7岁										
8岁										
9岁						1				1
10岁						1			1	
11岁										
12岁										
13岁										
14岁	1				1					
15岁	2		1		1	1		1		
16岁	1	1								
17岁	2	2								
18岁	1				1					
19岁	1				1	1			1	
20岁										
21岁										
22岁	1	1								
23岁	1				1	1			1	
24岁										
25岁										
26岁										

3－2b 续表 1

单位：人

年 龄	视力残疾					听力残疾				
	小计	一级	二级	三级	四级	小计	一级	二级	三级	四级
27岁	1				1					
28岁						1		1		
29岁										
30岁						1	1			
31岁	1				1	1				1
32岁	1	1				1				1
33岁	2	1			1	1		1		
34岁	1				1	2	1		1	
35岁										
36岁	1				1					
37岁	2	1			1	2			1	1
38岁						1				1
39岁						1				1
40岁	2		1	1		1		1		
41岁						3			2	1
42岁	1				1	5	1	1	2	1
43岁	4	2			2	2			1	1
44岁	1				1	3		2	1	
45岁	1				1	1			1	
46岁	4				4	1				1
47岁	2	1		1		2		1		1
48岁						2			1	1
49岁						4			2	2
50岁	1				1	3			3	
51岁	1	1				2		1	1	
52岁	1				1	8		2	4	2
53岁	2	1			1	5			3	2
54岁	4	1	1		2	2			1	1

3－2b 续表 2

单位：人

年龄	视力残疾					听力残疾				
	小计	一级	二级	三级	四级	小计	一级	二级	三级	四级
55岁	1		1			2				2
56岁	4		1		3	3		1	1	1
57岁	3	2			1	5	1	1	3	
58岁	2				2	7	1	1	3	2
59岁	2	1		1		1			1	
60岁	3	1			2	3		2	1	
61岁	7	1	1		5	5			1	4
62岁	2				2	6		1	3	2
63岁	3	1		1	1	7			6	1
64岁	6	1		2	3	7		1	5	1
65岁	7				7	4			2	2
66岁	5	2			3	9		1	2	6
67岁	5		1		4	8		2	4	2
68岁	9		1	1	7	14	1	1	7	5
69岁	10				10	11		2	5	4
70岁	22	1	3	1	17	22		2	5	15
71岁	22	1	2	2	17	27	1	3	11	12
72岁	21	4		2	15	31	2	2	8	19
73岁	21	3	1	3	14	27		3	14	10
74岁	18		2	2	14	19	2	1	9	7
75岁	17	1	3		13	22	1	1	12	8
76岁	19	1		1	17	34	1	5	10	18
77岁	25	1		5	19	39	1	1	23	14
78岁	29	1	1	2	25	33		3	16	14
79岁	27	4	1	4	18	30		1	15	14
80岁	15	2	1	2	10	24	2	3	5	14
81岁	22	9	1	2	10	26		2	15	9
82岁	14	3	2	1	8	18	2	2	9	5
83岁	11		2	1	8	15		3	9	3
84岁	8		2		6	16	1		10	5
85+	35	4	4	6	21	78	11	11	38	18

3-2b 续表 3

单位：人

年 龄	言语残疾					肢体残疾				
	小计	一级	二级	三级	四级	小计	一级	二级	三级	四级
总 计	**23**	**5**	**3**	**7**	**8**	**443**	**14**	**44**	**88**	**297**
0岁										
1岁										
2岁										
3岁	1	1				1				1
4岁	2		1		1					
5岁										
6岁										
7岁										
8岁	1			1						
9岁										
10岁										
11岁						1				1
12岁	1				1	2				2
13岁						4			1	3
14岁	1			1		3				3
15岁										
16岁						3			2	1
17岁						5				5
18岁						1				1
19岁	1				1	2			1	1
20岁						1				1
21岁						1		1		
22岁						1				1
23岁						1				1
24岁						4			2	2
25岁										
26岁						3		1		2

3-2b 续表 4

单位：人

年龄	言语残疾					肢体残疾				
	小计	一级	二级	三级	四级	小计	一级	二级	三级	四级
27岁						1				1
28岁						4			1	3
29岁	1				1	5				5
30岁						5	1		2	2
31岁						4				4
32岁						3				3
33岁						3				3
34岁	1			1		3				3
35岁						5	1	1	2	1
36岁						6				6
37岁	1	1				2			1	1
38岁	1	1				5			1	4
39岁						5			2	3
40岁	1				1	8			2	6
41岁	1			1		4			1	3
42岁	1	1				7			1	6
43岁						6			2	4
44岁						3	1			2
45岁	1			1		4		1	1	2
46岁	1				1	2				2
47岁						5			3	2
48岁	1				1	8			1	7
49岁						1			1	
50岁	1		1			5				5
51岁	1		1			3			1	2
52岁						8		2	2	4
53岁						4			1	3
54岁	1			1		3			1	2

3－2b 续表 5

单位：人

年 龄	言语残疾					肢体残疾				
	小计	一级	二级	三级	四级	小计	一级	二级	三级	四级
55岁	1				1	4			3	1
56岁						6		3		3
57岁						5		2	1	2
58岁						6		1	1	4
59岁						7		1		6
60岁						4			1	3
61岁						6			2	4
62岁						6				6
63岁						5			2	3
64岁						7			1	6
65岁	1			1		5			1	4
66岁						4		2		2
67岁						8	3		2	3
68岁						7		1	2	4
69岁						9		1	1	7
70岁						6	1			5
71岁						8			4	4
72岁	1	1				14		2	3	9
73岁						19	1		1	17
74岁						10		2	1	7
75岁						8		1	1	6
76岁						8		1		7
77岁						25		3	4	18
78岁						3			1	2
79岁						10	2	2	3	3
80岁						17		4	5	8
81岁						11		2	2	7
82岁						10		1	3	6
83岁						14	1		2	11
84岁						8		2	2	4
85+						28	3	7	7	11

3-2b 续表 6

单位：人

年 龄	智力残疾					精神残疾				
	小计	一级	二级	三级	四级	小计	一级	二级	三级	四级
总 计	**173**	**19**	**21**	**59**	**74**	**156**	**40**	**24**	**31**	**61**
0岁	2			1	1					
1岁	3				3					
2岁	4			1	3					
3岁	3	1			2					
4岁	3			1	2	1				1
5岁	2			1	1					
6岁	4			2	2					
7岁	1				1					
8岁	1				1					
9岁	2			2						
10岁	2	2								
11岁	8	3	1	2	2					
12岁	1			1						
13岁	4	1		2	1					
14岁	3	1			2	1				1
15岁	7	2	3	2						
16岁	4		2	1	1					
17岁	3			2	1					
18岁	2			1	1					
19岁	1			1		2	1	1		
20岁	3			3		2			1	1
21岁	2		1		1	1	1			
22岁	4	1		1	2	2	1	1		
23岁	1				1					
24岁	1		1			1	1			
25岁	1		1			2	1			1
26岁	1				1	1		1		

3－2b 续表 7

单位：人

年 龄	智力残疾					精神残疾				
	小计	一级	二级	三级	四级	小计	一级	二级	三级	四级
27岁	2				2	1	1			
28岁	4	1	1	1	1	3			1	2
29岁	1				1	1			1	
30岁	4	1	1	1	1	1				1
31岁	5		1	1	3	3		1		2
32岁	3		1		2	6			1	5
33岁	2			1	1	4			1	3
34岁	1		1			2	1	1		
35岁	7	1		3	3	3			1	2
36岁	3			1	2	3		1	1	1
37岁	2				2	2	1	1		
38岁	6		1	2	3	3		1	1	1
39岁	2			2		9	3		1	5
40岁	5	1		2	2	6	1	2	1	2
41岁	1	1				2	1			1
42岁	4				4	4		1	1	2
43岁	2			2		9	1	1	1	6
44岁	2			1	1	5	4			1
45岁	1				1					
46岁						2		1	1	
47岁	1			1		3	1		2	
48岁	5			3	2	2	1	1		
49岁	2			1	1	2	2			
50岁						4	1	1	1	1
51岁	2				2	9	1	1	3	4
52岁	3			2	1	7	3		2	2
53岁	1				1	2		1	1	
54岁	1			1		3		1		2

3－2b 续表 8

单位：人

年 龄	智力残疾					精神残疾				
	小计	一级	二级	三级	四级	小计	一级	二级	三级	四级
55岁	1				1	2			2	
56岁	1		1			1		1		
57岁	3		1	2		5	1	1	1	2
58岁	2		2			2				2
59岁										
60岁	2			1	1					
61岁	2	1	1			3			1	2
62岁						2				2
63岁	1			1		1		1		
64岁	1				1	5	3	1		1
65岁						3	1			2
66岁	1			1						
67岁						1		1		
68岁	1			1		1	1			
69岁	3			1	2					
70岁						1				1
71岁						3	1		1	1
72岁	2	1		1		1	1			
73岁						1	1			
74岁										
75岁	1				1	1			1	
76岁										
77岁						1	1			
78岁	1		1							
79岁						2			2	
80岁	1				1	2	1		1	
81岁	2	1			1	1				1
82岁										
83岁	2			1	1					
84岁						1	1			
85+	1			1		2	1	1		

3－2b 续表 9

单位：人

年 龄	多重残疾				
	小计	一级	二级	三级	四级
总 计	**378**	**138**	**69**	**107**	**64**
0岁					
1岁					
2岁					
3岁	3	3			
4岁	3	1	1	1	
5岁	1		1		
6岁	2		1		1
7岁	1		1		
8岁					
9岁	3	1	1	1	
10岁					
11岁	3	3			
12岁	3	3			
13岁					
14岁	2	1	1		
15岁	2	1	1		
16岁	2		2		
17岁	2	1	1		
18岁	6	3		2	1
19岁	4	4			
20岁	4	3		1	
21岁	2	2			
22岁	6	4	2		
23岁					
24岁	1			1	
25岁	2	1		1	
26岁	4	2	1	1	

3－2b 续表 10

单位：人

年龄	多重残疾				
	小计	一级	二级	三级	四级
27岁	3	3			
28岁	3	1		2	
29岁	5	2	1	1	1
30岁	6	2	1	2	1
31岁	2		2		
32岁	4	3		1	
33岁	3	2	1		
34岁	3	3			
35岁	4	4			
36岁					
37岁	1		1		
38岁	1	1			
39岁	2	1	1		
40岁	4		1	1	2
41岁	2	1	1		
42岁	3	2			1
43岁	4	3	1		
44岁	2	1			1
45岁	2		1	1	
46岁	1	1			
47岁	3	2		1	
48岁	3	2	1		
49岁	3	2	1		
50岁					
51岁	2	2			
52岁	1	1			
53岁	2	1			1
54岁	1		1		

3-2b 续表 11

单位：人

年 龄	多重残疾				
	小计	一级	二级	三级	四级
55岁	3	3			
56岁					
57岁					
58岁	3	1		2	
59岁					
60岁	3	1		1	1
61岁	3	2			1
62岁	3	1	1	1	
63岁	6	2	1	2	1
64岁					
65岁	1		1		
66岁	2			1	1
67岁	3	1		1	1
68岁	6	2	2		2
69岁	3			2	1
70岁	4		1	1	2
71岁	8	3		3	2
72岁	8	1	1	4	2
73岁	5	1	3		1
74岁	6	1		2	3
75岁	12	2	1	4	5
76岁	9	3		2	4
77岁	6	1	1	2	2
78岁	14		2	8	4
79岁	11	2	1	4	4
80岁	15	3	2	9	1
81岁	17	6	1	6	4
82岁	15	5		7	3
83岁	10	2	3	3	2
84岁	15	3	4	7	1
85+	61	19	17	18	7

3－3 各地区多重残疾人分残疾类别、残疾等级的分布

单位：人

地　区	视力残疾					听力残疾				
	小计	一级	二级	三级	四级	小计	一级	二级	三级	四级
总　计	**302**	**63**	**30**	**32**	**177**	**439**	**92**	**63**	**188**	**96**
厦门市思明区	13		1	3	9	14	1	2	8	3
龙岩市新罗区	23	3	2	4	14	42	7	7	14	14
莆田市城厢区	19	3		3	13	24	4	6	14	
泉州市泉港区	21	1	5	4	11	15	4	5	5	1
厦门市集美区	11	4	1		6	19	3	1	9	6
泉州市南安市	11	3	1	1	6	10	2	4	4	
福州市福清市	8	3		1	4	10	2	2	2	4
泉州市晋江市	10	1	1		8	9	3	1	5	
福州市长乐市	10	1		2	7	18	5	2	3	8
宁德市福鼎市	4	1	1		2	12	7	4		1
南平市邵武市	14	7			7	27	9	3	12	3
莆田市仙游县	5	1		1	3	17	7	1	2	7
福州市闽侯县	18	8	3	1	6	34	12	5	15	2
福州市永泰县	6		1		5	19	5	1	9	4
龙岩市上杭县	28	3	7	6	12	38	4	5	28	1
三明市大田县	23	3		1	19	27		4	20	3
三明市沙县	18	4	1	2	11	30	4	5	12	9
泉州市安溪县	12	3			9	13	2		6	5
漳州市漳浦县	8	4	2		2	12	2	2	4	4
漳州市南靖县	14	2	1	2	9	18	2	1	4	11
宁德市霞浦县	14	2	1	1	10	19	3	1	8	7
南平市政和县	12	6	2		4	12	4	1	4	3

3-3 续表 1

单位：人

地区	言语残疾					肢体残疾				
	小计	一级	二级	三级	四级	小计	一级	二级	三级	四级
总计	**238**	**154**	**38**	**26**	**20**	**254**	**35**	**45**	**53**	**121**
厦门市思明区	8	4	3	1		9	1	2	3	3
龙岩市新罗区	25	13	4	6	2	28	4	4	8	12
莆田市城厢区	12	3	2	3	4	8		3	3	2
泉州市泉港区	4	4				16	2	2		12
厦门市集美区	9	6	2	1		12	2	1	3	6
泉州市南安市	15	9	3	2	1	8	3	2		3
福州市福清市	11	9	2			12	4	3	3	2
泉州市晋江市	5	4	1			12	2	2	1	7
福州市长乐市	10	9	1			5	1			4
宁德市福鼎市	13	8	4		1	9	1	3	1	4
南平市邵武市	12	7	1	3	1	7		3	1	3
莆田市仙游县	10	9	1			8	1	3	1	3
福州市闽侯县	18	13	3		2	24	6	3	4	11
福州市永泰县	12	7	3	2		6			1	5
龙岩市上杭县	13	9	2	1	1	9	1	2	1	5
三明市大田县	10	4	1	3	2	22		2	4	16
三明市沙县	10	4	2	2	2	18	1	4	5	8
泉州市安溪县	5	5				10	4		4	2
漳州市漳浦县	9	8	1			8	1	3	1	3
漳州市南靖县	6	4		1	1	1		1		
宁德市霞浦县	12	9	2	1		10			4	6
南平市政和县	9	6			3	12	1	2	5	4

3-3 续表 2

单位：人

地区	智力残疾					精神残疾				
	小计	一级	二级	三级	四级	小计	一级	二级	三级	四级
总计	**245**	**73**	**70**	**49**	**53**	**124**	**62**	**13**	**17**	**32**
厦门市思明区	19	5	4	4	6	12	5	1	1	5
龙岩市新罗区	22	7	8	4	3	13	9			4
莆田市城厢区	7		3	3	1	2	2			
泉州市泉港区	9	6		3		1				1
厦门市集美区	8	2	5		1	4		1	2	1
泉州市南安市	8	2		3	3	4	3		1	
福州市福清市	23	5	10	4	4	6	4		1	1
泉州市晋江市	4	2	2			2	1	1		
福州市长乐市	5	1	1		3	2			1	1
宁德市福鼎市	10	4	3	1	2	8	7		1	
南平市邵武市	7	3		1	3	5	1		2	2
莆田市仙游县	4	1	3			5	2	1	1	1
福州市闽侯县	25	13	5	2	5	19	10	3	2	4
福州市永泰县	9	2	2	2	3	6	4	1	1	
龙岩市上杭县	21	1	6	7	7	13	5	1	2	5
三明市大田县	14	7		2	5	4	1		2	1
三明市沙县	9	4	1	1	3	2	2			
泉州市安溪县	7		5	2		3	3			
漳州市漳浦县	7	2	4	1						
漳州市南靖县	5		3	2		3	1			2
宁德市霞浦县	12	4	3	4	1	4	2	2		
南平市政和县	10	2	2	3	3	6		2		4

3－3a 各地区城镇多重残疾人分残疾类别、残疾等级的分布

单位：人

地区	视力残疾					听力残疾				
	小计	一级	二级	三级	四级	小计	一级	二级	三级	四级
总计	**60**	**7**	**2**	**6**	**45**	**88**	**19**	**12**	**31**	**26**
厦门市思明区	13		1	3	9	14	1	2	8	3
龙岩市新罗区	3		1		2	11	3	3	2	3
莆田市城厢区	6	2		1	3	5	1	1	3	
泉州市泉港区	5			1	4	3	2		1	
厦门市集美区	6	2			4	12	2	1	6	3
泉州市南安市	3				3	2	1	1		
福州市福清市	1				1	1				1
泉州市晋江市	2	1			1	3	2		1	
福州市长乐市	1				1	3	1	1		1
宁德市福鼎市	1				1	3	2	1		
南平市邵武市	2				2	3			1	2
莆田市仙游县	1				1	6	1	1		4
福州市闽侯县										
福州市永泰县	3				3	8			5	3
龙岩市上杭县	2			1	1	2			1	1
三明市大田县	1				1	1				1
三明市沙县	1	1				2	1			1
泉州市安溪县	2	1			1					
漳州市漳浦县	1				1	1				1
漳州市南靖县										
宁德市霞浦县	6				6	8	2	1	3	2
南平市政和县										

3－3a 续表 1

单位：人

地　区	言语残疾					肢体残疾				
	小计	一级	二级	三级	四级	小计	一级	二级	三级	四级
总　计	**54**	**37**	**8**	**6**	**3**	**56**	**9**	**8**	**13**	**26**
厦门市思明区	8	4	3	1		9	1	2	3	3
龙岩市新罗区	6	4	1		1	9	1	1	2	5
莆田市城厢区	4	1	2	1						
泉州市泉港区	1	1				3	1			2
厦门市集美区	9	6	2	1		8	2	1	3	2
泉州市南安市	4	2		1	1					
福州市福清市	3	3				4		1	2	1
泉州市晋江市	2	2				1	1			
福州市长乐市	1	1				1				1
宁德市福鼎市	3	2			1	2		1		1
南平市邵武市						1				1
莆田市仙游县	4	4				6	1	2	1	2
福州市闽侯县										
福州市永泰县	4	2		2		5			1	4
龙岩市上杭县										
三明市大田县						1				1
三明市沙县	1	1				1				1
泉州市安溪县	1	1				4	2		1	1
漳州市漳浦县	1	1								
漳州市南靖县										
宁德市霞浦县	2	2				1				1
南平市政和县										

3－3a 续表 2

单位：人

地　区	智力残疾					精神残疾				
	小计	一级	二级	三级	四级	小计	一级	二级	三级	四级
总　计	**59**	**18**	**12**	**15**	**14**	**28**	**14**	**4**	**3**	**7**
厦门市思明区	19	5	4	4	6	12	5	1	1	5
龙岩市新罗区	5	3		1	1	4	4			
莆田市城厢区	1			1		1	1			
泉州市泉港区	4	2		2						
厦门市集美区	6	2	4			2		1	1	
泉州市南安市	3	1			2					
福州市福清市	6	2	1	2	1	2	1			1
泉州市晋江市	1	1								
福州市长乐市										
宁德市福鼎市	2	1			1	1	1			
南平市邵武市										
莆田市仙游县	1	1				2	1			1
福州市闽侯县										
福州市永泰县	5		1	1	3	3	1	1	1	
龙岩市上杭县										
三明市大田县										
三明市沙县	1			1						
泉州市安溪县	1			1						
漳州市漳浦县	1		1							
漳州市南靖县										
宁德市霞浦县	3		1	2		1		1		
南平市政和县										

3－3b　各地区农村多重残疾人分残疾类别、残疾等级的分布

单位：人

地区	视力残疾					听力残疾				
	小计	一级	二级	三级	四级	小计	一级	二级	三级	四级
总　计	**242**	**56**	**28**	**26**	**132**	**351**	**73**	**51**	**157**	**70**
厦门市思明区										
龙岩市新罗区	20	3	1	4	12	31	4	4	12	11
莆田市城厢区	13	1		2	10	19	3	5	11	
泉州市泉港区	16	1	5	3	7	12	2	5	4	1
厦门市集美区	5	2	1		2	7	1		3	3
泉州市南安市	8	3	1	1	3	8	1	3	4	
福州市福清市	7	3		1	3	9	2	2	2	3
泉州市晋江市	8		1		7	6	1	1	4	
福州市长乐市	9	1		2	6	15	4	1	3	7
宁德市福鼎市	3	1	1		1	9	5	3		1
南平市邵武市	12	7			5	24	9	3	11	1
莆田市仙游县	4	1		1	2	11	6		2	3
福州市闽侯县	18	8	3	1	6	34	12	5	15	2
福州市永泰县	3		1		2	11	5	1	4	1
龙岩市上杭县	26	3	7	5	11	36	4	5	27	
三明市大田县	22	3		1	18	26		4	20	2
三明市沙县	17	3	1	2	11	28	3	5	12	8
泉州市安溪县	10	2			8	13	2		6	5
漳州市漳浦县	7	4	2		1	11	2	2	4	3
漳州市南靖县	14	2	1	2	9	18	2	1	4	11
宁德市霞浦县	8	2	1	1	4	11	1		5	5
南平市政和县	12	6	2		4	12	4	1	4	3

3－3b 续表 1

单位：人

地 区	言语残疾					肢体残疾				
	小计	一级	二级	三级	四级	小计	一级	二级	三级	四级
总 计	**184**	**117**	**30**	**20**	**17**	**198**	**26**	**37**	**40**	**95**
厦门市思明区										
龙岩市新罗区	19	9	3	6	1	19	3	3	6	7
莆田市城厢区	8	2		2	4	8		3	3	2
泉州市泉港区	3	3				13	1	2		10
厦门市集美区						4				4
泉州市南安市	11	7	3	1		8	3	2		3
福州市福清市	8	6	2			8	4	2	1	1
泉州市晋江市	3	2	1			11	1	2	1	7
福州市长乐市	9	8	1			4	1			3
宁德市福鼎市	10	6	4			7	1	2	1	3
南平市邵武市	12	7	1	3	1	6		3	1	2
莆田市仙游县	6	5	1			2		1		1
福州市闽侯县	18	13	3		2	24	6	3	4	11
福州市永泰县	8	5	3			1				1
龙岩市上杭县	13	9	2	1	1	9	1	2	1	5
三明市大田县	10	4	1	3	2	21		2	4	15
三明市沙县	9	3	2	2	2	17	1	4	5	7
泉州市安溪县	4	4				6	2		3	1
漳州市漳浦县	8	7	1			8	1	3	1	3
漳州市南靖县	6	4		1	1	1		1		
宁德市霞浦县	10	7	2	1		9			4	5
南平市政和县	9	6			3	12	1	2	5	4

3－3b 续表 2

单位：人

地区	智力残疾					精神残疾				
	小计	一级	二级	三级	四级	小计	一级	二级	三级	四级
总计	**186**	**55**	**58**	**34**	**39**	**96**	**48**	**9**	**14**	**25**
厦门市思明区										
龙岩市新罗区	17	4	8	3	2	9	5			4
莆田市城厢区	6		3	2	1	1	1			
泉州市泉港区	5	4		1		1				1
厦门市集美区	2		1		1	2			1	1
泉州市南安市	5	1		3	1	4	3		1	
福州市福清市	17	3	9	2	3	4	3		1	
泉州市晋江市	3	1	2			2	1	1		
福州市长乐市	5	1	1		3	2			1	1
宁德市福鼎市	8	3	3	1	1	7	6		1	
南平市邵武市	7	3		1	3	5	1		2	2
莆田市仙游县	3		3			3	1	1	1	
福州市闽侯县	25	13	5	2	5	19	10	3	2	4
福州市永泰县	4	2	1	1		3	3			
龙岩市上杭县	21	1	6	7	7	13	5	1	2	5
三明市大田县	14	7		2	5	4	1		2	1
三明市沙县	8	4	1		3	2	2			
泉州市安溪县	6		5	1		3	3			
漳州市漳浦县	6	2	3	1						
漳州市南靖县	5		3	2		3	1			2
宁德市霞浦县	9	4	2	2	1	3	2	1		
南平市政和县	10	2	2	3	3	6		2		4

3－4　多重残疾人分残疾类别、残疾等级的年龄构成

单位：人

年 龄	视力残疾					听力残疾				
	小计	一级	二级	三级	四级	小计	一级	二级	三级	四级
总 计	**302**	**63**	**30**	**32**	**177**	**439**	**92**	**63**	**188**	**96**
0岁										
1岁	1	1								
2岁	1	1				2	2			
3岁						2	2			
4岁	2	1			1	1	1			
5岁										
6岁	1				1	1		1		
7岁										
8岁										
9岁						3	1	2		
10岁										
11岁	1	1				2	1	1		
12岁						5	2	2		1
13岁										
14岁						2				2
15岁						2	1	1		
16岁						2	1			1
17岁	1		1			1			1	
18岁						4	2	1	1	
19岁						2	1	1		
20岁						2	2			
21岁	2	1			1	1	1			
22岁						1	1			
23岁						2			1	1
24岁						1			1	
25岁						2	1	1		
26岁						4	2	2		

3－4 续表 1

单位：人

年 龄	视力残疾					听力残疾				
	小计	一级	二级	三级	四级	小计	一级	二级	三级	四级
27岁						2	2			
28岁										
29岁	1				1	3	2			1
30岁	1				1	2	2			
31岁						4	3		1	
32岁						5	2	1	1	1
33岁						4	2	1	1	
34岁						5	3	1	1	
35岁						2	1		1	
36岁						2	2			
37岁						2		1	1	
38岁						1	1			
39岁						2	1		1	
40岁						2	1		1	
41岁	2	1			1	1		1		
42岁						4	2	1		1
43岁	1	1				5	4			1
44岁						1			1	
45岁	1	1				3	1		1	1
46岁						1	1			
47岁	1			1		3	2			1
48岁	1	1				3	3			
49岁						2			2	
50岁										
51岁						3	2	1		
52岁	1	1				3	2		1	
53岁						1	1			
54岁						1		1		

3－4 续表 2

单位：人

年龄	视力残疾					听力残疾				
	小计	一级	二级	三级	四级	小计	一级	二级	三级	四级
55岁	1	1				1	1			
56岁						2	1		1	
57岁						1	1			
58岁	3	1		1	1	4	1		2	1
59岁						1		1		
60岁						1	1			
61岁						4	2		2	
62岁	3	1	1		1	2		1	1	
63岁	2				2	4		1	2	1
64岁	2	1			1	4	2		2	
65岁	1				1	5	1		3	1
66岁	1				1	1			1	
67岁	3	1			2	2			1	1
68岁	6	1	1		4	5		2		3
69岁	3		1	1	1	6	1		1	4
70岁	11	1			10	10	1	2	5	2
71岁	7	2		1	4	12		2	6	4
72岁	14	2	2	1	9	12	1		6	5
73岁	10	1	1	2	6	12		5	2	5
74岁	8	1			7	12	2		6	4
75岁	14	2	1	1	10	18	2	1	11	4
76岁	12	1	2	1	8	13	5		3	5
77岁	11	1			10	13	1	1	6	5
78岁	14	1	2	1	10	16			12	4
79岁	13	1	1	2	9	16		2	8	6
80岁	17	2		2	13	22	1	1	18	2
81岁	20	4	3	3	10	18			11	7
82岁	16	4		1	11	18	1	1	14	2
83岁	9	3	2	1	3	11		1	7	3
84岁	15	2	1	6	6	13		2	9	2
85+	68	19	11	7	31	71	6	20	31	14

3－4 续表 3

单位：人

年龄	言语残疾					肢体残疾				
	小计	一级	二级	三级	四级	小计	一级	二级	三级	四级
总　计	**238**	**154**	**38**	**26**	**20**	**254**	**35**	**45**	**53**	**121**
0岁										
1岁										
2岁	2	2				2	1	1		
3岁	9	7		1	1	2	1			1
4岁	5	2	2	1		3	2	1		
5岁	1		1							
6岁	2		1		1					
7岁	4	2	1	1		1	1			
8岁	1	1				1		1		
9岁	4	1	1	1	1					
10岁	3	1	2			1	1			
11岁	5	3	1	1		2	1	1		
12岁	5	5								
13岁	2	1		1		1		1		
14岁	4	2	1		1	1	1			
15岁	3	2	1			1		1		
16岁	1	1								
17岁	3	1	1	1		1	1			
18岁	9	7	1		1	6	1		3	2
19岁	3	2			1	3		2		1
20岁	5	3	2			3		2		1
21岁	3	1	1	1		2	1	1		
22岁	6	4	2			3	2			1
23岁	4	1	3			1	1			
24岁	2	1		1		1	1			
25岁	3	2		1		1	1			
26岁	7	4	1	2						

3－4 续表 4

单位：人

年 龄	言语残疾					肢体残疾				
	小计	一级	二级	三级	四级	小计	一级	二级	三级	四级
27岁	5	4		1		3	1	1	1	
28岁	3	1		2		1				1
29岁	6	4	1	1		2		1		1
30岁	5	4		1		4		2	1	1
31岁	5	4	1			2	1		1	
32岁	7	6			1	2		1	1	
33岁	6	5			1	3	2		1	
34岁	5	5								
35岁	6	4	1	1		3		1		2
36岁	4	4				1	1			
37岁	2	1	1			1	1			
38岁	3	2	1			1			1	
39岁	2	1			1	2			1	1
40岁	5	4		1		4		1	1	2
41岁	3	1		1	1	3		1	2	
42岁	4	3	1			3			1	2
43岁	7	6		1		3		3		
44岁	2	2								
45岁	2		1	1		2			1	1
46岁	1	1				1			1	
47岁	3	2		1						
48岁	5	2	2	1		3	2		1	
49岁	4	2	1		1	1	1			
50岁										
51岁	1	1								
52岁	3		1		2	1				1
53岁	1	1				1				1
54岁										

3－4 续表 5

单位：人

年龄	言语残疾					肢体残疾				
	小计	一级	二级	三级	四级	小计	一级	二级	三级	四级
55岁	3	3				3	1		2	
56岁	1	1				1			1	
57岁	1	1								
58岁	2	1	1							
59岁	2	2				2			1	1
60岁	3	1	1		1	2		1	1	
61岁	2	2				1				1
62岁	1	1				4	1			3
63岁	3	2			1	5	1	2	1	1
64岁	3			1	2	2	1		1	
65岁	1		1			2				2
66岁	1	1				4				4
67岁						2		1		1
68岁	1	1				6		1	2	3
69岁	1	1				4			1	3
70岁	3	2			1	11	1	2	2	6
71岁	2	1	1			5		2	1	2
72岁	1	1				6		1	1	4
73岁	1			1		9		2		7
74岁	1	1				6		1	1	4
75岁	2	1	1			13		1	4	8
76岁	2	2				7			1	6
77岁	1	1				3	1	1	1	
78岁	1				1	5			1	4
79岁	1				1	7			1	6
80岁						5			2	3
81岁						3	1			2
82岁	2	2				11	1	2	3	5
83岁						4		1	1	2
84岁						7		2	2	3
85+						31	2	3	5	21

3－4 续表 6

单位：人

年龄	智力残疾					精神残疾				
	小计	一级	二级	三级	四级	小计	一级	二级	三级	四级
总计	**245**	**73**	**70**	**49**	**53**	**124**	**62**	**13**	**17**	**32**
0岁										
1岁	1	1								
2岁	3	1		2						
3岁	10	1	1	3	5	2				2
4岁	7	1	1	4	1					
5岁	1		1							
6岁	3		1		2	1		1		
7岁	4		2		2					
8岁	2	2				1	1			
9岁	1			1						
10岁	3	1	1		1					
11岁	3	2		1						
12岁	1		1							
13岁	4	2	1		1	3	1	1		1
14岁	4	2	1		1	1			1	
15岁	1	1				1	1			
16岁	2		2			1				1
17岁	4	1		2	1					
18岁	6	3		2	1	2			1	1
19岁	6	2	3		1	2	1			1
20岁	8	4	3	1		3	2			1
21岁	4	1	1		2	1				1
22岁	8	5	3			3	2		1	
23岁	3	1		1	1	2	1		1	
24岁	2	1	1			1	1			
25岁	3		1	1	1	1				1
26岁	4		1	1	2					

3-4 续表 7

单位：人

年 龄	智力残疾					精神残疾				
	小计	一级	二级	三级	四级	小计	一级	二级	三级	四级
27岁	3	2	1							
28岁	3		1		2	1			1	
29岁	6	1	2	2	1	4	2			2
30岁	6	2	2	1	1	3	1	1	1	
31岁	4	1	2		1	3	1		1	1
32岁	3	2		1		2	1	1		
33岁	5	3	2			4	3	1		
34岁						1	1			
35岁	9		6	2	1	3	2	1		
36岁	2	1	1			1	1			
37岁						1	1			
38岁	4	2	1	1		2	1			1
39岁	6	2	1	3		3	1	1		1
40岁	8	1	4		3	4			1	3
41岁	2		1		1	3	2			1
42岁	2	1			1	2	1	1		
43岁	3		2	1		3	3			
44岁	2		1		1	2	1			1
45岁	1				1					
46岁	1		1			1	1			
47岁	1			1						
48岁	4	1	2		1	2	1	1		
49岁	1	1								
50岁										
51岁	4			1	3	2				2
52岁						1				1
53岁	2				2	1				1
54岁						1				1

3－4 续表 8

单位：人

年龄	智力残疾					精神残疾				
	小计	一级	二级	三级	四级	小计	一级	二级	三级	四级
55岁	3	2		1		1			1	
56岁	2		1		1					
57岁	1				1	1			1	
58岁	1			1		2	1			1
59岁						1	1			
60岁	2	1			1	2	1			1
61岁	3	1		1	1	2	1			1
62岁						2	1		1	
63岁	2	1		1		4	3		1	
64岁										
65岁	1				1	2		1		1
66岁	3			2	1	2			1	1
67岁	3	1	1		1	1			1	
68岁	2		2							
69岁	2	1			1	1		1		
70岁	1	1								
71岁	2			1	1	2	1			1
72岁	1			1						
73岁	3		2	1		1	1			
74岁										
75岁	1				1	2	1			1
76岁	1	1				2	1			1
77岁	2	2				2	2			
78岁	1				1					
79岁	2	1		1		1	1			
80岁	5	2	2	1		3	1	1	1	
81岁	6	2	1	3		5	4		1	
82岁	3	2		1		1	1			
83岁	2		2			1	1			
84岁	5		3	1	1	4	2	1	1	
85+	5	3	1	1		4	4			

3－5　残疾(含多重)人分残疾类别、残疾等级的残疾发现年龄

单位：人

残疾发现年龄	视力残疾					听力残疾				
	小计	一级	二级	三级	四级	小计	一级	二级	三级	四级
总　计	**1020**	**173**	**83**	**94**	**670**	**1678**	**161**	**192**	**751**	**574**
0岁	19	10	1		8	55	32	13	5	5
1岁	4	2			2	24	13	4	2	5
2岁	7		1		6	14	6	2	6	
3岁	6	3			3	23	10	3	8	2
4岁	6				6	7	2	1	3	1
5岁	3	3				14	7	1	4	2
6岁	9	3	1	1	4	10	3	3	4	
7岁	3	1			2	10	1	3	5	1
8岁	5	2		1	2	5	2		2	1
9岁	6	3			3	5	1	2	1	1
10岁	4		1	1	2	9	4	1	4	
11岁	4	2		1	1	2		2		
12岁	1				1	5	1	1	2	1
13岁	1	1				4		1	3	
14岁	1				1	6	2	3	1	
15岁	2		1		1	2	1	1		
16岁	2	1	1			4	1		3	
17岁	7	2	1		4	4	1		1	2
18岁	2	1			1	1				1
19岁						2	2			
20岁	4	2			2	8	2	2	3	1
21岁	3	1	1		1	5	2		1	2
22岁	1				1	5			5	
23岁	1				1	5			2	3
24岁	2	2				8	1		2	5
25岁	2	1		1		6	1	1	3	1
26岁	3		1		2	5	2		1	2

3－5 续表 1

单位：人

残疾发现年龄	视力残疾					听力残疾				
	小计	一级	二级	三级	四级	小计	一级	二级	三级	四级
27岁	4	3			1	1				1
28岁	1				1	4			3	1
29岁	1				1	5		1	3	1
30岁	1				1	2			2	
31岁	3	3				4	2		2	
32岁	4	1			3	3			2	1
33岁	1	1				6	1		4	1
34岁	2	2				5			4	1
35岁	1	1				2	1	1		
36岁	3		1		2	2				2
37岁	7		3	1	3	1			1	
38岁						5	1	1	2	1
39岁	2				2	4	1		2	1
40岁	2	1			1	7		3	3	1
41岁	3	1	1		1	2				2
42岁	1		1			7	1	1	3	2
43岁	3				3	7	1	1	3	2
44岁	7	1	3		3	8		2	4	2
45岁	4	1	1	1	1	6	1		1	4
46岁	11	2	1	2	6	1				1
47岁	5	1		3	1	7		1	2	4
48岁	6	2			4	10	1	4	3	2
49岁	6			2	4	13	1	3	8	1
50岁	6	3		2	1	7			5	2
51岁	3		1		2	11			10	1
52岁	5	2		1	2	5	1		2	2
53岁	7	2		1	4	4		2	1	1
54岁	9	3	1	1	4	12	1		6	5

3－5 续表 2

单位：人

残疾发现年龄	视力残疾					听力残疾				
	小计	一级	二级	三级	四级	小计	一级	二级	三级	四级
55岁	9	1	1		7	14		3	7	4
56岁	7	3			4	14		3	4	7
57岁	9		1		8	19	3	3	7	6
58岁	5		1		4	12	1		5	6
59岁	11	1	1	1	8	16	3	2	7	4
60岁	14	2		2	10	24		3	9	12
61岁	9	1	2	1	5	21	2	3	13	3
62岁	10	3	1	2	4	27	1	6	13	7
63岁	10	1	1	1	7	29	1	2	16	10
64岁	16	3	2	1	10	33		4	20	9
65岁	24	3	2	5	14	39	3	5	21	10
66岁	24	3	2	1	18	39		3	17	19
67岁	37	4	2	3	28	42	3	1	23	15
68岁	43	6	5	2	30	48	1	8	14	25
69岁	35	3	1	3	28	58	3	4	28	23
70岁	40	6	5	1	28	64	1	7	22	34
71岁	39	4	1	3	31	65		4	33	28
72岁	35	4		4	27	62	5	4	26	27
73岁	30	3	2	2	23	68	1	4	32	31
74岁	39	4	2	3	30	70	1	3	35	31
75岁	53	2	3	6	42	67	4	8	28	27
76岁	34	3	1	7	23	62	2	4	31	25
77岁	30	3	1	3	23	59	2	5	31	21
78岁	41	3	3	5	30	46	2	4	20	20
79岁	33	6	2	3	22	42	3	2	23	14
80岁	42	7	5	2	28	48	1	3	23	21
81岁	25	4	1	3	17	38	1	3	18	16
82岁	16	2	1	2	11	30		4	15	11
83岁	19	4	3	1	11	27		3	15	9
84岁	13		3	2	8	23		5	11	7
85岁+	52	14	6	6	26	73	7	15	37	14

3－5 续表 3

单位：人

残疾发现年龄	言语残疾					肢体残疾				
	小计	一级	二级	三级	四级	小计	一级	二级	三级	四级
总 计	**292**	**162**	**43**	**37**	**50**	**1262**	**73**	**138**	**269**	**782**
0岁	74	44	13	6	11	102	11	12	26	53
1岁	42	30	4	5	3	65	5	8	14	38
2岁	39	24	5	3	7	32	2	1	9	20
3岁	40	22	8	2	8	44	2	3	14	25
4岁	15	6	1	6	2	20		1	5	14
5岁	17	7	3	5	2	23	2		8	13
6岁	3	2			1	14	1	1	2	10
7岁	5	1	1	1	2	18	3		6	9
8岁	6	4		2		13		2	2	9
9岁						11			1	10
10岁	5	2	2		1	6		1		5
11岁	2		1	1		9		1	1	7
12岁	1				1	13		1	1	11
13岁						9		1	1	7
14岁	2			1	1	7			1	6
15岁	1				1	13			6	7
16岁	1				1	11	1	1	3	6
17岁	2	1			1	14	2	2	2	8
18岁	1	1				15	1		5	9
19岁						13	1	1	1	10
20岁	2	1		1		13	2	1	2	8
21岁						9	2		2	5
22岁	1				1	7			4	3
23岁	1		1			9	1		3	5
24岁						10		1	1	8
25岁						7			4	3
26岁	1	1				11	1	1	3	6

3-5 续表 4

单位：人

残疾发现年龄	言语残疾					肢体残疾				
	小计	一级	二级	三级	四级	小计	一级	二级	三级	四级
27岁						11		2	4	5
28岁	1			1		14		1	4	9
29岁	2	2				12	1	1	1	9
30岁						10	1	1	2	6
31岁						10		2	3	5
32岁						4		1	1	2
33岁						10		1	2	7
34岁						9	1		2	6
35岁						13			2	11
36岁						9		1	3	5
37岁						4				4
38岁	1				1	14	1	2	2	9
39岁	1	1				10		2	1	7
40岁						13			1	12
41岁						10	1		4	5
42岁						10	1	2	1	6
43岁						10		1	1	8
44岁						11	1	2	1	7
45岁	1	1				6		2	1	3
46岁						11		3	2	6
47岁	1	1				14	1	1	5	7
48岁	1	1				10	1		3	6
49岁						10	2	2	1	5
50岁	1	1				8	1		2	5
51岁	2			1	1	8	1		3	4
52岁						10				10
53岁	1		1			11		2	2	7
54岁						9				9

3－5 续表 5

单位：人

残疾发现年龄	言语残疾					肢体残疾				
	小计	一级	二级	三级	四级	小计	一级	二级	三级	四级
55岁						11			6	5
56岁	1		1			14		4	2	8
57岁	1				1	18		2	3	13
58岁	1	1				13		1		12
59岁	2	2				16	1	2	1	12
60岁	1	1				12		2	3	7
61岁	1		1			17	2	3	3	9
62岁	2	1			1	12	1	1	2	8
63岁						19		4	2	13
64岁	2			1	1	18		5	1	12
65岁						11	1	3	1	6
66岁	1	1				16	3		2	11
67岁	1	1				21		2	2	17
68岁	1				1	23		6	4	13
69岁	1			1		20	1	2	2	15
70岁						20	1	6	1	12
71岁						17		3	3	11
72岁						16		1	5	10
73岁						15	2		4	9
74岁	1		1			18		2	2	14
75岁	1				1	16		2	4	10
76岁						10	1	2	4	3
77岁						11	1		6	4
78岁	1	1				13	1		6	6
79岁						17		5	5	7
80岁						11	1	4	2	4
81岁						12		2	3	7
82岁	1	1				8	1	1	1	5
83岁						10		1	2	7
84岁						10	1	1	3	5
85岁+						18	5	3	3	7

3-5 续表 6

单位：人

残疾发现年龄	智力残疾					精神残疾				
	小计	一级	二级	三级	四级	小计	一级	二级	三级	四级
总　计	**631**	**112**	**124**	**163**	**232**	**454**	**145**	**62**	**81**	**166**
0岁	180	39	43	49	49	16	9	1	2	4
1岁	59	14	10	12	23	9	4	1	1	3
2岁	57	11	7	13	26	8	2	3		3
3岁	40	8	11	12	9	5	1	1	1	2
4岁	34		10	11	13	5	3		2	
5岁	18	3	3	5	7	4	1	1		2
6岁	28	2	7	2	17	4	3	1		
7岁	17	2		8	7	2	2			
8岁	7	2	2	1	2	6	5			1
9岁	4			1	3	3	1			2
10岁	13	1	2	4	6	4	1		1	2
11岁	5		1	1	3	4	3			1
12岁	5	1	1		3	5	2	1	1	1
13岁	4			2	2	9		2		7
14岁	6	1		3	2	3		1		2
15岁	5		1		4	6	3	1	2	
16岁	5		3	1	1	11	2	3	2	4
17岁	2	1			1	7	4			3
18岁	5			2	3	15	5	2	4	4
19岁	4	1	2		1	11	2	2	2	5
20岁	6		1	3	2	20	4	4	3	9
21岁	1	1				18	5	2	3	8
22岁	1				1	15	4	1	4	6
23岁	3			1	2	10	2	1	2	5
24岁	1		1			15	4	3	2	6
25岁	5	1	1	2	1	8	3	2	1	2
26岁	5	2		1	2	11	3		1	7

3-5 续表 7

单位：人

残疾发现年龄	智力残疾					精神残疾				
	小计	一级	二级	三级	四级	小计	一级	二级	三级	四级
27岁	2			2		7	1	1	1	4
28岁	3		1		2	15	4	6	1	4
29岁	2			1	1	6		2	2	2
30岁						12	3	1	1	7
31岁						8	2		2	4
32岁						7	2	1	2	2
33岁						4	1		1	2
34岁	1				1	7		1	4	2
35岁	3			2	1	7	1		2	4
36岁	3			2	1	8	2	1	1	4
37岁	4			1	3	7	1	3	1	2
38岁						6	2	1		3
39岁						4			4	
40岁	2				2	7	2		1	4
41岁	3	1	1	1		7		1	3	3
42岁	3		1		2	5	1	1	2	1
43岁						5		1	2	2
44岁						3	2		1	
45岁	1				1	3	1			2
46岁	1				1	3				3
47岁	2			1	1	3				3
48岁	2	1	1			7	2	2	2	1
49岁	1			1		2	2			
50岁	4	2			2	2	1			1
51岁										
52岁	2				2	5	2			3
53岁	1				1	2	1			1
54岁	1				1					

3－5 续表 8

单位：人

残疾发现年龄	智力残疾					精神残疾				
	小计	一级	二级	三级	四级	小计	一级	二级	三级	四级
55岁	2	1	1			5	2		1	2
56岁	1			1		1			1	
57岁	3			1	2	2		1	1	
58岁	2			2		1	1			
59岁	5		1	1	3	2			1	1
60岁	3				3	5	2		1	2
61岁	3	2			1	3	2			1
62岁						2	1	1		
63岁										
64岁	2			1	1	1	1			
65岁	2	1			1	2	1			1
66岁						2	2			
67岁	2		1	1		1			1	
68岁	3	1	1		1	2		1	1	
69岁	3			1	2	2				2
70岁	1				1	2	1			1
71岁	2		1	1		2	2			
72岁						2	1	1		
73岁	2	1			1	3			2	1
74岁	2		1	1		1		1		
75岁	6	2	1	1	2	1	1			
76岁	4	1	1	2		3	2			1
77岁	6	4		1	1	3	3			
78岁	5	1	2	2		5	1	1	3	
79岁						3	1		1	1
80岁	2	1		1		2	1		1	
81岁	3		3			4	4			
82岁						2	2			
83岁	3	1		1	1	1	1			
84岁	1		1			1	1			
85岁+	2	2				2	1	1		

3－6 视力残疾(含多重)人分城乡、残疾等级的主要致残原因

单位:人

致残主要原因	合计			残疾一级		
	合计	城镇	农村	小计	城镇	农村
视力残疾(含多重)人	**1020**	**214**	**806**	**173**	**39**	**134**
致残原因一						
遗传、先天异常或发育障碍	52	18	34	18	6	12
白内障	760	133	627	91	14	77
青光眼	21	5	16	10	1	9
沙眼	1		1	1		1
角膜病	20	5	15	10	2	8
视神经病变	30	7	23	13	3	10
视网膜、色素膜病变	72	20	52	14	5	9
屈光不正	17	7	10			
弱视	6	3	3			
外伤	16	11	5	8	6	2
中毒	1	1		1	1	
其他	13	4	9	2	1	1
原因不明	11		11	5		5
致残原因二						
遗传、先天异常或发育障碍	1		1			
白内障	6	3	3			
青光眼	14	2	12	6		6
沙眼						
角膜病	39	3	36	8		8
视神经病变	22	1	21	7		7
视网膜、色素膜病变	96	16	80	17	5	12
屈光不正	34	11	23	4	1	3
弱视	9	3	6	1		1
外伤	31	9	22	4	2	2
中毒						
其他						
原因不明						

3-6 续表

单位:人

致残主要原因	残疾二级			残疾三级			残疾四级		
	小计	城镇	农村	小计	城镇	农村	小计	城镇	农村
视力残疾(含多重)人	**83**	**13**	**70**	**94**	**15**	**79**	**670**	**147**	**523**
致残原因一									
遗传、先天异常或发育障碍	5		5	3	1	2	26	11	15
白内障	61	7	54	70	10	60	538	102	436
青光眼	5	2	3				6	2	4
沙眼									
角膜病	2		2	1		1	7	3	4
视神经病变	2		2	5	2	3	10	2	8
视网膜、色素膜病变	5	3	2	11	2	9	42	10	32
屈光不正	2	1	1	1		1	14	6	8
弱视							6	3	3
外伤							8	5	3
中毒									
其他				3		3	8	3	5
原因不明	1		1				5		5
致残原因二									
遗传、先天异常或发育障碍							1		1
白内障				1		1	5	3	2
青光眼	2	1	1	1		1	5	1	4
沙眼									
角膜病	4		4	1		1	26	3	23
视神经病变	3	1	2	2		2	10		10
视网膜、色素膜病变	12	3	9	12	3	9	55	5	50
屈光不正	2	2		3	1	2	25	7	18
弱视	3	1	2				5	2	3
外伤	2		2	3		3	22	7	15
中毒									
其他									
原因不明									

3－7 听力残疾(含多重)人分城乡、残疾等级的主要致残原因

单位：人

致残主要原因	合计			残疾一级		
	合计	城镇	农村	小计	城镇	农村
听力残疾(含多重)人	**1678**	**364**	**1314**	**161**	**34**	**127**
致残原因一						
遗传	51	14	37	18	7	11
母孕期病毒感染	3		3	2		2
传染性疾病	40	5	35	14	3	11
自身免疫缺陷性疾病	2	1	1			
全身性疾病	53	19	34	2	1	1
中耳炎	140	23	117	12	1	11
老年性耳聋	1094	244	850	41	6	35
早产和低体重						
新生儿窒息						
高胆红素血症	1		1			
药物中毒	46	16	30	19	7	12
创伤或意外伤害	36	8	28	9	4	5
噪声和爆震	29	3	26	1		1
其他	22	3	19	7		7
原因不明	161	28	133	36	5	31
致残原因二						
遗传						
母孕期病毒感染						
传染性疾病	1		1	1		1
自身免疫缺陷性疾病						
全身性疾病						
中耳炎	4	1	3	2	1	1
老年性耳聋	62	12	50	4		4
早产和低体重						
新生儿窒息						
高胆红素血症	3		3			
药物中毒	10	1	9	1		1
创伤或意外伤害	10	2	8	2	1	1
噪声和爆震	5	2	3			
其他						
原因不明						

3－7 续表

单位：人

致残主要原因	残疾二级			残疾三级			残疾四级		
	小计	城镇	农村	小计	城镇	农村	小计	城镇	农村
听力残疾(含多重)人	**192**	**44**	**148**	**751**	**137**	**614**	**574**	**149**	**425**
致残原因一									
遗传	8	2	6	15	3	12	10	2	8
母孕期病毒感染				1		1			
传染性疾病	6	1	5	13	1	12	7		7
自身免疫缺陷性疾病				1		1	1	1	
全身性疾病	8	1	7	26	7	19	17	10	7
中耳炎	22	3	19	70	8	62	36	11	25
老年性耳聋	92	21	71	526	98	428	435	119	316
早产和低体重									
新生儿窒息									
高胆红素血症							1		1
药物中毒	14	6	8	9	3	6	4		4
创伤或意外伤害	5	2	3	16	2	14	6		6
噪声和爆震	1		1	17	2	15	10	1	9
其他	4		4	8	3	5	3		3
原因不明	32	8	24	49	10	39	44	5	39
致残原因二									
遗传									
母孕期病毒感染									
传染性疾病									
自身免疫缺陷性疾病									
全身性疾病									
中耳炎				1		1	1		1
老年性耳聋	10	3	7	33	3	30	15	6	9
早产和低体重									
新生儿窒息									
高胆红素血症	1		1	1		1	1		1
药物中毒	4		4	3		3	2	1	1
创伤或意外伤害	1		1	2		2	5	1	4
噪声和爆震				5	2	3			
其他									
原因不明									

3－8 言语残疾(含多重)人分城乡、残疾等级的主要致残原因

单位：人

致残主要原因	合 计			残疾一级		
	合计	城镇	农村	小计	城镇	农村
言语残疾(含多重)人	**292**	**68**	**224**	**162**	**39**	**123**
致残原因一						
唐氏综合症	7	5	2	6	4	2
脑性瘫痪	17	3	14	12	2	10
新生儿病理性黄疸	1		1			
早产、低体重和过期产	1	1		1	1	
腭裂	15	4	11			
智力低下	24	5	19	10	2	8
脑梗死	7	2	5	3	1	2
脑出血	7		7	3		3
脑炎	32	5	27	16	1	15
脑囊虫病						
喉、舌疾病术后	5	1	4	1	1	
听力障碍	52	15	37	41	14	27
帕金森氏病	1	1		1	1	
多发性硬化						
脊髓侧索硬化						
脑外伤	15	5	10	6	1	5
产伤	2	2		2	2	
孤独症	1	1				
癫痫	3	2	1	2	2	
CO中毒						
其他	38	6	32	26	3	23
原因不明	64	10	54	32	4	28
致残原因二						
唐氏综合症						
脑性瘫痪						
新生儿病理性黄疸						
早产、低体重和过期产						
腭裂						
智力低下	3	1	2	2	1	1
脑梗死						
脑出血						
脑炎	2		2	1		1
脑囊虫病						
喉、舌疾病术后						
听力障碍	5	1	4	2		2
帕金森氏病						
多发性硬化						
脊髓侧索硬化						
脑外伤						
产伤						
孤独症						
癫痫						
CO中毒	1		1			
其他						
原因不明						

3－8 续表

单位：人

致残主要原因	残疾二级			残疾三级			残疾四级		
	小计	城镇	农村	小计	城镇	农村	小计	城镇	农村
言语残疾(含多重)人	**43**	**9**	**34**	**37**	**8**	**29**	**50**	**12**	**38**
致残原因一									
唐氏综合症	1	1							
脑性瘫痪	2	1	1				3		3
新生儿病理性黄疸	1		1						
早产、低体重和过期产									
腭裂				2	1	1	13	3	10
智力低下	7	1	6	6	2	4	1		1
脑梗死	2		2	2	1	1			
脑出血	1		1				3		3
脑炎	5	3	2	9	1	8	2		2
脑囊虫病									
喉、舌疾病术后				2		2	2		2
听力障碍	6		6	3	1	2	2		2
帕金森氏病									
多发性硬化									
脊髓侧索硬化									
脑外伤	2	1	1	4	1	3	3	2	1
产伤									
孤独症	1	1							
癫痫	1		1						
CO中毒									
其他	4		4	2		2	6	3	3
原因不明	10	1	9	7	1	6	15	4	11
致残原因二									
唐氏综合症									
脑性瘫痪									
新生儿病理性黄疸									
早产、低体重和过期产									
腭裂									
智力低下							1		1
脑梗死									
脑出血									
脑炎				1		1			
脑囊虫病									
喉、舌疾病术后									
听力障碍	1	1		1		1	1		1
帕金森氏病									
多发性硬化									
脊髓侧索硬化									
脑外伤									
产伤									
孤独症									
癫痫									
CO中毒	1		1						
其他									
原因不明									

3－9 肢体残疾(含多重)人分城乡、残疾等级的主要致残原因

单位：人

致残主要原因	合 计			残疾一级		
	合计	城镇	农村	小计	城镇	农村
肢体残疾(含多重)人	**1262**	**301**	**961**	**73**	**18**	**55**
致残原因一						
脑性瘫痪	60	13	47	18	5	13
发育畸形	63	18	45	2		2
侏儒症	11	1	10			
其他先天性或发育障碍	18	10	8	3	1	2
脊髓灰质炎	98	29	69	1	1	
脑血管疾病	168	40	128	15	5	10
周围血管疾病	7	3	4	1		1
肿瘤	16	5	11	3		3
骨关节病	182	49	133	1	1	
地方病						
脊髓疾病	19	2	17			
工伤	70	12	58			
交通事故	58	14	44	3		3
脊髓损伤	11	3	8	4	1	3
脑外伤	15	5	10	4	1	3
其他外伤	205	40	165	3		3
结核性感染	7	2	5			
化脓性感染	22	5	17			
中毒	3	1	2			
其他	165	35	130	12	3	9
原因不明	64	14	50	3		3
致残原因二						
脑性瘫痪						
发育畸形						
侏儒症	1		1			
其他先天性或发育障碍	1		1	1		1
脊髓灰质炎						
脑血管疾病						
周围血管疾病						
肿瘤						
骨关节病	3		3			
地方病						
脊髓疾病	7		7			
工伤	1	1				
交通事故						
脊髓损伤	1	1				
脑外伤						
其他外伤	10	4	6			
结核性感染						
化脓性感染	3		3			
中毒	1		1			
其他						
原因不明						

3-9 续表

单位：人

致残主要原因	残疾二级			残疾三级			残疾四级		
	小计	城镇	农村	小计	城镇	农村	小计	城镇	农村
肢体残疾(含多重)人	**138**	**32**	**106**	**269**	**71**	**198**	**782**	**180**	**602**
致残原因一									
脑性瘫痪	15	2	13	12	2	10	15	4	11
发育畸形	3	1	2	11	2	9	47	15	32
侏儒症							11	1	10
其他先天性或发育障碍				6	4	2	9	5	4
脊髓灰质炎	7	1	6	28	6	22	62	21	41
脑血管疾病	42	6	36	51	15	36	60	14	46
周围血管疾病				1	1		5	2	3
肿瘤	1	1		7	3	4	5	1	4
骨关节病	15	3	12	20	6	14	146	39	107
地方病									
脊髓疾病	4		4	6	1	5	9	1	8
工伤	4	2	2	18	3	15	48	7	41
交通事故	5	2	3	13	4	9	37	8	29
脊髓损伤	4	2	2	2		2	1		1
脑外伤	4	2	2	3	1	2	4	1	3
其他外伤	16	5	11	46	13	33	140	22	118
结核性感染				1	1		6	1	5
化脓性感染	2		2	5	1	4	15	4	11
中毒	1		1	1		1	1	1	
其他	10	5	5	26	6	20	117	21	96
原因不明	5		5	12	2	10	44	12	32
致残原因二									
脑性瘫痪									
发育畸形									
侏儒症				1		1			
其他先天性或发育障碍									
脊髓灰质炎									
脑血管疾病									
周围血管疾病									
肿瘤									
骨关节病				2		2	1		1
地方病									
脊髓疾病	1		1	1		1	5		5
工伤							1	1	
交通事故									
脊髓损伤	1	1							
脑外伤									
其他外伤	1		1	4	1	3	5	3	2
结核性感染									
化脓性感染				2		2	1		1
中毒							1		1
其他									
原因不明									

3－10 智力残疾(含多重)人分城乡、残疾等级的主要致残原因

单位：人

致残主要原因	合计			残疾一级		
	合计	城镇	农村	小计	城镇	农村
智力残疾(含多重)人	**631**	**144**	**487**	**112**	**29**	**83**
致残原因一						
遗传	89	18	71	18	4	14
脑疾病	186	41	145	40	11	29
内分泌障碍	1		1	1		1
惊厥性疾病	31	6	25	7	2	5
新生儿窒息	13	1	12	2		2
早产、低体重和过期产	8	4	4	2	2	
发育畸形	7	3	4	1		1
营养不良	1		1			
母孕期外伤及物理伤害	1		1			
产伤	3	2	1	2	2	
工伤	1		1			
交通事故	9	4	5	1		1
其他外伤	24	4	20	2		2
中毒与过敏反应						
不良社会文化因素	10	1	9			
其他	44	14	30	6	1	5
原因不明	203	46	157	30	7	23
致残原因二						
遗传						
脑疾病	1		1			
内分泌障碍	1	1				
惊厥性疾病	1		1			
新生儿窒息	2	1	1	1	1	
早产、低体重和过期产	3		3	1		1
发育畸形	2	1	1			
营养不良	1	1				
母孕期外伤及物理伤害						
产伤	5	1	4	1	1	
工伤						
交通事故						
其他外伤	5	1	4			
中毒与过敏反应	1		1			
不良社会文化因素	3		3			
其他						
原因不明						

3-10 续表

单位：人

致残主要原因	残疾二级			残疾三级			残疾四级		
	小计	城镇	农村	小计	城镇	农村	小计	城镇	农村
智力残疾(含多重)人	**124**	**22**	**102**	**163**	**41**	**122**	**232**	**52**	**180**
致残原因一									
遗传	17	2	15	23	8	15	31	4	27
脑疾病	45	8	37	47	10	37	54	12	42
内分泌障碍									
惊厥性疾病	6		6	8	3	5	10	1	9
新生儿窒息	3		3	4		4	4	1	3
早产、低体重和过期产	2	1	1	4	1	3			
发育畸形	2	1	1	1		1	3	2	1
营养不良				1		1			
母孕期外伤及物理伤害	1		1						
产伤	1		1						
工伤				1		1			
交通事故	1	1		3	2	1	4	1	3
其他外伤	6	2	4	10	2	8	6		6
中毒与过敏反应									
不良社会文化因素				2		2	8	1	7
其他	12	3	9	12	6	6	14	4	10
原因不明	28	4	24	47	9	38	98	26	72
致残原因二									
遗传									
脑疾病				1		1			
内分泌障碍	1	1							
惊厥性疾病				1		1			
新生儿窒息							1		1
早产、低体重和过期产							2		2
发育畸形				2	1	1			
营养不良	1	1							
母孕期外伤及物理伤害									
产伤	1		1	2		2	1		1
工伤									
交通事故									
其他外伤	2		2	2		2	1	1	
中毒与过敏反应							1		1
不良社会文化因素	1		1	1		1	1		1
其他									
原因不明									

3－11 精神残疾(含多重)人分城乡、残疾等级的主要致残原因

单位：人、人次

致残主要原因	合计			残疾一级		
	合计	城镇	农村	小计	城镇	农村
精神残疾(含多重)人	**454**	**109**	**345**	**145**	**34**	**111**
致残原因一						
痴呆	55	9	46	35	6	29
其他器质性精神障碍	38	13	25	21	8	13
使用精神活性物质所致的障碍	4	1	3	1	1	
精神分裂症	245	64	181	66	14	52
妄想性障碍	5	2	3			
分裂情感性障碍	8	1	7			
其他精神病性障碍	11	2	9			
心境障碍	11	1	10	4	1	3
神经症性障碍	12		12	1		1
行为综合症	2	2		2	2	
人格障碍	5		5	1		1
孤独症	1	1				
癫痫	34	7	27	8	2	6
其他	13	3	10	5		5
原因不明	10	3	7	1		1
致残原因二						
痴呆						
其他器质性精神障碍	8	1	7	6		6
使用精神活性物质所致的障碍						
精神分裂症	6	1	5	4		4
妄想性障碍	4	1	3			
分裂情感性障碍						
其他精神病性障碍	8	1	7	2		2
心境障碍	3	1	2			
神经症性障碍	2		2	1		1
行为综合症	1	1				
人格障碍	1		1			
孤独症						
癫痫	13	5	8	7	4	3
其他						
原因不明						

3－11 续表

单位：人

致残主要原因	残疾二级			残疾三级			残疾四级		
	小计	城镇	农村	小计	城镇	农村	小计	城镇	农村
精神残疾(含多重)人	**62**	**12**	**50**	**81**	**20**	**61**	**166**	**43**	**123**
致残原因一									
痴呆	7		7	7	1	6	6	2	4
其他器质性精神障碍	4	2	2	7	2	5	6	1	5
使用精神活性物质所致的障碍	1		1				2		2
精神分裂症	37	8	29	55	15	40	87	27	60
妄想性障碍				1		1	4	2	2
分裂情感性障碍	1		1	2	1	1	5		5
其他精神病性障碍	1		1	2		2	8	2	6
心境障碍	1		1	1		1	5		5
神经症性障碍				1		1	10		10
行为综合症									
人格障碍				1		1	3		3
孤独症	1	1							
癫痫	5		5	1		1	20	5	15
其他	4	1	3	1	1		3	1	2
原因不明				2		2	7	3	4
致残原因二									
痴呆									
其他器质性精神障碍				1		1	1	1	
使用精神活性物质所致的障碍									
精神分裂症				2	1	1			
妄想性障碍	2		2	1	1		1		1
分裂情感性障碍									
其他精神病性障碍	1	1		2		2	3		3
心境障碍							3	1	2
神经症性障碍							1		1
行为综合症							1	1	
人格障碍							1		1
孤独症									
癫痫	2	1	1				4		4
其他									
原因不明									

3－12 视力残疾(含多重)人分年龄、性别的主要致残原因

单位：人

年 龄	遗传、先天异常或发育障碍		白内障		青光眼		沙 眼		角膜病	
	男	女	男	女	男	女	男	女	男	女
总 计	**30**	**23**	**263**	**503**	**12**	**23**		**1**	**24**	**35**
0岁										
1岁										
2岁										
3岁										
4岁	1								1	
5岁		1								
6岁										
7岁										
8岁										
9岁										
10岁										
11岁										
12岁										
13岁	1									
14岁	1	1	1							
15岁	1	1								1
16岁		1								
17岁	1	2								1
18岁										
19岁	1	1								
20岁										
21岁	1	1								
22岁		1								
23岁				1						1
24岁										
25岁										
26岁									1	
27岁										1

3-12 续表 1

单位：人

年 龄	遗传、先天异常或发育障碍		白内障		青光眼		沙 眼		角膜病	
	男	女	男	女	男	女	男	女	男	女
28岁	1		1							
29岁	2								1	
30岁										
31岁	1			1						
32岁										
33岁										
34岁		1		1						
35岁										
36岁	1	1								
37岁	2	1								1
38岁	1									
39岁	1									
40岁		1	1	1						
41岁	3	1								
42岁	1			1						
43岁		3								
44岁		1								
45岁	1			1						1
46岁	1			1	1					
47岁										1
48岁										
49岁	1									
50岁				1					1	1
51岁			1					1		
52岁	1		1							
53岁										
54岁				1		1				1
55岁			1	2						
56岁	1		1	2						

3－12 续表 2

单位：人

年 龄	遗传、先天异常或发育障碍		白内障		青光眼		沙 眼		角膜病	
	男	女	男	女	男	女	男	女	男	女
57岁		1	3	1						
58岁			3	2		1				
59岁	1		2							1
60岁		1	2	1						
61岁			2	4					2	1
62岁			2	2	1	1				
63岁				4	1					
64岁			3	4					1	
65岁	2			6						
66岁		1	2	4					1	
67岁			2	5						
68岁			3	13						1
69岁			5	11						1
70岁			19	22	1				2	
71岁			8	22	1	2			2	1
72岁		1	17	23						1
73岁			15	22	1	1			2	1
74岁			7	20						2
75岁	1		13	21	2	2			2	
76岁	1		16	21	1				2	1
77岁			16	24		2			1	1
78岁			13	38		1				
79岁			15	29		2			1	4
80岁			15	22	1	1				1
81岁			15	31		3			2	1
82岁			11	24						2
83岁			7	16						
84岁			8	19	1	2				1
85+		1	32	79	1	4			2	6

3-12 续表 3

单位：人

年龄	视神经病变		视网膜、色素膜病变		屈光不正		弱视	
	男	女	男	女	男	女	男	女
总计	**26**	**26**	**81**	**87**	**24**	**27**	**9**	**6**
0岁								
1岁								
2岁								
3岁								
4岁							1	
5岁								
6岁								1
7岁								
8岁							1	
9岁								
10岁								
11岁								
12岁								
13岁								
14岁								
15岁			1					
16岁								
17岁	1							1
18岁	1		1	1		1		
19岁								
20岁			1					
21岁	1		1					
22岁								
23岁								
24岁								
25岁								
26岁								
27岁								

3－12 续表 4

单位：人

年 龄	视神经病变		视网膜、色素膜病变		屈光不正		弱 视	
	男	女	男	女	男	女	男	女
28岁	1							
29岁							1	
30岁	1							
31岁								
32岁	1	1	1					
33岁								
34岁								
35岁			1					
36岁								
37岁							2	
38岁	1		1		1			
39岁								
40岁				1				
41岁					2		1	
42岁							1	
43岁				3		2		
44岁			1		1			
45岁			2		2			
46岁	1		1	3				1
47岁	2		1	1		1		
48岁		1	2					
49岁								
50岁								
51岁			3					
52岁			2					
53岁		1		1				
54岁		1		2				
55岁				2				
56岁		1		1	1	1		

3－12 续表 5

单位：人

年 龄	视神经病变		视网膜、色素膜病变		屈光不正		弱 视	
	男	女	男	女	男	女	男	女
57岁			1	1		1		
58岁			1	2				
59岁	1	1	2	1	3			
60岁			1	1				
61岁				4		2		
62岁			4	1	2			
63岁			2			1		
64岁	2	1	3	3			1	
65岁	1		2	1		1		
66岁	1		1					
67岁	1	1	1	1		1		
68岁			2	1				
69岁			1	1		1		
70岁	1		5	4	1			
71岁		2	1	7	1	2	1	
72岁	1	1	2	4		1		1
73岁		1	4	5				
74岁	1		4	3	2			
75岁		1	1	1	1	1		
76岁	2	2	3	2		1		
77岁				3		1		
78岁		1	2	3		3		
79岁	1	1	3	2	1	1		
80岁		1	6	1	2	1		
81岁	3	3	4	4		2		1
82岁	1		1	3	1			1
83岁		1	2			1		
84岁		1		3	2			
85+		3	3	10	1	1		

3－12　续表 6

单位：人

年龄	外伤		中毒		其他		原因不明	
	男	女	男	女	男	女	男	女
总　计	**31**	**16**	**1**		**6**	**7**	**8**	**3**
0岁								
1岁							1	
2岁							1	
3岁								
4岁								
5岁								
6岁								
7岁								
8岁								
9岁								
10岁								
11岁			1					
12岁								
13岁								
14岁								
15岁		1						
16岁								
17岁								
18岁	1							
19岁								
20岁								
21岁					1			
22岁								
23岁								
24岁								
25岁								
26岁	2							
27岁								

3－12 续表 7

单位：人

年龄	外伤		中毒		其他		原因不明	
	男	女	男	女	男	女	男	女
28岁								
29岁								
30岁						1		
31岁	1							
32岁	2							
33岁	1					2		
34岁								
35岁								
36岁								
37岁	1							1
38岁	1							
39岁								
40岁	2							
41岁								
42岁	1							
43岁								
44岁							1	
45岁								
46岁		1						
47岁								
48岁							1	
49岁								
50岁								
51岁	1							
52岁		1						
53岁								
54岁		1			1			
55岁	1							
56岁								1

3－12 续表 8

单位：人

年 龄	外 伤		中 毒		其 他		原因不明	
	男	女	男	女	男	女	男	女
57岁	1	1						
58岁	1							
59岁								
60岁					1			
61岁								
62岁	2							
63岁								
64岁	1	1					1	
65岁								
66岁	1							
67岁								
68岁								
69岁								
70岁	3							
71岁		1			2			
72岁	1							
73岁	1	1						
74岁	2	2					1	
75岁	1							
76岁		1			1			
77岁						1		1
78岁								
79岁		2					1	
80岁	1						1	
81岁								
82岁		1						
83岁	1					1		
84岁	1							
85+		2				2		

3－13 听力残疾(含多重)人分年龄、性别的主要致残原因

单位：人

年 龄	遗 传		母孕期病毒感染		传染性疾病		自身免疫缺陷性疾病	
	男	女	男	女	男	女	男	女
总 计	**28**	**23**	**1**	**2**	**22**	**19**		**2**
0岁								
1岁								
2岁	1							
3岁								
4岁								
5岁								
6岁								
7岁								
8岁								
9岁		1						
10岁								
11岁				1				
12岁		1						
13岁								
14岁								
15岁		1						
16岁	1					1		
17岁	1							
18岁	1							
19岁								
20岁								
21岁								
22岁								
23岁	1					1		
24岁		1						
25岁								
26岁	1	1						
27岁		1						

3－13 续表 1

单位：人

年龄	遗传		母孕期病毒感染		传染性疾病		自身免疫缺陷性疾病	
	男	女	男	女	男	女	男	女
28岁						1		
29岁	1					1		
30岁	1							
31岁	1							
32岁	1	1			1			
33岁					1	1		
34岁		3						
35岁					1			
36岁					2			
37岁		1			1			
38岁	1							
39岁								
40岁					1			
41岁		1				1		
42岁	1				1			
43岁	1	3	1		2	1		
44岁						1		
45岁	1				1			
46岁								
47岁		1				1		
48岁					1			
49岁	1					1		
50岁						2		
51岁						1		
52岁	1	1			1	1		
53岁	1							
54岁								
55岁								
56岁		1						

3－13 续表 2

单位：人

年龄	遗传		母孕期病毒感染		传染性疾病		自身免疫缺陷性疾病	
	男	女	男	女	男	女	男	女
57岁		1		1				1
58岁	1					1		
59岁								
60岁	1							
61岁					1			
62岁								
63岁								
64岁					1			
65岁	1					1		
66岁								
67岁	1	1						1
68岁	1	1						
69岁	1					1		
70岁					1			
71岁								
72岁					1			
73岁	1					1		
74岁								
75岁	1							
76岁					1	1		
77岁					1			
78岁		1						
79岁								
80岁	1							
81岁					1			
82岁	2							
83岁								
84岁		1						
85+					2			

3－13　续表 3

单位：人

年　龄	全身性疾病		中耳炎		老年性耳聋		早产和低体重	
	男	女	男	女	男	女	男	女
总　计	**23**	**30**	**69**	**75**	**530**	**626**		
0岁								
1岁								
2岁								
3岁								
4岁								
5岁								
6岁								
7岁								
8岁								
9岁								
10岁				1				
11岁								
12岁								
13岁								
14岁								
15岁						1		
16岁								
17岁								
18岁								
19岁								
20岁								
21岁								
22岁								
23岁								
24岁			1					
25岁								
26岁								
27岁			1					

3－13 续表 4

单位：人

年 龄	全身性疾病		中耳炎		老年性耳聋		早产和低体重	
	男	女	男	女	男	女	男	女
28岁								
29岁								
30岁								
31岁								
32岁			1					
33岁			1					
34岁				2				
35岁								
36岁								
37岁		1		1				
38岁								
39岁								
40岁			1					
41岁			3	1				
42岁				3				
43岁				1				
44岁						1		
45岁				1				
46岁								
47岁			1	1	1			
48岁				1		1		
49岁		1						
50岁			1	1				
51岁			1	1	1			
52岁				2	1	1		
53岁			3	3	1	3		
54岁						1		
55岁			2	1	1			
56岁	1		2	1	2	2		

3－13　续表 5

单位：人

年　龄	全身性疾病		中耳炎		老年性耳聋		早产和低体重	
	男	女	男	女	男	女	男	女
57岁			1					
58岁	2		1	3	2	4		
59岁			2		2			
60岁			3	3	5	1		
61岁	1		1		6	4		
62岁				4	2	1		
63岁			2	4	4	6		
64岁	1		2	1	8	6		
65岁			3	1	9	4		
66岁	3	1	2		10	6		
67岁				2	8	4		
68岁	2	1	2		15	12		
69岁		1	4	2	19	9		
70岁	1	1	2	2	21	23		
71岁		1	4	2	24	29		
72岁	1	2	1	2	36	29		
73岁		2	2	1	39	27		
74岁	2	1	5	1	34	21		
75岁	2	1	2	4	27	23		
76岁		2	3	2	21	34		
77岁	1	1	3	2	31	41		
78岁	1	1		3	27	42		
79岁	1	1	1	3	18	35		
80岁	1	2	2	1	27	28		
81岁		1	1	5	25	35		
82岁	2	1	1		20	26		
83岁		1			10	19		
84岁		1		1	14	27		
85+	1	6	1	5	59	120		

3－13 续表 6

单位：人

年 龄	新生儿窒息		高胆红素血症		药物中毒		创伤或意外伤害	
	男	女	男	女	男	女	男	女
总 计			**1**	**3**	**30**	**26**	**32**	**14**
0岁								
1岁								
2岁								
3岁								
4岁								
5岁								
6岁								
7岁								
8岁								
9岁					1	2		
10岁								
11岁					1	1		
12岁								
13岁								
14岁								
15岁							1	
16岁								
17岁					1			
18岁						1		
19岁								
20岁								
21岁						1		
22岁								
23岁								
24岁								
25岁					1	1		
26岁						1		
27岁						1		

3－13 续表 7

单位：人

年 龄	新生儿窒息		高胆红素血症		药物中毒		创伤或意外伤害	
	男	女	男	女	男	女	男	女
28岁								
29岁								
30岁					1	1		
31岁					1			
32岁								
33岁								
34岁					2			
35岁						1		
36岁								
37岁					1			
38岁								
39岁					2		1	
40岁								
41岁						1	1	
42岁						2		
43岁								
44岁						2		
45岁							1	
46岁								
47岁								
48岁						1	1	
49岁								1
50岁					1		2	
51岁							1	1
52岁								
53岁					1		2	
54岁								1
55岁					1			
56岁					1		1	

3－13 续表 8

单位：人

年 龄	新生儿窒息		高胆红素血症		药物中毒		创伤或意外伤害	
	男	女	男	女	男	女	男	女
57岁					1	1		
58岁					1		2	
59岁							1	
60岁							1	1
61岁						1	1	
62岁					1		1	1
63岁							1	
64岁					1		1	1
65岁								
66岁					1			
67岁						1	1	
68岁						3		
69岁					2			1
70岁							3	
71岁						1	4	1
72岁					2			1
73岁			1				1	
74岁				1	4	3		
75岁					1			2
76岁							1	
77岁							1	
78岁				1				
79岁							1	
80岁							1	1
81岁				1				
82岁								1
83岁								
84岁								
85+					1			1

3-13 续表 9

单位：人

年龄	噪声和爆震		其他		原因不明	
	男	女	男	女	男	女
总计	**30**	**4**	**10**	**12**	**88**	**73**
0岁						
1岁						
2岁					2	
3岁			1			1
4岁				1		
5岁						
6岁					1	
7岁						
8岁						
9岁						
10岁						
11岁					1	1
12岁			1		1	2
13岁						
14岁					1	1
15岁					1	1
16岁					1	
17岁			1			
18岁					2	
19岁				1		2
20岁				1		1
21岁						
22岁						1
23岁					1	
24岁						
25岁						
26岁						1
27岁						

3－13 续表 10

单位：人

年 龄	噪声和爆震		其 他		原因不明	
	男	女	男	女	男	女
28岁						
29岁					2	
30岁					2	
31岁			1		1	1
32岁			1		1	1
33岁				1		2
34岁						1
35岁						
36岁					1	
37岁					3	
38岁						1
39岁					1	1
40岁			1			1
41岁						
42岁	1				1	2
43岁					1	
44岁	1				2	
45岁						1
46岁						2
47岁					1	1
48岁	2					
49岁				1	2	2
50岁						
51岁				1	3	
52岁						4
53岁	1			1		1
54岁					2	1
55岁	1					2
56岁					2	

3－13 续表 11

单位：人

年 龄	噪声和爆震		其 他		原因不明	
	男	女	男	女	男	女
57岁	1					1
58岁					2	2
59岁	1		1		3	1
60岁	1					
61岁	2				3	1
62岁					2	1
63岁					1	1
64岁	1		1		2	
65岁	1				1	
66岁					3	2
67岁	1					1
68岁	2			1	2	1
69岁					5	2
70岁	2		1		4	1
71岁	3				1	2
72岁	1			1	3	4
73岁	1	1			3	2
74岁	1				3	1
75岁					3	2
76岁				1	1	3
77岁	1		1		2	2
78岁	1				1	
79岁	2	1			1	1
80岁		1		1	1	3
81岁	1	1				1
82岁					1	1
83岁				1	1	2
84岁						
85+	1				3	

3-14　言语残疾(含多重)人分年龄、性别的主要致残原因

单位：人

年　龄	唐氏综合症		脑性瘫痪		新生儿病理性黄疸		早产、低体重和过期产		腭　裂	
	男	女	男	女	男	女	男	女	男	女
总　计	**4**	**3**	**10**	**7**	**1**		**1**		**8**	**7**
0岁										
1岁										
2岁	1									
3岁		2	1							
4岁				1						
5岁										
6岁										
7岁			1							
8岁										1
9岁				1						
10岁			1							
11岁										
12岁										1
13岁										
14岁									1	1
15岁										
16岁										
17岁	1								1	
18岁			1	2			1			
19岁										
20岁										
21岁					1					
22岁			1	1						
23岁			1							
24岁			1							
25岁										
26岁	1									
27岁										

3-14 续表 1

单位：人

年龄	唐氏综合症		脑性瘫痪		新生儿病理性黄疸		早产、低体重和过期产		腭裂	
	男	女	男	女	男	女	男	女	男	女
28岁										
29岁	1									1
30岁				1						
31岁									1	
32岁				1					1	
33岁			1							
34岁		1								
35岁			1							
36岁										
37岁									1	
38岁										
39岁										
40岁			1							1
41岁										
42岁										
43岁									1	
44岁										
45岁									1	
46岁										
47岁										
48岁										1
49岁										
50岁										
51岁										
52岁										
53岁										
54岁										
55岁										1
56岁										

3-14 续表 2

单位：人

年 龄	唐氏综合症		脑性瘫痪		新生儿病理性黄疸		早产、低体重和过期产		腭 裂	
	男	女	男	女	男	女	男	女	男	女
57岁										
58岁										
59岁										
60岁										
61岁										
62岁										
63岁										
64岁									1	
65岁										
66岁										
67岁										
68岁										
69岁										
70岁										
71岁										
72岁										
73岁										
74岁										
75岁										
76岁										
77岁										
78岁										
79岁										
80岁										
81岁										
82岁										
83岁										
84岁										
85+										

3-14 续表 3

单位：人

年 龄	智力低下		脑梗死		脑出血		脑 炎	
	男	女	男	女	男	女	男	女
总 计	**14**	**13**	**4**	**3**	**3**	**4**	**18**	**16**
0岁								
1岁								
2岁								
3岁	1	2						
4岁	2							
5岁								
6岁								
7岁	1	1					1	
8岁								
9岁								
10岁	1							
11岁	1							
12岁								
13岁	1						1	
14岁								1
15岁							1	
16岁								
17岁								
18岁		1						
19岁		1						1
20岁							2	
21岁								
22岁	1	1						
23岁	1							
24岁								1
25岁		1						
26岁	1	1						
27岁		1						

3-14 续表 4

单位：人

年 龄	智力低下		脑梗死		脑出血		脑 炎	
	男	女	男	女	男	女	男	女
28岁								2
29岁		1					1	1
30岁		1						1
31岁								
32岁								1
33岁								
34岁								1
35岁								
36岁	1						2	
37岁								
38岁							1	
39岁								
40岁	1						1	
41岁								
42岁	1							
43岁		1						2
44岁								
45岁							1	
46岁								
47岁								2
48岁	1						1	1
49岁								
50岁							1	1
51岁								
52岁							1	
53岁								
54岁								
55岁				1				
56岁								

3-14 续表 5

单位：人

年 龄	智力低下		脑梗死		脑出血		脑 炎	
	男	女	男	女	男	女	男	女
57岁								
58岁							1	
59岁								
60岁						2	1	
61岁								
62岁								
63岁			1			1		
64岁					1			
65岁				1				
66岁								
67岁								
68岁								
69岁								
70岁					2		1	
71岁		1	1					1
72岁								
73岁			1					
74岁								
75岁			1					
76岁								
77岁							1	
78岁								
79岁								
80岁								
81岁								
82岁				1		1		
83岁								
84岁								
85+								

3-14 续表 6

单位：人

年龄	脑囊虫病		喉、舌疾病术后		听力障碍		帕金森氏病		多发性硬化	
	男	女	男	女	男	女	男	女	男	女
总计			**4**	**1**	**32**	**25**		**1**		
0岁										
1岁										
2岁										
3岁										
4岁										
5岁										
6岁					1					
7岁										
8岁										
9岁					1	1				
10岁										
11岁						1				
12岁					1	3				
13岁										
14岁					2	1				
15岁						1				
16岁					1					
17岁					1					
18岁					2					
19岁										
20岁						1				
21岁						1				
22岁			1							
23岁					1					
24岁										
25岁										
26岁						2				
27岁						2				

3-14 续表 7

单位：人

年　龄	脑囊虫病		喉、舌疾病术后		听力障碍		帕金森氏病		多发性硬化	
	男	女	男	女	男	女	男	女	男	女
28岁										
29岁										
30岁					1					
31岁			1		2					
32岁					1	2				
33岁						1				
34岁					2	1				
35岁										
36岁										
37岁						1				
38岁						1				
39岁					1					
40岁										
41岁						1				
42岁					2					
43岁					2	2				
44岁										
45岁					1	1				
46岁										
47岁						1				
48岁					1					
49岁						1				
50岁										
51岁										
52岁					2					
53岁										
54岁				1						
55岁										
56岁										

3-14 续表 8

单位：人

年龄	脑囊虫病		喉、舌疾病术后		听力障碍		帕金森氏病		多发性硬化	
	男	女	男	女	男	女	男	女	男	女
57岁										
58岁										
59岁					1					
60岁					1					
61岁					1					
62岁										
63岁										
64岁										
65岁					1					
66岁										
67岁										
68岁			1					1		
69岁					1					
70岁					1					
71岁										
72岁										
73岁										
74岁										
75岁					1					
76岁										
77岁			1							
78岁										
79岁										
80岁										
81岁										
82岁										
83岁										
84岁										
85+										

3-14 续表 9

单位：人

年龄	脊髓侧索硬化		脑外伤		产伤		孤独症	
	男	女	男	女	男	女	男	女
总计			**11**	**4**	**1**	**1**		**1**
0岁								
1岁								
2岁								
3岁								
4岁				1				
5岁								
6岁								1
7岁								
8岁								
9岁								
10岁								
11岁						1		
12岁								
13岁								
14岁			1					
15岁								
16岁								
17岁			1					
18岁				1				
19岁								
20岁								
21岁			1					
22岁								
23岁								
24岁								
25岁								
26岁								
27岁					1			

3-14 续表 10

单位：人

年 龄	脊髓侧索硬化		脑外伤		产 伤		孤独症	
	男	女	男	女	男	女	男	女
28岁								
29岁			2	1				
30岁								
31岁								
32岁								
33岁			1					
34岁								
35岁			1					
36岁								
37岁								
38岁								
39岁								
40岁								
41岁			1					
42岁								
43岁			1					
44岁								
45岁								
46岁								
47岁								
48岁			1					
49岁								
50岁								
51岁								
52岁			1					
53岁								
54岁								
55岁								
56岁								

3-14 续表 11

单位：人

年 龄	脊髓侧索硬化		脑外伤		产 伤		孤独症	
	男	女	男	女	男	女	男	女
57岁								
58岁				1				
59岁								
60岁								
61岁								
62岁								
63岁								
64岁								
65岁								
66岁								
67岁								
68岁								
69岁								
70岁								
71岁								
72岁								
73岁								
74岁								
75岁								
76岁								
77岁								
78岁								
79岁								
80岁								
81岁								
82岁								
83岁								
84岁								
85+								

3-14 续表 12

单位：人

年 龄	癫 痫		CO中毒		其 他		原因不明	
	男	女	男	女	男	女	男	女
总 计	**1**	**2**		**1**	**20**	**18**	**36**	**28**
0岁								
1岁								
2岁							1	
3岁					2		2	1
4岁							2	3
5岁		1						
6岁					1			
7岁								
8岁	1							
9岁					1	1		
10岁							1	
11岁					1	1	1	
12岁							2	
13岁								
14岁								
15岁								1
16岁								
17岁								
18岁						1	1	
19岁						1		1
20岁						1		1
21岁								
22岁								2
23岁							1	
24岁								
25岁					1	1		
26岁						1	1	
27岁					1		1	

3-14 续表 13

单位：人

年 龄	癫 痫		CO中毒		其 他		原因不明	
	男	女	男	女	男	女	男	女
28岁								1
29岁								
30岁		1					1	
31岁					1		2	
32岁					2		1	
33岁							1	2
34岁								1
35岁					1	1	1	1
36岁							2	
37岁				1	1	1		
38岁					1		1	1
39岁							1	
40岁					1		1	
41岁					2	1		
42岁						1		1
43岁							1	
44岁						1	1	
45岁								1
46岁						2		
47岁								
48岁							1	1
49岁						1	1	1
50岁								
51岁						1		1
52岁						1		
53岁								1
54岁							1	
55岁							1	1
56岁							1	

3-14 续表 14

单位：人

年 龄	癫 痫		CO中毒		其 他		原因不明	
	男	女	男	女	男	女	男	女
57岁					1			
58岁								
59岁					1			
60岁								
61岁								1
62岁							1	
63岁								1
64岁							2	
65岁								
66岁					1			
67岁								
68岁								
69岁							1	
70岁								
71岁								
72岁						1		1
73岁								
74岁								1
75岁								
76岁								2
77岁								
78岁					1			
79岁							1	
80岁								
81岁								
82岁								
83岁								
84岁								
85+								

3－15　肢体残疾(含多重)人分年龄、性别的主要致残原因

单位：人

年　龄	脑性瘫痪		发育畸形		侏儒症		其他先天性或发育障碍	
	男	女	男	女	男	女	男	女
总　计	**39**	**21**	**39**	**24**	**4**	**8**	**11**	**8**
0岁								
1岁	1							
2岁	1		1					
3岁	1							1
4岁	2	1						
5岁								
6岁			1					
7岁	1						1	
8岁	1		1					
9岁								
10岁	1		1					
11岁				1			1	
12岁								
13岁	1		1	1				
14岁				1				1
15岁	2							
16岁			1	1				
17岁		2	1	1				
18岁	1	2						1
19岁	1	1					1	
20岁	1							
21岁	2							
22岁	1							1
23岁	2					1		
24岁	1				1	1		
25岁								
26岁								
27岁	1		1				1	

3-15 续表 1

单位：人

年 龄	脑性瘫痪		发育畸形		侏儒症		其他先天性或发育障碍	
	男	女	男	女	男	女	男	女
28岁	2			1				
29岁								
30岁	1	2						1
31岁			2	1			1	
32岁	1	1			1			
33岁	1							
34岁	1			1		1		
35岁	1	1	3	2			1	1
36岁	1			1		1		
37岁			1					
38岁	1		1	2				
39岁			1	1			1	
40岁		2	1		1	1		2
41岁			1			1	1	
42岁	1			2				
43岁		1					1	
44岁				1				
45岁	1		1			1		
46岁								
47岁				1				
48岁			1	1	1		1	
49岁	1							
50岁	1		1					
51岁			1					
52岁		1						
53岁			1			1		
54岁								
55岁								
56岁		1	2					

3－15　续表 2

单位：人

年　龄	脑性瘫痪		发育畸形		侏儒症		其他先天性或发育障碍	
	男	女	男	女	男	女	男	女
57岁			1					
58岁		1						
59岁			1					
60岁								
61岁			3					
62岁		1						
63岁			1					
64岁								
65岁								
66岁			2					
67岁								
68岁		1		1				
69岁			1					
70岁	1		1					
71岁	1			1			1	
72岁			1					
73岁			1	1				
74岁								
75岁								
76岁	1		1	2				
77岁								
78岁			1					
79岁								
80岁								
81岁								
82岁								
83岁								
84岁								
85+	2	3						

3－15 续表 3

单位：人

年 龄	脊髓灰质炎		脑血管疾病		周围血管疾病		肿 瘤	
	男	女	男	女	男	女	男	女
总 计	**62**	**36**	**86**	**82**	**4**	**3**	**9**	**7**
0岁								
1岁								
2岁								
3岁								
4岁								
5岁								
6岁								
7岁	1							
8岁								
9岁							1	
10岁								
11岁								
12岁								
13岁	1							
14岁	1		1					
15岁								
16岁								
17岁	1	3						
18岁		1						
19岁		1					1	
20岁							1	
21岁			1					
22岁								
23岁								
24岁		2						
25岁								
26岁	1	1						1
27岁	3							

3－15 续表 4

单位：人

年 龄	脊髓灰质炎		脑血管疾病		周围血管疾病		肿 瘤	
	男	女	男	女	男	女	男	女
28岁	3	3						
29岁	3	3						
30岁		3						
31岁								1
32岁								
33岁	4	1						
34岁								
35岁	2	1						
36岁	1		1					
37岁	5							
38岁	1	1						
39岁	2	1	1	1				1
40岁	4		2					1
41岁	1			1				
42岁		2	1	1	1			
43岁	3	2	1					
44岁	1						1	
45岁	2	1		1				1
46岁	1							
47岁								
48岁	3	2	1	2				1
49岁	1							
50岁	1	1						
51岁			1					
52岁	2		2					
53岁		1	3	1				
54岁		1		1				
55岁			2	3				
56岁	2			1			2	

3-15 续表 5

单位：人

年 龄	脊髓灰质炎		脑血管疾病		周围血管疾病		肿 瘤	
	男	女	男	女	男	女	男	女
57岁	2	1	2	1				
58岁							1	
59岁			1				1	
60岁			2	3				
61岁	1		1	3				
62岁			4	2				
63岁	2		5	1				1
64岁				1				
65岁	1		2	1		1		
66岁			3	4	1			
67岁	1		4	6				
68岁			9	2				
69岁		2	5	1				
70岁	2		3					
71岁			4	3				
72岁			1	5				
73岁			3	4				
74岁	2		1	2				
75岁			2	3				
76岁			4					
77岁			2	4				
78岁			1		1			
79岁	1		1	3				
80岁		1	2	4			1	
81岁			1	2				
82岁			1	5				
83岁				3	1			
84岁			1	1				
85+		1	4	6		2		

3－15 续表 6

单位：人

年 龄	骨关节病		地方病		脊髓疾病		工 伤	
	男	女	男	女	男	女	男	女
总 计	**76**	**109**			**11**	**15**	**57**	**14**
0岁								
1岁								
2岁								
3岁								
4岁								
5岁								
6岁								
7岁								
8岁								
9岁								
10岁								
11岁								
12岁								
13岁								
14岁					1			
15岁								
16岁	1							
17岁	1						1	
18岁							1	
19岁	1					1		
20岁								
21岁								
22岁								
23岁							2	
24岁	1						1	
25岁								
26岁		1						
27岁	1							

3－15 续表 7

单位：人

年 龄	骨关节病		地方病		脊髓疾病		工 伤	
	男	女	男	女	男	女	男	女
28岁							1	
29岁	1	1						1
30岁								
31岁	1	1					1	1
32岁		1					1	
33岁								1
34岁								1
35岁	2							1
36岁	1	1						
37岁	2						1	
38岁								
39岁	1				1		2	
40岁								
41岁	2	1					3	
42岁							2	
43岁							2	
44岁		1					2	
45岁								
46岁								1
47岁							1	
48岁	2	1						
49岁							1	1
50岁	1	2			1		3	
51岁	1						2	1
52岁	1	4				1	1	
53岁	2	1					2	
54岁	1	1						
55岁								2
56岁	1	2					2	1

3-15 续表 8

单位：人

年龄	骨关节病		地方病		脊髓疾病		工伤	
	男	女	男	女	男	女	男	女
57岁	1	1				1	3	
58岁	2	1					1	
59岁	1	4			1		1	1
60岁	2						4	
61岁	2	1					1	
62岁		3					1	
63岁	3	1					1	
64岁	2	1					3	
65岁	1						1	
66岁	1	1					1	
67岁	3	1					1	
68岁	1	3				1		
69岁	3	1					1	
70岁	1	2					1	1
71岁	2	4					1	
72岁		4					1	
73岁	3	7				1	1	
74岁		5						
75岁	3	3				1	1	
76岁	2	4			1			
77岁	3	9			3	2		
78岁	3	3						
79岁	1	6				2	1	
80岁	3	3			1	1		
81岁		4						1
82岁	4	3			1	1		
83岁	2	3				1		
84岁		2			1	1		
85+	3	11				1		

3-15 续表 9

单位：人

年 龄	交通事故		脊髓损伤		脑外伤		其他外伤		结核性感染	
	男	女	男	女	男	女	男	女	男	女
总 计	**41**	**17**	**9**	**3**	**11**	**4**	**103**	**112**	**5**	**2**
0岁										
1岁										
2岁										
3岁								1		
4岁										
5岁										
6岁										
7岁										
8岁										
9岁							1			
10岁										
11岁										
12岁							1	1		
13岁		1					1	2		
14岁										
15岁										
16岁										
17岁							2			
18岁		1						1		
19岁										
20岁		1			1					
21岁					1					
22岁	1									
23岁										
24岁	1						1	1		
25岁			1							
26岁	2									
27岁	2									

3－15 续表 10

单位：人

年龄	交通事故		脊髓损伤		脑外伤		其他外伤		结核性感染	
	男	女	男	女	男	女	男	女	男	女
28岁										
29岁	1	1			1				1	
30岁	1			1			2			
31岁								1		
32岁	1		1				1	1		
33岁	1				1		1			
34岁			1				1			
35岁	2		1				1			
36岁	3	1					3	1		
37岁							3			
38岁	1				1		2			1
39岁							1	2		
40岁	3						1	2	1	
41岁	2	1			1		2			
42岁	2				1		3	2		
43岁	1				1		1	2		
44岁				1			1	1		
45岁	2						1			
46岁							3			
47岁		1			1			2		
48岁					1		3	2		1
49岁										
50岁							5	1		
51岁	1						3			
52岁	1	1					3	2		
53岁	1						1	1		
54岁	1						1			
55岁	1									
56岁		1	1							

3－15 续表 11

单位：人

年龄	交通事故		脊髓损伤		脑外伤		其他外伤		结核性感染	
	男	女	男	女	男	女	男	女	男	女
57岁	1		1				2			
58岁		1		1			1	1		
59岁	1						4	2	1	
60岁								2		
61岁			1				1	2		
62岁							3	1		
63岁	1				1		3	3		
64岁							1	3		
65岁	1						1	2		
66岁							1	1		
67岁	1		1					1		
68岁	1						2	1		
69岁							4	1		
70岁	2						4	3		
71岁							2	1	1	
72岁							2	1		
73岁		1					3	6		
74岁			1				2	5		
75岁							3	5	1	
76岁		2					3	1		
77岁	1	1				1	2	4		
78岁		1					1	2		
79岁							1	5		
80岁						1		4		
81岁								4		
82岁	1						2	3		
83岁								6		
84岁		1					1	3		
85+		1				2	5	13		

3－15　续表 12

单位：人

年　龄	化脓性感染		中　毒		其　他		原因不明	
	男	女	男	女	男	女	男	女
总　计	**17**	**8**	**3**	**1**	**80**	**85**	**42**	**22**
0岁								
1岁								
2岁							1	
3岁								
4岁							1	
5岁							1	
6岁								
7岁								
8岁								
9岁					1			
10岁					1			
11岁					2	1		
12岁						1		
13岁					2			
14岁						1		
15岁					2			
16岁						1		1
17岁	1		1					
18岁								
19岁					1			
20岁								1
21岁								1
22岁		1				1		
23岁			1		2			
24岁								
25岁					1			
26岁					1			
27岁								1

3－15 续表 13

单位：人

年 龄	化脓性感染		中 毒		其 他		原因不明	
	男	女	男	女	男	女	男	女
28岁	1						1	1
29岁	1				1			
30岁						1	1	
31岁					2		1	
32岁		2					1	
33岁						1	1	
34岁	1				2		1	
35岁					1			
36岁					1	1	1	
37岁	1				3		1	2
38岁					1			1
39岁					1		1	
40岁	1			1	1	1		
41岁	1					1		
42岁					2	3	2	
43岁					3	1		
44岁								
45岁	1				1	1		
46岁						1		
47岁	1	1			2			
48岁					2			
49岁					1	1		
50岁						1		
51岁	1				1	1	1	1
52岁							2	
53岁					1			
54岁	1				1			
55岁		1					1	
56岁								

3-15 续表 14

单位：人

年龄	化脓性感染		中毒		其他		原因不明	
	男	女	男	女	男	女	男	女
57岁	1				1	1		
58岁					3			1
59岁					1			
60岁						1		
61岁					1		1	
62岁					1	1	3	
63岁	1					2	1	
64岁					4	1	1	1
65岁					1	1	1	
66岁					2			
67岁					3	1		
68岁	1				1	1	1	
69岁						4	1	1
70岁			1		1	2	2	1
71岁					2		1	
72岁		1			5	4	3	
73岁					4	3	1	1
74岁						2	1	
75岁		1			2	5	1	1
76岁	1				1	1	2	
77岁		1				5		1
78岁					2	1		
79岁	1				1		1	
80岁						7		
81岁						2	1	
82岁	1				3	3	1	1
83岁						5		
84岁						3	1	1
85+					1	10		4

3－16 智力残疾(含多重)人分年龄、性别的主要致残原因

单位：人

年 龄	遗 传		脑疾病		内分泌障碍		惊厥性疾病		新生儿窒息	
	男	女	男	女	男	女	男	女	男	女
总 计	**41**	**48**	**97**	**90**	**1**	**1**	**20**	**12**	**10**	**5**
0岁										1
1岁										
2岁	1	2					1		1	
3岁		2	1				1			
4岁	1			2			2		1	
5岁			1					1		
6岁									1	
7岁		2	3							
8岁	1		1							
9岁	1			2						
10岁			2							
11岁	1	1	1	1			1	1		
12岁			1				1			
13岁	1	1	2	1			1			
14岁		1	4	3			1			
15岁	2	4	4	1						1
16岁	3	1		4						
17岁	2	3	1	1					1	
18岁	1		4					2		1
19岁			2	1			1			1
20岁		3	6	3						
21岁		2	3						1	
22岁	3	3		2					1	
23岁	1		3					1		
24岁				1		1			1	
25岁			1	2						
26岁	1		1							1
27岁	2	1		1	1					

3-16 续表 1

单位：人

年 龄	遗 传		脑疾病		内分泌障碍		惊厥性疾病		新生儿窒息	
	男	女	男	女	男	女	男	女	男	女
28岁			1	2			1			
29岁			1	2					1	
30岁			1	5			1	1		
31岁			2	1						
32岁	1	3		2						
33岁	1	1	2	1			1			
34岁	1	1	4				1			
35岁	1		4	3				1	1	
36岁	1	1					1			
37岁	1									
38岁	1	2	2	3						
39岁	2	1	4	1						
40岁		2	5	1				1		
41岁	1		1							
42岁	1	1		2			1			
43岁	1	1	1	3			2			
44岁		1	1	3						
45岁			2	2						
46岁			1							
47岁	2			2				1		
48岁	1	1	1	2						
49岁	1	1		1						
50岁										
51岁	1	2								
52岁	1			1						
53岁			3	1						
54岁		1	1							
55岁	1		2	1					1	
56岁			1				1			

3－16 续表 2

单位：人

年龄	遗传		脑疾病		内分泌障碍		惊厥性疾病		新生儿窒息	
	男	女	男	女	男	女	男	女	男	女
57岁							1			
58岁		2								
59岁										
60岁	1		1	2				1		
61岁				2				1		
62岁										
63岁			1				1			
64岁								1		
65岁										
66岁			1	3						
67岁			1	1						
68岁		1		1						
69岁			2	3						
70岁			1							
71岁				1						
72岁										
73岁			1							
74岁										
75岁										
76岁										
77岁			1							
78岁			1							
79岁										
80岁			1							
81岁			2	4						
82岁			1	1						
83岁				3						
84岁			1	2						
85+			1	3						

3-16 续表 3

单位：人

年龄	早产、低体重和过期产		发育畸形		营养不良		母孕期外伤及物理伤害	
	男	女	男	女	男	女	男	女
总计	**8**	**3**	**7**	**2**	**2**			**1**
0岁								
1岁								
2岁	1							
3岁								
4岁	3							
5岁								
6岁								
7岁								
8岁								
9岁								
10岁								
11岁	2	1						
12岁								
13岁								
14岁								
15岁		1	1					
16岁								
17岁								
18岁	1							
19岁		1						
20岁					1			
21岁								
22岁								
23岁								
24岁								
25岁								
26岁								
27岁								

3－16 续表 4

单位：人

年 龄	早产、低体重和过期产		发育畸形		营养不良		母孕期外伤及物理伤害	
	男	女	男	女	男	女	男	女
28岁								1
29岁								
30岁								
31岁			1					
32岁								
33岁								
34岁			2					
35岁				1				
36岁					1			
37岁								
38岁								
39岁								
40岁								
41岁			3					
42岁								
43岁								
44岁								
45岁	1							
46岁								
47岁								
48岁								
49岁								
50岁								
51岁								
52岁								
53岁								
54岁								
55岁								
56岁								

3－16 续表 5

单位：人

年 龄	早产、低体重和过期产		发育畸形		营养不良		母孕期外伤及物理伤害	
	男	女	男	女	男	女	男	女
57岁								
58岁								
59岁								
60岁								
61岁								
62岁								
63岁								
64岁								
65岁								
66岁								
67岁								
68岁				1				
69岁								
70岁								
71岁								
72岁								
73岁								
74岁								
75岁								
76岁								
77岁								
78岁								
79岁								
80岁								
81岁								
82岁								
83岁								
84岁								
85+								

3-16 续表 6

单位：人

年龄	产伤		工伤		交通事故		其他外伤	
	男	女	男	女	男	女	男	女
总计	**2**	**6**	**1**		**7**	**2**	**20**	**9**
0岁		1						
1岁								
2岁								
3岁								
4岁							1	1
5岁								
6岁								
7岁								
8岁	1							
9岁								
10岁		1						
11岁								
12岁								
13岁								
14岁								
15岁		1					1	
16岁								
17岁							1	
18岁		1						1
19岁							1	
20岁							1	
21岁					1			
22岁	1	1						
23岁								
24岁								
25岁					1			
26岁							1	
27岁								

3-16 续表 7

单位：人

年龄	产伤		工伤		交通事故		其他外伤	
	男	女	男	女	男	女	男	女
28岁					1			
29岁							1	
30岁						1		
31岁								1
32岁								
33岁							1	
34岁					1			
35岁							1	
36岁		1						
37岁			1					
38岁								
39岁							1	
40岁								1
41岁							2	
42岁								
43岁					1		1	
44岁								
45岁								
46岁							1	
47岁								
48岁							1	2
49岁								
50岁							1	
51岁							1	
52岁						1		
53岁								
54岁								
55岁							1	
56岁							1	

3－16　续表 8

单位：人

年　龄	产　伤		工　伤		交通事故		其他外伤	
	男	女	男	女	男	女	男	女
57岁								1
58岁								
59岁								
60岁					1			
61岁								1
62岁								
63岁					1			
64岁								
65岁								
66岁							1	
67岁								
68岁								
69岁								
70岁								
71岁								
72岁								
73岁								
74岁								
75岁								
76岁								
77岁								
78岁								
79岁								1
80岁								
81岁								
82岁								
83岁								
84岁								
85+								

3－16 续表 9

单位：人

年龄	中毒与过敏反应		不良社会文化因素		其他		原因不明	
	男	女	男	女	男	女	男	女
总计	**1**		**6**	**7**	**26**	**18**	**118**	**85**
0岁					1		5	1
1岁						1	6	2
2岁							3	2
3岁					1	1	6	3
4岁			1	1			1	2
5岁					1	1	2	1
6岁				1			6	5
7岁							3	
8岁								1
9岁							2	1
10岁					1		3	1
11岁							2	4
12岁						1	1	1
13岁							5	2
14岁							2	
15岁					1		1	
16岁							1	1
17岁					1		2	1
18岁							2	1
19岁					1		3	2
20岁					1			
21岁							3	1
22岁							1	4
23岁					1		4	
24岁							2	
25岁					1		1	
26岁					2	1		1
27岁					1		1	1

3-16 续表 10

单位：人

年 龄	中毒与过敏反应		不良社会文化因素		其 他		原因不明	
	男	女	男	女	男	女	男	女
28岁							1	3
29岁						2	1	1
30岁						1		1
31岁	1			1			1	4
32岁							3	
33岁							2	
34岁								
35岁							3	5
36岁							5	2
37岁							1	2
38岁				1			1	1
39岁					1	1	2	1
40岁							2	3
41岁								1
42岁					1	1	1	1
43岁			1	1			1	
44岁					1			
45岁							3	
46岁								
47岁								
48岁								2
49岁							2	
50岁							1	
51岁			1		2		1	1
52岁						1	2	
53岁			1					1
54岁							1	
55岁							1	1
56岁					1		1	1

3－16 续表 11

单位：人

年 龄	中毒与过敏反应		不良社会文化因素		其 他		原因不明	
	男	女	男	女	男	女	男	女
57岁			1		1	1		1
58岁							2	
59岁								
60岁								1
61岁							1	1
62岁					1			
63岁								2
64岁							1	
65岁							1	
66岁								
67岁								1
68岁							1	
69岁					1		1	
70岁							2	
71岁							1	
72岁						1		2
73岁					1			1
74岁								
75岁			1	1			1	
76岁							1	
77岁								1
78岁								2
79岁							1	
80岁				1	2	2		1
81岁						1		1
82岁						1		
83岁								1
84岁						1	1	
85+					1			1

3-17 精神残疾(含多重)人分年龄、性别的主要致残原因

单位：人

年龄	痴呆		其他器质性精神障碍		使用精神活性物质所致的障碍		精神分裂症	
	男	女	男	女	男	女	男	女
总计	**29**	**26**	**26**	**20**	**4**		**133**	**118**
0岁								
1岁								
2岁								
3岁								
4岁								
5岁								
6岁								
7岁								
8岁	1							
9岁								
10岁								
11岁								
12岁								
13岁	2						2	
14岁							1	1
15岁	1						1	
16岁				1				
17岁							1	
18岁							1	
19岁		1						2
20岁			1	1			4	2
21岁								1
22岁				1			1	1
23岁	1		1					
24岁	1		1	1			4	
25岁			1				1	2
26岁								1
27岁							1	1

3-17 续表 1

单位：人

年 龄	痴 呆		其他器质性精神障碍		使用精神活性物质所致的障碍		精神分裂症	
	男	女	男	女	男	女	男	女
28岁		1	3				2	2
29岁			1				3	2
30岁			1				1	1
31岁							5	2
32岁			1				3	3
33岁	1		2				5	4
34岁			1				3	2
35岁		1	1	1			5	3
36岁							4	3
37岁			1				5	2
38岁							4	3
39岁		1	1				4	8
40岁			1				2	3
41岁	1						6	2
42岁							6	5
43岁		1			1		3	6
44岁				1	1		2	5
45岁	1		1				1	
46岁							6	2
47岁							4	3
48岁		1					4	2
49岁							2	2
50岁	1		1				5	1
51岁				1	1		5	4
52岁				1			5	4
53岁	1		1				1	2
54岁		1					2	2
55岁					1		2	2
56岁							1	1

3－17　续表 2

单位：人

年龄	痴呆		其他器质性精神障碍		使用精神活性物质所致的障碍		精神分裂症	
	男	女	男	女	男	女	男	女
57岁			1					4
58岁	1						1	2
59岁								
60岁		1					1	
61岁				1			1	2
62岁			1	1				2
63岁	1	1						1
64岁				1			2	3
65岁			1				1	2
66岁				1				
67岁	1		1					
68岁							1	1
69岁	1						1	
70岁							1	
71岁	2			1			1	2
72岁								1
73岁	2						1	
74岁	1							
75岁		1					1	
76岁	1						1	
77岁	1		1	2				
78岁	1						1	
79岁	1	1					1	1
80岁		5						1
81岁	2	2		2				1
82岁	1							
83岁			1	1				
84岁	1	3						2
85+	1	5		2				1

3-17 续表 3

单位：人

年 龄	妄想性障碍		分裂情感性障碍		其他精神病性障碍		心境障碍	
	男	女	男	女	男	女	男	女
总 计	**5**	**4**	**5**	**3**	**6**	**13**	**7**	**7**
0岁								
1岁								
2岁								
3岁								
4岁								
5岁								
6岁								
7岁								
8岁								
9岁								
10岁								
11岁								
12岁								
13岁								
14岁								
15岁								
16岁								
17岁								
18岁								
19岁								
20岁					1			
21岁								
22岁								
23岁								
24岁								
25岁								
26岁								
27岁	1							

3－17 续表 4

单位：人

年 龄	妄想性障碍		分裂情感性障碍		其他精神病性障碍		心境障碍	
	男	女	男	女	男	女	男	女
28岁								
29岁								
30岁								
31岁		1	1	1				1
32岁	1					1		
33岁								
34岁								
35岁	1		1					
36岁	1							
37岁			1		1			
38岁								
39岁	1	1		1	1			
40岁						2	1	
41岁								
42岁								
43岁							1	
44岁						1		
45岁					1		1	
46岁								
47岁					1			
48岁			1					
49岁							1	
50岁				1				1
51岁						1		
52岁						1		
53岁								
54岁			1					1
55岁								
56岁								

3－17 续表 5

单位：人

年 龄	妄想性障碍		分裂情感性障碍		其他精神病性障碍		心境障碍	
	男	女	男	女	男	女	男	女
57岁								
58岁						1		1
59岁							1	
60岁								
61岁								
62岁						1		
63岁						1		
64岁		1				1		
65岁		1				1		
66岁					1		1	
67岁								
68岁								
69岁								
70岁							1	
71岁								
72岁								
73岁								1
74岁								
75岁								1
76岁								1
77岁								
78岁								
79岁						1		
80岁								
81岁								
82岁								
83岁								
84岁								
85+						1		

3-17 续表 6

单位：人

年龄	神经症性障碍		行为综合症		人格障碍		孤独症	
	男	女	男	女	男	女	男	女
总计	**5**	**9**		**3**	**5**	**1**		**1**
0岁								
1岁								
2岁								
3岁								
4岁								
5岁								
6岁								1
7岁								
8岁								
9岁								
10岁								
11岁								
12岁								
13岁								
14岁								
15岁								
16岁								
17岁								
18岁		1						
19岁								
20岁								
21岁					1			
22岁								
23岁								
24岁								
25岁								
26岁								
27岁								

3－17　续表 7

单位：人

年　龄	神经症性障碍		行为综合症		人格障碍		孤独症	
	男	女	男	女	男	女	男	女
28岁								
29岁								
30岁		1						
31岁								
32岁								
33岁								
34岁								
35岁	1							
36岁								
37岁					1			
38岁								
39岁					1			
40岁								
41岁								
42岁								
43岁				1	1			
44岁								
45岁	1							
46岁								
47岁								
48岁								
49岁								
50岁				1				
51岁	2	2				1		
52岁		1						
53岁								
54岁								
55岁								
56岁								

3－17 续表 8

单位：人

年龄	神经症性障碍		行为综合症		人格障碍		孤独症	
	男	女	男	女	男	女	男	女
57岁								
58岁								
59岁								
60岁		1						
61岁		1						
62岁								
63岁	1				1			
64岁								
65岁				1				
66岁								
67岁								
68岁								
69岁								
70岁		1						
71岁								
72岁								
73岁								
74岁								
75岁								
76岁								
77岁								
78岁								
79岁								
80岁								
81岁								
82岁								
83岁								
84岁		1						
85+								

3－17 续表 9

单位：人

年 龄	癫 痫		其 他		原因不明	
	男	女	男	女	男	女
总 计	**26**	**21**	**8**	**5**	**8**	**2**
0岁						
1岁						
2岁						
3岁					2	
4岁				1		
5岁						
6岁						
7岁						
8岁						
9岁						
10岁						
11岁						
12岁						
13岁			1			
14岁						
15岁	2					
16岁						
17岁						
18岁		1			2	
19岁	1					
20岁	2					
21岁						
22岁		1		2		1
23岁						
24岁		1				
25岁						
26岁	1					
27岁					1	

3-17 续表 10

单位：人

年 龄	癫 痫		其 他		原因不明	
	男	女	男	女	男	女
28岁	2		1			
29岁		2				
30岁	1	3				
31岁	2	1				
32岁		2		1		
33岁	2		2			
34岁	1					
35岁	1					
36岁	1					
37岁	1					
38岁	1					
39岁						
40岁		3	1			1
41岁						
42岁	2					
43岁	1	2	1			
44岁		1				
45岁						
46岁						
47岁						
48岁			1		1	
49岁	1		1			
50岁						
51岁						
52岁						
53岁						
54岁						
55岁					1	
56岁	1					

3－17 续表 11

单位：人

年龄	癫痫		其他		原因不明	
	男	女	男	女	男	女
57岁				1		
58岁		1				
59岁						
60岁	1					
61岁		1				
62岁	1					
63岁		1				
64岁						
65岁						
66岁	1					
67岁		1				
68岁						
69岁						
70岁						
71岁					1	
72岁						
73岁						
74岁						
75岁						
76岁						
77岁						
78岁						
79岁						
80岁						
81岁						
82岁						
83岁						
84岁						
85+						

第四部分　残疾人的活动和参与、义务教育、社会保障、接受服务及主要需求

4－1 各地区18岁及以上视力残疾人分残疾等级的生活自理状况

单位：人

地区	无障碍/无适用				轻度障碍			
	残疾一级	残疾二级	残疾三级	残疾四级	残疾一级	残疾二级	残疾三级	残疾四级
总　计	**21**	**17**	**35**	**373**	**27**	**24**	**18**	**97**
厦门市思明区	1	1	1	8	3	3	1	4
龙岩市新罗区	2	1	2	6				
莆田市城厢区			4	24				1
泉州市泉港区	1	1	6	28	2	2	2	
厦门市集美区	3	2	2	14	2			
泉州市南安市		2	1	17		1		
福州市福清市	4		1	5	2			
泉州市晋江市				9				7
福州市长乐市	1			10		1	1	16
宁德市福鼎市			2	13		3	3	6
南平市邵武市	5	1		36	1			
莆田市仙游县								21
福州市闽侯县	1	1		4	2			
福州市永泰县			2	11			1	3
龙岩市上杭县		1	2	16		2	3	8
三明市大田县				45	2	2	1	6
三明市沙县	1	1	2	17			1	1
泉州市安溪县		3		18	3			
漳州市漳浦县	1	1	3	5	1			
漳州市南靖县		2	2	25	3	3	1	1
宁德市霞浦县	1		5	62	3	4	2	1
南平市政和县					3	3	2	22

4-1 续表 1

单位：人

地　区	中度障碍				重度障碍			
	残疾一级	残疾二级	残疾三级	残疾四级	残疾一级	残疾二级	残疾三级	残疾四级
总　计	**29**	**10**	**8**	**13**	**18**		**1**	**3**
厦门市思明区					1			
龙岩市新罗区								
莆田市城厢区	1				1			
泉州市泉港区		1						
厦门市集美区	1	1			1			
泉州市南安市								1
福州市福清市					1			
泉州市晋江市	1			1				
福州市长乐市		3		4	1			1
宁德市福鼎市	4	1	2		3			1
南平市邵武市	1							
莆田市仙游县			4		3		1	
福州市闽侯县					1			
福州市永泰县	4	1			1			
龙岩市上杭县	3				1			
三明市大田县		1		1				
三明市沙县				1				
泉州市安溪县	5							
漳州市漳浦县	3	1			3			
漳州市南靖县	1	1						
宁德市霞浦县	3				1			
南平市政和县	2		2	6				

4-1 续表 2

单位：人

地　区	极重度障碍/不能完成			
	残疾一级	残疾二级	残疾三级	残疾四级
总　计	**11**			
厦门市思明区				
龙岩市新罗区				
莆田市城厢区	5			
泉州市泉港区				
厦门市集美区				
泉州市南安市	2			
福州市福清市				
泉州市晋江市				
福州市长乐市				
宁德市福鼎市				
南平市邵武市				
莆田市仙游县				
福州市闽侯县				
福州市永泰县				
龙岩市上杭县	3			
三明市大田县				
三明市沙县				
泉州市安溪县				
漳州市漳浦县	1			
漳州市南靖县				
宁德市霞浦县				
南平市政和县				

4－2 各地区18岁及以上视力残疾人分残疾等级的生活活动状况

单位：人

地区	无障碍/无适用				轻度障碍			
	残疾一级	残疾二级	残疾三级	残疾四级	残疾一级	残疾二级	残疾三级	残疾四级
总　计	**2**		**6**	**81**	**7**	**13**	**21**	**239**
厦门市思明区			1	4		3	1	6
龙岩市新罗区				2	1		1	3
莆田市城厢区			2	22			2	3
泉州市泉港区			1				3	12
厦门市集美区				9	4	2	2	5
泉州市南安市				11				5
福州市福清市				1	2			4
泉州市晋江市				2				6
福州市长乐市				5		1	1	20
宁德市福鼎市				4			2	7
南平市邵武市				2		1		14
莆田市仙游县								20
福州市闽侯县	1							3
福州市永泰县							1	5
龙岩市上杭县						1	2	17
三明市大田县								22
三明市沙县				1			1	8
泉州市安溪县				4		3		14
漳州市漳浦县			2	3			1	2
漳州市南靖县				2				22
宁德市霞浦县	1			8		2	4	35
南平市政和县				1				6

4-2 续表 1

单位：人

地　区	中度障碍				重度障碍			
	残疾一级	残疾二级	残疾三级	残疾四级	残疾一级	残疾二级	残疾三级	残疾四级
总　计	**25**	**22**	**27**	**128**	**31**	**12**	**8**	**32**
厦门市思明区	3			1	2	1		1
龙岩市新罗区			1	1	1	1		
莆田市城厢区								
泉州市泉港区		2	4	16	3	1		
厦门市集美区		1			1			
泉州市南安市		1	1	1		2		1
福州市福清市	2		1		2			
泉州市晋江市				6				3
福州市长乐市		3		4	2			2
宁德市福鼎市	2	3	4	8	1	1	1	
南平市邵武市	1			9	2			7
莆田市仙游县			4	1	3		1	
福州市闽侯县	1			1		1		
福州市永泰县			1	9	2	1	1	
龙岩市上杭县		1	3	7	3			
三明市大田县				26	1	2	1	4
三明市沙县	1	1	1	8			1	2
泉州市安溪县	5				3			
漳州市漳浦县		1			1			
漳州市南靖县	2	5	3	2	2	1		
宁德市霞浦县	7	2	3	20				
南平市政和县	1	2	1	8	2	1	3	12

4－2 续表 2

单位：人

地　区	极重度障碍/不能完成			
	残疾一级	残疾二级	残疾三级	残疾四级
总　计	**41**	**4**		**6**
厦门市思明区				
龙岩市新罗区				
莆田市城厢区	7			
泉州市泉港区		1		
厦门市集美区	2			
泉州市南安市	2			
福州市福清市	1			
泉州市晋江市	1			
福州市长乐市				
宁德市福鼎市	4			1
南平市邵武市	4			4
莆田市仙游县				
福州市闽侯县	2			
福州市永泰县	3			
龙岩市上杭县	4	1		
三明市大田县	1	1		
三明市沙县				
泉州市安溪县				
漳州市漳浦县	8	1		
漳州市南靖县				
宁德市霞浦县				
南平市政和县	2			1

4－3 各地区18岁及以上视力残疾人分残疾等级的社会参与状况

单位：人

地区	无障碍/无适用				轻度障碍			
	残疾一级	残疾二级	残疾三级	残疾四级	残疾一级	残疾二级	残疾三级	残疾四级
总计	**1**		**4**	**89**	**18**	**19**	**28**	**287**
厦门市思明区			1	4	1	3	1	6
龙岩市新罗区				2	1		2	3
莆田市城厢区			2	23			2	
泉州市泉港区			1				3	20
厦门市集美区				4	2	2	2	9
泉州市南安市				14			1	3
福州市福清市	1			4	5		1	1
泉州市晋江市				7				8
福州市长乐市				4		1	1	20
宁德市福鼎市				3		3	3	14
南平市邵武市				1	1	1		30
莆田市仙游县								21
福州市闽侯县								2
福州市永泰县				1			1	5
龙岩市上杭县						1	1	19
三明市大田县				1				32
三明市沙县				1			1	8
泉州市安溪县				11	3	3		7
漳州市漳浦县				1			2	3
漳州市南靖县				1	1	1	1	23
宁德市霞浦县				7	4	2	6	48
南平市政和县						2		5

4-3 续表 1

单位：人

地区	中度障碍				重度障碍			
	残疾一级	残疾二级	残疾三级	残疾四级	残疾一级	残疾二级	残疾三级	残疾四级
总　计	**33**	**20**	**24**	**91**	**27**	**9**	**5**	**19**
厦门市思明区	2	1		2	2			
龙岩市新罗区	1	1		1				
莆田市城厢区				2	1			
泉州市泉港区	1	3	4	8	2	1		
厦门市集美区	2			1	2	1		
泉州市南安市		1		1		2		
福州市福清市	1							
泉州市晋江市	1			2				
福州市长乐市		3		5	2			2
宁德市福鼎市	4	1	4	3	3			
南平市邵武市	5			5	1			
莆田市仙游县			4		3		1	
福州市闽侯县	3	1		2	1			
福州市永泰县			2	8	3	1		
龙岩市上杭县	1	1	4	4	2			1
三明市大田县				17	2	2	1	2
三明市沙县	1	1	1	7			1	3
泉州市安溪县	3				2			
漳州市漳浦县			1	1	1	1		
漳州市南靖县	2	4	2	2		1		
宁德市霞浦县	4	2	1	8				
南平市政和县	2	1	1	12			2	11

4－3 续表 2

单位：人

地　区	极重度障碍/不能完成			
	残疾一级	残疾二级	残疾三级	残疾四级
总　计	**27**	**3**	**1**	
厦门市思明区				
龙岩市新罗区				
莆田市城厢区	6			
泉州市泉港区				
厦门市集美区	1			
泉州市南安市	2			
福州市福清市				
泉州市晋江市				
福州市长乐市				
宁德市福鼎市				
南平市邵武市				
莆田市仙游县				
福州市闽侯县				
福州市永泰县	2			
龙岩市上杭县	4	1		
三明市大田县		1		
三明市沙县				
泉州市安溪县				
漳州市漳浦县	8	1		
漳州市南靖县	1			
宁德市霞浦县				
南平市政和县	3		1	

4－4 各地区18岁及以上听力残疾人分残疾等级的理解和交流状况

单位：人

地　区	无障碍/无适用				轻度障碍			
	残疾一级	残疾二级	残疾三级	残疾四级	残疾一级	残疾二级	残疾三级	残疾四级
总　计	**6**	**14**	**102**	**131**	**11**	**36**	**258**	**277**
厦门市思明区			2	9	2	1	6	4
龙岩市新罗区	1	3	25	49	1	3	17	22
莆田市城厢区	1	2	10	2		1	5	1
泉州市泉港区		1	1				10	
厦门市集美区			1	7	1		4	14
泉州市南安市			4	1			10	
福州市福清市			4	2	1	1	33	25
泉州市晋江市			2		1	2	12	6
福州市长乐市				1			3	13
宁德市福鼎市		1				4	4	
南平市邵武市			8	3		6	19	13
莆田市仙游县							1	44
福州市闽侯县				6		1	4	9
福州市永泰县			3	4	1		18	9
龙岩市上杭县			15	4	1	8	44	2
三明市大田县			1		1	3	12	6
三明市沙县	2	1	11	9		2	14	19
泉州市安溪县			1	3			16	9
漳州市漳浦县			1	3	1	1	6	14
漳州市南靖县				1		2	8	56
宁德市霞浦县			4	9	1	1	8	5
南平市政和县	2	6	9	18			4	6

4-4 续表 1

单位：人

地　区	中度障碍				重度障碍			
	残疾一级	残疾二级	残疾三级	残疾四级	残疾一级	残疾二级	残疾三级	残疾四级
总　计	**20**	**54**	**174**	**61**	**16**	**19**	**24**	**5**
厦门市思明区	1		2	1	1	3	2	2
龙岩市新罗区		2	7	5		1		
莆田市城厢区	1							
泉州市泉港区		12	16		4	1		
厦门市集美区			15			2		
泉州市南安市		5	1		1			
福州市福清市		1	3			1		
泉州市晋江市	2	3	16		2	1	1	
福州市长乐市		1	3	4	1		1	1
宁德市福鼎市		5				1		
南平市邵武市	9	9	21	5			1	
莆田市仙游县			4		2			
福州市闽侯县			26	14		2	11	
福州市永泰县	3	2	12	2	1	1		
龙岩市上杭县	1	2						
三明市大田县		3	15	9		2	1	
三明市沙县	1		6	9	2	2	6	2
泉州市安溪县			3					
漳州市漳浦县	2	4	22	11	2	1	1	
漳州市南靖县		1						
宁德市霞浦县		2	2			1		
南平市政和县		2		1				

4-4 续表 2

单位：人

地　区	极重度障碍/不能完成			
	残疾一级	残疾二级	残疾三级	残疾四级
总　计	**15**	**2**	**2**	**1**
厦门市思明区	2	1	1	
龙岩市新罗区			1	
莆田市城厢区				
泉州市泉港区				
厦门市集美区				
泉州市南安市				
福州市福清市	5			
泉州市晋江市				
福州市长乐市				
宁德市福鼎市				
南平市邵武市				
莆田市仙游县				
福州市闽侯县	4			
福州市永泰县				
龙岩市上杭县				
三明市大田县				
三明市沙县				1
泉州市安溪县				
漳州市漳浦县	3	1		
漳州市南靖县				
宁德市霞浦县	1			
南平市政和县	4	2		

4－5 各地区18岁及以上听力残疾人分残疾等级的生活自理状况

单位：人

地　区	无障碍/无适用				轻度障碍			
	残疾一级	残疾二级	残疾三级	残疾四级	残疾一级	残疾二级	残疾三级	残疾四级
总　计	**51**	**93**	**516**	**444**	**13**	**23**	**36**	**25**
厦门市思明区	5	1	11	13				1
龙岩市新罗区	1	7	43	69	1		3	4
莆田市城厢区	1	3	15	3				
泉州市泉港区		4	21		4	10	6	
厦门市集美区	1	1	17	21		1	2	
泉州市南安市	1	5	14	1			1	
福州市福清市	5	2	38	27		1	2	
泉州市晋江市	3	6	27	6	2		4	
福州市长乐市			4	18	1	1	2	1
宁德市福鼎市		7	4			4		
南平市邵武市	9	15	49	21				
莆田市仙游县	1		1	37			4	7
福州市闽侯县	4	2	40	29		1	1	
福州市永泰县	4	3	30	15	1		3	
龙岩市上杭县	2	9	59	6		1		
三明市大田县	1	7	29	13		1		2
三明市沙县	3	4	34	36	2	1	3	3
泉州市安溪县			17	12			3	
漳州市漳浦县	7	6	30	27	1			1
漳州市南靖县		3	8	55				2
宁德市霞浦县	1	2	13	14	1	2	1	
南平市政和县	2	6	12	21			1	4

4－5 续表 1

单位：人

地区	中度障碍				重度障碍			
	残疾一级	残疾二级	残疾三级	残疾四级	残疾一级	残疾二级	残疾三级	残疾四级
总　计	**3**	**7**	**7**	**2**		**1**		**4**
厦门市思明区		3	2			1		2
龙岩市新罗区		2	3	2				1
莆田市城厢区	1							
泉州市泉港区								
厦门市集美区			1					
泉州市南安市								
福州市福清市	1							
泉州市晋江市								
福州市长乐市			1					
宁德市福鼎市								
南平市邵武市								
莆田市仙游县	1							
福州市闽侯县								
福州市永泰县								
龙岩市上杭县								
三明市大田县								
三明市沙县								1
泉州市安溪县								
漳州市漳浦县								
漳州市南靖县								
宁德市霞浦县								
南平市政和县		2						

4-5 续表 2

单位：人

地　区	极重度障碍/不能完成			
	残疾一级	残疾二级	残疾三级	残疾四级
总　计	**1**	**1**	**1**	
厦门市思明区	1			
龙岩市新罗区			1	
莆田市城厢区				
泉州市泉港区				
厦门市集美区				
泉州市南安市				
福州市福清市				
泉州市晋江市				
福州市长乐市				
宁德市福鼎市				
南平市邵武市				
莆田市仙游县				
福州市闽侯县				
福州市永泰县				
龙岩市上杭县				
三明市大田县				
三明市沙县				
泉州市安溪县				
漳州市漳浦县		1		
漳州市南靖县				
宁德市霞浦县				
南平市政和县				

4－6 各地区18岁及以上听力残疾人分残疾等级的与人相处状况

单位：人

地 区	无障碍/无适用				轻度障碍			
	残疾一级	残疾二级	残疾三级	残疾四级	残疾一级	残疾二级	残疾三级	残疾四级
总 计	**13**	**31**	**221**	**193**	**14**	**40**	**246**	**250**
厦门市思明区			2	5	1		2	7
龙岩市新罗区	1	7	46	76	1	1	4	
莆田市城厢区	1		10	1		2	5	2
泉州市泉港区		1			1	2	17	
厦门市集美区			1	5	1		4	16
泉州市南安市			1	1			13	
福州市福清市			4	2	1	1	33	25
泉州市晋江市	5	5	31	6		1		
福州市长乐市			2	5			4	13
宁德市福鼎市		1				4	4	
南平市邵武市	1	1	5	10	1	11	38	10
莆田市仙游县				4			3	40
福州市闽侯县	4	3	40	29			1	
福州市永泰县			1	4			21	6
龙岩市上杭县		6	49	6	2	3	10	
三明市大田县		1		1	1	3	13	6
三明市沙县		1	8	8	2	2	18	23
泉州市安溪县			2	1			15	11
漳州市漳浦县			3	3	2	4	23	23
漳州市南靖县						2	8	57
宁德市霞浦县			5	8		2	8	5
南平市政和县	1	5	11	18	1	2	2	6

4-6 续表 1

单位：人

地　区	中度障碍				重度障碍			
	残疾一级	残疾二级	残疾三级	残疾四级	残疾一级	残疾二级	残疾三级	残疾四级
总　计	**16**	**41**	**86**	**27**	**17**	**11**	**5**	**5**
厦门市思明区		1	6	3	1	2	2	1
龙岩市新罗区		1						
莆田市城厢区	1	1						
泉州市泉港区		11	10		3			
厦门市集美区		1	15			1		
泉州市南安市		5	1		1			
福州市福清市		1	3		2	1		
泉州市晋江市								
福州市长乐市	1	1	1	1				
宁德市福鼎市		5				1		
南平市邵武市	7	3	6	1				
莆田市仙游县			2		2			
福州市闽侯县								
福州市永泰县	4	3	11	5	1			
龙岩市上杭县		1						
三明市大田县		3	13	7		1	2	1
三明市沙县	1	2	10	6	2		1	3
泉州市安溪县			3					
漳州市漳浦县	1	1	4	2	4	2		
漳州市南靖县		1						
宁德市霞浦县	1		1	1	1	2		
南平市政和县				1		1		

4－6 续表 2

单位：人

地　区	极重度障碍/不能完成			
	残疾一级	残疾二级	残疾三级	残疾四级
总　计	**8**	**2**	**2**	
厦门市思明区	4	2	1	
龙岩市新罗区				
莆田市城厢区				
泉州市泉港区				
厦门市集美区				
泉州市南安市				
福州市福清市	3			
泉州市晋江市				
福州市长乐市				
宁德市福鼎市				
南平市邵武市				
莆田市仙游县				
福州市闽侯县				
福州市永泰县				
龙岩市上杭县				
三明市大田县			1	
三明市沙县				
泉州市安溪县				
漳州市漳浦县	1			
漳州市南靖县				
宁德市霞浦县				
南平市政和县				

4-7 各地区18岁及以上听力残疾人分残疾等级的生活活动状况

单位：人

地 区	无障碍/无适用				轻度障碍			
	残疾一级	残疾二级	残疾三级	残疾四级	残疾一级	残疾二级	残疾三级	残疾四级
总 计	**16**	**27**	**211**	**174**	**13**	**36**	**175**	**205**
厦门市思明区	1		5	4		1	3	5
龙岩市新罗区		4	25	34	2	2	12	25
莆田市城厢区	2	3	13	3			2	
泉州市泉港区		1				1	17	
厦门市集美区			2	2	1		4	18
泉州市南安市	1	4	14	1			1	
福州市福清市	4	1	37	27		1	3	
泉州市晋江市	1	2	7	1	1	1	10	4
福州市长乐市				4		1	5	15
宁德市福鼎市		2				5	3	
南平市邵武市			1	2	1	4	15	2
莆田市仙游县				15			1	29
福州市闽侯县	4	3	40	29			1	
福州市永泰县	1		4	4		1	7	4
龙岩市上杭县		2	37	5	2	5	21	1
三明市大田县					1	5	6	4
三明市沙县	1		10	4	1	2	14	15
泉州市安溪县			2	2			12	10
漳州市漳浦县	1		9	14	2	2	14	7
漳州市南靖县				1		2	8	56
宁德市霞浦县		1	3	10	1	1	10	4
南平市政和县		4	2	12	1	2	6	6

4-7 续表 1

单位：人

地区	中度障碍				重度障碍			
	残疾一级	残疾二级	残疾三级	残疾四级	残疾一级	残疾二级	残疾三级	残疾四级
总计	**23**	**35**	**126**	**60**	**10**	**21**	**43**	**24**
厦门市思明区	2		2	3		1	3	3
龙岩市新罗区			6	7		2	4	4
莆田市城厢区								
泉州市泉港区	3	11	10		1	1		
厦门市集美区		1	13	1		1	1	
泉州市南安市		1						
福州市福清市	2	1						
泉州市晋江市	3	3	10	1			4	
福州市长乐市	1		1				1	
宁德市福鼎市		3	1			1		
南平市邵武市	6	7	23	14	2	4	10	3
莆田市仙游县			4		1			
福州市闽侯县								
福州市永泰县	3	2	22	7	1			
龙岩市上杭县		2	1			1		
三明市大田县			13	5		3	9	5
三明市沙县	1	1	6	14	2	2	7	6
泉州市安溪县			6					
漳州市漳浦县	2	2	5	5	2	2	2	2
漳州市南靖县		1						
宁德市霞浦县					1	2	1	
南平市政和县			3	3		1	1	1

4-7 续表 2

单位：人

地　区	极重度障碍/不能完成			
	残疾一级	残疾二级	残疾三级	残疾四级
总　计	**6**	**6**	**5**	**12**
厦门市思明区	3	3		1
龙岩市新罗区		1	3	6
莆田市城厢区				
泉州市泉港区				
厦门市集美区				
泉州市南安市				
福州市福清市				
泉州市晋江市				
福州市长乐市				
宁德市福鼎市				
南平市邵武市				
莆田市仙游县	1			
福州市闽侯县				
福州市永泰县				
龙岩市上杭县				
三明市大田县			1	1
三明市沙县				1
泉州市安溪县				
漳州市漳浦县	1	1		
漳州市南靖县				
宁德市霞浦县				
南平市政和县	1	1	1	3

4－8 各地区18岁及以上听力残疾人分残疾等级的社会参与状况

单位：人

地 区	无障碍/无适用				轻度障碍			
	残疾一级	残疾二级	残疾三级	残疾四级	残疾一级	残疾二级	残疾三级	残疾四级
总 计	**2**	**6**	**91**	**112**	**11**	**42**	**323**	**313**
厦门市思明区			1	4	1		3	5
龙岩市新罗区	1	3	32	60	1	3	15	14
莆田市城厢区	1	1	9	1		2	6	2
泉州市泉港区						2	16	
厦门市集美区				1			7	20
泉州市南安市			3				11	1
福州市福清市			4	2	1	1	33	25
泉州市晋江市			2		1		24	6
福州市长乐市						1	3	16
宁德市福鼎市						7	4	
南平市邵武市				1		1	20	16
莆田市仙游县								44
福州市闽侯县			4	8		1	29	18
福州市永泰县			3	5	1	1	23	10
龙岩市上杭县		1	22	4	1	8	37	2
三明市大田县			1	1	1	3	15	7
三明市沙县			7	4	3	3	21	25
泉州市安溪县			1	2			12	6
漳州市漳浦县				10	1	1	20	13
漳州市南靖县						2	8	57
宁德市霞浦县			2	5		1	7	9
南平市政和县		1		4		5	9	17

4-8 续表 1

单位：人

地区	中度障碍				重度障碍			
	残疾一级	残疾二级	残疾三级	残疾四级	残疾一级	残疾二级	残疾三级	残疾四级
总　计	**27**	**60**	**132**	**41**	**17**	**11**	**12**	**7**
厦门市思明区			4	4	1	2	4	1
龙岩市新罗区		3	2	2				
莆田市城厢区	1							
泉州市泉港区	2	11	11		2	1		
厦门市集美区	1	2	13					
泉州市南安市		5	1		1			
福州市福清市		1	3					
泉州市晋江市	4	5	5			1		
福州市长乐市			3	3	1		1	
宁德市福鼎市		2				2		
南平市邵武市	6	14	27	3	3		2	1
莆田市仙游县	1		4		1		1	
福州市闽侯县	2	1	7	3	2	1	1	
福州市永泰县	3	2	7		1			
龙岩市上杭县	1					1		
三明市大田县		5	11	7			2	
三明市沙县	1	1	9	7	1	1		4
泉州市安溪县			7	4				
漳州市漳浦县	3	4	10	5	3	1		
漳州市南靖县		1						
宁德市霞浦县		2	4		1	1	1	
南平市政和县	2	1	4	3				1

4－8 续表 2

单位：人

地　区	极重度障碍/不能完成			
	残疾一级	残疾二级	残疾三级	残疾四级
总　计	**11**	**6**	**2**	**2**
厦门市思明区	4	3	1	2
龙岩市新罗区			1	
莆田市城厢区				
泉州市泉港区				
厦门市集美区				
泉州市南安市				
福州市福清市	5	1		
泉州市晋江市				
福州市长乐市				
宁德市福鼎市				
南平市邵武市				
莆田市仙游县				
福州市闽侯县				
福州市永泰县				
龙岩市上杭县				
三明市大田县				
三明市沙县				
泉州市安溪县				
漳州市漳浦县	1	1		
漳州市南靖县				
宁德市霞浦县	1			
南平市政和县		1		

4－9　各地区18岁及以上言语残疾人分残疾等级的理解和交流状况

单位：人

地　区	无障碍/无适用				轻度障碍			
	残疾一级	残疾二级	残疾三级	残疾四级	残疾一级	残疾二级	残疾三级	残疾四级
总　计			**1**	**16**	**3**		**3**	**3**
厦门市思明区				1				
龙岩市新罗区				2				
莆田市城厢区								
泉州市泉港区							1	
厦门市集美区								
泉州市南安市				2	1			
福州市福清市			1					
泉州市晋江市								
福州市长乐市								
宁德市福鼎市							1	1
南平市邵武市				2				
莆田市仙游县								
福州市闽侯县								
福州市永泰县				1				
龙岩市上杭县				2				
三明市大田县								2
三明市沙县				1	1			
泉州市安溪县				2				
漳州市漳浦县				1				
漳州市南靖县								
宁德市霞浦县				2	1			
南平市政和县							1	

4－9 续表 1

单位：人

地区	中度障碍				重度障碍			
	残疾一级	残疾二级	残疾三级	残疾四级	残疾一级	残疾二级	残疾三级	残疾四级
总　计	**3**	**1**	**4**	**2**		**1**		**1**
厦门市思明区								
龙岩市新罗区								
莆田市城厢区				1				
泉州市泉港区			1					
厦门市集美区								
泉州市南安市								
福州市福清市			1					
泉州市晋江市	1							
福州市长乐市				1				
宁德市福鼎市			1					
南平市邵武市								
莆田市仙游县	1							
福州市闽侯县								1
福州市永泰县								
龙岩市上杭县								
三明市大田县								
三明市沙县	1		1			1		
泉州市安溪县								
漳州市漳浦县								
漳州市南靖县								
宁德市霞浦县		1						
南平市政和县								

4－9 续表 2

单位：人

地 区	极重度障碍/不能完成			
	残疾一级	残疾二级	残疾三级	残疾四级
总 计		**1**		
厦门市思明区				
龙岩市新罗区				
莆田市城厢区				
泉州市泉港区				
厦门市集美区				
泉州市南安市				
福州市福清市				
泉州市晋江市				
福州市长乐市				
宁德市福鼎市				
南平市邵武市				
莆田市仙游县				
福州市闽侯县				
福州市永泰县				
龙岩市上杭县				
三明市大田县		1		
三明市沙县				
泉州市安溪县				
漳州市漳浦县				
漳州市南靖县				
宁德市霞浦县				
南平市政和县				

4－10 各地区18岁及以上言语残疾人分残疾等级的生活自理状况

单位：人

地 区	无障碍/无适用				轻度障碍			
	残疾一级	残疾二级	残疾三级	残疾四级	残疾一级	残疾二级	残疾三级	残疾四级
总 计	**4**	**2**	**6**	**20**	**2**		**1**	**1**
厦门市思明区				1				
龙岩市新罗区				2				
莆田市城厢区								1
泉州市泉港区			1					
厦门市集美区								
泉州市南安市	1			2				
福州市福清市			2					
泉州市晋江市	1							
福州市长乐市				1				
宁德市福鼎市			2	1				
南平市邵武市				2				
莆田市仙游县					1			
福州市闽侯县								
福州市永泰县				1				
龙岩市上杭县				2				
三明市大田县				2				
三明市沙县	1	1	1	1	1			
泉州市安溪县				2				
漳州市漳浦县				1				
漳州市南靖县								
宁德市霞浦县	1	1		2				
南平市政和县							1	

4－10 续表 1

单位：人

地 区	中度障碍				重度障碍			
	残疾一级	残疾二级	残疾三级	残疾四级	残疾一级	残疾二级	残疾三级	残疾四级
总 计		**1**	**1**	**1**				
厦门市思明区								
龙岩市新罗区								
莆田市城厢区								
泉州市泉港区			1					
厦门市集美区								
泉州市南安市								
福州市福清市								
泉州市晋江市								
福州市长乐市								
宁德市福鼎市								
南平市邵武市								
莆田市仙游县								
福州市闽侯县				1				
福州市永泰县								
龙岩市上杭县								
三明市大田县		1						
三明市沙县								
泉州市安溪县								
漳州市漳浦县								
漳州市南靖县								
宁德市霞浦县								
南平市政和县								

4－10 续表 2

单位：人

地　区	极重度障碍/不能完成			
	残疾一级	残疾二级	残疾三级	残疾四级
总　计				
厦门市思明区				
龙岩市新罗区				
莆田市城厢区				
泉州市泉港区				
厦门市集美区				
泉州市南安市				
福州市福清市				
泉州市晋江市				
福州市长乐市				
宁德市福鼎市				
南平市邵武市				
莆田市仙游县				
福州市闽侯县				
福州市永泰县				
龙岩市上杭县				
三明市大田县				
三明市沙县				
泉州市安溪县				
漳州市漳浦县				
漳州市南靖县				
宁德市霞浦县				
南平市政和县				

4－11　各地区18岁及以上言语残疾人分残疾等级的与人相处状况

单位：人

地　区	无障碍/无适用				轻度障碍			
	残疾一级	残疾二级	残疾三级	残疾四级	残疾一级	残疾二级	残疾三级	残疾四级
总　计	**1**		**1**	**12**	**2**		**5**	**6**
厦门市思明区				1				
龙岩市新罗区				1				1
莆田市城厢区								
泉州市泉港区			1				1	
厦门市集美区								
泉州市南安市	1			2				
福州市福清市							1	
泉州市晋江市								
福州市长乐市								
宁德市福鼎市				1			2	
南平市邵武市				2				
莆田市仙游县								
福州市闽侯县								
福州市永泰县				1				
龙岩市上杭县				1				1
三明市大田县				1				
三明市沙县				1	1			
泉州市安溪县								2
漳州市漳浦县								1
漳州市南靖县								
宁德市霞浦县				1	1			1
南平市政和县							1	

4－11 续表 1

单位：人

地区	中度障碍				重度障碍			
	残疾一级	残疾二级	残疾三级	残疾四级	残疾一级	残疾二级	残疾三级	残疾四级
总计	**2**		**2**	**3**	**1**	**3**		**1**
厦门市思明区								
龙岩市新罗区								
莆田市城厢区				1				
泉州市泉港区								
厦门市集美区								
泉州市南安市								
福州市福清市			1					
泉州市晋江市	1							
福州市长乐市				1				
宁德市福鼎市								
南平市邵武市								
莆田市仙游县	1							
福州市闽侯县								1
福州市永泰县								
龙岩市上杭县								
三明市大田县				1		1		
三明市沙县			1		1	1		
泉州市安溪县								
漳州市漳浦县								
漳州市南靖县								
宁德市霞浦县						1		
南平市政和县								

4－11 续表 2

单位：人

地 区	极重度障碍/不能完成			
	残疾一级	残疾二级	残疾三级	残疾四级
总 计				
厦门市思明区				
龙岩市新罗区				
莆田市城厢区				
泉州市泉港区				
厦门市集美区				
泉州市南安市				
福州市福清市				
泉州市晋江市				
福州市长乐市				
宁德市福鼎市				
南平市邵武市				
莆田市仙游县				
福州市闽侯县				
福州市永泰县				
龙岩市上杭县				
三明市大田县				
三明市沙县				
泉州市安溪县				
漳州市漳浦县				
漳州市南靖县				
宁德市霞浦县				
南平市政和县				

4－12 各地区18岁及以上言语残疾人分残疾等级的生活活动状况

单位：人

地区	无障碍/无适用				轻度障碍			
	残疾一级	残疾二级	残疾三级	残疾四级	残疾一级	残疾二级	残疾三级	残疾四级
总　计	**2**		**3**	**17**	**2**	**1**	**2**	**4**
厦门市思明区				1				
龙岩市新罗区				2				
莆田市城厢区								1
泉州市泉港区			1					
厦门市集美区								
泉州市南安市	1			2				
福州市福清市			2					
泉州市晋江市	1							
福州市长乐市								1
宁德市福鼎市				1			2	
南平市邵武市				2				
莆田市仙游县								
福州市闽侯县								
福州市永泰县								1
龙岩市上杭县				2				
三明市大田县				1				1
三明市沙县				1	1			
泉州市安溪县				2				
漳州市漳浦县				1				
漳州市南靖县								
宁德市霞浦县				2	1	1		
南平市政和县								

4－12 续表 1

单位：人

地　区	中度障碍				重度障碍			
	残疾一级	残疾二级	残疾三级	残疾四级	残疾一级	残疾二级	残疾三级	残疾四级
总　计	**1**	**1**	**3**		**1**	**1**		
厦门市思明区								
龙岩市新罗区								
莆田市城厢区								
泉州市泉港区			1					
厦门市集美区								
泉州市南安市								
福州市福清市								
泉州市晋江市								
福州市长乐市								
宁德市福鼎市								
南平市邵武市								
莆田市仙游县	1							
福州市闽侯县								
福州市永泰县								
龙岩市上杭县								
三明市大田县		1						
三明市沙县			1		1	1		
泉州市安溪县								
漳州市漳浦县								
漳州市南靖县								
宁德市霞浦县								
南平市政和县			1					

4－12 续表 2

单位：人

地 区	极重度障碍/不能完成			
	残疾一级	残疾二级	残疾三级	残疾四级
总 计				1
厦门市思明区				
龙岩市新罗区				
莆田市城厢区				
泉州市泉港区				
厦门市集美区				
泉州市南安市				
福州市福清市				
泉州市晋江市				
福州市长乐市				
宁德市福鼎市				
南平市邵武市				
莆田市仙游县				
福州市闽侯县				1
福州市永泰县				
龙岩市上杭县				
三明市大田县				
三明市沙县				
泉州市安溪县				
漳州市漳浦县				
漳州市南靖县				
宁德市霞浦县				
南平市政和县				

4－13　各地区18岁及以上言语残疾人分残疾等级的社会参与状况

单位：人

地区	无障碍/无适用				轻度障碍			
	残疾一级	残疾二级	残疾三级	残疾四级	残疾一级	残疾二级	残疾三级	残疾四级
总　计			**1**	**5**	**3**		**4**	**14**
厦门市思明区								1
龙岩市新罗区				1				1
莆田市城厢区								1
泉州市泉港区			1					
厦门市集美区								
泉州市南安市				2	1			
福州市福清市							1	
泉州市晋江市								
福州市长乐市								
宁德市福鼎市				1			2	
南平市邵武市								2
莆田市仙游县								
福州市闽侯县								
福州市永泰县								1
龙岩市上杭县								2
三明市大田县								1
三明市沙县					1		1	1
泉州市安溪县								2
漳州市漳浦县								1
漳州市南靖县								
宁德市霞浦县				1	1			1
南平市政和县								

4－13 续表 1

单位：人

地　区	中度障碍				重度障碍			
	残疾一级	残疾二级	残疾三级	残疾四级	残疾一级	残疾二级	残疾三级	残疾四级
总　计	**2**	**1**	**3**	**2**		**2**		**1**
厦门市思明区								
龙岩市新罗区								
莆田市城厢区								
泉州市泉港区			1					
厦门市集美区								
泉州市南安市								
福州市福清市			1					
泉州市晋江市	1							
福州市长乐市				1				
宁德市福鼎市								
南平市邵武市								
莆田市仙游县								
福州市闽侯县								1
福州市永泰县								
龙岩市上杭县								
三明市大田县				1		1		
三明市沙县	1					1		
泉州市安溪县								
漳州市漳浦县								
漳州市南靖县								
宁德市霞浦县		1						
南平市政和县			1					

4－13 续表 2

单位：人

地　区	极重度障碍/不能完成			
	残疾一级	残疾二级	残疾三级	残疾四级
总　计	**1**			
厦门市思明区				
龙岩市新罗区				
莆田市城厢区				
泉州市泉港区				
厦门市集美区				
泉州市南安市				
福州市福清市				
泉州市晋江市				
福州市长乐市				
宁德市福鼎市				
南平市邵武市				
莆田市仙游县	1			
福州市闽侯县				
福州市永泰县				
龙岩市上杭县				
三明市大田县				
三明市沙县				
泉州市安溪县				
漳州市漳浦县				
漳州市南靖县				
宁德市霞浦县				
南平市政和县				

4－14 各地区18岁及以上肢体残疾人分残疾等级的身体移动状况

单位：人

地 区	无障碍/无适用				轻度障碍			
	残疾一级	残疾二级	残疾三级	残疾四级	残疾一级	残疾二级	残疾三级	残疾四级
总 计		**3**	**41**	**182**		**3**	**43**	**348**
厦门市思明区			1	9				5
龙岩市新罗区		1	3	11			7	14
莆田市城厢区				2				42
泉州市泉港区			3	9				9
厦门市集美区				1			2	26
泉州市南安市			1	4			1	24
福州市福清市		1	1	5		1	3	8
泉州市晋江市			1	9				23
福州市长乐市			1	3			3	26
宁德市福鼎市			2	10			1	7
南平市邵武市			1	11			3	9
莆田市仙游县			2	6			8	20
福州市闽侯县			3	3				11
福州市永泰县			2	2				26
龙岩市上杭县		1	1	7		1		2
三明市大田县			6	12		1	8	13
三明市沙县			2	8				18
泉州市安溪县				9			2	18
漳州市漳浦县				12			3	28
漳州市南靖县			2	16				5
宁德市霞浦县			1	10			1	7
南平市政和县			8	23			1	7

4-14 续表 1

单位：人

地　区	中度障碍				重度障碍			
	残疾一级	残疾二级	残疾三级	残疾四级	残疾一级	残疾二级	残疾三级	残疾四级
总　计	**2**	**9**	**87**	**85**	**6**	**44**	**27**	**9**
厦门市思明区			4	3		3	3	
龙岩市新罗区			5		3		1	
莆田市城厢区			5	2		4		
泉州市泉港区		2	7	11		3	3	
厦门市集美区			1			3	1	
泉州市南安市			2	2		5		
福州市福清市			1	1		1	1	
泉州市晋江市	1	1	4	6		1		
福州市长乐市		1	1			2	3	
宁德市福鼎市		1	1	15		2	2	3
南平市邵武市			4	5			3	
莆田市仙游县		1	2	1		1		
福州市闽侯县		1	4	9		2	1	
福州市永泰县			9	4		2		
龙岩市上杭县			7			4		
三明市大田县			8	5		5	1	2
三明市沙县			4	2	1	2	3	
泉州市安溪县		1	2	4	1		2	
漳州市漳浦县	1		6	2	1	2		
漳州市南靖县			2	3		1		1
宁德市霞浦县			5	7		1	2	1
南平市政和县		1	3	3			1	2

4－14 续表 2

单位：人

地 区	极重度障碍/不能完成			
	残疾一级	残疾二级	残疾三级	残疾四级
总 计	**26**	**32**	**8**	**1**
厦门市思明区		2		
龙岩市新罗区	1			
莆田市城厢区				
泉州市泉港区		2		
厦门市集美区	1	2		
泉州市南安市	2			
福州市福清市		3		
泉州市晋江市	2	1	1	
福州市长乐市	2			
宁德市福鼎市	2	8	2	
南平市邵武市	1	3		
莆田市仙游县	1	3		
福州市闽侯县		1		
福州市永泰县				
龙岩市上杭县		2		
三明市大田县	5			
三明市沙县	1	1		
泉州市安溪县	2			
漳州市漳浦县	1			
漳州市南靖县	1	1		
宁德市霞浦县		2	4	
南平市政和县	4	1	1	1

4－15 各地区18岁及以上肢体残疾人分残疾等级的生活自理状况

单位：人

地区	无障碍/无适用				轻度障碍			
	残疾一级	残疾二级	残疾三级	残疾四级	残疾一级	残疾二级	残疾三级	残疾四级
总计		**2**	**42**	**346**	**2**	**12**	**84**	**249**
厦门市思明区		1		9			4	7
龙岩市新罗区			4	12		1	8	13
莆田市城厢区				1				42
泉州市泉港区			3	14		3	8	9
厦门市集美区			1	22			2	5
泉州市南安市			1	11				19
福州市福清市			1	8		2	4	6
泉州市晋江市			1	22			1	15
福州市长乐市			2	21			3	8
宁德市福鼎市				9			1	16
南平市邵武市			4	17			5	7
莆田市仙游县				16			7	11
福州市闽侯县				9			2	14
福州市永泰县			1	13		1	5	18
龙岩市上杭县				6		2	3	3
三明市大田县		1	12	24			8	7
三明市沙县			1	19		2	7	8
泉州市安溪县			1	28			3	2
漳州市漳浦县			3	18			2	24
漳州市南靖县			3	22			1	3
宁德市霞浦县				12		1	6	10
南平市政和县			4	33	2		4	2

4-15 续表 1

单位：人

地　区	中度障碍				重度障碍			
	残疾一级	残疾二级	残疾三级	残疾四级	残疾一级	残疾二级	残疾三级	残疾四级
总　计	**3**	**17**	**68**	**30**	**10**	**51**	**11**	
厦门市思明区			4	1		3		
龙岩市新罗区			4		4			
莆田市城厢区			5	3		4		
泉州市泉港区		1	1	6		3	1	
厦门市集美区			1			5		
泉州市南安市		1	3			4		
福州市福清市		2	1			2		
泉州市晋江市		1	3	1		1	1	
福州市长乐市		1	3		2	2		
宁德市福鼎市		4	3	10	1	2	4	
南平市邵武市			2	1		3		
莆田市仙游县		1	5			3		
福州市闽侯县		2	5			2	1	
福州市永泰县			5	1		1		
龙岩市上杭县		1	5			4		
三明市大田县		1	3	1		4		
三明市沙县				1	2	1	1	
泉州市安溪县		1	1	1			1	
漳州市漳浦县	1		4		1	2		
漳州市南靖县	1					2		
宁德市霞浦县		1	4	3		1	2	
南平市政和县	1		6	1		2		

4-15 续表 2

单位：人

地　区	极重度障碍/不能完成			
	残疾一级	残疾二级	残疾三级	残疾四级
总　计	**19**	**9**	**1**	
厦门市思明区		1		
龙岩市新罗区				
莆田市城厢区				
泉州市泉港区				
厦门市集美区	1			
泉州市南安市	2			
福州市福清市				
泉州市晋江市	3	1		
福州市长乐市				
宁德市福鼎市	1	5		
南平市邵武市	1			
莆田市仙游县	1	1		
福州市闽侯县				
福州市永泰县				
龙岩市上杭县		1		
三明市大田县	5			
三明市沙县				
泉州市安溪县	3			
漳州市漳浦县	1			
漳州市南靖县				
宁德市霞浦县			1	
南平市政和县	1			

4－16　各地区18岁及以上肢体残疾人分残疾等级的生活活动状况

单位：人

地　区	无障碍/无适用				轻度障碍			
	残疾一级	残疾二级	残疾三级	残疾四级	残疾一级	残疾二级	残疾三级	残疾四级
总　计		**2**	**5**	**76**		**2**	**31**	**403**
厦门市思明区							2	13
龙岩市新罗区				4			4	20
莆田市城厢区								43
泉州市泉港区				4		2	3	10
厦门市集美区				7			1	20
泉州市南安市			1	5				24
福州市福清市				1			1	8
泉州市晋江市				7			1	22
福州市长乐市				10			3	19
宁德市福鼎市				1			1	5
南平市邵武市				4			2	12
莆田市仙游县								23
福州市闽侯县							1	23
福州市永泰县				1				30
龙岩市上杭县				2				5
三明市大田县		2	4	10			10	14
三明市沙县				1				16
泉州市安溪县								21
漳州市漳浦县				2				33
漳州市南靖县				1			1	18
宁德市霞浦县				2				10
南平市政和县				14			1	14

4－16 续表 1

单位：人

地　区	中度障碍				重度障碍			
	残疾一级	残疾二级	残疾三级	残疾四级	残疾一级	残疾二级	残疾三级	残疾四级
总　计	**3**	**7**	**119**	**112**	**6**	**38**	**41**	**27**
厦门市思明区			4	4		2	2	
龙岩市新罗区		1	10	1	3		2	
莆田市城厢区			5	3		4		
泉州市泉港区			8	13		4	2	2
厦门市集美区			1				1	
泉州市南安市		1	3	1		4		
福州市福清市		1	2	4		3	3	1
泉州市晋江市		1	4	9		1		
福州市长乐市			4		1	2	1	
宁德市福鼎市			2	12			1	13
南平市邵武市			6	9			3	
莆田市仙游县			10	4		1	2	
福州市闽侯县		2	6			2	1	
福州市永泰县			11	1		2		
龙岩市上杭县		1	4	2		1	4	
三明市大田县			8	6		3	1	2
三明市沙县			1	8		2	8	2
泉州市安溪县			3	6		1	1	3
漳州市漳浦县	1		9	7	1	2		
漳州市南靖县			2	5		1	1	1
宁德市霞浦县			6	11		2	6	2
南平市政和县	2		10	6	1	1	2	1

4－16　续表 2

单位：人

地　区	极重度障碍/不能完成			
	残疾一级	残疾二级	残疾三级	残疾四级
总　计	**25**	**42**	**10**	**7**
厦门市思明区		3		
龙岩市新罗区	1			
莆田市城厢区				
泉州市泉港区		1		
厦门市集美区	1	5	1	
泉州市南安市	2			
福州市福清市		2		
泉州市晋江市	3	1	1	
福州市长乐市	1	1		
宁德市福鼎市	2	11	4	4
南平市邵武市	1	3		
莆田市仙游县	1	4		
福州市闽侯县				
福州市永泰县				
龙岩市上杭县		6		
三明市大田县	5	1		
三明市沙县	2	1		1
泉州市安溪县	3		2	1
漳州市漳浦县	1			
漳州市南靖县	1	1		
宁德市霞浦县		1	1	
南平市政和县	1	1	1	1

4－17　各地区18岁及以上肢体残疾人分残疾等级的社会参与状况

单位：人

地　区	无障碍/无适用				轻度障碍			
	残疾一级	残疾二级	残疾三级	残疾四级	残疾一级	残疾二级	残疾三级	残疾四级
总　计	**3**	**2**	**19**	**114**	**4**	**9**	**56**	**385**
厦门市思明区				1			1	11
龙岩市新罗区	1	1	10	23	3		6	2
莆田市城厢区								44
泉州市泉港区			1	2		1	1	14
厦门市集美区				3			1	22
泉州市南安市			1	5		1		22
福州市福清市			1	4		6	5	10
泉州市晋江市				12			3	24
福州市长乐市	1		4	26			2	3
宁德市福鼎市								6
南平市邵武市	1	1		1			1	11
莆田市仙游县							1	24
福州市闽侯县							3	23
福州市永泰县				4			5	28
龙岩市上杭县							1	7
三明市大田县			2	14		1	17	13
三明市沙县								19
泉州市安溪县				1			2	21
漳州市漳浦县								39
漳州市南靖县				7	1		2	17
宁德市霞浦县								3
南平市政和县				11			5	22

4－17 续表 1

单位：人

地 区	中度障碍				重度障碍			
	残疾一级	残疾二级	残疾三级	残疾四级	残疾一级	残疾二级	残疾三级	残疾四级
总 计	**2**	**13**	**91**	**109**	**9**	**45**	**34**	**15**
厦门市思明区			4	5		3	3	
龙岩市新罗区								
莆田市城厢区			5	2		3		
泉州市泉港区		1	11	13		5		
厦门市集美区			2	2		5	1	
泉州市南安市		1	1	3		3	2	
福州市福清市								
泉州市晋江市		1	2	2	1	2	1	
福州市长乐市	1	3	2					
宁德市福鼎市			3	20		3	4	8
南平市邵武市			6	12		2	4	1
莆田市仙游县			9	3	1	2	2	
福州市闽侯县		3	5			1		
福州市永泰县			6			2		
龙岩市上杭县			5	2		4	2	
三明市大田县		2	4	5	1	1		
三明市沙县			2	7		2	6	1
泉州市安溪县			1	9	1	1	3	
漳州市漳浦县	1		9	3	1	2		
漳州市南靖县			2	1		2		
宁德市霞浦县			3	19		2	6	3
南平市政和县		2	9	1	4			2

4-17 续表 2

单位：人

地　区	极重度障碍/不能完成			
	残疾一级	残疾二级	残疾三级	残疾四级
总　计	**16**	**22**	**6**	**2**
厦门市思明区		2		
龙岩市新罗区				
莆田市城厢区		1		
泉州市泉港区				
厦门市集美区	1			
泉州市南安市	2			
福州市福清市				
泉州市晋江市	2			
福州市长乐市				
宁德市福鼎市	2	8	1	1
南平市邵武市				
莆田市仙游县		3		
福州市闽侯县				
福州市永泰县				
龙岩市上杭县		4		
三明市大田县	4	2		
三明市沙县	2	1	1	1
泉州市安溪县	2			
漳州市漳浦县	1			
漳州市南靖县				
宁德市霞浦县		1	4	
南平市政和县				

4－18 各地区18岁及以上智力残疾人分残疾等级的理解和交流状况

单位：人

地 区	无障碍/无适用				轻度障碍			
	残疾一级	残疾二级	残疾三级	残疾四级	残疾一级	残疾二级	残疾三级	残疾四级
总　计				**11**		**2**	**18**	**63**
厦门市思明区								
龙岩市新罗区							3	1
莆田市城厢区							1	2
泉州市泉港区								2
厦门市集美区								1
泉州市南安市							1	5
福州市福清市				1			2	17
泉州市晋江市							1	2
福州市长乐市							1	4
宁德市福鼎市							1	3
南平市邵武市								3
莆田市仙游县								3
福州市闽侯县								1
福州市永泰县				1				1
龙岩市上杭县								5
三明市大田县				1		1	1	2
三明市沙县				5		1	5	
泉州市安溪县				1				3
漳州市漳浦县								3
漳州市南靖县							1	3
宁德市霞浦县								
南平市政和县				2			1	2

4－18 续表 1

单位：人

地　区	中度障碍				重度障碍			
	残疾一级	残疾二级	残疾三级	残疾四级	残疾一级	残疾二级	残疾三级	残疾四级
总　计	**2**	**7**	**32**	**27**	**5**	**13**	**17**	**10**
厦门市思明区			1			1	1	1
龙岩市新罗区		1	2					
莆田市城厢区			1			2		
泉州市泉港区			1	1	1			
厦门市集美区		1	1					
泉州市南安市				3			1	
福州市福清市		3	6	1		3	1	
泉州市晋江市			1	3	1	1	3	2
福州市长乐市			6			1		
宁德市福鼎市			1	1		1	1	
南平市邵武市	1	1		5	2		2	2
莆田市仙游县			2	1			2	1
福州市闽侯县								
福州市永泰县			1					1
龙岩市上杭县			1	2				
三明市大田县	1		2	1	1			
三明市沙县		1						
泉州市安溪县			3	1			4	1
漳州市漳浦县			2	2			1	1
漳州市南靖县			1			3	1	
宁德市霞浦县						1		
南平市政和县				6				1

4-18 续表 2

单位：人

地　区	极重度障碍/不能完成			
	残疾一级	残疾二级	残疾三级	残疾四级
总　计	**15**	**17**	**13**	**2**
厦门市思明区	1			
龙岩市新罗区				
莆田市城厢区				
泉州市泉港区				
厦门市集美区				
泉州市南安市				
福州市福清市	1			
泉州市晋江市			1	
福州市长乐市				
宁德市福鼎市			1	
南平市邵武市				
莆田市仙游县		3	6	2
福州市闽侯县	2			
福州市永泰县	1	2		
龙岩市上杭县				
三明市大田县	1			
三明市沙县	1			
泉州市安溪县	1	2	1	
漳州市漳浦县		4	1	
漳州市南靖县	3	2		
宁德市霞浦县	3	3		
南平市政和县	1	1	3	

4－19　各地区18岁及以上智力残疾人分残疾等级的身体移动状况

单位：人

地　区	无障碍/无适用				轻度障碍			
	残疾一级	残疾二级	残疾三级	残疾四级	残疾一级	残疾二级	残疾三级	残疾四级
总　计	**12**	**29**	**63**	**98**	**6**	**8**	**11**	**14**
厦门市思明区		1	2	1				
龙岩市新罗区		1	5	1				
莆田市城厢区		1	1	2		1		
泉州市泉港区	1			3			1	
厦门市集美区		1	1	1				
泉州市南安市			2	6				1
福州市福清市	1	5	9	17				2
泉州市晋江市	1		5	7		1	1	
福州市长乐市				1		1	4	3
宁德市福鼎市		1	4	3				1
南平市邵武市	1	1	1	10	1			
莆田市仙游县		2	9	5		1	1	2
福州市闽侯县	2			1				
福州市永泰县	1	2	1	3				
龙岩市上杭县			1	6				1
三明市大田县	1			2	2	1	3	2
三明市沙县	1	2	5	5				
泉州市安溪县			6	6		1	1	
漳州市漳浦县		4	4	5				1
漳州市南靖县		4	3	3	3	1		
宁德市霞浦县	2	3				1		
南平市政和县	1	1	4	10				1

4-19 续表 1

单位：人

地区	中度障碍				重度障碍			
	残疾一级	残疾二级	残疾三级	残疾四级	残疾一级	残疾二级	残疾三级	残疾四级
总　计	**2**	**1**	**6**	**1**	**2**	**1**		
厦门市思明区	1							
龙岩市新罗区								
莆田市城厢区			1					
泉州市泉港区								
厦门市集美区								
泉州市南安市				1				
福州市福清市		1						
泉州市晋江市								
福州市长乐市			3					
宁德市福鼎市								
南平市邵武市			1		1			
莆田市仙游县								
福州市闽侯县								
福州市永泰县								
龙岩市上杭县								
三明市大田县								
三明市沙县								
泉州市安溪县	1		1			1		
漳州市漳浦县								
漳州市南靖县								
宁德市霞浦县					1			
南平市政和县								

4－19　续表 2

单位：人

地　区	极重度障碍/不能完成			
	残疾一级	残疾二级	残疾三级	残疾四级
总　计				
厦门市思明区				
龙岩市新罗区				
莆田市城厢区				
泉州市泉港区				
厦门市集美区				
泉州市南安市				
福州市福清市				
泉州市晋江市				
福州市长乐市				
宁德市福鼎市				
南平市邵武市				
莆田市仙游县				
福州市闽侯县				
福州市永泰县				
龙岩市上杭县				
三明市大田县				
三明市沙县				
泉州市安溪县				
漳州市漳浦县				
漳州市南靖县				
宁德市霞浦县				
南平市政和县				

4－20　各地区18岁及以上智力残疾人分残疾等级的生活自理状况

单位：人

地　区	无障碍/无适用				轻度障碍			
	残疾一级	残疾二级	残疾三级	残疾四级	残疾一级	残疾二级	残疾三级	残疾四级
总　计	**2**	**10**	**29**	**87**	**7**	**10**	**39**	**25**
厦门市思明区			1	1		1	1	
龙岩市新罗区		1	4	1			1	
莆田市城厢区			1	2				
泉州市泉港区	1		1	2				1
厦门市集美区			1			1		1
泉州市南安市			2	5				2
福州市福清市			1	16		1	8	3
泉州市晋江市			3	7		1	1	
福州市长乐市							1	4
宁德市福鼎市				1		1	4	3
南平市邵武市	1			9	1	1	2	1
莆田市仙游县			2	5		1	7	2
福州市闽侯县				1				
福州市永泰县				2		1	1	1
龙岩市上杭县				4			1	3
三明市大田县				2	3	1	3	2
三明市沙县		2	5	5				
泉州市安溪县			2	5			5	1
漳州市漳浦县		3	3	6			1	
漳州市南靖县		3	2	3	2	1	1	
宁德市霞浦县					1			
南平市政和县		1	1	10			2	1

4－20　续表 1

单位：人

地　区	中度障碍				重度障碍			
	残疾一级	残疾二级	残疾三级	残疾四级	残疾一级	残疾二级	残疾三级	残疾四级
总　计	**1**	**10**	**11**	**1**	**6**	**6**	**1**	
厦门市思明区					1			
龙岩市新罗区								
莆田市城厢区		2	1					
泉州市泉港区								
厦门市集美区								
泉州市南安市				1				
福州市福清市		4				1		
泉州市晋江市			2		1			
福州市长乐市		1	6					
宁德市福鼎市								
南平市邵武市					1			
莆田市仙游县			1			1		
福州市闽侯县					2			
福州市永泰县						1		
龙岩市上杭县								
三明市大田县								
三明市沙县					1			
泉州市安溪县						1	1	
漳州市漳浦县								
漳州市南靖县	1	1						
宁德市霞浦县		2				2		
南平市政和县			1					

4-20 续表 2

单位：人

地　区	极重度障碍/不能完成			
	残疾一级	残疾二级	残疾三级	残疾四级
总　计	**6**	**3**		
厦门市思明区				
龙岩市新罗区				
莆田市城厢区				
泉州市泉港区				
厦门市集美区				
泉州市南安市				
福州市福清市	1			
泉州市晋江市				
福州市长乐市				
宁德市福鼎市				
南平市邵武市				
莆田市仙游县		1		
福州市闽侯县				
福州市永泰县	1			
龙岩市上杭县				
三明市大田县				
三明市沙县				
泉州市安溪县	1	1		
漳州市漳浦县		1		
漳州市南靖县				
宁德市霞浦县	2			
南平市政和县	1			

4－21　各地区18岁及以上智力残疾人分残疾等级的与人相处状况

单位：人

地　区	无障碍/无适用				轻度障碍			
	残疾一级	残疾二级	残疾三级	残疾四级	残疾一级	残疾二级	残疾三级	残疾四级
总　计			**2**	**13**		**1**	**24**	**66**
厦门市思明区								
龙岩市新罗区							5	1
莆田市城厢区							2	2
泉州市泉港区							1	3
厦门市集美区								1
泉州市南安市			1	2				5
福州市福清市				2		1	7	17
泉州市晋江市							1	4
福州市长乐市								4
宁德市福鼎市							2	1
南平市邵武市								3
莆田市仙游县								3
福州市闽侯县								1
福州市永泰县								1
龙岩市上杭县							1	7
三明市大田县				1				2
三明市沙县			1	1			3	3
泉州市安溪县				1			1	2
漳州市漳浦县				4				1
漳州市南靖县								3
宁德市霞浦县								
南平市政和县				2			1	2

4－21 续表 1

单位：人

地区	中度障碍				重度障碍			
	残疾一级	残疾二级	残疾三级	残疾四级	残疾一级	残疾二级	残疾三级	残疾四级
总　计	**3**	**8**	**28**	**25**	**10**	**15**	**17**	**9**
厦门市思明区			1	1	1	1		
龙岩市新罗区		1						
莆田市城厢区		1				1		
泉州市泉港区					1			
厦门市集美区		1	1					
泉州市南安市			1	1				
福州市福清市		3	1			2	1	
泉州市晋江市			1	2	1	1	4	1
福州市长乐市			7			1		
宁德市福鼎市			1	3		1	1	
南平市邵武市	1	1		6	2		2	1
莆田市仙游县			3	2			4	2
福州市闽侯县					2			
福州市永泰县			1	1		1		1
龙岩市上杭县								
三明市大田县	1		3	1	2	1		
三明市沙县			1	1		1		
泉州市安溪县			4	2		1	3	1
漳州市漳浦县			1	1				
漳州市南靖县		1	2		1	3	1	
宁德市霞浦县						1		
南平市政和县	1			4			1	3

4－21 续表 2

单位：人

地　区	极重度障碍/不能完成			
	残疾一级	残疾二级	残疾三级	残疾四级
总　计	**9**	**15**	**9**	
厦门市思明区			1	
龙岩市新罗区				
莆田市城厢区				
泉州市泉港区				
厦门市集美区				
泉州市南安市				
福州市福清市	1			
泉州市晋江市				
福州市长乐市				
宁德市福鼎市				
南平市邵武市				
莆田市仙游县		3	3	
福州市闽侯县				
福州市永泰县	1	1		
龙岩市上杭县				
三明市大田县				
三明市沙县	1	1		
泉州市安溪县	1	1		
漳州市漳浦县		4	3	
漳州市南靖县	2	1		
宁德市霞浦县	3	3		
南平市政和县		1	2	

4－22 各地区18岁及以上智力残疾人分残疾等级的生活活动状况

单位：人

地　区	无障碍/无适用				轻度障碍			
	残疾一级	残疾二级	残疾三级	残疾四级	残疾一级	残疾二级	残疾三级	残疾四级
总　计			**5**	**13**	**2**	**2**	**18**	**71**
厦门市思明区								1
龙岩市新罗区			1				3	1
莆田市城厢区				1			1	1
泉州市泉港区								3
厦门市集美区								1
泉州市南安市								4
福州市福清市							5	19
泉州市晋江市				2			1	3
福州市长乐市							2	4
宁德市福鼎市							1	2
南平市邵武市								2
莆田市仙游县							1	4
福州市闽侯县								1
福州市永泰县								1
龙岩市上杭县								6
三明市大田县					1			3
三明市沙县			3	5		1	2	
泉州市安溪县				1			2	3
漳州市漳浦县				2				2
漳州市南靖县						1		3
宁德市霞浦县								
南平市政和县			1	2	1			7

4－22 续表 1

单位：人

地　区	中度障碍				重度障碍			
	残疾一级	残疾二级	残疾三级	残疾四级	残疾一级	残疾二级	残疾三级	残疾四级
总　计	**1**	**10**	**31**	**22**	**5**	**11**	**13**	**5**
厦门市思明区			1					
龙岩市新罗区		1	1					
莆田市城厢区		1	1			1		
泉州市泉港区			1		1			
厦门市集美区		1	1					
泉州市南安市			1	4			1	
福州市福清市		1	4			5		
泉州市晋江市				1			1	1
福州市长乐市		1	5					
宁德市福鼎市			3	2		1		
南平市邵武市	1	1		7	2		2	1
莆田市仙游县			2	1			5	1
福州市闽侯县								
福州市永泰县			1	1				
龙岩市上杭县			1	1				
三明市大田县		1	3		2			1
三明市沙县		1						
泉州市安溪县			2	2			1	
漳州市漳浦县		1		2			2	
漳州市南靖县		1	3			3		
宁德市霞浦县						1		
南平市政和县			1	1			1	1

4－22 续表 2

单位：人

地　区	极重度障碍/不能完成			
	残疾一级	残疾二级	残疾三级	残疾四级
总　计	**14**	**16**	**13**	**2**
厦门市思明区	1	1	1	
龙岩市新罗区				
莆田市城厢区				
泉州市泉港区				
厦门市集美区				
泉州市南安市				
福州市福清市	1			
泉州市晋江市	1	1	4	
福州市长乐市				
宁德市福鼎市				
南平市邵武市				
莆田市仙游县		3	2	1
福州市闽侯县	2			
福州市永泰县	1	2		1
龙岩市上杭县				
三明市大田县				
三明市沙县	1			
泉州市安溪县	1	2	3	
漳州市漳浦县		3	2	
漳州市南靖县	3			
宁德市霞浦县	3	3		
南平市政和县		1	1	

4－23　各地区18岁及以上智力残疾人分残疾等级的社会参与状况

单位：人

地区	无障碍/无适用				轻度障碍			
	残疾一级	残疾二级	残疾三级	残疾四级	残疾一级	残疾二级	残疾三级	残疾四级
总　计		**1**	**3**	**12**		**3**	**21**	**59**
厦门市思明区								1
龙岩市新罗区			1			1	4	1
莆田市城厢区							1	2
泉州市泉港区								3
厦门市集美区								1
泉州市南安市							1	4
福州市福清市				4		1	5	15
泉州市晋江市							2	2
福州市长乐市								4
宁德市福鼎市								
南平市邵武市								2
莆田市仙游县								2
福州市闽侯县								1
福州市永泰县								1
龙岩市上杭县							1	5
三明市大田县								2
三明市沙县			1	3			4	2
泉州市安溪县				1			1	1
漳州市漳浦县		1		2		1	1	3
漳州市南靖县								3
宁德市霞浦县								
南平市政和县			1	2			1	4

4－23 续表 1

单位：人

地　区	中度障碍				重度障碍			
	残疾一级	残疾二级	残疾三级	残疾四级	残疾一级	残疾二级	残疾三级	残疾四级
总　计	**3**	**6**	**35**	**33**	**10**	**12**	**16**	**8**
厦门市思明区					1	1	1	
龙岩市新罗区								
莆田市城厢区			1			2		
泉州市泉港区			1		1			
厦门市集美区		1	1					
泉州市南安市			1	4				
福州市福清市		3	4			2		
泉州市晋江市	1		3	4		1	1	1
福州市长乐市			7			1		
宁德市福鼎市			3	3		1	1	1
南平市邵武市	1	1	1	7	2		1	1
莆田市仙游县			2	2			4	2
福州市闽侯县					2			
福州市永泰县				1		1	1	1
龙岩市上杭县				2				
三明市大田县	1	1	3	2	1			
三明市沙县						2		
泉州市安溪县			4	3	1		3	1
漳州市漳浦县			1	1			2	
漳州市南靖县			2			1	1	
宁德市霞浦县					1			
南平市政和县			1	4	1		1	1

4－23 续表 2

单位：人

地　区	极重度障碍/不能完成			
	残疾一级	残疾二级	残疾三级	残疾四级
总　计	**9**	**17**	**5**	**1**
厦门市思明区			1	
龙岩市新罗区				
莆田市城厢区				
泉州市泉港区				
厦门市集美区				
泉州市南安市				
福州市福清市	1			
泉州市晋江市				
福州市长乐市				
宁德市福鼎市				
南平市邵武市				
莆田市仙游县		3	4	1
福州市闽侯县				
福州市永泰县	1	1		
龙岩市上杭县				
三明市大田县	1			
三明市沙县	1			
泉州市安溪县		2		
漳州市漳浦县		2		
漳州市南靖县	3	4		
宁德市霞浦县	2	4		
南平市政和县		1		

4－24 各地区18岁及以上精神残疾人分残疾等级的理解和交流状况

单位：人

地区	无障碍/无适用				轻度障碍			
	残疾一级	残疾二级	残疾三级	残疾四级	残疾一级	残疾二级	残疾三级	残疾四级
总　计		**1**		**19**	**1**	**1**	**16**	**84**
厦门市思明区				6	1	1	2	2
龙岩市新罗区								4
莆田市城厢区							1	
泉州市泉港区								5
厦门市集美区							2	2
泉州市南安市								2
福州市福清市								3
泉州市晋江市				3				2
福州市长乐市							8	4
宁德市福鼎市								3
南平市邵武市				2				11
莆田市仙游县				2				5
福州市闽侯县				1				5
福州市永泰县								6
龙岩市上杭县				1			1	7
三明市大田县							2	5
三明市沙县				1				4
泉州市安溪县								2
漳州市漳浦县		1		1				7
漳州市南靖县				1				2
宁德市霞浦县				1				2
南平市政和县								1

4-24 续表 1

单位：人

地区	中度障碍				重度障碍			
	残疾一级	残疾二级	残疾三级	残疾四级	残疾一级	残疾二级	残疾三级	残疾四级
总　计	**8**	**25**	**37**	**26**	**38**	**18**	**10**	**1**
厦门市思明区		1	3					
龙岩市新罗区		1	1	3	2	3		
莆田市城厢区		1			3			
泉州市泉港区		1	6	1	1	1		
厦门市集美区		2		2			1	
泉州市南安市								
福州市福清市	1		4		3			
泉州市晋江市		2			2			
福州市长乐市	1	2	5	1	1			
宁德市福鼎市	3	2	2	1	4		2	
南平市邵武市		1	1	1	1	1		
莆田市仙游县			1	7			3	
福州市闽侯县		1	1		1	1	1	
福州市永泰县			4	1	3	5	2	
龙岩市上杭县		1		1	1	1		
三明市大田县	1		2	1	2	1	1	
三明市沙县				1	3	1		
泉州市安溪县				1				1
漳州市漳浦县		5	1	2	3			
漳州市南靖县	2	2	3		4	1		
宁德市霞浦县		1	2	2	2	1		
南平市政和县		2	1	1	2	2		

4－24 续表 2

单位：人

地　区	极重度障碍/不能完成			
	残疾一级	残疾二级	残疾三级	残疾四级
总　计	**35**	**2**	**1**	**1**
厦门市思明区	1			
龙岩市新罗区	2			
莆田市城厢区	4			
泉州市泉港区		1		
厦门市集美区				
泉州市南安市	4			
福州市福清市	1			
泉州市晋江市	1			
福州市长乐市				
宁德市福鼎市	3			
南平市邵武市	1			
莆田市仙游县	3			
福州市闽侯县	1			
福州市永泰县	1			
龙岩市上杭县	2			
三明市大田县	1			
三明市沙县	1			
泉州市安溪县	2	1	1	
漳州市漳浦县				
漳州市南靖县	1			
宁德市霞浦县	2			1
南平市政和县	4			

4－25　各地区18岁及以上精神残疾人分残疾等级的身体移动状况

单位：人

地　区	无障碍/无适用				轻度障碍			
	残疾一级	残疾二级	残疾三级	残疾四级	残疾一级	残疾二级	残疾三级	残疾四级
总　计	**53**	**41**	**56**	**120**	**8**	**4**	**8**	**11**
厦门市思明区	1	2	5	8				
龙岩市新罗区	4	4	1	7				
莆田市城厢区							1	
泉州市泉港区		3	1	2			5	4
厦门市集美区		2	3	4				
泉州市南安市	2			2	2			
福州市福清市	3		4	3				
泉州市晋江市	1	2		5	1			
福州市长乐市	2	2	13	5				
宁德市福鼎市	8	1	2	3		1	2	1
南平市邵武市		1	1	13	1	1		1
莆田市仙游县	3		4	13				1
福州市闽侯县	2	2	2	6				
福州市永泰县	3	4	6	5				2
龙岩市上杭县	3	2	1	9				
三明市大田县	2	1	5	5	1			1
三明市沙县	3	1		6	1			
泉州市安溪县	2	1	1	4				
漳州市漳浦县	2	6	1	10	1			
漳州市南靖县	3	2	3	2		1		1
宁德市霞浦县	3	2	2	6	1			
南平市政和县	6	3	1	2		1		

4－25 续表 1

单位：人

地 区	中度障碍				重度障碍			
	残疾一级	残疾二级	残疾三级	残疾四级	残疾一级	残疾二级	残疾三级	残疾四级
总 计	**8**	**2**			**10**			
厦门市思明区	1							
龙岩市新罗区								
莆田市城厢区		1			6			
泉州市泉港区					1			
厦门市集美区								
泉州市南安市								
福州市福清市					1			
泉州市晋江市	1							
福州市长乐市								
宁德市福鼎市	1							
南平市邵武市	1							
莆田市仙游县								
福州市闽侯县								
福州市永泰县	1	1						
龙岩市上杭县								
三明市大田县	1							
三明市沙县								
泉州市安溪县								
漳州市漳浦县								
漳州市南靖县	2				2			
宁德市霞浦县								
南平市政和县								

4－25 续表 2

单位：人

地 区	极重度障碍/不能完成			
	残疾一级	残疾二级	残疾三级	残疾四级
总 计	**3**			
厦门市思明区				
龙岩市新罗区				
莆田市城厢区	1			
泉州市泉港区				
厦门市集美区				
泉州市南安市				
福州市福清市	1			
泉州市晋江市				
福州市长乐市				
宁德市福鼎市	1			
南平市邵武市				
莆田市仙游县				
福州市闽侯县				
福州市永泰县				
龙岩市上杭县				
三明市大田县				
三明市沙县				
泉州市安溪县				
漳州市漳浦县				
漳州市南靖县				
宁德市霞浦县				
南平市政和县				

4－26 各地区18岁及以上精神残疾人分残疾等级的生活自理状况

单位：人

地区	无障碍/无适用				轻度障碍			
	残疾一级	残疾二级	残疾三级	残疾四级	残疾一级	残疾二级	残疾三级	残疾四级
总　计	**2**	**5**	**17**	**94**	**22**	**21**	**32**	**32**
厦门市思明区			1	7		1	4	1
龙岩市新罗区		1	1	6		2		1
莆田市城厢区						1	1	
泉州市泉港区		1		3		1	5	3
厦门市集美区				1			1	1
泉州市南安市				2				
福州市福清市			2	3	2		2	
泉州市晋江市				5				
福州市长乐市						1	4	4
宁德市福鼎市	2	1	4	2	8			
南平市邵武市				9			1	5
莆田市仙游县			1	10	1		3	4
福州市闽侯县				1	1	1	2	5
福州市永泰县			1	7	1	3	4	
龙岩市上杭县			1	9		2		
三明市大田县			3	5	2	1	2	1
三明市沙县				6	1	1		
泉州市安溪县				2			1	2
漳州市漳浦县			1	6	2	3		4
漳州市南靖县		1	2	3	2	1	1	
宁德市霞浦县		1		5	1	1	1	1
南平市政和县				2	1	2		

4－26 续表 1

单位：人

地 区	中度障碍				重度障碍			
	残疾一级	残疾二级	残疾三级	残疾四级	残疾一级	残疾二级	残疾三级	残疾四级
总 计	**26**	**19**	**15**	**3**	**26**	**2**		**2**
厦门市思明区		1			2			
龙岩市新罗区	4	1						
莆田市城厢区	2				5			
泉州市泉港区		1	1		1			
厦门市集美区		2	2	2				
泉州市南安市	1				2			
福州市福清市	1				1			
泉州市晋江市	1	2			1			
福州市长乐市			9	1	2	1		
宁德市福鼎市						1		2
南平市邵武市	1	2			1			
莆田市仙游县	2							
福州市闽侯县	1	1						
福州市永泰县	1	2	1		1			
龙岩市上杭县	1				2			
三明市大田县	2							
三明市沙县	2				1			
泉州市安溪县	1	1			1			
漳州市漳浦县		3						
漳州市南靖县	2	1			3			
宁德市霞浦县	3		1					
南平市政和县	1	2	1		3			

4－26 续表 2

单位：人

地　区	极重度障碍/不能完成			
	残疾一级	残疾二级	残疾三级	残疾四级
总　计	**6**			
厦门市思明区				
龙岩市新罗区				
莆田市城厢区				
泉州市泉港区				
厦门市集美区				
泉州市南安市	1			
福州市福清市	1			
泉州市晋江市	1			
福州市长乐市				
宁德市福鼎市				
南平市邵武市				
莆田市仙游县				
福州市闽侯县				
福州市永泰县	1			
龙岩市上杭县				
三明市大田县				
三明市沙县				
泉州市安溪县				
漳州市漳浦县	1			
漳州市南靖县				
宁德市霞浦县				
南平市政和县	1			

4－27　各地区18岁及以上精神残疾人分残疾等级的与人相处状况

单位：人

地　区	无障碍/无适用				轻度障碍			
	残疾一级	残疾二级	残疾三级	残疾四级	残疾一级	残疾二级	残疾三级	残疾四级
总　计				**11**		**1**	**4**	**67**
厦门市思明区								6
龙岩市新罗区								2
莆田市城厢区								
泉州市泉港区							1	3
厦门市集美区								
泉州市南安市				2				
福州市福清市				1				2
泉州市晋江市				1				2
福州市长乐市							1	1
宁德市福鼎市								4
南平市邵武市				1			1	10
莆田市仙游县								5
福州市闽侯县				1				3
福州市永泰县				1		1		4
龙岩市上杭县				3			1	3
三明市大田县								2
三明市沙县								4
泉州市安溪县								1
漳州市漳浦县				1				7
漳州市南靖县								3
宁德市霞浦县								4
南平市政和县								1

4-27 续表 1

单位：人

地　区	中度障碍				重度障碍			
	残疾一级	残疾二级	残疾三级	残疾四级	残疾一级	残疾二级	残疾三级	残疾四级
总　计	**7**	**14**	**35**	**42**	**45**	**30**	**25**	**9**
厦门市思明区			1	2		2	4	
龙岩市新罗区				2	2	4	1	2
莆田市城厢区		1			6		1	
泉州市泉港区			5	3	1	3		
厦门市集美区		1	1	4		1	2	
泉州市南安市					1			
福州市福清市	1		3		3		1	
泉州市晋江市		1			2	1		2
福州市长乐市		1	12	4	2	1		
宁德市福鼎市	1	1	2		6	1	2	
南平市邵武市		2		3	2			
莆田市仙游县			1	7	1		3	2
福州市闽侯县			2	2	2	2		
福州市永泰县			2	1	2	4	4	1
龙岩市上杭县		1		2	1	1		1
三明市大田县	3	1	4	4	1		1	
三明市沙县	1			2	2	1		
泉州市安溪县				2		1	1	1
漳州市漳浦县		3	1	2	3	3		
漳州市南靖县	1	2	1		5	1	2	
宁德市霞浦县				1	2	1	2	
南平市政和县				1	1	3	1	

4－27 续表 2

单位：人

地 区	极重度障碍/不能完成			
	残疾一级	残疾二级	残疾三级	残疾四级
总 计	**30**	**2**		**2**
厦门市思明区	2			
龙岩市新罗区	2			1
莆田市城厢区	1			
泉州市泉港区				
厦门市集美区				
泉州市南安市	3			
福州市福清市	1			
泉州市晋江市	1			
福州市长乐市				
宁德市福鼎市	3			
南平市邵武市				
莆田市仙游县	2			
福州市闽侯县				
福州市永泰县	2			
龙岩市上杭县	2			
三明市大田县				
三明市沙县	1			
泉州市安溪县	2			
漳州市漳浦县				
漳州市南靖县	1			
宁德市霞浦县	2	1		1
南平市政和县	5	1		

4－28 各地区18岁及以上精神残疾人分残疾等级的生活活动状况

单位：人

地区	无障碍/无适用				轻度障碍			
	残疾一级	残疾二级	残疾三级	残疾四级	残疾一级	残疾二级	残疾三级	残疾四级
总　计				**4**			**3**	**43**
厦门市思明区				1				4
龙岩市新罗区								1
莆田市城厢区							1	
泉州市泉港区								3
厦门市集美区								
泉州市南安市								2
福州市福清市								
泉州市晋江市								1
福州市长乐市								
宁德市福鼎市				1			2	1
南平市邵武市								3
莆田市仙游县								6
福州市闽侯县								4
福州市永泰县				1				2
龙岩市上杭县								3
三明市大田县								3
三明市沙县								4
泉州市安溪县								
漳州市漳浦县				1				4
漳州市南靖县								
宁德市霞浦县								1
南平市政和县								1

4－28 续表 1

单位：人

地 区	中度障碍				重度障碍			
	残疾一级	残疾二级	残疾三级	残疾四级	残疾一级	残疾二级	残疾三级	残疾四级
总　计		**3**	**20**	**53**	**24**	**33**	**34**	**28**
厦门市思明区				1		1	3	2
龙岩市新罗区			1	5		3		1
莆田市城厢区		1			6			
泉州市泉港区			5	3		1	1	
厦门市集美区		1		3		1	3	1
泉州市南安市					1			
福州市福清市			1	2	2		3	1
泉州市晋江市				2		2		2
福州市长乐市						1	12	5
宁德市福鼎市			1	1	2	2	1	1
南平市邵武市				9	1	1		1
莆田市仙游县				3			3	5
福州市闽侯县			2	2	1	2		
福州市永泰县				1	1	3	5	3
龙岩市上杭县			1	5	1	2		1
三明市大田县			4	3	2	1	1	
三明市沙县				1	1	1		1
泉州市安溪县				2			1	1
漳州市漳浦县			1	4	1	6		1
漳州市南靖县			2	3	3	3	1	
宁德市霞浦县		1	2	3	1	1		1
南平市政和县					1	2		1

4－28 续表 2

单位：人

地 区	极重度障碍/不能完成			
	残疾一级	残疾二级	残疾三级	残疾四级
总 计	**58**	**11**	**7**	**3**
厦门市思明区	2	1	2	
龙岩市新罗区	4	1		
莆田市城厢区	1			
泉州市泉港区	1	2		
厦门市集美区				
泉州市南安市	3			
福州市福清市	3			
泉州市晋江市	3			
福州市长乐市	2	1	1	
宁德市福鼎市	8			
南平市邵武市	1	1	1	1
莆田市仙游县	3		1	
福州市闽侯县	1			
福州市永泰县	3	2	1	
龙岩市上杭县	2			
三明市大田县	2			
三明市沙县	3			
泉州市安溪县	2	1		1
漳州市漳浦县	2			
漳州市南靖县	4			
宁德市霞浦县	3			1
南平市政和县	5	2	1	

4－29　各地区18岁及以上精神残疾人分残疾等级的社会参与状况

单位：人

地　　区	无障碍/无适用				轻度障碍			
	残疾一级	残疾二级	残疾三级	残疾四级	残疾一级	残疾二级	残疾三级	残疾四级
总　　计				**1**	**1**	**2**	**1**	**44**
厦门市思明区								4
龙岩市新罗区								4
莆田市城厢区							1	
泉州市泉港区								1
厦门市集美区								1
泉州市南安市								
福州市福清市								
泉州市晋江市								3
福州市长乐市						1		1
宁德市福鼎市								
南平市邵武市								7
莆田市仙游县								2
福州市闽侯县								1
福州市永泰县								2
龙岩市上杭县								3
三明市大田县								3
三明市沙县				1		1		4
泉州市安溪县								1
漳州市漳浦县								4
漳州市南靖县								1
宁德市霞浦县					1			1
南平市政和县								1

4－29 续表 1

单位：人

地　区	中度障碍				重度障碍			
	残疾一级	残疾二级	残疾三级	残疾四级	残疾一级	残疾二级	残疾三级	残疾四级
总　计	**12**	**19**	**36**	**72**	**43**	**23**	**26**	**12**
厦门市思明区	1	2	4	4	1		1	
龙岩市新罗区	2	4	1	3	2			
莆田市城厢区					6	1		
泉州市泉港区			5	5	1	2	1	
厦门市集美区		1	1	3		1	2	
泉州市南安市				2				
福州市福清市			2	3	3		2	
泉州市晋江市	3	2		1				1
福州市长乐市	1	1	13	4	1			
宁德市福鼎市	1		1		3	1	2	2
南平市邵武市		2		7	1		1	
莆田市仙游县			2	10	3		2	2
福州市闽侯县	1			5		2	2	
福州市永泰县		1		3	2	4	6	2
龙岩市上杭县	1	2		5			1	1
三明市大田县	1	1	2	3	1		3	
三明市沙县	1			1	3			
泉州市安溪县			1	3	2	1		
漳州市漳浦县		1		4	3	5	1	2
漳州市南靖县		1	2	2	6	2	1	
宁德市霞浦县		1	2	3	2	1		2
南平市政和县				1	3	3	1	

4－29 续表 2

单位：人

地 区	极重度障碍/不能完成			
	残疾一级	残疾二级	残疾三级	残疾四级
总 计	**26**	**3**	**1**	**2**
厦门市思明区				
龙岩市新罗区				
莆田市城厢区	1			
泉州市泉港区		1		
厦门市集美区				
泉州市南安市	4			
福州市福清市	2			
泉州市晋江市				
福州市长乐市				
宁德市福鼎市	6	1	1	2
南平市邵武市	1			
莆田市仙游县				
福州市闽侯县	1			
福州市永泰县	2			
龙岩市上杭县	2			
三明市大田县	2			
三明市沙县				
泉州市安溪县				
漳州市漳浦县				
漳州市南靖县	1			
宁德市霞浦县	1			
南平市政和县	3	1		

4－30　各地区18岁及以上多重残疾人分残疾等级的理解和交流状况

单位：人

地　区	无障碍/无适用				轻度障碍			
	残疾一级	残疾二级	残疾三级	残疾四级	残疾一级	残疾二级	残疾三级	残疾四级
总　计	**33**	**23**	**51**	**58**	**41**	**17**	**52**	**45**
厦门市思明区		1	1	4			5	1
龙岩市新罗区	2	6	7	5	6	2	4	5
莆田市城厢区	1	4	13		2	2	1	1
泉州市泉港区	1	2	4	3			1	
厦门市集美区	6		1	2			2	3
泉州市南安市	2		1	2		1	2	
福州市福清市	2			1			3	3
泉州市晋江市		1	2	4				
福州市长乐市	1	1	2	9				
宁德市福鼎市		1		2	1	1		
南平市邵武市	1			2	6		5	2
莆田市仙游县				1			1	4
福州市闽侯县	1	1	1	2	4	1		3
福州市永泰县	1	1	2	1	4		3	1
龙岩市上杭县	1	2	8		1	4	10	3
三明市大田县			1	4	1		3	3
三明市沙县	4	1	2	3	2	2	5	2
泉州市安溪县	3		2	4	2		2	1
漳州市漳浦县	2				2			2
漳州市南靖县			1		1	1	3	8
宁德市霞浦县	1	1	2	6	4	1	1	2
南平市政和县	4	1	1	3	5	2	1	1

4－30 续表 1

单位：人

地 区	中度障碍				重度障碍			
	残疾一级	残疾二级	残疾三级	残疾四级	残疾一级	残疾二级	残疾三级	残疾四级
总 计	**48**	**29**	**64**	**8**	**66**	**23**	**13**	
厦门市思明区	1	3	3		2	1	1	
龙岩市新罗区	5	4	4	1	6		1	
莆田市城厢区					4			
泉州市泉港区	3	4	4		2	1	1	
厦门市集美区	2	1	3		2	1		
泉州市南安市	2	2	1		5			
福州市福清市	1	1	1	1	5	2		
泉州市晋江市	2	1	2		2			
福州市长乐市	4		1		4	1		
宁德市福鼎市	2				4	2	1	
南平市邵武市	3	2	4		7			
莆田市仙游县			2		5			
福州市闽侯县	2	4	10	1	5	4	1	
福州市永泰县		1	2	1		1		
龙岩市上杭县	8	2	2	1	3	2	2	
三明市大田县	3		14	2	3	3	3	
三明市沙县	4	1	4		1	2	1	
泉州市安溪县			2					
漳州市漳浦县		1	1		3	1		
漳州市南靖县	3		1					
宁德市霞浦县	2	1	1		1	1	2	
南平市政和县	1	1	2	1	2	1		

4－30 续表 2

单位：人

地区	极重度障碍/不能完成			
	残疾一级	残疾二级	残疾三级	残疾四级
总计	**80**	**8**	**3**	
厦门市思明区	3	1	2	
龙岩市新罗区	5			
莆田市城厢区				
泉州市泉港区	3			
厦门市集美区	3			
泉州市南安市	2			
福州市福清市	7	1		
泉州市晋江市	1	1		
福州市长乐市				
宁德市福鼎市	6			
南平市邵武市		1		
莆田市仙游县	5	1		
福州市闽侯县	15			
福州市永泰县	4			
龙岩市上杭县	3			
三明市大田县	6			
三明市沙县	2			
泉州市安溪县	4	1		
漳州市漳浦县	4	1		
漳州市南靖县	2			
宁德市霞浦县	3			
南平市政和县	2	1	1	

4－31　各地区18岁及以上多重残疾人分残疾等级的身体移动状况

单位：人

地　区	无障碍/无适用				轻度障碍			
	残疾一级	残疾二级	残疾三级	残疾四级	残疾一级	残疾二级	残疾三级	残疾四级
总　计	**161**	**57**	**122**	**77**	**26**	**13**	**31**	**25**
厦门市思明区	5	4	9	4			1	1
龙岩市新罗区	13	7	10	9	2	3	4	2
莆田市城厢区	5	2	11	1	1	1	1	
泉州市泉港区	4	6	6	3	1	1	1	
厦门市集美区	7	2	4	2	1		1	3
泉州市南安市	7	2	3	1			1	1
福州市福清市	9	1	2	5			1	
泉州市晋江市	1	1	2	2			1	2
福州市长乐市	9	2	3	7				2
宁德市福鼎市	5	1	1	2	1			
南平市邵武市	14	1	8	3		1	1	1
莆田市仙游县	9		2	2				3
福州市闽侯县	15	4	6	2	4	2	3	2
福州市永泰县	5	1	3	2	3	1	1	
龙岩市上杭县	11	8	21	4	1	1	1	
三明市大田县	6	2	11	3	5	1	5	5
三明市沙县	7	3	7	3	2	1	4	1
泉州市安溪县	3		4	3	1		1	
漳州市漳浦县	6	2		2	1	1	1	
漳州市南靖县	5	1	4	8			1	
宁德市霞浦县	7	3	2	5			1	1
南平市政和县	8	4	3	4	3		1	1

4－31 续表 1

单位：人

地区	中度障碍				重度障碍			
	残疾一级	残疾二级	残疾三级	残疾四级	残疾一级	残疾二级	残疾三级	残疾四级
总计	**24**	**11**	**25**	**9**	**25**	**13**	**3**	
厦门市思明区			2		1	2		
龙岩市新罗区		1	2		4	1		
莆田市城厢区		1	2		1	2		
泉州市泉港区	2		3		1			
厦门市集美区	3						1	
泉州市南安市		1						
福州市福清市	1	1	1		1			
泉州市晋江市	2	1	1		1	1		
福州市长乐市								
宁德市福鼎市					4	2		
南平市邵武市	1				2			
莆田市仙游县			1					
福州市闽侯县	2	3	1	2	1	1	1	
福州市永泰县	1		3	1		1		
龙岩市上杭县	3	1						
三明市大田县	1		4	1	1		1	
三明市沙县	2		1	1	1	2		
泉州市安溪县	2	1	1	2	1			
漳州市漳浦县	1				3			
漳州市南靖县	1							
宁德市霞浦县	1	1	2	2	2			
南平市政和县	1		1		1	1		

4-31 续表 2

单位：人

地　区	极重度障碍/不能完成			
	残疾一级	残疾二级	残疾三级	残疾四级
总　计	**32**	**6**	**2**	
厦门市思明区				
龙岩市新罗区	5			
莆田市城厢区				
泉州市泉港区	1			
厦门市集美区	2			
泉州市南安市	4			
福州市福清市	4	2		
泉州市晋江市	1			
福州市长乐市				
宁德市福鼎市	3	1		
南平市邵武市		1		
莆田市仙游县	1	1		
福州市闽侯县	5		1	
福州市永泰县				
龙岩市上杭县	1			
三明市大田县				
三明市沙县	1			
泉州市安溪县	2			
漳州市漳浦县				
漳州市南靖县				
宁德市霞浦县	1		1	
南平市政和县	1	1		

4－32　各地区18岁及以上多重残疾人分残疾等级的生活自理状况

单位：人

地　区	无障碍/无适用				轻度障碍			
	残疾一级	残疾二级	残疾三级	残疾四级	残疾一级	残疾二级	残疾三级	残疾四级
总　计	**86**	**38**	**96**	**68**	**58**	**30**	**62**	**36**
厦门市思明区	1	2	4	3		2	6	1
龙岩市新罗区	7	7	6	9	6	5	6	2
莆田市城厢区	2	2	11	1	3	1	1	
泉州市泉港区	2	4	6		3	3	3	3
厦门市集美区	5		6	5		1		
泉州市南安市	3	2	4	1	1			1
福州市福清市	1			4	2	1	4	
泉州市晋江市	1	1	1	1		2		3
福州市长乐市	5	1		5	2	1	2	2
宁德市福鼎市	4	1		1	2		1	1
南平市邵武市	11		7	2	3	2	2	2
莆田市仙游县			1	4	7		1	1
福州市闽侯县	10	3	5		2	2	4	4
福州市永泰县	5	1	2	2		1	4	1
龙岩市上杭县	3	4	13	3	4	4	8	1
三明市大田县	4	2	12	6	5	1	8	3
三明市沙县	5	2	7	2	4	1	5	3
泉州市安溪县	2		4	5	2		2	
漳州市漳浦县	6	1		2	2	1	1	
漳州市南靖县		1	5	6	4			2
宁德市霞浦县	5	2	2	5	2	1		3
南平市政和县	4	2		1	4	1	4	3

4－32 续表 1

单位：人

地　区	中度障碍				重度障碍			
	残疾一级	残疾二级	残疾三级	残疾四级	残疾一级	残疾二级	残疾三级	残疾四级
总　计	**36**	**15**	**21**	**7**	**46**	**13**	**3**	
厦门市思明区	1	1	2	1	4	1		
龙岩市新罗区	4		2		2		1	
莆田市城厢区		1	2		2	2		
泉州市泉港区			1		1			
厦门市集美区	5					1		
泉州市南安市	3	1						
福州市福清市	2	1		1	5			
泉州市晋江市			3		2			
福州市长乐市	1		1	2				
宁德市福鼎市		1			3	2		
南平市邵武市					3			
莆田市仙游县			1		3			
福州市闽侯县	4	3	1	2	6	2	2	
福州市永泰县	4	1	1					
龙岩市上杭县	2	1	1		3	1		
三明市大田县	2		1		1			
三明市沙县	3	2			1	1		
泉州市安溪县	1				1	1		
漳州市漳浦县					3	1		
漳州市南靖县	1				1			
宁德市霞浦县		1	4		3			
南平市政和县	3	2	1	1	2	1		

4－32 续表 2

单位：人

地区	极重度障碍/不能完成			
	残疾一级	残疾二级	残疾三级	残疾四级
总计	**42**	**4**	**1**	
厦门市思明区				
龙岩市新罗区	5		1	
莆田市城厢区				
泉州市泉港区	3			
厦门市集美区	3			
泉州市南安市	4			
福州市福清市	5	2		
泉州市晋江市	2			
福州市长乐市	1			
宁德市福鼎市	4			
南平市邵武市		1		
莆田市仙游县		1		
福州市闽侯县	5			
福州市永泰县				
龙岩市上杭县	4			
三明市大田县	1			
三明市沙县				
泉州市安溪县	3			
漳州市漳浦县				
漳州市南靖县				
宁德市霞浦县	1			
南平市政和县	1			

4－33　各地区18岁及以上多重残疾人分残疾等级的与人相处状况

单位：人

地　区	无障碍/无适用				轻度障碍			
	残疾一级	残疾二级	残疾三级	残疾四级	残疾一级	残疾二级	残疾三级	残疾四级
总　计	**44**	**31**	**74**	**60**	**42**	**18**	**59**	**40**
厦门市思明区		1	3	2			3	3
龙岩市新罗区	5	8	11	9	4	1	1	
莆田市城厢区	1	5	13		2	1	1	1
泉州市泉港区	2	2	3	2	1	1	6	1
厦门市集美区	7		1	3			1	1
泉州市南安市	2	1	1	2			1	
福州市福清市	2		2	1			1	3
泉州市晋江市	1	1	4	4	1			
福州市长乐市	1		2	8	2	2		
宁德市福鼎市		1		2		1	1	
南平市邵武市	1		2	1	8	1	6	3
莆田市仙游县				2			1	3
福州市闽侯县	6	4	9	1	5	1	3	4
福州市永泰县		1	1	1	5	2	3	1
龙岩市上杭县	2	3	12	1	1	3	8	3
三明市大田县			1	4	1		5	2
三明市沙县	2	1	3	3	2	1	7	2
泉州市安溪县	3		2	4	1		3	1
漳州市漳浦县	3			1	2	1	1	1
漳州市南靖县					2	1	4	8
宁德市霞浦县	2	1	2	6	1	1	2	2
南平市政和县	4	2	2	3	4	1	1	1

4－33 续表 1

单位：人

地　区	中度障碍				重度障碍			
	残疾一级	残疾二级	残疾三级	残疾四级	残疾一级	残疾二级	残疾三级	残疾四级
总　计	**46**	**28**	**40**	**9**	**81**	**16**	**7**	**1**
厦门市思明区		1	3		3	3	1	
龙岩市新罗区	2	3	4	2	9			
莆田市城厢区	1				3			
泉州市泉港区	1	3	1		4	1		
厦门市集美区	2	1	4	1	2	1		
泉州市南安市	3	2	2		3			
福州市福清市	1	1	1	1	8	3		
泉州市晋江市		1			1			
福州市长乐市	4		1		2			
宁德市福鼎市	4				5	2		
南平市邵武市	3	1	1		5			
莆田市仙游县			2		5			
福州市闽侯县	2	5		1	10			
福州市永泰县			3	1	1			
龙岩市上杭县	7	3	2		4	1		
三明市大田县	2	1	11	3	4	1	4	
三明市沙县	5	3	1		4	1	1	
泉州市安溪县	1		1		2			
漳州市漳浦县	1	1			1			
漳州市南靖县	2		1					
宁德市霞浦县	3	1	1		3	1	1	
南平市政和县	2	1	1		2	2		1

4－33 续表 2

单位：人

地　区	极重度障碍/不能完成			
	残疾一级	残疾二级	残疾三级	残疾四级
总　计	**55**	**7**	**3**	**1**
厦门市思明区	3	1	2	
龙岩市新罗区	4			
莆田市城厢区				
泉州市泉港区	1			
厦门市集美区	2			
泉州市南安市	3			
福州市福清市	4			
泉州市晋江市	2	1		
福州市长乐市				1
宁德市福鼎市	4			
南平市邵武市		1		
莆田市仙游县	5	1		
福州市闽侯县	4			
福州市永泰县	3			
龙岩市上杭县	2			
三明市大田县	6	1		
三明市沙县				
泉州市安溪县	2	1		
漳州市漳浦县	4	1		
漳州市南靖县	2			
宁德市霞浦县	2			
南平市政和县	2		1	

4－34 各地区18岁及以上多重残疾人分残疾等级的生活活动状况

单位：人

地　区	无障碍/无适用				轻度障碍			
	残疾一级	残疾二级	残疾三级	残疾四级	残疾一级	残疾二级	残疾三级	残疾四级
总　计	**16**	**6**	**20**	**11**	**47**	**27**	**60**	**55**
厦门市思明区	1		2			1	2	3
龙岩市新罗区	3	1	1		3	5	6	7
莆田市城厢区		1	10		1	2	2	1
泉州市泉港区					1	3	5	
厦门市集美区	3		1	3	1		1	2
泉州市南安市	3	1	1	1	1		1	1
福州市福清市	1			1	1		2	2
泉州市晋江市		1				2		4
福州市长乐市					5	1	2	8
宁德市福鼎市					2	1	1	
南平市邵武市	1				3		5	
莆田市仙游县				1			1	4
福州市闽侯县	3	2	2		3	2	5	4
福州市永泰县					5		1	1
龙岩市上杭县			1		3	3	11	1
三明市大田县	1		2		1		3	3
三明市沙县					4	2	3	3
泉州市安溪县					2		3	3
漳州市漳浦县				1	2	2		
漳州市南靖县					1	1	4	7
宁德市霞浦县				3	5	2	2	1
南平市政和县				1	3			

4－34 续表 1

单位：人

地　区	中度障碍				重度障碍			
	残疾一级	残疾二级	残疾三级	残疾四级	残疾一级	残疾二级	残疾三级	残疾四级
总　计	**44**	**23**	**68**	**31**	**48**	**30**	**26**	**10**
厦门市思明区		1	2	1	1	2	5	1
龙岩市新罗区	3		3	3	4	5	2	1
莆田市城厢区	2	1	2		3	2		
泉州市泉港区	4	3	4	2		1	1	1
厦门市集美区	2	1	4		2			
泉州市南安市	1	2	2		1			
福州市福清市	1		2	2	1	2		
泉州市晋江市	1		2				2	
福州市长乐市	3			1		1	1	
宁德市福鼎市	2			1	1	1		1
南平市邵武市	5	1	2	2	5	1	1	1
莆田市仙游县			2		6			
福州市闽侯县	4	3	2	2	4	3	2	
福州市永泰县			5	2		3	1	
龙岩市上杭县	4	5	10	3	2	2		
三明市大田县	2	2	11	5	4	1	5	1
三明市沙县	1	1	6		4	3	3	
泉州市安溪县	1		3		1			2
漳州市漳浦县			1	1	6			
漳州市南靖县	2		1	1				
宁德市霞浦县	1		2	4	2	1	2	
南平市政和县	5	3	2	1	1	2	1	2

4－34 续表 2

单位：人

地　区	极重度障碍/不能完成			
	残疾一级	残疾二级	残疾三级	残疾四级
总　计	**113**	**14**	**9**	**4**
厦门市思明区	4	2	1	
龙岩市新罗区	11	1	4	
莆田市城厢区	1			
泉州市泉港区	4			
厦门市集美区	5	1		
泉州市南安市	5			
福州市福清市	11	2		
泉州市晋江市	4			
福州市长乐市	1			
宁德市福鼎市	8	2		
南平市邵武市	3	1	1	1
莆田市仙游县	4	1		
福州市闽侯县	13		1	
福州市永泰县	4			
龙岩市上杭县	7			
三明市大田县	5			
三明市沙县	4			2
泉州市安溪县	5	1		
漳州市漳浦县	3	1		
漳州市南靖县	3			
宁德市霞浦县	3	1		
南平市政和县	5	1	2	1

4－35 各地区18岁及以上多重残疾人分残疾等级的社会参与状况

单位：人

地区	无障碍/无适用				轻度障碍			
	残疾一级	残疾二级	残疾三级	残疾四级	残疾一级	残疾二级	残疾三级	残疾四级
总　计	**3**	**5**	**18**	**15**	**34**	**23**	**76**	**60**
厦门市思明区			2	1			4	2
龙岩市新罗区		5	4	4	6	1	8	5
莆田市城厢区			10		1	3	2	1
泉州市泉港区						2	5	1
厦门市集美区	2				2		4	5
泉州市南安市				1		1	2	1
福州市福清市			1	2	1		1	1
泉州市晋江市					1	2	3	4
福州市长乐市				2			2	5
宁德市福鼎市						1		2
南平市邵武市					3		4	2
莆田市仙游县					1		1	4
福州市闽侯县	1				2	4	7	3
福州市永泰县					1		4	2
龙岩市上杭县					1	2	10	2
三明市大田县			1	2	2	1	8	2
三明市沙县				1	3	3	6	2
泉州市安溪县				1			1	2
漳州市漳浦县					3	1		1
漳州市南靖县					1	1	4	8
宁德市霞浦县				1	1			4
南平市政和县					5	1		1

4－35 续表 1

单位：人

地区	中度障碍				重度障碍			
	残疾一级	残疾二级	残疾三级	残疾四级	残疾一级	残疾二级	残疾三级	残疾四级
总　计	**75**	**39**	**71**	**31**	**80**	**24**	**17**	**4**
厦门市思明区		2	3	2	3	3	3	
龙岩市新罗区	7	3	2	2	7	3	2	
莆田市城厢区	2	1	2		3	2		
泉州市泉港区	6	4	5	2		1		
厦门市集美区	3	1	2		2			
泉州市南安市	2	2	2		4			
福州市福清市	2	1	2	2	5	2		
泉州市晋江市	1	1	1		3			
福州市长乐市	3	2	1	2	5			
宁德市福鼎市	2				3	2	1	
南平市邵武市	5	2	5	1	8			1
莆田市仙游县	1		2	1	2			
福州市闽侯县	9	4	4	3	7	2	1	
福州市永泰县	4	2	3	1	3	1		
龙岩市上杭县	8	6	10	1	6	2	2	1
三明市大田县	1	1	9	4	5	1	3	1
三明市沙县	6	1	4		1	1	2	1
泉州市安溪县	3		5	2	2			
漳州市漳浦县		1	1	1	6	1		
漳州市南靖县	2		1					
宁德市霞浦县	4	3	4	3	3		1	
南平市政和县	4	2	3	4	2	3	2	

4－35 续表 2

单位：人

地 区	极重度障碍/不能完成			
	残疾一级	残疾二级	残疾三级	残疾四级
总 计	**76**	**9**	**1**	**1**
厦门市思明区	3	1		
龙岩市新罗区	4			
莆田市城厢区	1			
泉州市泉港区	3			
厦门市集美区	4	1		
泉州市南安市	5			
福州市福清市	7	1		
泉州市晋江市				
福州市长乐市	1			
宁德市福鼎市	8	1		
南平市邵武市	1	1		
莆田市仙游县	6	1		
福州市闽侯县	8			
福州市永泰县	1			
龙岩市上杭县	1			
三明市大田县	5			
三明市沙县	3	1		1
泉州市安溪县	4	1		
漳州市漳浦县	2			
漳州市南靖县	3			
宁德市霞浦县	3	1	1	
南平市政和县	3			

4－36 各地区视力残疾人分残疾等级的康复形式

单位：人

地区	机构康复				延伸服务			
	残疾一级	残疾二级	残疾三级	残疾四级	残疾一级	残疾二级	残疾三级	残疾四级
总计	**55**	**40**	**56**	**434**	**7**	**1**	**2**	**7**
厦门市思明区	1	2	2	12				
龙岩市新罗区		2	2	5				
莆田市城厢区	3		4	26				
泉州市泉港区	2	2	7	24				
厦门市集美区	3	1	2	12				
泉州市南安市		2	1	15				
福州市福清市	6		1	5				
泉州市晋江市				12				
福州市长乐市	1	4	1	26				3
宁德市福鼎市	7	5	6	20				1
南平市邵武市	7	1		36				
莆田市仙游县	3		5	21				
福州市闽侯县	3	1		2				
福州市永泰县	2		3	12				
龙岩市上杭县	1	3	3	17	1			1
三明市大田县	2	3	1	55				
三明市沙县	1	1	3	18				
泉州市安溪县				3				
漳州市漳浦县	1	1	1	1	6	1	2	2
漳州市南靖县	1	6	3	25				
宁德市霞浦县	8	4	7	63				
南平市政和县	3	2	4	24				

4－36　续表

单位：人

地　区	社区和家庭服务			
	残疾一级	残疾二级	残疾三级	残疾四级
总　计	**48**	**12**	**4**	**52**
厦门市思明区	4	2		
龙岩市新罗区	2			1
莆田市城厢区	4			
泉州市泉港区	1	2	1	5
厦门市集美区	4	2		2
泉州市南安市	2	1		3
福州市福清市	2			
泉州市晋江市	1			5
福州市长乐市	1			2
宁德市福鼎市			1	
南平市邵武市				
莆田市仙游县				
福州市闽侯县	1			2
福州市永泰县	3	1		2
龙岩市上杭县	5		2	7
三明市大田县	1			
三明市沙县				1
泉州市安溪县	9	3		15
漳州市漳浦县	2			2
漳州市南靖县	3			1
宁德市霞浦县	1			
南平市政和县	2	1		4

4－37　各地区视力残疾人分残疾等级的康复内容

单位：人

地　区	医疗服务				辅助器具			
	残疾一级	残疾二级	残疾三级	残疾四级	残疾一级	残疾二级	残疾三级	残疾四级
总　计	**79**	**45**	**60**	**463**	**23**	**11**	**4**	**52**
厦门市思明区	2	3	2	11	5	3		7
龙岩市新罗区	1	2	2	5				1
莆田市城厢区	3		4	26				
泉州市泉港区	2	2	8	27		1		
厦门市集美区	4	2	2	12	3	1		1
泉州市南安市		2	1	16				
福州市福清市	6		1	5	3			
泉州市晋江市				7				7
福州市长乐市	1	4	1	26	1			8
宁德市福鼎市	7	4	6	19	1	1	2	4
南平市邵武市	7	1		36		1		3
莆田市仙游县	3		5	21				
福州市闽侯县	4	1		4	1	1		3
福州市永泰县	2		3	12		1		5
龙岩市上杭县	3	2	5	24	4	2	1	12
三明市大田县	2	3	1	55	1			
三明市沙县	1	1	3	19				
泉州市安溪县	9	3		18				
漳州市漳浦县	8	2	3	4				
漳州市南靖县	3	6	2	26	1		1	
宁德市霞浦县	8	4	7	63	1			
南平市政和县	3	3	4	27	2			1

4－37 续表

单位：人

地　区	康复训练与服务			
	残疾一级	残疾二级	残疾三级	残疾四级
总　计	**27**	**7**	**1**	**61**
厦门市思明区	3	2		5
龙岩市新罗区	1			
莆田市城厢区	4			
泉州市泉港区	1	2	1	8
厦门市集美区				1
泉州市南安市	2	1		5
福州市福清市				
泉州市晋江市	1			4
福州市长乐市				
宁德市福鼎市		1		1
南平市邵武市	7			32
莆田市仙游县				
福州市闽侯县	1			
福州市永泰县	4	1		3
龙岩市上杭县	1			
三明市大田县				1
三明市沙县				
泉州市安溪县				
漳州市漳浦县	2			1
漳州市南靖县				
宁德市霞浦县				
南平市政和县				

4－38 各地区听力残疾人分残疾等级的康复形式

单位：人

地 区	机构康复				延伸服务			
	残疾一级	残疾二级	残疾三级	残疾四级	残疾一级	残疾二级	残疾三级	残疾四级
总 计	**18**	**39**	**139**	**49**	**12**	**24**	**72**	**90**
厦门市思明区	4	2	2	2			1	3
龙岩市新罗区	1	2	7	6				
莆田市城厢区	1	2	9					
泉州市泉港区	2	4	12		1	9	11	
厦门市集美区			3	4		1	3	2
泉州市南安市		1						
福州市福清市					1		1	
泉州市晋江市	2	4	4	2				
福州市长乐市	1	1	6	5			1	14
宁德市福鼎市		1						
南平市邵武市			1	1	9	14	48	21
莆田市仙游县		1	1	2			2	39
福州市闽侯县	4	3	25	9				
福州市永泰县								
龙岩市上杭县	2	10	58	6				
三明市大田县	1	5	5	2				
三明市沙县								
泉州市安溪县				1			2	2
漳州市漳浦县					1		1	1
漳州市南靖县				1			1	4
宁德市霞浦县			2					
南平市政和县		3	4	8			1	4

4－38 续表

单位：人

地区	社区和家庭服务			
	残疾一级	残疾二级	残疾三级	残疾四级
总 计	**39**	**66**	**352**	**339**
厦门市思明区	2	3	10	11
龙岩市新罗区	1	8	43	70
莆田市城厢区	1	1	6	3
泉州市泉港区	2	1	4	
厦门市集美区	1	3	14	15
泉州市南安市	1	4	15	1
福州市福清市	5	3	39	27
泉州市晋江市	3	2	27	4
福州市长乐市				
宁德市福鼎市		10	4	
南平市邵武市		1		
莆田市仙游县	2		2	3
福州市闽侯县			16	21
福州市永泰县	5	3	33	15
龙岩市上杭县			1	
三明市大田县		3	24	13
三明市沙县	5	5	37	40
泉州市安溪县			20	9
漳州市漳浦县	7	7	29	27
漳州市南靖县		3	7	52
宁德市霞浦县	2	4	13	14
南平市政和县	2	5	8	14

4－39 各地区听力残疾人分残疾等级的康复内容

单位：人

地区	医疗服务				辅助器具			
	残疾一级	残疾二级	残疾三级	残疾四级	残疾一级	残疾二级	残疾三级	残疾四级
总计	**19**	**45**	**173**	**98**	**59**	**100**	**493**	**409**
厦门市思明区	4	5	10	15	5	4	10	5
龙岩市新罗区	1	4	19	19	1	10	47	72
莆田市城厢区			2		2	3	15	3
泉州市泉港区	1	2	10		5	11	17	
厦门市集美区			2	4	1	4	19	19
泉州市南安市			2			1	2	
福州市福清市	1	2	3	1	5	3	40	26
泉州市晋江市	4	4	6	2	4	5	30	5
福州市长乐市				1	1	1	7	17
宁德市福鼎市						1		
南平市邵武市	2	3	10	2	9	15	49	21
莆田市仙游县		1	1	1			3	42
福州市闽侯县			2	2	4	3	41	30
福州市永泰县		1	1	5	5	2	33	10
龙岩市上杭县	2	10	58	4	1	10	57	6
三明市大田县	1	8	28	15	1	6	15	5
三明市沙县			2	2	5	5	33	36
泉州市安溪县			7	1			19	11
漳州市漳浦县	2	1	3	6	7	7	30	23
漳州市南靖县						3	8	57
宁德市霞浦县			1	3	2	3	11	10
南平市政和县	1	4	6	15	1	3	7	11

4－39 续表

单位：人

地区	康复训练与服务			
	残疾一级	残疾二级	残疾三级	残疾四级
总计	**13**	**23**	**44**	**27**
厦门市思明区	1			
龙岩市新罗区			1	2
莆田市城厢区				
泉州市泉港区		1		
厦门市集美区	1	2	11	9
泉州市南安市	1	4	13	1
福州市福清市	3		1	1
泉州市晋江市	2		1	1
福州市长乐市				1
宁德市福鼎市		11	4	
南平市邵武市	3	1	4	3
莆田市仙游县	2		1	1
福州市闽侯县				1
福州市永泰县				
龙岩市上杭县				
三明市大田县		1		
三明市沙县			3	3
泉州市安溪县			2	1
漳州市漳浦县				
漳州市南靖县				
宁德市霞浦县		2	3	3
南平市政和县		1		

4－40 各地区言语残疾人分残疾等级的康复形式

单位：人

地区	机构康复				延伸服务			
	残疾一级	残疾二级	残疾三级	残疾四级	残疾一级	残疾二级	残疾三级	残疾四级
总计		**1**	**3**	**13**	**4**		**1**	**4**
厦门市思明区				2				
龙岩市新罗区			1	1				
莆田市城厢区				1				
泉州市泉港区				1	1			
厦门市集美区								
泉州市南安市				1				
福州市福清市								
泉州市晋江市								
福州市长乐市								
宁德市福鼎市				1				
南平市邵武市								
莆田市仙游县					1			
福州市闽侯县					1			
福州市永泰县				1				
龙岩市上杭县								
三明市大田县								1
三明市沙县					1			2
泉州市安溪县				2				
漳州市漳浦县				1				
漳州市南靖县								
宁德市霞浦县			1	1				1
南平市政和县		1	1	1			1	

4－40 续表

单位：人

地　区	社区和家庭服务			
	残疾一级	残疾二级	残疾三级	残疾四级
总　计	**4**	**4**	**7**	**13**
厦门市思明区				
龙岩市新罗区				2
莆田市城厢区				
泉州市泉港区			2	
厦门市集美区				
泉州市南安市	1			3
福州市福清市			2	
泉州市晋江市	1			
福州市长乐市				1
宁德市福鼎市			2	
南平市邵武市				2
莆田市仙游县				
福州市闽侯县				1
福州市永泰县				
龙岩市上杭县				3
三明市大田县		1		1
三明市沙县	1	1	1	
泉州市安溪县				
漳州市漳浦县				
漳州市南靖县		1		
宁德市霞浦县	1	1		
南平市政和县				

4－41 各地区言语残疾人分残疾等级的康复内容

单位：人

地 区	医疗服务				辅助器具			
	残疾一级	残疾二级	残疾三级	残疾四级	残疾一级	残疾二级	残疾三级	残疾四级
总 计	**3**	**2**	**5**	**11**	**4**	**2**	**1**	**3**
厦门市思明区				2				
龙岩市新罗区			1					1
莆田市城厢区				1				
泉州市泉港区	1			1	1			
厦门市集美区								
泉州市南安市	1							
福州市福清市								
泉州市晋江市								
福州市长乐市								
宁德市福鼎市				1				
南平市邵武市								
莆田市仙游县								
福州市闽侯县								
福州市永泰县				1				
龙岩市上杭县								1
三明市大田县						1		1
三明市沙县	1	1	1	2	2		1	
泉州市安溪县								
漳州市漳浦县				1				
漳州市南靖县								
宁德市霞浦县			1	1	1	1		
南平市政和县		1	2	1				

4－41 续表

单位：人

地　区	康复训练与服务			
	残疾一级	残疾二级	残疾三级	残疾四级
总　计	**7**	**3**	**8**	**21**
厦门市思明区				2
龙岩市新罗区				2
莆田市城厢区				
泉州市泉港区			2	1
厦门市集美区				
泉州市南安市	1			4
福州市福清市			2	
泉州市晋江市	1			
福州市长乐市				1
宁德市福鼎市			2	
南平市邵武市				2
莆田市仙游县	1			
福州市闽侯县	1			1
福州市永泰县				
龙岩市上杭县				2
三明市大田县				1
三明市沙县	2	1	1	1
泉州市安溪县				2
漳州市漳浦县				
漳州市南靖县		1		
宁德市霞浦县	1	1	1	2
南平市政和县				

4－42 各地区肢体残疾人分残疾等级的康复形式

单位：人

地　区	机构康复				延伸服务			
	残疾一级	残疾二级	残疾三级	残疾四级	残疾一级	残疾二级	残疾三级	残疾四级
总　计	**9**	**42**	**93**	**270**		**12**	**19**	**41**
厦门市思明区		4	4	14			1	1
龙岩市新罗区			3					1
莆田市城厢区		2	3	29				4
泉州市泉港区		3	4	6			2	3
厦门市集美区	1	3	1	10		2	3	12
泉州市南安市				4				
福州市福清市		4	5	9		2	1	1
泉州市晋江市	1							
福州市长乐市	1	2	4	19		1		1
宁德市福鼎市	1	5	4	17		5	3	8
南平市邵武市	3	3	6	8			1	
莆田市仙游县		1	1	6			2	
福州市闽侯县		4	7	23				
福州市永泰县		1	6	26		1	5	3
龙岩市上杭县		1	1	1				
三明市大田县	2	4	16	13				
三明市沙县			1	2				
泉州市安溪县				6				5
漳州市漳浦县		1	1	2			1	1
漳州市南靖县			3	24		1		
宁德市霞浦县		3	11	23				
南平市政和县		1	12	28				1

4－42　续表

单位：人

地　区	社区和家庭服务			
	残疾一级	残疾二级	残疾三级	残疾四级
总　计	**29**	**39**	**104**	**350**
厦门市思明区		1	3	4
龙岩市新罗区	4	1	13	24
莆田市城厢区		2	2	15
泉州市泉港区		4	8	24
厦门市集美区				5
泉州市南安市	2	5	4	31
福州市福清市				6
泉州市晋江市	2	3	7	38
福州市长乐市	1		4	10
宁德市福鼎市	1	1	2	13
南平市邵武市			6	19
莆田市仙游县	1	4	10	22
福州市闽侯县			1	1
福州市永泰县				3
龙岩市上杭县		7	7	8
三明市大田县	5	2	10	20
三明市沙县	2	3	9	27
泉州市安溪县	3	1	6	22
漳州市漳浦县	3	3	7	43
漳州市南靖县	1	1	1	2
宁德市霞浦县			2	5
南平市政和县	4	1	2	8

4－43 各地区肢体残疾人分残疾等级的康复内容

单位：人

地区	医疗服务				辅助器具			
	残疾一级	残疾二级	残疾三级	残疾四级	残疾一级	残疾二级	残疾三级	残疾四级
总计	**14**	**60**	**122**	**388**	**23**	**56**	**122**	**264**
厦门市思明区		5	5	16		4	8	12
龙岩市新罗区			4	5	3		5	3
莆田市城厢区		4	5	45		3	4	6
泉州市泉港区		5	7	17		5	8	19
厦门市集美区	1	4	1	12	1	5	4	16
泉州市南安市	2	5	3	35	2	4		21
福州市福清市		5	5	9		1	1	2
泉州市晋江市	1	1	1			1	1	1
福州市长乐市	1	3	5	19	2	3	6	17
宁德市福鼎市	1	5	4	17	1	3	2	11
南平市邵武市	3	3	6	7		1	6	12
莆田市仙游县		1	3	10			4	6
福州市闽侯县		2	8	22		4	7	16
福州市永泰县		2	11	32		2	11	31
龙岩市上杭县		3	5	5		8	8	6
三明市大田县	3	4	14	17	7	4	19	17
三明市沙县			5	7	2	3	8	24
泉州市安溪县		1		6		1	2	7
漳州市漳浦县	2	4	7	32	1	1	1	7
漳州市南靖县			1	21	1		2	
宁德市霞浦县		3	11	27		3	12	26
南平市政和县			11	27	3		3	4

4－43 续表

单位：人

地　区	康复训练与服务			
	残疾一级	残疾二级	残疾三级	残疾四级
总　计	**20**	**67**	**136**	**421**
厦门市思明区		5	8	15
龙岩市新罗区	1	1	7	16
莆田市城厢区		4	5	48
泉州市泉港区		7	12	30
厦门市集美区	1	5	4	22
泉州市南安市	2	4	2	28
福州市福清市		5	1	8
泉州市晋江市	2	1	7	37
福州市长乐市	1	3	6	23
宁德市福鼎市		3	3	11
南平市邵武市			7	14
莆田市仙游县	1	4	10	19
福州市闽侯县		4	7	20
福州市永泰县		2	11	31
龙岩市上杭县		3	4	1
三明市大田县	7	6	20	23
三明市沙县		1		1
泉州市安溪县	3	1	6	25
漳州市漳浦县	1	1	2	9
漳州市南靖县		2	1	6
宁德市霞浦县		3	13	28
南平市政和县	1	2		6

4－44 各地区智力残疾人分残疾等级的康复形式

单位：人

地 区	机构康复				延伸服务			
	残疾一级	残疾二级	残疾三级	残疾四级	残疾一级	残疾二级	残疾三级	残疾四级
总 计	**8**	**21**	**15**	**19**	**2**	**2**	**5**	**4**
厦门市思明区			1	1				
龙岩市新罗区			3	1			1	2
莆田市城厢区		2					1	1
泉州市泉港区	1	3	1	1				
厦门市集美区		1						
泉州市南安市	1		1					
福州市福清市				2		1	1	
泉州市晋江市								
福州市长乐市			2	1				
宁德市福鼎市			1				1	
南平市邵武市	2							
莆田市仙游县		3						
福州市闽侯县		1	1					
福州市永泰县								
龙岩市上杭县								
三明市大田县		1		1				
三明市沙县			1	8				
泉州市安溪县		1						
漳州市漳浦县				2				1
漳州市南靖县	1	5	1			1	1	
宁德市霞浦县	1	4			2			
南平市政和县	2		3	2				

4－44 续表

单位：人

地　区	社区和家庭服务			
	残疾一级	残疾二级	残疾三级	残疾四级
总　计	**29**	**31**	**94**	**156**
厦门市思明区	1	1	2	
龙岩市新罗区		1	6	5
莆田市城厢区	2		1	3
泉州市泉港区				2
厦门市集美区		1	1	4
泉州市南安市			2	9
福州市福清市	3	5	8	23
泉州市晋江市	1	1	7	8
福州市长乐市		1	9	8
宁德市福鼎市		4	4	5
南平市邵武市	3	1	3	12
莆田市仙游县			12	8
福州市闽侯县	2			2
福州市永泰县	3	5	1	6
龙岩市上杭县		1	6	20
三明市大田县	10		6	7
三明市沙县	1	2	4	3
泉州市安溪县	1	2	9	6
漳州市漳浦县		5	6	7
漳州市南靖县	2		3	7
宁德市霞浦县				
南平市政和县		1	4	11

4－45　各地区智力残疾人分残疾等级的康复内容

单位：人

地　区	医疗服务				辅助器具			
	残疾一级	残疾二级	残疾三级	残疾四级	残疾一级	残疾二级	残疾三级	残疾四级
总　计	**20**	**27**	**47**	**57**	**5**	**2**	**4**	**4**
厦门市思明区	1		1		1			
龙岩市新罗区			5	5			2	3
莆田市城厢区	2		2	1		1		
泉州市泉港区		1						
厦门市集美区		1	1	3				
泉州市南安市	1		1	1	1		1	
福州市福清市		3	1	4	1			
泉州市晋江市	1		7	5				
福州市长乐市		1	6	6		1	1	
宁德市福鼎市			2	1				
南平市邵武市			1	2				1
莆田市仙游县		3	9	6				
福州市闽侯县		1	1					
福州市永泰县	3	5	1	4				
龙岩市上杭县				1				
三明市大田县	6	1		5				
三明市沙县	1	2	5	9				
泉州市安溪县								
漳州市漳浦县				2				
漳州市南靖县	1	6	1					
宁德市霞浦县	2	3			2			
南平市政和县	2		3	2				

4－45 续表

单位：人

地 区	康复训练与服务			
	残疾一级	残疾二级	残疾三级	残疾四级
总 计	**25**	**39**	**91**	**150**
厦门市思明区		1	2	1
龙岩市新罗区		1	8	8
莆田市城厢区		1		3
泉州市泉港区	1	2	1	3
厦门市集美区		2	1	3
泉州市南安市	1		3	8
福州市福清市	3	6	9	24
泉州市晋江市	1	1	6	7
福州市长乐市			6	6
宁德市福鼎市		4	5	5
南平市邵武市	5	1	2	9
莆田市仙游县		3	12	8
福州市闽侯县	2			2
福州市永泰县	3	5	1	6
龙岩市上杭县		1	6	19
三明市大田县	5	1	6	3
三明市沙县				3
泉州市安溪县	1	3	9	6
漳州市漳浦县		5	6	8
漳州市南靖县	2		4	7
宁德市霞浦县	1	1		
南平市政和县		1	4	11

4－46 各地区精神残疾人分残疾等级的康复形式

单位：人

地 区	机构康复				延伸服务			
	残疾一级	残疾二级	残疾三级	残疾四级	残疾一级	残疾二级	残疾三级	残疾四级
总 计	**56**	**25**	**25**	**47**	**2**	**8**	**4**	**8**
厦门市思明区	2	1	5	7		1		
龙岩市新罗区	4	3						
莆田市城厢区	5	1						
泉州市泉港区		2						
厦门市集美区		2	1	2			1	
泉州市南安市	3			2				
福州市福清市	5	1	4	3				
泉州市晋江市	3	2		3				
福州市长乐市			1	1				
宁德市福鼎市	10	3	4	6				
南平市邵武市								
莆田市仙游县				1				
福州市闽侯县	1							
福州市永泰县	3	4	6	6	1			1
龙岩市上杭县								
三明市大田县			1					
三明市沙县	3			5				
泉州市安溪县	2	1	1	3				
漳州市漳浦县	1			3	1	6	1	7
漳州市南靖县	7	2	2	3		1	1	
宁德市霞浦县	2			1				
南平市政和县	5	3		1			1	

4－46 续表

单位：人

地　区	社区和家庭服务			
	残疾一级	残疾二级	残疾三级	残疾四级
总　计	**25**	**16**	**35**	**79**
厦门市思明区				1
龙岩市新罗区		1	1	7
莆田市城厢区	2		1	
泉州市泉港区	1	1	6	6
厦门市集美区			1	2
泉州市南安市	1			
福州市福清市				
泉州市晋江市				2
福州市长乐市	2	2	12	4
宁德市福鼎市				
南平市邵武市	2	2	1	14
莆田市仙游县	3		4	13
福州市闽侯县	1	2	2	6
福州市永泰县	1	1		
龙岩市上杭县	3	2	1	9
三明市大田县	4	1	4	7
三明市沙县	1	1		1
泉州市安溪县				1
漳州市漳浦县	1			
漳州市南靖县				
宁德市霞浦县	2	2	2	5
南平市政和县	1	1		1

4－47 各地区精神残疾人分残疾等级的康复内容

单位：人

地　区	医疗服务				辅助器具			
	残疾一级	残疾二级	残疾三级	残疾四级	残疾一级	残疾二级	残疾三级	残疾四级
总　计	**78**	**47**	**61**	**115**				
厦门市思明区	2	2	5	7				
龙岩市新罗区	4	3		4				
莆田市城厢区	7	1	1					
泉州市泉港区	1	3	6	5				
厦门市集美区		2	1	3				
泉州市南安市	4			2				
福州市福清市	5	1	4	3				
泉州市晋江市	3	2		5				
福州市长乐市	2	2	13	4				
宁德市福鼎市	10	3	4	6				
南平市邵武市	2	2	1	13				
莆田市仙游县	3		4	13				
福州市闽侯县	2	2	2	3				
福州市永泰县	4	5	6	7				
龙岩市上杭县	3	2	1	8				
三明市大田县	4	1	5	7				
三明市沙县	4	1		6				
泉州市安溪县	2	1	1	4				
漳州市漳浦县	1	6	1	7				
漳州市南靖县	6	3	3	3				
宁德市霞浦县	3	2	2	4				
南平市政和县	6	3	1	1				

4-47 续表

单位：人

地　区	康复训练与服务			
	残疾一级	残疾二级	残疾三级	残疾四级
总　计	**13**	**11**	**8**	**31**
厦门市思明区	2	1	2	2
龙岩市新罗区		1	1	3
莆田市城厢区				
泉州市泉港区		1		1
厦门市集美区			2	1
泉州市南安市	4			
福州市福清市				
泉州市晋江市				
福州市长乐市				1
宁德市福鼎市	1			
南平市邵武市				1
莆田市仙游县				1
福州市闽侯县	1	1	2	6
福州市永泰县	1			
龙岩市上杭县				1
三明市大田县				
三明市沙县				
泉州市安溪县				
漳州市漳浦县	2	6	1	10
漳州市南靖县	1			
宁德市霞浦县	1			3
南平市政和县		1		1

4－48 各地区多重残疾人分残疾等级的康复形式

单位：人

地区	机构康复				延伸服务			
	残疾一级	残疾二级	残疾三级	残疾四级	残疾一级	残疾二级	残疾三级	残疾四级
总　计	**114**	**45**	**82**	**43**	**22**	**9**	**12**	**11**
厦门市思明区	4		6	4				
龙岩市新罗区	9	6	12	9				
莆田市城厢区	2	3	11		2			
泉州市泉港区	2	4	1	1	1	1	2	
厦门市集美区	8	2	1	1	4		2	2
泉州市南安市	5		1	1				
福州市福清市	7	1	2	2		1		
泉州市晋江市	1							
福州市长乐市	8	2	3	5	1			4
宁德市福鼎市	8	1	1	2		1		
南平市邵武市	8		2	2	4	1	3	1
莆田市仙游县	5	2	1		1		1	3
福州市闽侯县	9	4	8	1	4			
福州市永泰县	2	1	2	2		1	2	
龙岩市上杭县	8	7	15	1				
三明市大田县	3	2	10	5	1			
三明市沙县	2	3	2		3	2		
泉州市安溪县	2						1	1
漳州市漳浦县	1					1		
漳州市南靖县	2	1	2	1				
宁德市霞浦县	6	1	1	2	1			
南平市政和县	12	5	1	4		1	1	

4－48 续表

单位：人

地　区	社区和家庭服务			
	残疾一级	残疾二级	残疾三级	残疾四级
总　计	**173**	**66**	**95**	**60**
厦门市思明区	5	8	6	2
龙岩市新罗区	16	6	5	3
莆田市城厢区	3	5	5	1
泉州市泉港区	8	2	7	2
厦门市集美区	3	1	3	2
泉州市南安市	10	4	3	2
福州市福清市	11	3	2	3
泉州市晋江市	6	3	4	4
福州市长乐市	2			
宁德市福鼎市	9	4		
南平市邵武市	5	2	4	1
莆田市仙游县	8		1	2
福州市闽侯县	17	6	4	5
福州市永泰县	10	2	3	1
龙岩市上杭县	9	4	8	3
三明市大田县	9	2	12	4
三明市沙县	8	5	10	5
泉州市安溪县	9	1	5	4
漳州市漳浦县	12	3	1	2
漳州市南靖县	4	1	4	7
宁德市霞浦县	7	4	5	6
南平市政和县	2		3	1

4－49 各地区多重残疾人分残疾等级的康复内容

单位：人

地 区	医疗服务				辅助器具			
	残疾一级	残疾二级	残疾三级	残疾四级	残疾一级	残疾二级	残疾三级	残疾四级
总 计	**164**	**65**	**114**	**59**	**104**	**53**	**104**	**54**
厦门市思明区	4	2	8	5	3	4	7	1
龙岩市新罗区	16	6	12	8	4	3	6	2
莆田市城厢区	6	4	6	1		4	9	
泉州市泉港区	2	3	4	1	6	4	3	2
厦门市集美区	8	1	1	2	9		6	3
泉州市南安市	7	1	1	2	4	1		1
福州市福清市	13	2	3	3	7		1	4
泉州市晋江市	4	2			3	1	2	
福州市长乐市	4		3	3	2	2		8
宁德市福鼎市	6	1	1	2	5	2		
南平市邵武市	8	2	7	2	11	1	5	3
莆田市仙游县	10	2	1	3	1	1	1	3
福州市闽侯县	19	7	11	2	13	5	12	1
福州市永泰县	3	3	6	3	5	1	4	1
龙岩市上杭县	11	10	21	3	8	7	19	1
三明市大田县	8	4	16	7	2	4	10	2
三明市沙县	8	4	3	1	5	8	8	4
泉州市安溪县	4		2	1	1		2	2
漳州市漳浦县	2	3	1		1	1		2
漳州市南靖县	3	1	3	1	3	1	4	8
宁德市霞浦县	8	2	2	5	9	3	5	5
南平市政和县	10	5	2	4	2			1

4－49 续表

单位：人

地　区	康复训练与服务			
	残疾一级	残疾二级	残疾三级	残疾四级
总　计	**158**	**57**	**62**	**39**
厦门市思明区	7	5	5	4
龙岩市新罗区	8	3	5	2
莆田市城厢区	1	7	5	
泉州市泉港区	5	2	4	3
厦门市集美区	8	2	4	3
泉州市南安市	13	4	4	3
福州市福清市	14	4	3	1
泉州市晋江市	5	1	2	4
福州市长乐市	7	1		2
宁德市福鼎市	11	5		
南平市邵武市	4	2	1	2
莆田市仙游县	6	2	1	1
福州市闽侯县	19	4	7	6
福州市永泰县	4	1	3	1
龙岩市上杭县	8	2	2	
三明市大田县	6	3	8	2
三明市沙县	3	4	1	
泉州市安溪县	7	1	2	2
漳州市漳浦县	10			
漳州市南靖县				
宁德市霞浦县	10	3	2	3
南平市政和县	2	1	3	

4－50 各地区残疾人分城乡、残疾等级的持证情况

单位：人

地区	持证残疾人			持证残疾人 残疾一级		
	合计	城镇	农村	小计	城镇	农村
总计	**804**	**246**	**558**	**188**	**55**	**133**
厦门市思明区	49	49		13	13	
龙岩市新罗区	49	7	42	11	3	8
莆田市城厢区	36	15	21	7	6	1
泉州市泉港区	29	8	21	6	1	5
厦门市集美区	45	38	7	9	9	
泉州市南安市	22	7	15	6	1	5
福州市福清市	30	3	27	10		10
泉州市晋江市	18	3	15	5	2	3
福州市长乐市	24	7	17	5	1	4
宁德市福鼎市	26	4	22	6	1	5
南平市邵武市	43	5	38	13	2	11
莆田市仙游县	51	31	20	7	4	3
福州市闽侯县	18		18	4		4
福州市永泰县	26	6	20	5		5
龙岩市上杭县	47	9	38	11	2	9
三明市大田县	62	15	47	13	1	12
三明市沙县	46	11	35	8	1	7
泉州市安溪县	29	5	24	7	2	5
漳州市漳浦县	57	13	44	19	2	17
漳州市南靖县	25	5	20	7	3	4
宁德市霞浦县	20	5	15	3	1	2
南平市政和县	52		52	13		13

4－50 续表

单位：人

地　区	持证残疾人								
	残疾二级			残疾三级			残疾四级		
	小计	城镇	农村	小计	城镇	农村	小计	城镇	农村
总　计	**96**	**32**	**64**	**202**	**59**	**143**	**318**	**100**	**218**
厦门市思明区	8	8		10	10		18	18	
龙岩市新罗区	9	1	8	14		14	15	3	12
莆田市城厢区	3	1	2	5	1	4	21	7	14
泉州市泉港区	6	3	3	9	3	6	8	1	7
厦门市集美区	9	7	2	8	8		19	14	5
泉州市南安市	2		2	5	1	4	9	5	4
福州市福清市	3		3	8		8	9	3	6
泉州市晋江市				5	1	4	8		8
福州市长乐市	1		1	11	4	7	7	2	5
宁德市福鼎市	3		3	4	2	2	13	1	12
南平市邵武市				11		11	19	3	16
莆田市仙游县	4	2	2	16	12	4	24	13	11
福州市闽侯县	3		3	3		3	8		8
福州市永泰县	5	1	4	6	2	4	10	3	7
龙岩市上杭县	9	3	6	12	1	11	15	3	12
三明市大田县	6	2	4	27	8	19	16	4	12
三明市沙县	4	2	2	10	2	8	24	6	18
泉州市安溪县	3	1	2	8		8	11	2	9
漳州市漳浦县	9	1	8	7	2	5	22	8	14
漳州市南靖县	3		3	5		5	10	2	8
宁德市霞浦县	2		2	7	2	5	8	2	6
南平市政和县	4		4	11		11	24		24

4－51 6–14岁视力残疾人分年龄、性别、残疾等级的在校生接受义务教育情况

单位：人

年龄	残疾人		残疾一级							
			普通教育学校普通班		普通教育学校特教班		特殊教育学校		其他	
	男	女	男	女	男	女	男	女	男	女
总计	**4**	**1**								
6岁										
7岁										
8岁	1									
9岁										
10岁										
11岁										
12岁										
13岁	1									
14岁	2	1								

4－51 续表 1

单位：人

年龄	残疾二级							
	普通教育学校普通班		普通教育学校特教班		特殊教育学校		其他	
	男	女	男	女	男	女	男	女
总计	**1**							
6岁								
7岁								
8岁								
9岁								
10岁								
11岁								
12岁								
13岁	1							
14岁								

4－51 续表 2

单位：人

年 龄	残疾三级							
	普通教育学校普通班		普通教育学校特教班		特殊教育学校		其他	
	男	女	男	女	男	女	男	女
总 计								
6岁								
7岁								
8岁								
9岁								
10岁								
11岁								
12岁								
13岁								
14岁								

4－51 续表 3

单位：人

年 龄	残疾四级							
	普通教育学校普通班		普通教育学校特教班		特殊教育学校		其他	
	男	女	男	女	男	女	男	女
总 计	**3**	**1**						
6岁								
7岁								
8岁	1							
9岁								
10岁								
11岁								
12岁								
13岁								
14岁	2	1						

4－52 6-14岁听力残疾人分年龄、性别、残疾等级的在校生接受义务教育情况

单位：人

年 龄	残疾人		残疾一级							
			普通教育学校普通班		普通教育学校特教班		特殊教育学校		其他	
	男	女	男	女	男	女	男	女	男	女
总 计	**2**	**2**								
6岁										
7岁										
8岁										
9岁		1								
10岁		1								
11岁	2									
12岁										
13岁										
14岁										

4－52 续表 1

单位：人

年 龄	残疾二级							
	普通教育学校普通班		普通教育学校特教班		特殊教育学校		其他	
	男	女	男	女	男	女	男	女
总 计	**1**							
6岁								
7岁								
8岁								
9岁								
10岁								
11岁	1							
12岁								
13岁								
14岁								

4-52 续表 2

单位：人

年 龄	残疾三级							
	普通教育学校普通班		普通教育学校特教班		特殊教育学校		其他	
	男	女	男	女	男	女	男	女
总 计		**1**						
6岁								
7岁								
8岁								
9岁								
10岁		1						
11岁								
12岁								
13岁								
14岁								

4-52 续表 3

单位：人

年 龄	残疾四级							
	普通教育学校普通班		普通教育学校特教班		特殊教育学校		其他	
	男	女	男	女	男	女	男	女
总 计	**1**	**1**						
6岁								
7岁								
8岁								
9岁		1						
10岁								
11岁	1							
12岁								
13岁								
14岁								

4－53　6-14岁言语残疾人分年龄、性别、残疾等级的在校生接受义务教育情况

单位：人

年　龄	残疾人		残疾一级							
			普通教育学校普通班		普通教育学校特教班		特殊教育学校		其他	
	男	女	男	女	男	女	男	女	男	女
总　计	**6**	**3**	**1**							
6岁	1									
7岁										
8岁		1								
9岁	1									
10岁										
11岁	1		1							
12岁	1	1								
13岁										
14岁	2	1								

4－53　续表 1

单位：人

年　龄	残疾二级							
	普通教育学校普通班		普通教育学校特教班		特殊教育学校		其他	
	男	女	男	女	男	女	男	女
总　计								
6岁								
7岁								
8岁								
9岁								
10岁								
11岁								
12岁								
13岁								
14岁								

4－53 续表 2

单位：人

年 龄	残疾三级							
	普通教育学校普通班		普通教育学校特教班		特殊教育学校		其他	
	男	女	男	女	男	女	男	女
总 计		**2**						
6岁								
7岁								
8岁		1						
9岁								
10岁								
11岁								
12岁								
13岁								
14岁		1						

4－53 续表 3

单位：人

年 龄	残疾四级							
	普通教育学校普通班		普通教育学校特教班		特殊教育学校		其他	
	男	女	男	女	男	女	男	女
总 计	**4**	**1**						
6岁	1							
7岁								
8岁								
9岁	1							
10岁								
11岁								
12岁	1	1						
13岁								
14岁	1							

4－54 6-14岁肢体残疾人分年龄、性别、残疾等级的在校生接受义务教育情况

单位：人

年 龄	残疾人		残疾一级							
			普通教育学校普通班		普通教育学校特教班		特殊教育学校		其他	
	男	女	男	女	男	女	男	女	男	女
总 计	**17**	**10**							**2**	
6岁	1									
7岁	1									
8岁	1									
9岁	3								1	
10岁	2									
11岁	2	1								
12岁	1	2								
13岁	4	4							1	
14岁	2	3								

4－54 续表 1

单位：人

年 龄	残疾二级							
	普通教育学校普通班		普通教育学校特教班		特殊教育学校		其他	
	男	女	男	女	男	女	男	女
总 计								
6岁								
7岁								
8岁								
9岁								
10岁								
11岁								
12岁								
13岁								
14岁								

4－54 续表 2

单位：人

年龄	残疾三级							
	普通教育学校普通班		普通教育学校特教班		特殊教育学校		其他	
	男	女	男	女	男	女	男	女
总　计	**3**	**1**						
6岁								
7岁								
8岁								
9岁								
10岁								
11岁								
12岁	1							
13岁	1	1						
14岁	1							

4－54 续表 3

单位：人

年龄	残疾四级							
	普通教育学校普通班		普通教育学校特教班		特殊教育学校		其他	
	男	女	男	女	男	女	男	女
总　计	**6**	**7**		**1**				
6岁								
7岁	1							
8岁								
9岁	1							
10岁	2							
11岁		1						
12岁		2						
13岁	2	2						
14岁		2		1				

4－55 6-14岁智力残疾人分年龄、性别、残疾等级的在校生接受义务教育情况

单位：人

年　龄	残疾人		残疾一级							
			普通教育学校普通班		普通教育学校特教班		特殊教育学校		其他	
	男	女	男	女	男	女	男	女	男	女
总　计	**32**	**26**	**2**	**2**	**2**	**1**				**3**
6岁	6	4								
7岁	3	1								
8岁	1	1								
9岁	3	2								
10岁	3	2								1
11岁	4	8	1	2		1				
12岁	3	1	1							
13岁	5	4			1					1
14岁	4	3			1					1

4－55 续表 1

单位：人

年　龄	残疾二级							
	普通教育学校普通班		普通教育学校特教班		特殊教育学校		其他	
	男	女	男	女	男	女	男	女
总　计	**4**							
6岁								
7岁								
8岁	1							
9岁	1							
10岁	1							
11岁								
12岁	1							
13岁								
14岁								

4－55　续表 2

单位：人

年　龄	残疾三级							
	普通教育学校普通班		普通教育学校特教班		特殊教育学校		其他	
	男	女	男	女	男	女	男	女
总　计	**5**	**7**						
6岁		1						
7岁								
8岁								
9岁		1						
10岁								
11岁	3	2						
12岁		1						
13岁	2	2						
14岁								

4－55　续表 3

单位：人

年　龄	残疾四级							
	普通教育学校普通班		普通教育学校特教班		特殊教育学校		其他	
	男	女	男	女	男	女	男	女
总　计	**11**	**7**			**1**		**1**	**1**
6岁	1	1					1	
7岁	3	1						
8岁		1						
9岁	1							
10岁	1				1			
11岁		2						
12岁	1							
13岁	2	1						
14岁	2	1						1

4－56 6-14岁精神残疾人分年龄、性别、残疾等级的在校生接受义务教育情况

单位：人

年龄别	残疾人		残疾一级							
			普通教育学校普通班		普通教育学校特教班		特殊教育学校		其他	
	男	女	男	女	男	女	男	女	男	女
总　计	**1**	**1**								
6岁										
7岁										
8岁										
9岁										
10岁										
11岁										
12岁										
13岁	1									
14岁		1								

4－56 续表 1

单位：人

年　龄	残疾二级							
	普通教育学校普通班		普通教育学校特教班		特殊教育学校		其他	
	男	女	男	女	男	女	男	女
总　计								
6岁								
7岁								
8岁								
9岁								
10岁								
11岁								
12岁								
13岁								
14岁								

4－56 续表 2

单位：人

年 龄	残疾三级							
	普通教育学校普通班		普通教育学校特教班		特殊教育学校		其他	
	男	女	男	女	男	女	男	女
总 计								
6岁								
7岁								
8岁								
9岁								
10岁								
11岁								
12岁								
13岁								
14岁								

4－56 续表 3

单位：人

年 龄	残疾四级							
	普通教育学校普通班		普通教育学校特教班		特殊教育学校		其他	
	男	女	男	女	男	女	男	女
总 计		**1**						
6岁								
7岁								
8岁								
9岁								
10岁								
11岁								
12岁								
13岁								
14岁		1						

4－57　6-14岁多重残疾人分年龄、性别、残疾等级的在校生接受义务教育情况

单位：人

年　龄	残疾人		残疾一级							
			普通教育学校普通班		普通教育学校特教班		特殊教育学校		其他	
	男	女	男	女	男	女	男	女	男	女
总　计	**23**	**14**	**1**	**2**			**3**	**4**		
6岁	1	2								
7岁	3	1								
8岁	2									
9岁	1	3		1						
10岁	3									
11岁	3	3		1			1	1		
12岁	2	3	1				1	3		
13岁	4									
14岁	4	2					1			

4－57　续表 1

单位：人

年　龄	残疾二级							
	普通教育学校普通班		普通教育学校特教班		特殊教育学校		其他	
	男	女	男	女	男	女	男	女
总　计	**4**	**3**	**1**		**1**			
6岁	1	1						
7岁								
8岁								
9岁		1	1					
10岁	1				1			
11岁	1							
12岁								
13岁	1							
14岁		1						

4－57　续表 2

单位：人

年　龄	残疾三级							
	普通教育学校普通班		普通教育学校特教班		特殊教育学校		其他	
	男	女	男	女	男	女	男	女
总　计	**2**	**1**						
6岁								
7岁	1							
8岁								
9岁		1						
10岁								
11岁								
12岁								
13岁								
14岁	1							

4－57　续表 3

单位：人

年　龄	残疾四级							
	普通教育学校普通班		普通教育学校特教班		特殊教育学校		其他	
	男	女	男	女	男	女	男	女
总　计								
6岁								
7岁								
8岁								
9岁								
10岁								
11岁								
12岁								
13岁								
14岁								

4－58 各地区6-14岁残疾人分城乡、残疾等级的在校生接受义务教育情况

单位：人

地区	残疾人		残疾一级							
			普通教育学校普通班		普通教育学校特教班		特殊教育学校		其他	
	城镇	农村	城镇	农村	城镇	农村	城镇	农村	城镇	农村
总　计	**41**	**101**	**2**	**6**	**2**	**1**	**3**	**4**		**5**
厦门市思明区	3									
龙岩市新罗区	1	4								
莆田市城厢区	3	1	1		1					
泉州市泉港区	3	5		1						
厦门市集美区	4	1					2			
泉州市南安市	5	3					1	1		
福州市福清市	3	1								
泉州市晋江市	1	1								
福州市长乐市	1	6		1						
宁德市福鼎市	3	8						2		
南平市邵武市	1	4								
莆田市仙游县	4	3	1	1						
福州市闽侯县		1								
福州市永泰县		7								
龙岩市上杭县	1	8						1		
三明市大田县	3	18		3	1					5
三明市沙县	1	7								
泉州市安溪县		5								
漳州市漳浦县	3	3								
漳州市南靖县		6								
宁德市霞浦县	1	2								
南平市政和县		7				1				

4－58 续表 1

单位：人

地区	残疾二级							
	普通教育学校普通班		普通教育学校特教班		特殊教育学校		其他	
	城镇	农村	城镇	农村	城镇	农村	城镇	农村
总　计	**2**	**11**	**1**		**1**			
厦门市思明区					1			
龙岩市新罗区								
莆田市城厢区			1					
泉州市泉港区		1						
厦门市集美区	2	1						
泉州市南安市								
福州市福清市								
泉州市晋江市								
福州市长乐市								
宁德市福鼎市		2						
南平市邵武市								
莆田市仙游县								
福州市闽侯县								
福州市永泰县		2						
龙岩市上杭县								
三明市大田县		1						
三明市沙县		3						
泉州市安溪县								
漳州市漳浦县								
漳州市南靖县		1						
宁德市霞浦县								
南平市政和县								

4－58　续表 2

单位：人

地　区	残疾三级							
	普通教育学校普通班		普通教育学校特教班		特殊教育学校		其他	
	城镇	农村	城镇	农村	城镇	农村	城镇	农村
总　计	**2**	**20**						
厦门市思明区								
龙岩市新罗区		1						
莆田市城厢区								
泉州市泉港区								
厦门市集美区								
泉州市南安市								
福州市福清市								
泉州市晋江市		1						
福州市长乐市								
宁德市福鼎市		2						
南平市邵武市		2						
莆田市仙游县								
福州市闽侯县								
福州市永泰县								
龙岩市上杭县	1	1						
三明市大田县		5						
三明市沙县								
泉州市安溪县		2						
漳州市漳浦县								
漳州市南靖县		3						
宁德市霞浦县	1							
南平市政和县		3						

4－58 续表 3

单位：人

地　区	残疾四级							
	普通教育学校普通班		普通教育学校特教班		特殊教育学校		其他	
	城镇	农村	城镇	农村	城镇	农村	城镇	农村
总　计	**12**	**31**	**1**			**1**	**1**	**1**
厦门市思明区								
龙岩市新罗区		1						
莆田市城厢区		1						
泉州市泉港区	2	3						
厦门市集美区								
泉州市南安市	3							
福州市福清市	1	1						
泉州市晋江市								
福州市长乐市	1					1		1
宁德市福鼎市	2	1						
南平市邵武市		1						
莆田市仙游县		1						
福州市闽侯县		1						
福州市永泰县		2						
龙岩市上杭县		5						
三明市大田县	1	4					1	
三明市沙县	1	2						
泉州市安溪县		1						
漳州市漳浦县	1	2	1					
漳州市南靖县		2						
宁德市霞浦县								
南平市政和县		3						

4－59 各地区16岁及以上视力残疾人分城乡的参加社会保险情况

单位：人

地区	残疾人			参加社会保险人数					
				养老保险			医疗保险		
	合计	城镇	农村	小计	城镇	农村	小计	城镇	农村
总计	**709**	**150**	**559**	**22**	**14**	**8**	**72**	**35**	**37**
厦门市思明区	23	23					16	16	
龙岩市新罗区	11		11				4		4
莆田市城厢区	36	12	24				1	1	
泉州市泉港区	43	7	36						
厦门市集美区	26	18	8	3	3		6	6	
泉州市南安市	24	5	19				1	1	
福州市福清市	14	2	12						
泉州市晋江市	18	5	13				1		1
福州市长乐市	38	7	31						
宁德市福鼎市	38	6	32	2	1	1			
南平市邵武市	44	7	37	3	2	1	3	2	1
莆田市仙游县	29	11	18						
福州市闽侯县	9		9						
福州市永泰县	23	5	18	3	3		3	3	
龙岩市上杭县	39	3	36	3	2	1	2	1	1
三明市大田县	59	3	56	4	2	2			
三明市沙县	24	5	19	1	1		1	1	
泉州市安溪县	30	4	26				30	4	26
漳州市漳浦县	19	1	18	1		1			
漳州市南靖县	39	6	33						
宁德市霞浦县	83	20	63						
南平市政和县	40		40	2		2	4		4

4－59 续表

单位：人

地　区	参加社会保险人数						未参加		
	工伤保险			失业保险					
	小计	城镇	农村	小计	城镇	农村	小计	城镇	农村
总　计	**1**	**1**					**626**	**109**	**517**
厦门市思明区	1	1					6	6	
龙岩市新罗区							7		7
莆田市城厢区							35	11	24
泉州市泉港区							43	7	36
厦门市集美区							19	11	8
泉州市南安市							23	4	19
福州市福清市							14	2	12
泉州市晋江市							17	5	12
福州市长乐市							38	7	31
宁德市福鼎市							36	5	31
南平市邵武市							41	5	36
莆田市仙游县							29	11	18
福州市闽侯县							9		9
福州市永泰县							20	2	18
龙岩市上杭县							35	1	34
三明市大田县							55	1	54
三明市沙县							23	4	19
泉州市安溪县									
漳州市漳浦县							18	1	17
漳州市南靖县							39	6	33
宁德市霞浦县							83	20	63
南平市政和县							36		36

4-60 各地区16岁及以上听力残疾人分城乡的参加社会保险情况

单位：人

地　区	残疾人			参加社会保险人数					
				养老保险			医疗保险		
	合计	城镇	农村	小计	城镇	农村	小计	城镇	农村
总　计	**1231**	**275**	**956**	**85**	**57**	**28**	**194**	**94**	**100**
厦门市思明区	40	40		24	24		21	21	
龙岩市新罗区	137	29	108	3	2	1	89	24	65
莆田市城厢区	23	3	20						
泉州市泉港区	45	9	36	2		2	3		3
厦门市集美区	45	34	11	13	11	2	39	28	11
泉州市南安市	22	9	13						
福州市福清市	76	7	69						
泉州市晋江市	48	15	33	1	1		1	1	
福州市长乐市	28	5	23						
宁德市福鼎市	15	9	6						
南平市邵武市	94	14	80	6	4	2	4	4	
莆田市仙游县	52	26	26				2	2	
福州市闽侯县	77		77	3		3	2		2
福州市永泰县	56	24	32	1	1		2	2	
龙岩市上杭县	77	11	66	6	2	4	6	2	4
三明市大田县	53	3	50	3	2	1			
三明市沙县	87	13	74	12	8	4	10	8	2
泉州市安溪县	32	3	29				12	2	10
漳州市漳浦县	73	6	67				1		1
漳州市南靖县	68	7	61	10	2	8			
宁德市霞浦县	35	8	27						
南平市政和县	48		48	1		1	2		2

4-60 续表

单位：人

地 区	参加社会保险人数						未参加		
	工伤保险			失业保险					
	小计	城镇	农村	小计	城镇	农村	小计	城镇	农村
总 计	**4**	**4**		**1**	**1**		**1012**	**171**	**841**
厦门市思明区							16	16	
龙岩市新罗区							47	5	42
莆田市城厢区							23	3	20
泉州市泉港区	1	1					41	8	33
厦门市集美区	1	1					5	5	
泉州市南安市							22	9	13
福州市福清市							76	7	69
泉州市晋江市	1	1					47	14	33
福州市长乐市							28	5	23
宁德市福鼎市							15	9	6
南平市邵武市							88	10	78
莆田市仙游县	1	1					50	24	26
福州市闽侯县							74		74
福州市永泰县							53	21	32
龙岩市上杭县							71	9	62
三明市大田县							50	1	49
三明市沙县				1	1		75	5	70
泉州市安溪县							20	1	19
漳州市漳浦县							72	6	66
漳州市南靖县							58	5	53
宁德市霞浦县							35	8	27
南平市政和县							46		46

4-61　各地区16岁及以上言语残疾人分城乡的参加社会保险情况

单位：人

地　区	残疾人			参加社会保险人数					
				养老保险			医疗保险		
	合计	城镇	农村	小计	城镇	农村	小计	城镇	农村
总　计	**40**	**9**	**31**	**3**	**1**	**2**	**5**	**3**	**2**
厦门市思明区	2	2		1	1		1	1	
龙岩市新罗区	2		2						
莆田市城厢区	1		1						
泉州市泉港区	2	1	1						
厦门市集美区									
泉州市南安市	3	3					1	1	
福州市福清市	2		2						
泉州市晋江市	1		1						
福州市长乐市	1		1						
宁德市福鼎市	3		3						
南平市邵武市	2		2						
莆田市仙游县	1	1							
福州市闽侯县	1		1						
福州市永泰县	1		1	1		1	1		1
龙岩市上杭县	2		2						
三明市大田县	3		3						
三明市沙县	5		5						
泉州市安溪县	2	1	1				2	1	1
漳州市漳浦县	1		1						
漳州市南靖县									
宁德市霞浦县	4	1	3						
南平市政和县	1		1	1		1			

4-61 续表

单位：人

地区	参加社会保险人数						未参加		
	工伤保险			失业保险					
	小计	城镇	农村	小计	城镇	农村	小计	城镇	农村
总　计							**34**	**6**	**28**
厦门市思明区							1	1	
龙岩市新罗区							2		2
莆田市城厢区							1		1
泉州市泉港区							2	1	1
厦门市集美区									
泉州市南安市							2	2	
福州市福清市							2		2
泉州市晋江市							1		1
福州市长乐市							1		1
宁德市福鼎市							3		3
南平市邵武市							2		2
莆田市仙游县							1	1	
福州市闽侯县							1		1
福州市永泰县									
龙岩市上杭县							2		2
三明市大田县							3		3
三明市沙县							5		5
泉州市安溪县									
漳州市漳浦县							1		1
漳州市南靖县									
宁德市霞浦县							4	1	3
南平市政和县									

4-62　各地区16岁及以上肢体残疾人分城乡的参加社会保险情况

单位：人

地　区	残疾人			参加社会保险人数					
				养老保险			医疗保险		
	合计	城镇	农村	小计	城镇	农村	小计	城镇	农村
总　计	**973**	**235**	**738**	**43**	**28**	**15**	**138**	**53**	**85**
厦门市思明区	31	31		14	14		12	12	
龙岩市新罗区	46	8	38	1		1	32	4	28
莆田市城厢区	56	13	43	5	2	3	4	2	2
泉州市泉港区	51	10	41				4		4
厦门市集美区	37	29	8	2	2		25	19	6
泉州市南安市	42	11	31	1		1	1		1
福州市福清市	27	1	26	1		1	1		1
泉州市晋江市	50	9	41				7		7
福州市长乐市	42	11	31	1	1		4	3	1
宁德市福鼎市	58	17	41	1		1	3	1	2
南平市邵武市	42	4	38	1		1	3		3
莆田市仙游县	45	26	19						
福州市闽侯县	36		36						
福州市永泰县	45	8	37				4	2	2
龙岩市上杭县	25	6	19	1	1		2	2	
三明市大田县	67	9	58	8	4	4	2		2
三明市沙县	42	9	33	4	3	1	3	1	2
泉州市安溪县	41	10	31	1	1		31	7	24
漳州市漳浦县	60	10	50						
漳州市南靖县	32	4	28						
宁德市霞浦县	42	9	33						
南平市政和县	56		56	2		2			

4-62 续表

单位：人

地　区	参加社会保险人数						未参加		
	工伤保险			失业保险					
	小计	城镇	农村	小计	城镇	农村	小计	城镇	农村
总　计	**2**		**2**				**813**	**173**	**640**
厦门市思明区							17	17	
龙岩市新罗区							13	4	9
莆田市城厢区							51	11	40
泉州市泉港区	1		1				46	10	36
厦门市集美区							12	10	2
泉州市南安市	1		1				39	11	28
福州市福清市							25	1	24
泉州市晋江市							43	9	34
福州市长乐市							38	8	30
宁德市福鼎市							54	16	38
南平市邵武市							39	4	35
莆田市仙游县							45	26	19
福州市闽侯县							36		36
福州市永泰县							41	6	35
龙岩市上杭县							23	4	19
三明市大田县							57	5	52
三明市沙县							36	5	31
泉州市安溪县							10	3	7
漳州市漳浦县							60	10	50
漳州市南靖县							32	4	28
宁德市霞浦县							42	9	33
南平市政和县							54		54

4-63 各地区16岁及以上智力残疾人分城乡的参加社会保险情况

单位：人

地　区	残疾人			参加社会保险人数					
				养老保险			医疗保险		
	合计	城镇	农村	小计	城镇	农村	小计	城镇	农村
总　计	**270**	**60**	**210**	**5**	**3**	**2**	**26**	**4**	**22**
厦门市思明区	5	5							
龙岩市新罗区	9		9				8		8
莆田市城厢区	6	2	4						
泉州市泉港区	5		5						
厦门市集美区	5	4	1						
泉州市南安市	11	7	4						
福州市福清市	36	5	31				1		1
泉州市晋江市	15	2	13						
福州市长乐市	12	3	9						
宁德市福鼎市	10	5	5						
南平市邵武市	16	3	13						
莆田市仙游县	20	12	8	1	1				
福州市闽侯县	4		4						
福州市永泰县	9		9						
龙岩市上杭县	10	3	7				1	1	
三明市大田县	12		12						
三明市沙县	13	2	11	2	1	1			
泉州市安溪县	18	2	16	1	1		14	2	12
漳州市漳浦县	15	1	14	1		1	2	1	1
漳州市南靖县	14		14						
宁德市霞浦县	7	4	3						
南平市政和县	18		18						

4-63 续表

单位：人

地区	参加社会保险人数						未参加		
	工伤保险			失业保险					
	小计	城镇	农村	小计	城镇	农村	小计	城镇	农村
总　计	**1**	**1**		**1**		**1**	**239**	**54**	**185**
厦门市思明区							5	5	
龙岩市新罗区							1		1
莆田市城厢区							6	2	4
泉州市泉港区							5		5
厦门市集美区							5	4	1
泉州市南安市							11	7	4
福州市福清市							35	5	30
泉州市晋江市							15	2	13
福州市长乐市							12	3	9
宁德市福鼎市							10	5	5
南平市邵武市							16	3	13
莆田市仙游县							19	11	8
福州市闽侯县							4		4
福州市永泰县							9		9
龙岩市上杭县							9	2	7
三明市大田县							12		12
三明市沙县	1	1					11	1	10
泉州市安溪县							4		4
漳州市漳浦县				1		1	11		11
漳州市南靖县							14		14
宁德市霞浦县							7	4	3
南平市政和县							18		18

4-64 各地区16岁及以上精神残疾人分城乡的参加社会保险情况

单位：人

地区	残疾人			参加社会保险人数					
				养老保险			医疗保险		
	合计	城镇	农村	小计	城镇	农村	小计	城镇	农村
总　计	**325**	**79**	**246**	**8**	**8**		**31**	**10**	**21**
厦门市思明区	17	17		5	5		6	6	
龙岩市新罗区	16	2	14				11		11
莆田市城厢区	9	3	6						
泉州市泉港区	16	3	13						
厦门市集美区	9	7	2				1	1	
泉州市南安市	6	1	5				1		1
福州市福清市	12		12						
泉州市晋江市	10	1	9						
福州市长乐市	22	3	19						
宁德市福鼎市	21	8	13						
南平市邵武市	19	1	18						
莆田市仙游县	21	12	9						
福州市闽侯县	12		12						
福州市永泰县	22	5	17				1		1
龙岩市上杭县	15	4	11	1	1		1	1	
三明市大田县	16	1	15	1	1		1	1	
三明市沙县	11		11						
泉州市安溪县	8		8				8		8
漳州市漳浦县	20	3	17	1	1				
漳州市南靖县	16	1	15						
宁德市霞浦县	14	7	7				1	1	
南平市政和县	13		13						

4-64 续表

单位：人

地区	参加社会保险人数						未参加		
	工伤保险			失业保险					
	小计	城镇	农村	小计	城镇	农村	小计	城镇	农村
总　计	**1**	**1**		**1**	**1**		**293**	**68**	**225**
厦门市思明区							11	11	
龙岩市新罗区							5	2	3
莆田市城厢区							9	3	6
泉州市泉港区							16	3	13
厦门市集美区							8	6	2
泉州市南安市							5	1	4
福州市福清市							12		12
泉州市晋江市							10	1	9
福州市长乐市							22	3	19
宁德市福鼎市							21	8	13
南平市邵武市							19	1	18
莆田市仙游县							21	12	9
福州市闽侯县							12		12
福州市永泰县							21	5	16
龙岩市上杭县	1	1		1	1		14	3	11
三明市大田县							15		15
三明市沙县							11		11
泉州市安溪县									
漳州市漳浦县							19	2	17
漳州市南靖县							16	1	15
宁德市霞浦县							13	6	7
南平市政和县							13		13

4-65 各地区16岁及以上多重残疾人分城乡的参加社会保险情况

单位：人

地区	残疾人			参加社会保险人数					
				养老保险			医疗保险		
	合计	城镇	农村	小计	城镇	农村	小计	城镇	农村
总　计	**670**	**130**	**540**	**18**	**10**	**8**	**92**	**29**	**63**
厦门市思明区	31	31		4	4		7	7	
龙岩市新罗区	63	15	48	4	3	1	41	6	35
莆田市城厢区	28	5	23				1	1	
泉州市泉港区	29	6	23				1		1
厦门市集美区	26	16	10				9	5	4
泉州市南安市	20	3	17						
福州市福清市	28	5	23						
泉州市晋江市	16	2	14				4	1	3
福州市长乐市	23	3	20						
宁德市福鼎市	21	5	16						
南平市邵武市	33	3	30	3	2	1	3	3	
莆田市仙游县	19	7	12						
福州市闽侯县	55		55						
福州市永泰县	22	10	12				5	4	1
龙岩市上杭县	54	2	52				2		2
三明市大田县	46	1	45	3		3	1		1
三明市沙县	36	3	33	1		1			
泉州市安溪县	21	3	18				17	2	15
漳州市漳浦县	18	1	17	1	1				
漳州市南靖县	21		21						
宁德市霞浦县	30	9	21	1		1	1		1
南平市政和县	30		30	1		1			

4-65 续表

单位：人

地区	参加社会保险人数						未参加		
	工伤保险			失业保险					
	小计	城镇	农村	小计	城镇	农村	小计	城镇	农村
总　计							**568**	**97**	**471**
厦门市思明区							23	23	
龙岩市新罗区							20	7	13
莆田市城厢区							27	4	23
泉州市泉港区							28	6	22
厦门市集美区							17	11	6
泉州市南安市							20	3	17
福州市福清市							28	5	23
泉州市晋江市							12	1	11
福州市长乐市							23	3	20
宁德市福鼎市							21	5	16
南平市邵武市							29		29
莆田市仙游县							19	7	12
福州市闽侯县							55		55
福州市永泰县							17	6	11
龙岩市上杭县							52	2	50
三明市大田县							43	1	42
三明市沙县							35	3	32
泉州市安溪县							4	1	3
漳州市漳浦县							17		17
漳州市南靖县							21		21
宁德市霞浦县							28	9	19
南平市政和县							29		29

4-66 各地区视力残疾人分城乡、残疾等级的领取低保金和救济情况

单位：人

地　区	残疾人		残疾一级				残疾二级			
			领取低保人数		领取过救济人数		领取低保人数		领取过救济人数	
	城镇	农村	城镇	农村	城镇	农村	城镇	农村	城镇	农村
总　计	**154**	**564**	**3**	**17**		**9**		**1**		**3**
厦门市思明区	23									
龙岩市新罗区		12								1
莆田市城厢区	13	24		1						
泉州市泉港区	7	37								
厦门市集美区	18	8								
泉州市南安市	5	19								
福州市福清市	2	12		2		1				
泉州市晋江市	5	13								
福州市长乐市	7	31								
宁德市福鼎市	7	33		2						
南平市邵武市	7	37		1						
莆田市仙游县	11	18				1				
福州市闽侯县		9								
福州市永泰县	5	18		1		1				
龙岩市上杭县	3	37		2				1		1
三明市大田县	5	57		1						
三明市沙县	5	19								1
泉州市安溪县	4	26		5		3				
漳州市漳浦县	1	18								
漳州市南靖县	6	33	2							
宁德市霞浦县	20	63	1							
南平市政和县		40		2		3				

4-66 续表

单位：人

地区	残疾三级				残疾四级			
	领取低保人数		领取过救济人数		领取低保人数		领取过救济人数	
	城镇	农村	城镇	农村	城镇	农村	城镇	农村
总计	**1**	**3**	**2**	**3**	**5**	**21**	**10**	**22**
厦门市思明区					1			
龙岩市新罗区								1
莆田市城厢区								
泉州市泉港区		1		1				
厦门市集美区								
泉州市南安市								
福州市福清市								
泉州市晋江市								
福州市长乐市								
宁德市福鼎市	1		1			2		
南平市邵武市					2	3		
莆田市仙游县			1	2		1	7	8
福州市闽侯县						1		2
福州市永泰县							1	
龙岩市上杭县						2		
三明市大田县						2		4
三明市沙县					1		1	1
泉州市安溪县					1		1	1
漳州市漳浦县								
漳州市南靖县						2		2
宁德市霞浦县		1				3		
南平市政和县		1				5		3

4-67 各地区听力残疾人分城乡、残疾等级的领取低保金和救济情况

单位：人

地区	残疾人		残疾一级				残疾二级			
			领取低保人数		领取过救济人数		领取低保人数		领取过救济人数	
	城镇	农村	城镇	农村	城镇	农村	城镇	农村	城镇	农村
总计	**276**	**963**		**5**		**4**	**1**	**7**	**4**	**7**
厦门市思明区	40						1		1	
龙岩市新罗区	29	109								
莆田市城厢区	3	20								
泉州市泉港区	9	37								1
厦门市集美区	35	11							2	
泉州市南安市	9	13								
福州市福清市	7	69								
泉州市晋江市	15	33								
福州市长乐市	5	23								
宁德市福鼎市	9	6								
南平市邵武市	14	81		1		1		1	1	1
莆田市仙游县	26	26								
福州市闽侯县		78		2						
福州市永泰县	24	32								
龙岩市上杭县	11	66						1		
三明市大田县	3	50								1
三明市沙县	13	74								
泉州市安溪县	3	31								
漳州市漳浦县	6	67		2		1		1		1
漳州市南靖县	7	61								
宁德市霞浦县	8	27						2		2
南平市政和县		49				2		2		1

4-67 续表

单位：人

地区	残疾三级				残疾四级			
	领取低保人数		领取过救济人数		领取低保人数		领取过救济人数	
	城镇	农村	城镇	农村	城镇	农村	城镇	农村
总　计	**4**	**16**	**3**	**15**	**3**	**14**	**1**	**9**
厦门市思明区								
龙岩市新罗区		2		5	1	1		1
莆田市城厢区								
泉州市泉港区								
厦门市集美区	1		1			1		
泉州市南安市								
福州市福清市								
泉州市晋江市								
福州市长乐市								
宁德市福鼎市								
南平市邵武市	1	1		1	1	1	1	
莆田市仙游县	1		1	1	1	3		1
福州市闽侯县		3		2		2		2
福州市永泰县								
龙岩市上杭县	1	5						
三明市大田县		1		2		1		
三明市沙县		1				1		1
泉州市安溪县			1	1				
漳州市漳浦县						1		
漳州市南靖县		1		1		1		1
宁德市霞浦县				1				
南平市政和县		2		1		2		3

4-68 各地区言语残疾人分城乡、残疾等级的领取低保金和救济情况

单位：人

地区	残疾人		残疾一级				残疾二级			
			领取低保人数		领取过救济人数		领取低保人数		领取过救济人数	
	城镇	农村	城镇	农村	城镇	农村	城镇	农村	城镇	农村
总计	**14**	**40**								
厦门市思明区	2									
龙岩市新罗区		4								
莆田市城厢区		1								
泉州市泉港区	2	2								
厦门市集美区										
泉州市南安市	5									
福州市福清市		2								
泉州市晋江市		1								
福州市长乐市		1								
宁德市福鼎市		3								
南平市邵武市		2								
莆田市仙游县	1									
福州市闽侯县		2								
福州市永泰县		1								
龙岩市上杭县		3								
三明市大田县		3								
三明市沙县	1	5								
泉州市安溪县	1	1								
漳州市漳浦县		1								
漳州市南靖县		1								
宁德市霞浦县	2	3								
南平市政和县		4								

4-68 续表

单位：人

地区	残疾三级				残疾四级			
	领取低保人数		领取过救济人数		领取低保人数		领取过救济人数	
	城镇	农村	城镇	农村	城镇	农村	城镇	农村
总计		**2**		**1**	**1**	**2**	**1**	**1**
厦门市思明区								
龙岩市新罗区								
莆田市城厢区								
泉州市泉港区								
厦门市集美区								
泉州市南安市					1		1	
福州市福清市								
泉州市晋江市								
福州市长乐市								
宁德市福鼎市								
南平市邵武市						1		
莆田市仙游县								
福州市闽侯县								
福州市永泰县								
龙岩市上杭县								
三明市大田县						1		
三明市沙县		1		1				
泉州市安溪县								
漳州市漳浦县								1
漳州市南靖县								
宁德市霞浦县								
南平市政和县		1						

4-69 各地区肢体残疾人分城乡、残疾等级的领取低保金和救济情况

单位：人

地 区	残疾人		残疾一级				残疾二级			
			领取低保人数		领取过救济人数		领取低保人数		领取过救济人数	
	城镇	农村	城镇	农村	城镇	农村	城镇	农村	城镇	农村
总 计	**245**	**763**	**1**	**15**	**4**	**7**	**5**	**21**	**7**	**13**
厦门市思明区	32								2	
龙岩市新罗区	8	38		2						
莆田市城厢区	13	44						1	1	1
泉州市泉港区	11	43					1	2		1
厦门市集美区	29	8			1		2		2	1
泉州市南安市	14	32								
福州市福清市	1	27						1		1
泉州市晋江市	9	42						1		
福州市长乐市	11	32	1	1	1	1				
宁德市福鼎市	17	43		2		1	1	4	1	2
南平市邵武市	6	40			2					
莆田市仙游县	27	20		1				1		
福州市闽侯县		36						1		1
福州市永泰县	8	37								1
龙岩市上杭县	6	19					1	1	1	1
三明市大田县	9	63		2		2		3		
三明市沙县	10	34								
泉州市安溪县	10	33						1		
漳州市漳浦县	11	51		2		2		2		2
漳州市南靖县	4	29		1		1		1		1
宁德市霞浦县	9	35						1		1
南平市政和县		57		4				1		

4-69 续表

单位：人

地区	残疾三级				残疾四级			
	领取低保人数		领取过救济人数		领取低保人数		领取过救济人数	
	城镇	农村	城镇	农村	城镇	农村	城镇	农村
总　计	**13**	**35**	**9**	**28**	**16**	**63**	**20**	**62**
厦门市思明区	2		1		1		5	
龙岩市新罗区	1			2	1			
莆田市城厢区		1		1		3	1	4
泉州市泉港区		3				3		3
厦门市集美区	1		1		3		7	1
泉州市南安市		1		1			1	1
福州市福清市		2			1	4		2
泉州市晋江市						1		1
福州市长乐市	2	1	2	2			1	2
宁德市福鼎市		1				5		4
南平市邵武市		2		5		3		4
莆田市仙游县	5				7	1	1	1
福州市闽侯县		2		2		2		3
福州市永泰县		2		1		8		5
龙岩市上杭县		2		2				
三明市大田县		2	5	3	.	2		5
三明市沙县	1			1		1		
泉州市安溪县		1			2	6	1	2
漳州市漳浦县		2				6	1	8
漳州市南靖县		1		1		1	1	6
宁德市霞浦县	1	3		2	1	8	1	6
南平市政和县		9		5		9		4

4-70 各地区智力残疾人分城乡、残疾等级的领取低保金和救济情况

单位：人

地　区	残疾人		残疾一级				残疾二级			
			领取低保人数		领取过救济人数		领取低保人数		领取过救济人数	
	城镇	农村	城镇	农村	城镇	农村	城镇	农村	城镇	农村
总　计	**85**	**301**	**2**	**6**		**7**	**2**	**10**	**4**	**8**
厦门市思明区	6									
龙岩市新罗区	3	16								
莆田市城厢区	5	5								
泉州市泉港区	1	7								
厦门市集美区	5	2								
泉州市南安市	8	5								
福州市福清市	7	36						2		
泉州市晋江市	2	15								
福州市长乐市	5	16								1
宁德市福鼎市	5	10						2		1
南平市邵武市	5	16		1		1				
莆田市仙游县	14	9					1		1	
福州市闽侯县		6				2				
福州市永泰县		15						3		1
龙岩市上杭县	6	21								
三明市大田县	2	23		2		2		1		1
三明市沙县	2	17					1		1	
泉州市安溪县	2	17		1		1		1	1	1
漳州市漳浦县	3	18						1		
漳州市南靖县		21								3
宁德市霞浦县	4	3	2	1		1			1	
南平市政和县		23		1						

4-70 续表

单位：人

地区	残疾三级				残疾四级			
	领取低保人数		领取过救济人数		领取低保人数		领取过救济人数	
	城镇	农村	城镇	农村	城镇	农村	城镇	农村
总　计	**4**	**19**	**4**	**18**	**4**	**22**	**7**	**24**
厦门市思明区	1		1					
龙岩市新罗区		2		2				
莆田市城厢区		1		1				
泉州市泉港区						1		1
厦门市集美区					1		1	
泉州市南安市								
福州市福清市		2				2		1
泉州市晋江市				1				1
福州市长乐市		5	1	6	2	2	3	4
宁德市福鼎市								
南平市邵武市		1		1		3		1
莆田市仙游县	3	3	2		1	1	1	1
福州市闽侯县						2		2
福州市永泰县				1		1		
龙岩市上杭县						1	1	1
三明市大田县						1		2
三明市沙县		1		1			1	
泉州市安溪县		2		2		1		1
漳州市漳浦县		2		1		1		1
漳州市南靖县				1		1		2
宁德市霞浦县								
南平市政和县				1		5		6

4-71 各地区精神残疾人分城乡、残疾等级的领取低保金和救济情况

单位：人

地　区	残疾人		残疾一级				残疾二级			
			领取低保人数		领取过救济人数		领取低保人数		领取过救济人数	
	城镇	农村	城镇	农村	城镇	农村	城镇	农村	城镇	农村
总　计	**81**	**249**	**5**	**21**	**3**	**21**	**3**	**15**	**4**	**14**
厦门市思明区	17									
龙岩市新罗区	2	14		1				1		1
莆田市城厢区	3	6		1						
泉州市泉港区	3	13		1		1	2	1	2	1
厦门市集美区	7	2							1	
泉州市南安市	1	5		2		2				
福州市福清市		13		1		3				
泉州市晋江市	1	9	1	1		1		1		2
福州市长乐市	3	19								
宁德市福鼎市	10	13	1		1			1		
南平市邵武市	1	18								
莆田市仙游县	12	9	1	2		1				
福州市闽侯县		12		1		1				1
福州市永泰县	5	18		1			1	1	1	
龙岩市上杭县	4	11	2		2					
三明市大田县	1	16		1						
三明市沙县		11								
泉州市安溪县		8				2		1		1
漳州市漳浦县	3	17		1				5		4
漳州市南靖县	1	15		2		4				1
宁德市霞浦县	7	7		2		2		1		
南平市政和县		13		4		4		3		3

4-71 续表

单位：人

地　区	残疾三级				残疾四级			
	领取低保人数		领取过救济人数		领取低保人数		领取过救济人数	
	城镇	农村	城镇	农村	城镇	农村	城镇	农村
总　计	**6**	**10**	**6**	**6**	**6**	**19**	**6**	**13**
厦门市思明区	1		1		1			
龙岩市新罗区		1		1	1	2	2	1
莆田市城厢区								
泉州市泉港区		1				2		2
厦门市集美区	1		1				1	
泉州市南安市								
福州市福清市				2				
泉州市晋江市						1		
福州市长乐市								
宁德市福鼎市	2		2			1		
南平市邵武市		1						
莆田市仙游县	1	2	1		4	1	3	
福州市闽侯县		1		1				
福州市永泰县	1	1	1					
龙岩市上杭县						3		5
三明市大田县		2		1				
三明市沙县						1		1
泉州市安溪县						1		1
漳州市漳浦县						5		
漳州市南靖县		1		1				1
宁德市霞浦县						1		1
南平市政和县						1		1

4-72 各地区多重残疾人分城乡、残疾等级的领取低保金和救济情况

单位：人

地区	残疾人		残疾一级				残疾二级			
			领取低保人数		领取过救济人数		领取低保人数		领取过救济人数	
	城镇	农村	城镇	农村	城镇	农村	城镇	农村	城镇	农村
总　计	**157**	**575**	**12**	**62**	**10**	**50**	**3**	**14**	**2**	**18**
厦门市思明区	35		1		2		1		1	
龙岩市新罗区	16	50	4	4	2	3	1	4		5
莆田市城厢区	7	25	1	2	1	1		1		1
泉州市泉港区	7	24	1	1	1	1		1		1
厦门市集美区	19	10	3		2		1		1	1
泉州市南安市	6	20		1		1				
福州市福清市	7	25		4		2				
泉州市晋江市	4	14		2		2				1
福州市长乐市	3	22				1				
宁德市福鼎市	6	20		1						
南平市邵武市	3	30		3		2				
莆田市仙游县	10	14	2	1	1	3		1		1
福州市闽侯县		58		7		6		2		2
福州市永泰县	12	14				1				
龙岩市上杭县	2	53		6		3		2		2
三明市大田县	1	47		6		6				
三明市沙县	3	37		2	1	3				
泉州市安溪县	4	19		2		2				
漳州市漳浦县	2	18		6		5				1
漳州市南靖县		22		3		5				
宁德市霞浦县	10	23		1		1				
南平市政和县		30		10		2		3		3

4-72 续表

单位：人

地区	残疾三级				残疾四级			
	领取低保人数		领取过救济人数		领取低保人数		领取过救济人数	
	城镇	农村	城镇	农村	城镇	农村	城镇	农村
总　计	**3**	**21**	**3**	**27**	**4**	**10**	**5**	**13**
厦门市思明区	1		1		1			
龙岩市新罗区		1		4		1	1	2
莆田市城厢区		1		1				
泉州市泉港区								
厦门市集美区								
泉州市南安市								
福州市福清市								
泉州市晋江市								
福州市长乐市								
宁德市福鼎市							1	
南平市邵武市		1		1				1
莆田市仙游县	1		1		3		2	
福州市闽侯县		1		1				1
福州市永泰县		1					1	
龙岩市上杭县		5		3		2		1
三明市大田县		4		9		3		2
三明市沙县	1	2	1	2				1
泉州市安溪县		2		2				
漳州市漳浦县		1						
漳州市南靖县				1				2
宁德市霞浦县						1		1
南平市政和县		2		3		3		2

4－73 各地区残疾人分城乡的曾接受服务或扶助

单位：人次

地 区	合 计		医疗服务与救助		辅助器具	
	城镇	农村	城镇	农村	城镇	农村
总 计	**1312**	**4282**	**286**	**641**	**82**	**152**
厦门市思明区	210		77		25	
龙岩市新罗区	58	265	3	29		7
莆田市城厢区	60	205	14	63		15
泉州市泉港区	45	204	5	22		9
厦门市集美区	165	60	45	13	16	4
泉州市南安市	65	138	19	50	4	11
福州市福清市	24	206	2	35		4
泉州市晋江市	45	161	12	33	3	15
福州市长乐市	56	180	9	28	13	26
宁德市福鼎市	56	130	1	1		
南平市邵武市	49	266	6	10	7	12
莆田市仙游县	131	129	21	19	1	
福州市闽侯县		228		7		8
福州市永泰县	63	165	12	51	7	2
龙岩市上杭县	41	224	5	22	3	
三明市大田县	22	271	3	11		3
三明市沙县	39	210	10	41		8
泉州市安溪县	58	286	14	50	1	5
漳州市漳浦县	35	248	10	47	2	15
漳州市南靖县	18	195	1	3		3
宁德市霞浦县	72	285	17	67		3
南平市政和县		226		39		2

4－73　续表 1

单位：人次

地　区	康复训练与服务		教育费用补助或减免		职业教育与培训	
	城镇	农村	城镇	农村	城镇	农村
总　计	**101**	**239**	**8**	**36**	**7**	**18**
厦门市思明区	15					
龙岩市新罗区		4		1		
莆田市城厢区	12	54				
泉州市泉港区		8				
厦门市集美区	7	4	3		2	
泉州市南安市	22	48	1		1	
福州市福清市		3				1
泉州市晋江市	6	17	2	1		
福州市长乐市	11	14		2		2
宁德市福鼎市	3	9		1		
南平市邵武市	4	6		6	2	2
莆田市仙游县						
福州市闽侯县		5		1		
福州市永泰县	5	12		1		
龙岩市上杭县	3		1	5		
三明市大田县			1	3		
三明市沙县		2		1		
泉州市安溪县	9	38		3	2	8
漳州市漳浦县	2	4		1		1
漳州市南靖县		4				
宁德市霞浦县	2	5		4		4
南平市政和县		2		6		

4－73 续表 2

单位：人次

地　区	就业安置或扶持		贫困残疾人救助与扶持		法律援助与服务	
	城镇	农村	城镇	农村	城镇	农村
总　计	**26**	**99**	**119**	**548**	**3**	**6**
厦门市思明区	1		8			
龙岩市新罗区		1	6	22		
莆田市城厢区			2	4		
泉州市泉港区			3	16		
厦门市集美区	9	3	14	2		
泉州市南安市	1		1	12		
福州市福清市		3	1	14		
泉州市晋江市			1	7		
福州市长乐市	3	1	3	2		
宁德市福鼎市	1		4	20		
南平市邵武市		4	5	46		
莆田市仙游县		2	37	28	2	2
福州市闽侯县		8		39		
福州市永泰县		3	2	13		1
龙岩市上杭县	1	1	9	60		1
三明市大田县	4	1	6	52		1
三明市沙县	1		2	7		
泉州市安溪县	3	11	6	14		1
漳州市漳浦县		5	3	43		
漳州市南靖县		1	2	25		
宁德市霞浦县	2	55	4	66	1	
南平市政和县				56		

4－73 续表 3

单位：人次

地区	无障碍设施		信息无障碍		生活服务	
	城镇	农村	城镇	农村	城镇	农村
总　计	**19**	**26**	**8**	**33**	**65**	**183**
厦门市思明区	9				8	
龙岩市新罗区				2		1
莆田市城厢区					3	13
泉州市泉港区					2	13
厦门市集美区	1		4	6	4	
泉州市南安市						
福州市福清市				1		4
泉州市晋江市						
福州市长乐市					3	10
宁德市福鼎市					1	
南平市邵武市	4	12				2
莆田市仙游县	2	1			16	12
福州市闽侯县				1		1
福州市永泰县			1	1		1
龙岩市上杭县				1	1	2
三明市大田县						2
三明市沙县					7	38
泉州市安溪县	3	11	3	20	9	48
漳州市漳浦县		1		1	3	19
漳州市南靖县		1				10
宁德市霞浦县					8	7
南平市政和县						

4－73 续表 4

单位：人次

地区	文化服务		其他		未曾接受任何服务或扶助	
	城镇	农村	城镇	农村	城镇	农村
总计	**12**	**68**	**15**	**64**	**561**	**2169**
厦门市思明区			2		65	
龙岩市新罗区		4			49	194
莆田市城厢区		1		2	29	53
泉州市泉港区		1		7	35	128
厦门市集美区	6	6		1	54	21
泉州市南安市			1		15	17
福州市福清市		5		1	21	135
泉州市晋江市				2	21	86
福州市长乐市					14	95
宁德市福鼎市			4	3	42	96
南平市邵武市		2			21	164
莆田市仙游县	1			4	51	61
福州市闽侯县				9		149
福州市永泰县					36	80
龙岩市上杭县		2			18	130
三明市大田县		1		5	8	192
三明市沙县	2	14	8	13	9	86
泉州市安溪县	3	30			5	47
漳州市漳浦县				4	15	107
漳州市南靖县		1		1	15	146
宁德市霞浦县		1		2	38	71
南平市政和县				10		111

4-74 各地区视力残疾人分城乡的曾接受服务或扶助

单位：人次

地区	合计		医疗服务与救助		辅助器具	
	城镇	农村	城镇	农村	城镇	农村
总计	**216**	**776**	**49**	**144**	**10**	**4**
厦门市思明区	46		21		7	
龙岩市新罗区		15		8		
莆田市城厢区	13	24		1		
泉州市泉港区	7	38		1		
厦门市集美区	18	8	2			
泉州市南安市	6	20	2	3		
福州市福清市	2	12				
泉州市晋江市	5	13		2		
福州市长乐市	7	31				
宁德市福鼎市	7	33				
南平市邵武市	7	39		1		
莆田市仙游县	31	39	9	10		
福州市闽侯县		14		2		2
福州市永泰县	5	19	1	3	3	1
龙岩市上杭县	6	42	2	4		
三明市大田县	5	57		1		
三明市沙县	6	20	4	15		
泉州市安溪县	12	77		3		1
漳州市漳浦县	1	19		4		
漳州市南靖县	6	33	1	2		
宁德市霞浦县	26	176	7	55		
南平市政和县		47		29		

4-74 续表 1

单位：人次

地　区	康复训练与服务		教育费用补助或减免		职业教育与培训	
	城镇	农村	城镇	农村	城镇	农村
总　计	**6**	**7**	**1**	**9**	**1**	**6**
厦门市思明区	4					
龙岩市新罗区		1		1		
莆田市城厢区						
泉州市泉港区						
厦门市集美区						
泉州市南安市	1	5				
福州市福清市						
泉州市晋江市						
福州市长乐市						
宁德市福鼎市						
南平市邵武市				1		1
莆田市仙游县						
福州市闽侯县				1		
福州市永泰县				1		
龙岩市上杭县	1			1		
三明市大田县			1			
三明市沙县						
泉州市安溪县		1			1	1
漳州市漳浦县						
漳州市南靖县						
宁德市霞浦县				4		4
南平市政和县						

4-74 续表 2

单位：人次

地区	就业安置或扶持		贫困残疾人救助与扶持		法律援助与服务	
	城镇	农村	城镇	农村	城镇	农村
总计	**3**	**57**	**12**	**104**	**1**	**2**
厦门市思明区	1		1			
龙岩市新罗区				2		
莆田市城厢区				1		
泉州市泉港区				1		
厦门市集美区						
泉州市南安市						
福州市福清市				1		
泉州市晋江市						
福州市长乐市						
宁德市福鼎市			1	5		
南平市邵武市				2		
莆田市仙游县			7	9	1	1
福州市闽侯县				2		
福州市永泰县			1			
龙岩市上杭县			1	12		1
三明市大田县	2	1		8		
三明市沙县						
泉州市安溪县		1				
漳州市漳浦县				1		
漳州市南靖县			1			
宁德市霞浦县		55		48		
南平市政和县				12		

4-74 续表 3

单位：人次

地区	无障碍设施		信息无障碍		生活服务	
	城镇	农村	城镇	农村	城镇	农村
总　计	**12**	**10**	**3**	**18**	**25**	**47**
厦门市思明区	9				1	
龙岩市新罗区						
莆田市城厢区						
泉州市泉港区						1
厦门市集美区						
泉州市南安市						
福州市福清市						
泉州市晋江市						
福州市长乐市						
宁德市福鼎市						
南平市邵武市						
莆田市仙游县	2	1			10	11
福州市闽侯县				1		1
福州市永泰县						
龙岩市上杭县					1	2
三明市大田县						
三明市沙县					2	3
泉州市安溪县	1	9	3	17	4	25
漳州市漳浦县						
漳州市南靖县						
宁德市霞浦县					7	4
南平市政和县						

4-74 续表 4

单位：人次

地　区	文化服务		其　他		未曾接受任何服务或扶助	
	城镇	农村	城镇	农村	城镇	农村
总　计	**4**	**20**	**1**	**2**	**88**	**346**
厦门市思明区					2	
龙岩市新罗区						3
莆田市城厢区					13	22
泉州市泉港区					7	35
厦门市集美区					16	8
泉州市南安市					3	12
福州市福清市					2	11
泉州市晋江市					5	11
福州市长乐市					7	31
宁德市福鼎市			1	1	5	27
南平市邵武市					7	34
莆田市仙游县	1				1	7
福州市闽侯县						5
福州市永泰县						14
龙岩市上杭县					1	22
三明市大田县				1	2	46
三明市沙县						2
泉州市安溪县	3	19				
漳州市漳浦县					1	14
漳州市南靖县					4	31
宁德市霞浦县		1			12	5
南平市政和县						6

4-75 各地区听力残疾人分城乡的曾接受服务或扶助

单位：人次

地区	合计		医疗服务与救助		辅助器具	
	城镇	农村	城镇	农村	城镇	农村
总计	**309**	**1044**	**35**	**51**	**19**	**57**
厦门市思明区	45		16		5	
龙岩市新罗区	29	112		4		6
莆田市城厢区	3	42		11		11
泉州市泉港区	9	47		1		3
厦门市集美区	58	20	13		8	
泉州市南安市	9	13		1	1	1
福州市福清市	7	71		2		1
泉州市晋江市	15	33	4	7		
福州市长乐市	7	31	1	5	4	9
宁德市福鼎市	9	6				
南平市邵武市	14	81				2
莆田市仙游县	26	28				
福州市闽侯县		78				
福州市永泰县	24	32			1	
龙岩市上杭县	11	67		4		
三明市大田县	4	50	1			
三明市沙县	15	77		2		5
泉州市安溪县	3	37		5		1
漳州市漳浦县	6	80		6		14
漳州市南靖县	7	61				2
宁德市霞浦县	8	29		1		1
南平市政和县		49		2		1

4-75 续表 1

单位：人次

地区	康复训练与服务		教育费用补助或减免		职业教育与培训	
	城镇	农村	城镇	农村	城镇	农村
总计	**10**	**29**	**1**			
厦门市思明区						
龙岩市新罗区						
莆田市城厢区		11				
泉州市泉港区		2				
厦门市集美区	1		1			
泉州市南安市	8	11				
福州市福清市						
泉州市晋江市						
福州市长乐市	1	4				
宁德市福鼎市						
南平市邵武市						
莆田市仙游县						
福州市闽侯县						
福州市永泰县						
龙岩市上杭县						
三明市大田县						
三明市沙县						
泉州市安溪县						
漳州市漳浦县						
漳州市南靖县						
宁德市霞浦县		1				
南平市政和县						

4-75 续表 2

单位：人次

地　区	就业安置或扶持		贫困残疾人救助与扶持		法律援助与服务	
	城镇	农村	城镇	农村	城镇	农村
总　计	**5**	**4**	**11**	**39**		
厦门市思明区						
龙岩市新罗区			1	3		
莆田市城厢区						
泉州市泉港区				2		
厦门市集美区	4	2	2			
泉州市南安市						
福州市福清市		1				
泉州市晋江市						
福州市长乐市						
宁德市福鼎市						
南平市邵武市			4	9		
莆田市仙游县			2	2		
福州市闽侯县				1		
福州市永泰县						
龙岩市上杭县				7		
三明市大田县	1		1	2		
三明市沙县						
泉州市安溪县		1		2		
漳州市漳浦县			1	7		
漳州市南靖县				2		
宁德市霞浦县				1		
南平市政和县				1		

4-75 续表 3

单位：人次

地　区	无障碍设施		信息无障碍		生活服务	
	城镇	农村	城镇	农村	城镇	农村
总　计	**4**	**6**	**2**	**18**	**8**	**23**
厦门市思明区						
龙岩市新罗区						
莆田市城厢区						1
泉州市泉港区				3		1
厦门市集美区	4	6	1		6	6
泉州市南安市						
福州市福清市						1
泉州市晋江市						
福州市长乐市						
宁德市福鼎市						
南平市邵武市						
莆田市仙游县				1		
福州市闽侯县						
福州市永泰县						
龙岩市上杭县						1
三明市大田县				1		
三明市沙县			1	9	2	12
泉州市安溪县				1		1
漳州市漳浦县				1		
漳州市南靖县				2		
宁德市霞浦县						
南平市政和县						

4-75　续表 4

单位：人次

地　区	文化服务		其　他		未曾接受任何服务或扶助	
	城镇	农村	城镇	农村	城镇	农村
总　计			**8**	**34**	**206**	**783**
厦门市思明区					24	
龙岩市新罗区					28	99
莆田市城厢区					3	8
泉州市泉港区				6	9	29
厦门市集美区				1	18	5
泉州市南安市						
福州市福清市					7	66
泉州市晋江市					11	26
福州市长乐市					1	13
宁德市福鼎市					9	6
南平市邵武市					10	70
莆田市仙游县				1	24	24
福州市闽侯县				6		71
福州市永泰县					23	32
龙岩市上杭县					11	55
三明市大田县					1	47
三明市沙县			8	8	4	41
泉州市安溪县					3	26
漳州市漳浦县				4	5	48
漳州市南靖县					7	55
宁德市霞浦县					8	25
南平市政和县				8		37

4-76 各地区言语残疾人分城乡的曾接受服务或扶助

单位：人次

地区	合计		医疗服务与救助		辅助器具	
	城镇	农村	城镇	农村	城镇	农村
总计	**18**	**47**	**4**	**10**	**1**	**1**
厦门市思明区	2					
龙岩市新罗区		4		2		
莆田市城厢区		1				
泉州市泉港区	2	4		2		1
厦门市集美区						
泉州市南安市	9		2		1	
福州市福清市		2				
泉州市晋江市		1				
福州市长乐市		1				
宁德市福鼎市		3				
南平市邵武市		2				
莆田市仙游县	1					
福州市闽侯县		4		1		
福州市永泰县		1		1		
龙岩市上杭县		3				
三明市大田县		5				
三明市沙县	1	6	1	3		
泉州市安溪县	1	1				
漳州市漳浦县		1				
漳州市南靖县		1				
宁德市霞浦县	2	3	1			
南平市政和县		4		1		

4-76 续表 1

单位：人次

地区	康复训练与服务		教育费用补助或减免		职业教育与培训	
	城镇	农村	城镇	农村	城镇	农村
总计	**2**	**5**				
厦门市思明区						
龙岩市新罗区						
莆田市城厢区						
泉州市泉港区		1				
厦门市集美区						
泉州市南安市	2					
福州市福清市						
泉州市晋江市						
福州市长乐市						
宁德市福鼎市						
南平市邵武市						
莆田市仙游县						
福州市闽侯县		2				
福州市永泰县						
龙岩市上杭县						
三明市大田县						
三明市沙县						
泉州市安溪县						
漳州市漳浦县						
漳州市南靖县						
宁德市霞浦县		1				
南平市政和县		1				

4-76 续表 2

单位：人次

地区	就业安置或扶持		贫困残疾人救助与扶持		法律援助与服务	
	城镇	农村	城镇	农村	城镇	农村
总计	**1**			**6**		**1**
厦门市思明区						
龙岩市新罗区						
莆田市城厢区						
泉州市泉港区						
厦门市集美区						
泉州市南安市	1					
福州市福清市						
泉州市晋江市						
福州市长乐市						
宁德市福鼎市						
南平市邵武市				1		
莆田市仙游县						
福州市闽侯县				1		
福州市永泰县						
龙岩市上杭县				1		
三明市大田县				1		1
三明市沙县				1		
泉州市安溪县						
漳州市漳浦县				1		
漳州市南靖县						
宁德市霞浦县						
南平市政和县						

4-76 续表 3

单位：人次

地 区	无障碍设施		信息无障碍		生活服务	
	城镇	农村	城镇	农村	城镇	农村
总 计						1
厦门市思明区						
龙岩市新罗区						
莆田市城厢区						
泉州市泉港区						
厦门市集美区						
泉州市南安市						
福州市福清市						
泉州市晋江市						
福州市长乐市						
宁德市福鼎市						
南平市邵武市						
莆田市仙游县						
福州市闽侯县						
福州市永泰县						
龙岩市上杭县						
三明市大田县						
三明市沙县						1
泉州市安溪县						
漳州市漳浦县						
漳州市南靖县						
宁德市霞浦县						
南平市政和县						

4-76 续表 4

单位：人次

地区	文化服务		其他		未曾接受任何服务或扶助	
	城镇	农村	城镇	农村	城镇	农村
总计				**1**	**10**	**22**
厦门市思明区					2	
龙岩市新罗区						2
莆田市城厢区						1
泉州市泉港区					2	
厦门市集美区						
泉州市南安市					3	
福州市福清市						2
泉州市晋江市						1
福州市长乐市						1
宁德市福鼎市						3
南平市邵武市						1
莆田市仙游县					1	
福州市闽侯县						
福州市永泰县						
龙岩市上杭县						2
三明市大田县				1		2
三明市沙县						1
泉州市安溪县					1	1
漳州市漳浦县						
漳州市南靖县						1
宁德市霞浦县					1	2
南平市政和县						2

4-77 各地区肢体残疾人分城乡的曾接受服务或扶助

单位：人次

地区	合计		医疗服务与救助		辅助器具	
	城镇	农村	城镇	农村	城镇	农村
总计	**367**	**1024**	**127**	**257**	**39**	**51**
厦门市思明区	42		23		9	
龙岩市新罗区	8	41		2		
莆田市城厢区	26	91	13	40		3
泉州市泉港区	12	53	3	8		4
厦门市集美区	45	11	20	7	6	2
泉州市南安市	24	59	14	32	2	8
福州市福清市	1	33		19		3
泉州市晋江市	16	69	7	20	3	11
福州市长乐市	23	39	6	15	5	4
宁德市福鼎市	17	44				
南平市邵武市	17	75	5	8	5	10
莆田市仙游县	30	24	7	3	1	
福州市闽侯县		40		2		
福州市永泰县	14	41	6	31	2	1
龙岩市上杭县	10	21	1	6	3	
三明市大田县	9	66	2	6		2
三明市沙县	10	34				
泉州市安溪县	28	74	10	25	1	1
漳州市漳浦县	20	87	9	33	2	1
漳州市南靖县	4	29				
宁德市霞浦县	11	35	1			
南平市政和县		58				1

4-77 续表 1

单位：人次

地 区	康复训练与服务		教育费用补助或减免		职业教育与培训	
	城镇	农村	城镇	农村	城镇	农村
总 计	**54**	**104**	**2**	**15**	**1**	**4**
厦门市思明区	6					
龙岩市新罗区		1				
莆田市城厢区	12	36				
泉州市泉港区		3				
厦门市集美区	2	1	1			
泉州市南安市	7	15	1			
福州市福清市		2				
泉州市晋江市	5	16				
福州市长乐市	5	3		1		
宁德市福鼎市				1		
南平市邵武市	3	5		4		
莆田市仙游县						
福州市闽侯县						
福州市永泰县	3					
龙岩市上杭县	1					
三明市大田县				2		
三明市沙县						
泉州市安溪县	8	20		2	1	3
漳州市漳浦县	2	1				1
漳州市南靖县						
宁德市霞浦县						
南平市政和县		1		5		

4-77 续表 2

单位：人次

地 区	就业安置或扶持		贫困残疾人救助与扶持		法律援助与服务	
	城镇	农村	城镇	农村	城镇	农村
总 计	**10**	**17**	**42**	**139**		
厦门市思明区						
龙岩市新罗区				2		
莆田市城厢区						
泉州市泉港区			1	3		
厦门市集美区	3		7			
泉州市南安市				4		
福州市福清市			1	1		
泉州市晋江市				1		
福州市长乐市	2	1	3			
宁德市福鼎市			1	12		
南平市邵武市		1		19		
莆田市仙游县		1	10	3		
福州市闽侯县		2		8		
福州市永泰县		3				
龙岩市上杭县	1	1	4	7		
三明市大田县			5	19		
三明市沙县			1	1		
泉州市安溪县	2	5	3	4		
漳州市漳浦县		3	2	18		
漳州市南靖县			1	6		
宁德市霞浦县	2		3	13		
南平市政和县				18		

4-77 续表 3

单位：人次

地　区	无障碍设施		信息无障碍		生活服务	
	城镇	农村	城镇	农村	城镇	农村
总　计	**6**	**13**	**1**	**1**	**14**	**41**
厦门市思明区						
龙岩市新罗区						
莆田市城厢区					1	10
泉州市泉港区						2
厦门市集美区	1					
泉州市南安市						
福州市福清市						
泉州市晋江市						
福州市长乐市					1	
宁德市福鼎市						
南平市邵武市	4	12				2
莆田市仙游县					3	
福州市闽侯县						
福州市永泰县			1			
龙岩市上杭县						
三明市大田县						
三明市沙县					4	4
泉州市安溪县	1				2	7
漳州市漳浦县		1		1	3	16
漳州市南靖县						
宁德市霞浦县						
南平市政和县						

4-77 续表 4

单位：人次

地　区	文化服务		其　他		未曾接受任何服务或扶助	
	城镇	农村	城镇	农村	城镇	农村
总　计		**2**	**2**	**7**	**69**	**373**
厦门市思明区					4	
龙岩市新罗区					8	36
莆田市城厢区				1		1
泉州市泉港区					8	33
厦门市集美区					5	1
泉州市南安市						
福州市福清市						8
泉州市晋江市					1	21
福州市长乐市					1	15
宁德市福鼎市			2	1	14	30
南平市邵武市		2				12
莆田市仙游县				3	9	14
福州市闽侯县						28
福州市永泰县					2	6
龙岩市上杭县						7
三明市大田县					2	37
三明市沙县					5	29
泉州市安溪县						7
漳州市漳浦县					2	12
漳州市南靖县					3	23
宁德市霞浦县				2	5	20
南平市政和县						33

4-78 各地区智力残疾人分城乡的曾接受服务或扶助

单位：人次

地区	合计		医疗服务与救助		辅助器具	
	城镇	农村	城镇	农村	城镇	农村
总计	**100**	**400**	**9**	**36**	**3**	**13**
厦门市思明区	10		5			
龙岩市新罗区	3	26		2		1
莆田市城厢区	5	6				
泉州市泉港区	1	10		1		
厦门市集美区	6	2				
泉州市南安市	8	5		2		
福州市福清市	7	48		1		
泉州市晋江市	2	15				
福州市长乐市	11	28		1	3	11
宁德市福鼎市	6	11	1			
南平市邵武市	5	18				
莆田市仙游县	14	12	1	3		
福州市闽侯县		7				
福州市永泰县		36		13		
龙岩市上杭县	7	22		1		
三明市大田县	2	23				
三明市沙县	2	17	2	2		
泉州市安溪县	4	39		7		
漳州市漳浦县	3	22				
漳州市南靖县		25		1		
宁德市霞浦县	4	5		1		1
南平市政和县		23		1		

4-78 续表 1

单位：人次

地　区	康复训练与服务		教育费用补助或减免		职业教育与培训	
	城镇	农村	城镇	农村	城镇	农村
总　计	**13**	**43**	**1**	**6**	**2**	**6**
厦门市思明区	2					
龙岩市新罗区		2				
莆田市城厢区						
泉州市泉港区		2				
厦门市集美区	1					
泉州市南安市						
福州市福清市						1
泉州市晋江市				1		
福州市长乐市	4	3				
宁德市福鼎市	3	7				
南平市邵武市				1	2	1
莆田市仙游县						
福州市闽侯县						
福州市永泰县		12				
龙岩市上杭县	1		1	3		
三明市大田县						
三明市沙县						
泉州市安溪县	1	9		1		4
漳州市漳浦县		3				
漳州市南靖县		4				
宁德市霞浦县	1	1				
南平市政和县						

4-78 续表 2

单位：人次

地区	就业安置或扶持		贫困残疾人救助与扶持		法律援助与服务	
	城镇	农村	城镇	农村	城镇	农村
总计	**5**	**10**	**11**	**66**		**2**
厦门市思明区			1			
龙岩市新罗区		1		4		
莆田市城厢区				1		
泉州市泉港区				1		
厦门市集美区	2					
泉州市南安市						
福州市福清市		2		6		
泉州市晋江市				1		
福州市长乐市	1					
宁德市福鼎市	1					
南平市邵武市		1	1	8		
莆田市仙游县			6	4		1
福州市闽侯县		1		4		
福州市永泰县				9		1
龙岩市上杭县			2	4		
三明市大田县				5		
三明市沙县						
泉州市安溪县	1	3	1	5		
漳州市漳浦县		2		6		
漳州市南靖县				5		
宁德市霞浦县						
南平市政和县				3		

4-78 续表 3

单位：人次

地区	无障碍设施		信息无障碍		生活服务	
	城镇	农村	城镇	农村	城镇	农村
总计				**4**	**3**	**32**
厦门市思明区					1	
龙岩市新罗区				2		1
莆田市城厢区						1
泉州市泉港区						
厦门市集美区						
泉州市南安市						
福州市福清市				1		4
泉州市晋江市						
福州市长乐市					2	9
宁德市福鼎市						
南平市邵武市						
莆田市仙游县						
福州市闽侯县						
福州市永泰县						
龙岩市上杭县				1		
三明市大田县						
三明市沙县						11
泉州市安溪县						4
漳州市漳浦县						
漳州市南靖县						2
宁德市霞浦县						
南平市政和县						

4-78 续表 4

单位：人次

地　区	文化服务		其　他		未曾接受任何服务或扶助	
	城镇	农村	城镇	农村	城镇	农村
总　计		**9**	**1**	**5**	**52**	**168**
厦门市思明区					1	
龙岩市新罗区		4			3	9
莆田市城厢区					5	4
泉州市泉港区				1	1	5
厦门市集美区					3	2
泉州市南安市			1		7	3
福州市福清市		4		1	7	28
泉州市晋江市					2	13
福州市长乐市					1	4
宁德市福鼎市				1	1	3
南平市邵武市					2	7
莆田市仙游县					7	4
福州市闽侯县						2
福州市永泰县						1
龙岩市上杭县					3	13
三明市大田县					2	18
三明市沙县				1		3
泉州市安溪县		1			1	5
漳州市漳浦县					3	11
漳州市南靖县						13
宁德市霞浦县					3	2
南平市政和县				1		18

4-79 各地区精神残疾人分城乡的曾接受服务或扶助

单位：人次

地区	合计		医疗服务与救助		辅助器具	
	城镇	农村	城镇	农村	城镇	农村
总计	**106**	**294**	**24**	**56**		
厦门市思明区	20					
龙岩市新罗区	2	14				
莆田市城厢区	5	8	1	4		
泉州市泉港区	7	21	2	4		
厦门市集美区	12	4	5	2		
泉州市南安市	3	11	1	4		
福州市福清市		13		9		
泉州市晋江市	1	9				
福州市长乐市	3	19	1	4		
宁德市福鼎市	11	13				
南平市邵武市	1	18				
莆田市仙游县	16	11	2	2		
福州市闽侯县		13				
福州市永泰县	6	18	2			
龙岩市上杭县	5	12	2	1		
三明市大田县	1	16				
三明市沙县		12		11		
泉州市安溪县		24		7		
漳州市漳浦县	3	17	1			
漳州市南靖县	1	18				
宁德市霞浦县	9	10	7	6		
南平市政和县		13		2		

4-79 续表 1

单位：人次

地　区	康复训练与服务		教育费用补助或减免		职业教育与培训	
	城镇	农村	城镇	农村	城镇	农村
总　计	**5**	**9**		**1**		
厦门市思明区						
龙岩市新罗区						
莆田市城厢区						
泉州市泉港区						
厦门市集美区	3	1				
泉州市南安市	1	3				
福州市福清市						
泉州市晋江市						
福州市长乐市						
宁德市福鼎市						
南平市邵武市						
莆田市仙游县						
福州市闽侯县		2				
福州市永泰县	1					
龙岩市上杭县						
三明市大田县						
三明市沙县		1				
泉州市安溪县		2				
漳州市漳浦县				1		
漳州市南靖县						
宁德市霞浦县						
南平市政和县						

4-79 续表 2

单位：人次

地　区	就业安置或扶持		贫困残疾人救助与扶持		法律援助与服务	
	城镇	农村	城镇	农村	城镇	农村
总　计	**1**		**24**	**54**		**1**
厦门市思明区			4			
龙岩市新罗区				2		
莆田市城厢区			1			
泉州市泉港区			2	5		
厦门市集美区			2	1		
泉州市南安市			1	4		
福州市福清市				2		
泉州市晋江市			1	3		
福州市长乐市						
宁德市福鼎市			2	1		
南平市邵武市						
莆田市仙游县			8	5		
福州市闽侯县				3		
福州市永泰县				1		
龙岩市上杭县			2	5		
三明市大田县	1			1		
三明市沙县						
泉州市安溪县						1
漳州市漳浦县				6		
漳州市南靖县				7		
宁德市霞浦县			1	2		
南平市政和县				6		

4-79 续表 3

单位：人次

地区	无障碍设施		信息无障碍		生活服务	
	城镇	农村	城镇	农村	城镇	农村
总　计					**10**	**17**
厦门市思明区					3	
龙岩市新罗区						
莆田市城厢区					1	1
泉州市泉港区					2	4
厦门市集美区						
泉州市南安市						
福州市福清市						
泉州市晋江市						
福州市长乐市						
宁德市福鼎市					1	
南平市邵武市						
莆田市仙游县					2	
福州市闽侯县						
福州市永泰县						
龙岩市上杭县						
三明市大田县						
三明市沙县						
泉州市安溪县						8
漳州市漳浦县						
漳州市南靖县						3
宁德市霞浦县					1	1
南平市政和县						

4-79 续表 4

单位：人次

地区	文化服务		其他		未曾接受任何服务或扶助	
	城镇	农村	城镇	农村	城镇	农村
总计		**6**	**1**	**3**	**41**	**147**
厦门市思明区			1		12	
龙岩市新罗区					2	12
莆田市城厢区				1	2	2
泉州市泉港区					1	8
厦门市集美区					2	
泉州市南安市						
福州市福清市						2
泉州市晋江市				2		4
福州市长乐市					2	15
宁德市福鼎市					8	12
南平市邵武市					1	18
莆田市仙游县					4	4
福州市闽侯县						8
福州市永泰县					3	17
龙岩市上杭县					1	6
三明市大田县						15
三明市沙县						
泉州市安溪县		6				
漳州市漳浦县					2	10
漳州市南靖县					1	8
宁德市霞浦县						1
南平市政和县						5

4-80 各地区多重残疾人分城乡的曾接受服务或扶助

单位：人次

地 区	合 计		医疗服务与救助		辅助器具	
	城镇	农村	城镇	农村	城镇	农村
总 计	**196**	**697**	**38**	**87**	**10**	**26**
厦门市思明区	45		12		4	
龙岩市新罗区	16	53	3	11		
莆田市城厢区	8	33		7		1
泉州市泉港区	7	31		5		1
厦门市集美区	26	15	5	4	2	2
泉州市南安市	6	30		8		2
福州市福清市	7	27	2	4		
泉州市晋江市	6	21	1	4		4
福州市长乐市	5	31	1	3	1	2
宁德市福鼎市	6	20		1		
南平市邵武市	5	33	1	1	2	
莆田市仙游县	13	15	2	1		
福州市闽侯县		72		2		6
福州市永泰县	14	18	3	3	1	
龙岩市上杭县	2	57		6		
三明市大田县	1	54		4		1
三明市沙县	5	44	3	8		3
泉州市安溪县	10	34	4	3		2
漳州市漳浦县	2	22		4		
漳州市南靖县		28				1
宁德市霞浦县	12	27	1	4		1
南平市政和县		32		4		

4-80 续表 1

单位：人次

地区	康复训练与服务		教育费用补助或减免		职业教育与培训	
	城镇	农村	城镇	农村	城镇	农村
总　计	**11**	**42**	**3**	**5**	**3**	**2**
厦门市思明区	3					
龙岩市新罗区						
莆田市城厢区		7				
泉州市泉港区						
厦门市集美区		2	1		2	
泉州市南安市	3	14			1	
福州市福清市		1				
泉州市晋江市	1	1	2			
福州市长乐市	1	4		1		2
宁德市福鼎市		2				
南平市邵武市	1	1				
莆田市仙游县						
福州市闽侯县		1				
福州市永泰县	1					
龙岩市上杭县				1		
三明市大田县				1		
三明市沙县		1		1		
泉州市安溪县		6				
漳州市漳浦县						
漳州市南靖县						
宁德市霞浦县	1	2				
南平市政和县				1		

4-80 续表 2

单位：人次

地区	就业安置或扶持		贫困残疾人救助与扶持		法律援助与服务	
	城镇	农村	城镇	农村	城镇	农村
总计	**1**	**11**	**19**	**140**	**2**	
厦门市思明区			2			
龙岩市新罗区			5	9		
莆田市城厢区			1	2		
泉州市泉港区				4		
厦门市集美区		1	3	1		
泉州市南安市				4		
福州市福清市				4		
泉州市晋江市				2		
福州市长乐市				2		
宁德市福鼎市				2		
南平市邵武市		2		7		
莆田市仙游县		1	4	5	1	
福州市闽侯县		5		20		
福州市永泰县			1	3		
龙岩市上杭县				24		
三明市大田县				16		
三明市沙县	1		1	5		
泉州市安溪县		1	2	3		
漳州市漳浦县				4		
漳州市南靖县		1		5		
宁德市霞浦县				2	1	
南平市政和县				16		

4-80 续表 3

单位：人次

地区	无障碍设施		信息无障碍		生活服务	
	城镇	农村	城镇	农村	城镇	农村
总　计	**1**	**3**		**4**	**11**	**27**
厦门市思明区					3	
龙岩市新罗区						
莆田市城厢区					1	1
泉州市泉港区						3
厦门市集美区					3	
泉州市南安市						
福州市福清市						
泉州市晋江市						
福州市长乐市						1
宁德市福鼎市						
南平市邵武市						
莆田市仙游县					1	
福州市闽侯县						
福州市永泰县				1		1
龙岩市上杭县						
三明市大田县						1
三明市沙县						10
泉州市安溪县	1	2		3	3	3
漳州市漳浦县						2
漳州市南靖县		1				3
宁德市霞浦县						2
南平市政和县						

4-80 续表 4

单位：人次

地　区	文化服务		其　他		未曾接受任何服务或扶助	
	城镇	农村	城镇	农村	城镇	农村
总　计		**8**	**2**	**12**	**95**	**330**
厦门市思明区			1		20	
龙岩市新罗区					8	33
莆田市城厢区					6	15
泉州市泉港区					7	18
厦门市集美区					10	5
泉州市南安市					2	2
福州市福清市					5	18
泉州市晋江市					2	10
福州市长乐市					2	16
宁德市福鼎市			1		5	15
南平市邵武市					1	22
莆田市仙游县					5	8
福州市闽侯县				3		35
福州市永泰县					8	10
龙岩市上杭县		1			2	25
三明市大田县		1		3	1	27
三明市沙县		2		4		10
泉州市安溪县		3				8
漳州市漳浦县					2	12
漳州市南靖县		1		1		15
宁德市霞浦县					9	16
南平市政和县				1		10

4-81　各地区视力残疾人分残疾等级的曾接受服务或扶助

单位：人次

地　区	医疗服务与救助				辅助器具			
	残疾一级	残疾二级	残疾三级	残疾四级	残疾一级	残疾二级	残疾三级	残疾四级
总　计	**28**	**13**	**18**	**134**	**3**	**1**		**10**
厦门市思明区	5	4	1	11	3			4
龙岩市新罗区	2	2	1	3				
莆田市城厢区	1							
泉州市泉港区				1				
厦门市集美区	1			1				
泉州市南安市		1	1	3				
福州市福清市								
泉州市晋江市	1			1				
福州市长乐市								
宁德市福鼎市								
南平市邵武市				1				
莆田市仙游县			3	16				
福州市闽侯县				2				2
福州市永泰县	1			3		1		3
龙岩市上杭县	2		2	2				
三明市大田县				1				
三明市沙县	1	1	1	16				
泉州市安溪县	1			2				1
漳州市漳浦县	2		1	1				
漳州市南靖县	1		1	1				
宁德市霞浦县	8	3	5	46				
南平市政和县	2	2	2	23				

4-81 续表 1

单位：人次

地　　区	康复训练与服务				教育费用补助或减免			
	残疾一级	残疾二级	残疾三级	残疾四级	残疾一级	残疾二级	残疾三级	残疾四级
总　　计	**4**	**3**	**1**	**5**	**3**	**1**		**6**
厦门市思明区	1		1	2				
龙岩市新罗区		1				1		
莆田市城厢区								
泉州市泉港区								
厦门市集美区								
泉州市南安市	2	2		2				
福州市福清市								
泉州市晋江市								
福州市长乐市								
宁德市福鼎市								
南平市邵武市								1
莆田市仙游县								
福州市闽侯县					1			
福州市永泰县								1
龙岩市上杭县	1							1
三明市大田县								1
三明市沙县								
泉州市安溪县				1				
漳州市漳浦县								
漳州市南靖县								
宁德市霞浦县					2			2
南平市政和县								

4-81 续表 2

单位：人次

地区	职业教育与培训				就业安置或扶持			
	残疾一级	残疾二级	残疾三级	残疾四级	残疾一级	残疾二级	残疾三级	残疾四级
总　计	**2**		**1**	**4**	**7**	**4**	**4**	**45**
厦门市思明区						1		
龙岩市新罗区								
莆田市城厢区								
泉州市泉港区								
厦门市集美区								
泉州市南安市								
福州市福清市								
泉州市晋江市								
福州市长乐市								
宁德市福鼎市								
南平市邵武市				1				
莆田市仙游县								
福州市闽侯县								
福州市永泰县								
龙岩市上杭县								
三明市大田县								3
三明市沙县								
泉州市安溪县	2							1
漳州市漳浦县								
漳州市南靖县								
宁德市霞浦县			1	3	7	3	4	41
南平市政和县								

4-81 续表 3

单位：人次

地　区	贫困残疾人救助与扶持				法律援助与服务			
	残疾一级	残疾二级	残疾三级	残疾四级	残疾一级	残疾二级	残疾三级	残疾四级
总　计	**19**	**7**	**15**	**75**			**1**	**2**
厦门市思明区				1				
龙岩市新罗区		1		1				
莆田市城厢区				1				
泉州市泉港区			1					
厦门市集美区								
泉州市南安市								
福州市福清市	1							
泉州市晋江市								
福州市长乐市								
宁德市福鼎市	1		3	2				
南平市邵武市				2				
莆田市仙游县			3	13				2
福州市闽侯县				2				
福州市永泰县				1				
龙岩市上杭县	3	2	3	5			1	
三明市大田县	2			6				
三明市沙县								
泉州市安溪县								
漳州市漳浦县	1							
漳州市南靖县	1							
宁德市霞浦县	7	3	2	36				
南平市政和县	3	1	3	5				

4-81 续表 4

单位：人次

地区	无障碍设施				信息无障碍			
	残疾一级	残疾二级	残疾三级	残疾四级	残疾一级	残疾二级	残疾三级	残疾四级
总　计	**4**	**2**		**16**	**4**	**3**		**14**
厦门市思明区	2	2		5				
龙岩市新罗区								
莆田市城厢区								
泉州市泉港区								
厦门市集美区								
泉州市南安市								
福州市福清市								
泉州市晋江市								
福州市长乐市								
宁德市福鼎市								
南平市邵武市								
莆田市仙游县				3				
福州市闽侯县								1
福州市永泰县								
龙岩市上杭县								
三明市大田县								
三明市沙县								
泉州市安溪县	2			8	4	3		13
漳州市漳浦县								
漳州市南靖县								
宁德市霞浦县								
南平市政和县								

4-81 续表 5

单位：人次

地区	生活服务				文化服务			
	残疾一级	残疾二级	残疾三级	残疾四级	残疾一级	残疾二级	残疾三级	残疾四级
总计	**11**	**3**	**9**	**49**	**8**	**3**		**13**
厦门市思明区				1				
龙岩市新罗区								
莆田市城厢区								
泉州市泉港区			1					
厦门市集美区								
泉州市南安市								
福州市福清市								
泉州市晋江市								
福州市长乐市								
宁德市福鼎市								
南平市邵武市								
莆田市仙游县			3	18				1
福州市闽侯县				1				
福州市永泰县								
龙岩市上杭县	1		2					
三明市大田县								
三明市沙县	1		1	3				
泉州市安溪县	9	3		17	8	3		11
漳州市漳浦县								
漳州市南靖县								
宁德市霞浦县			2	9				1
南平市政和县								

4-81 续表 6

单位：人次

地　区	其他				未曾接受任何服务或扶助			
	残疾一级	残疾二级	残疾三级	残疾四级	残疾一级	残疾二级	残疾三级	残疾四级
总　计				**3**	**62**	**33**	**35**	**304**
厦门市思明区							1	1
龙岩市新罗区							1	2
莆田市城厢区					6		4	25
泉州市泉港区					3	4	7	28
厦门市集美区					6	3	2	13
泉州市南安市						1		14
福州市福清市					7		1	5
泉州市晋江市								16
福州市长乐市					2	4	1	31
宁德市福鼎市				2	6	5	4	17
南平市邵武市					7	1		33
莆田市仙游县					3		2	3
福州市闽侯县					3	1		1
福州市永泰县					4		3	7
龙岩市上杭县					3	1	1	18
三明市大田县				1	1	3	1	43
三明市沙县							1	1
泉州市安溪县								
漳州市漳浦县					7	2	2	4
漳州市南靖县					2	6	2	25
宁德市霞浦县					1	1	2	13
南平市政和县					1	1		4

4-82 各地区听力残疾人分残疾等级的曾接受服务或扶助

单位：人次

地　区	医疗服务与救助				辅助器具			
	残疾一级	残疾二级	残疾三级	残疾四级	残疾一级	残疾二级	残疾三级	残疾四级
总　计	**10**	**11**	**41**	**24**	**9**	**13**	**32**	**22**
厦门市思明区	4	2	4	6	2	1	1	1
龙岩市新罗区	1		3		1	1	3	1
莆田市城厢区	1	1	6	3	1	1	6	3
泉州市泉港区			1		1	1	1	
厦门市集美区	1	1	6	5		2	4	2
泉州市南安市			1			1	1	
福州市福清市		1	1				1	
泉州市晋江市	3	2	4	2				
福州市长乐市			2	4	1	1	5	6
宁德市福鼎市								
南平市邵武市							2	
莆田市仙游县								
福州市闽侯县								
福州市永泰县					1			
龙岩市上杭县			4					
三明市大田县		1						
三明市沙县		1	1			2	3	
泉州市安溪县			4	1			1	
漳州市漳浦县		2	3	1	2	2	4	6
漳州市南靖县								2
宁德市霞浦县			1			1		
南平市政和县				2				1

4-82 续表 1

单位：人次

地区	康复训练与服务				教育费用补助或减免			
	残疾一级	残疾二级	残疾三级	残疾四级	残疾一级	残疾二级	残疾三级	残疾四级
总　计	**2**	**7**	**22**	**8**		**1**		
厦门市思明区								
龙岩市新罗区								
莆田市城厢区	1	1	6	3				
泉州市泉港区		1	1					
厦门市集美区				1		1		
泉州市南安市	1	4	13	1				
福州市福清市								
泉州市晋江市								
福州市长乐市			2	3				
宁德市福鼎市								
南平市邵武市								
莆田市仙游县								
福州市闽侯县								
福州市永泰县								
龙岩市上杭县								
三明市大田县								
三明市沙县								
泉州市安溪县								
漳州市漳浦县								
漳州市南靖县								
宁德市霞浦县		1						
南平市政和县								

4-82 续表 2

单位：人次

地区	职业教育与培训				就业安置或扶持			
	残疾一级	残疾二级	残疾三级	残疾四级	残疾一级	残疾二级	残疾三级	残疾四级
总　计					**2**	**1**	**4**	**2**
厦门市思明区								
龙岩市新罗区								
莆田市城厢区								
泉州市泉港区								
厦门市集美区					1	1	2	2
泉州市南安市								
福州市福清市							1	
泉州市晋江市								
福州市长乐市								
宁德市福鼎市								
南平市邵武市								
莆田市仙游县								
福州市闽侯县								
福州市永泰县								
龙岩市上杭县								
三明市大田县					1			
三明市沙县								
泉州市安溪县							1	
漳州市漳浦县								
漳州市南靖县								
宁德市霞浦县								
南平市政和县								

4-82 续表 3

单位：人次

地区	贫困残疾人救助与扶持				法律援助与服务			
	残疾一级	残疾二级	残疾三级	残疾四级	残疾一级	残疾二级	残疾三级	残疾四级
总　计	**5**	**13**	**18**	**14**				
厦门市思明区								
龙岩市新罗区			3	1				
莆田市城厢区								
泉州市泉港区	1	1						
厦门市集美区			2					
泉州市南安市								
福州市福清市								
泉州市晋江市								
福州市长乐市								
宁德市福鼎市								
南平市邵武市	2	5	3	3				
莆田市仙游县			1	3				
福州市闽侯县				1				
福州市永泰县								
龙岩市上杭县		2	5					
三明市大田县		1	1	1				
三明市沙县								
泉州市安溪县			2					
漳州市漳浦县	2	2	1	3				
漳州市南靖县				2				
宁德市霞浦县		1						
南平市政和县		1						

4-82 续表 4

单位：人次

地　　区	无障碍设施				信息无障碍			
	残疾一级	残疾二级	残疾三级	残疾四级	残疾一级	残疾二级	残疾三级	残疾四级
总　计							**2**	**8**
厦门市思明区								
龙岩市新罗区								
莆田市城厢区								
泉州市泉港区								
厦门市集美区							2	8
泉州市南安市								
福州市福清市								
泉州市晋江市								
福州市长乐市								
宁德市福鼎市								
南平市邵武市								
莆田市仙游县								
福州市闽侯县								
福州市永泰县								
龙岩市上杭县								
三明市大田县								
三明市沙县								
泉州市安溪县								
漳州市漳浦县								
漳州市南靖县								
宁德市霞浦县								
南平市政和县								

4-82 续表 5

单位：人次

地　区	生活服务				文化服务			
	残疾一级	残疾二级	残疾三级	残疾四级	残疾一级	残疾二级	残疾三级	残疾四级
总　计	**2**	**3**	**6**	**9**	**1**	**1**	**14**	**15**
厦门市思明区								
龙岩市新罗区								
莆田市城厢区							1	
泉州市泉港区		2	1				1	
厦门市集美区			1				3	9
泉州市南安市								
福州市福清市							1	
泉州市晋江市								
福州市长乐市								
宁德市福鼎市								
南平市邵武市								
莆田市仙游县				1				
福州市闽侯县								
福州市永泰县								
龙岩市上杭县							1	
三明市大田县			1					
三明市沙县	1	1	3	5	1	1	7	5
泉州市安溪县				1				1
漳州市漳浦县	1							
漳州市南靖县				2				
宁德市霞浦县								
南平市政和县								

4-82 续表 6

单位：人次

地 区	其他				未曾接受任何服务或扶助			
	残疾一级	残疾二级	残疾三级	残疾四级	残疾一级	残疾二级	残疾三级	残疾四级
总 计	**5**	**4**	**16**	**17**	**44**	**91**	**454**	**400**
厦门市思明区					2	3	9	10
龙岩市新罗区					1	9	43	74
莆田市城厢区					1	2	8	
泉州市泉港区	1	3	2		4	10	24	
厦门市集美区				1		2	11	10
泉州市南安市								
福州市福清市					6	2	38	27
泉州市晋江市					2	4	27	4
福州市长乐市							2	12
宁德市福鼎市						11	4	
南平市邵武市					7	10	44	19
莆田市仙游县				1	2	1	4	41
福州市闽侯县	1		3	2	3	3	38	27
福州市永泰县					4	3	33	15
龙岩市上杭县					2	8	50	6
三明市大田县						7	27	14
三明市沙县			9	7	3	1	16	25
泉州市安溪县							18	11
漳州市漳浦县	1			3	5	3	25	20
漳州市南靖县						3	8	51
宁德市霞浦县					2	3	14	14
南平市政和县	2	1	2	3		6	11	20

4-83 各地区言语残疾人分残疾等级的曾接受服务或扶助

单位：人次

地 区	医疗服务与救助				辅助器具			
	残疾一级	残疾二级	残疾三级	残疾四级	残疾一级	残疾二级	残疾三级	残疾四级
总 计	**4**	**2**	**1**	**7**	**2**			
厦门市思明区								
龙岩市新罗区				2				
莆田市城厢区								
泉州市泉港区	1		1		1			
厦门市集美区								
泉州市南安市	1			1	1			
福州市福清市								
泉州市晋江市								
福州市长乐市								
宁德市福鼎市								
南平市邵武市								
莆田市仙游县								
福州市闽侯县	1							
福州市永泰县				1				
龙岩市上杭县								
三明市大田县								
三明市沙县	1	1		2				
泉州市安溪县								
漳州市漳浦县								
漳州市南靖县								
宁德市霞浦县		1						
南平市政和县				1				

4-83 续表 1

单位：人次

地区	康复训练与服务				教育费用补助或减免			
	残疾一级	残疾二级	残疾三级	残疾四级	残疾一级	残疾二级	残疾三级	残疾四级
总　计	**4**		**1**	**2**				
厦门市思明区								
龙岩市新罗区								
莆田市城厢区								
泉州市泉港区	1							
厦门市集美区								
泉州市南安市	1			1				
福州市福清市								
泉州市晋江市								
福州市长乐市								
宁德市福鼎市								
南平市邵武市								
莆田市仙游县								
福州市闽侯县	1			1				
福州市永泰县								
龙岩市上杭县								
三明市大田县								
三明市沙县								
泉州市安溪县								
漳州市漳浦县								
漳州市南靖县								
宁德市霞浦县	1							
南平市政和县			1					

4-83 续表 2

单位：人次

地　区	职业教育与培训				就业安置或扶持			
	残疾一级	残疾二级	残疾三级	残疾四级	残疾一级	残疾二级	残疾三级	残疾四级
总　计								**1**
厦门市思明区								
龙岩市新罗区								
莆田市城厢区								
泉州市泉港区								
厦门市集美区								
泉州市南安市								1
福州市福清市								
泉州市晋江市								
福州市长乐市								
宁德市福鼎市								
南平市邵武市								
莆田市仙游县								
福州市闽侯县								
福州市永泰县								
龙岩市上杭县								
三明市大田县								
三明市沙县								
泉州市安溪县								
漳州市漳浦县								
漳州市南靖县								
宁德市霞浦县								
南平市政和县								

4-83 续表 3

单位：人次

地　区	贫困残疾人救助与扶持				法律援助与服务			
	残疾一级	残疾二级	残疾三级	残疾四级	残疾一级	残疾二级	残疾三级	残疾四级
总　计			**1**	**5**				**1**
厦门市思明区								
龙岩市新罗区								
莆田市城厢区								
泉州市泉港区								
厦门市集美区								
泉州市南安市								
福州市福清市								
泉州市晋江市								
福州市长乐市								
宁德市福鼎市								
南平市邵武市				1				
莆田市仙游县								
福州市闽侯县				1				
福州市永泰县								
龙岩市上杭县				1				
三明市大田县				1				1
三明市沙县			1					
泉州市安溪县								
漳州市漳浦县				1				
漳州市南靖县								
宁德市霞浦县								
南平市政和县								

4-83 续表 4

单位：人次

地　区	无障碍设施				信息无障碍			
	残疾一级	残疾二级	残疾三级	残疾四级	残疾一级	残疾二级	残疾三级	残疾四级
总　计								
厦门市思明区								
龙岩市新罗区								
莆田市城厢区								
泉州市泉港区								
厦门市集美区								
泉州市南安市								
福州市福清市								
泉州市晋江市								
福州市长乐市								
宁德市福鼎市								
南平市邵武市								
莆田市仙游县								
福州市闽侯县								
福州市永泰县								
龙岩市上杭县								
三明市大田县								
三明市沙县								
泉州市安溪县								
漳州市漳浦县								
漳州市南靖县								
宁德市霞浦县								
南平市政和县								

4-83 续表 5

单位：人次

地区	生活服务				文化服务			
	残疾一级	残疾二级	残疾三级	残疾四级	残疾一级	残疾二级	残疾三级	残疾四级
总　计			**1**					
厦门市思明区								
龙岩市新罗区								
莆田市城厢区								
泉州市泉港区								
厦门市集美区								
泉州市南安市								
福州市福清市								
泉州市晋江市								
福州市长乐市								
宁德市福鼎市								
南平市邵武市								
莆田市仙游县								
福州市闽侯县								
福州市永泰县								
龙岩市上杭县								
三明市大田县								
三明市沙县			1					
泉州市安溪县								
漳州市漳浦县								
漳州市南靖县								
宁德市霞浦县								
南平市政和县								

4-83 续表 6

单位：人次

地区	其他				未曾接受任何服务或扶助			
	残疾一级	残疾二级	残疾三级	残疾四级	残疾一级	残疾二级	残疾三级	残疾四级
总　计				**1**	**3**	**3**	**8**	**18**
厦门市思明区								2
龙岩市新罗区							1	1
莆田市城厢区								1
泉州市泉港区							1	1
厦门市集美区								
泉州市南安市								3
福州市福清市							2	
泉州市晋江市					1			
福州市长乐市								1
宁德市福鼎市							2	1
南平市邵武市								1
莆田市仙游县					1			
福州市闽侯县								
福州市永泰县								
龙岩市上杭县								2
三明市大田县				1		1		1
三明市沙县					1			
泉州市安溪县								2
漳州市漳浦县								
漳州市南靖县						1		
宁德市霞浦县							1	2
南平市政和县						1	1	

4-84 各地区肢体残疾人分残疾等级的曾接受服务或扶助

单位：人次

地区	医疗服务与救助				辅助器具			
	残疾一级	残疾二级	残疾三级	残疾四级	残疾一级	残疾二级	残疾三级	残疾四级
总　计	**15**	**44**	**67**	**258**	**7**	**17**	**26**	**40**
厦门市思明区		5	5	13		1	6	2
龙岩市新罗区	1		1					
莆田市城厢区		4	5	44			1	2
泉州市泉港区		2	5	4		1	1	2
厦门市集美区	1	5	2	19	1	3		4
泉州市南安市	2	5	4	35		1	1	8
福州市福清市		6	5	8		1	1	1
泉州市晋江市	2	3	5	17	1	2	2	9
福州市长乐市	1	1	3	16	1	1	5	2
宁德市福鼎市								
南平市邵武市	3	3	1	6	3	2	4	6
莆田市仙游县		2	5	3			1	
福州市闽侯县			1	1				
福州市永泰县		2	10	25			2	1
龙岩市上杭县		2	3	2		3		
三明市大田县		1	2	5	1	1		
三明市沙县								
泉州市安溪县	2	1	5	27				2
漳州市漳浦县	3	2	5	32		1	1	1
漳州市南靖县								
宁德市霞浦县				1				
南平市政和县							1	

4-84 续表 1

单位：人次

地区	康复训练与服务				教育费用补助或减免			
	残疾一级	残疾二级	残疾三级	残疾四级	残疾一级	残疾二级	残疾三级	残疾四级
总　计	**6**	**15**	**23**	**114**	**1**	**2**	**7**	**7**
厦门市思明区			2	4				
龙岩市新罗区			1					
莆田市城厢区		3	4	41				
泉州市泉港区		1		2				
厦门市集美区		1	1	1			1	
泉州市南安市		3	2	17				1
福州市福清市		2						
泉州市晋江市	2	2	4	13				
福州市长乐市		1	3	4				1
宁德市福鼎市							1	
南平市邵武市	2		1	5			2	2
莆田市仙游县								
福州市闽侯县								
福州市永泰县			1	2				
龙岩市上杭县		1						
三明市大田县						1	1	
三明市沙县								
泉州市安溪县	1	1	3	23			1	1
漳州市漳浦县	1			2				
漳州市南靖县								
宁德市霞浦县								
南平市政和县			1		1	1	1	2

4-84 续表 2

单位：人次

地区	职业教育与培训				就业安置或扶持			
	残疾一级	残疾二级	残疾三级	残疾四级	残疾一级	残疾二级	残疾三级	残疾四级
总计				**5**	**2**	**2**	**5**	**18**
厦门市思明区								
龙岩市新罗区								
莆田市城厢区								
泉州市泉港区								
厦门市集美区						1		2
泉州市南安市								
福州市福清市								
泉州市晋江市								
福州市长乐市							1	2
宁德市福鼎市								
南平市邵武市								1
莆田市仙游县								1
福州市闽侯县							1	1
福州市永泰县							1	2
龙岩市上杭县								2
三明市大田县								
三明市沙县								
泉州市安溪县				4	1		1	5
漳州市漳浦县				1	1	1		1
漳州市南靖县								
宁德市霞浦县							1	1
南平市政和县								

4-84 续表 3

单位：人次

地区	贫困残疾人救助与扶持				法律援助与服务			
	残疾一级	残疾二级	残疾三级	残疾四级	残疾一级	残疾二级	残疾三级	残疾四级
总　计	**14**	**19**	**53**	**95**				
厦门市思明区								
龙岩市新罗区	1		1					
莆田市城厢区								
泉州市泉港区		2		2				
厦门市集美区	1		3	3				
泉州市南安市			1	3				
福州市福清市		1		1				
泉州市晋江市				1				
福州市长乐市	1		2					
宁德市福鼎市	2	3	1	7				
南平市邵武市			7	12				
莆田市仙游县	1	1	3	8				
福州市闽侯县		1	3	4				
福州市永泰县								
龙岩市上杭县		4	4	3				
三明市大田县	4	3	10	7				
三明市沙县			2					
泉州市安溪县	1	1		5				
漳州市漳浦县	1	1	3	15				
漳州市南靖县		1		6				
宁德市霞浦县		1	6	9				
南平市政和县	2		7	9				

4-84 续表 4

单位：人次

地区	无障碍设施				信息无障碍			
	残疾一级	残疾二级	残疾三级	残疾四级	残疾一级	残疾二级	残疾三级	残疾四级
总　计	**1**	**3**	**7**	**8**				**2**
厦门市思明区								
龙岩市新罗区								
莆田市城厢区								
泉州市泉港区								
厦门市集美区			1					
泉州市南安市								
福州市福清市								
泉州市晋江市								
福州市长乐市								
宁德市福鼎市								
南平市邵武市	1	3	6	6				
莆田市仙游县								
福州市闽侯县								
福州市永泰县								1
龙岩市上杭县								
三明市大田县								
三明市沙县								
泉州市安溪县				1				
漳州市漳浦县				1				1
漳州市南靖县								
宁德市霞浦县								
南平市政和县								

4-84 续表 5

单位：人次

地　区	生活服务				文化服务			
	残疾一级	残疾二级	残疾三级	残疾四级	残疾一级	残疾二级	残疾三级	残疾四级
总　计	**4**	**3**	**11**	**37**				**2**
厦门市思明区								
龙岩市新罗区								
莆田市城厢区		1	1	9				
泉州市泉港区			1	1				
厦门市集美区								
泉州市南安市								
福州市福清市								
泉州市晋江市								
福州市长乐市	1							
宁德市福鼎市								
南平市邵武市			2					2
莆田市仙游县			2	1				
福州市闽侯县								
福州市永泰县								
龙岩市上杭县								
三明市大田县								
三明市沙县		2	2	4				
泉州市安溪县			1	8				
漳州市漳浦县	3		2	14				
漳州市南靖县								
宁德市霞浦县								
南平市政和县								

4-84 续表 6

单位：人次

地　区	其他				未曾接受任何服务或扶助			
	残疾一级	残疾二级	残疾三级	残疾四级	残疾一级	残疾二级	残疾三级	残疾四级
总　计		**2**	**1**	**6**	**12**	**28**	**91**	**311**
厦门市思明区							1	3
龙岩市新罗区					3	1	15	25
莆田市城厢区				1				1
泉州市泉港区						4	9	28
厦门市集美区								6
泉州市南安市								
福州市福清市							1	7
泉州市晋江市					1		2	19
福州市长乐市						2	1	13
宁德市福鼎市		1	1	1		7	7	30
南平市邵武市							3	9
莆田市仙游县		1		2		3	5	15
福州市闽侯县						3	5	20
福州市永泰县							1	7
龙岩市上杭县							3	4
三明市大田县					3	2	13	21
三明市沙县					2	1	6	25
泉州市安溪县					1		1	5
漳州市漳浦县						1	3	10
漳州市南靖县					1	1	4	20
宁德市霞浦县				2		2	6	17
南平市政和县					1	1	5	26

4-85 各地区智力残疾人分残疾等级的曾接受服务或扶助

单位：人次

地区	医疗服务与救助				辅助器具			
	残疾一级	残疾二级	残疾三级	残疾四级	残疾一级	残疾二级	残疾三级	残疾四级
总计	**6**	**8**	**15**	**16**	**1**	**1**	**8**	**6**
厦门市思明区	1	1	3					
龙岩市新罗区			2					1
莆田市城厢区								
泉州市泉港区			1					
厦门市集美区								
泉州市南安市	1			1				
福州市福清市				1				
泉州市晋江市								
福州市长乐市				1		1	8	5
宁德市福鼎市			1					
南平市邵武市								
莆田市仙游县			1	3				
福州市闽侯县								
福州市永泰县	3	5	1	4				
龙岩市上杭县				1				
三明市大田县								
三明市沙县		1	2	1				
泉州市安溪县		1	3	3				
漳州市漳浦县								
漳州市南靖县			1					
宁德市霞浦县	1				1			
南平市政和县				1				

4-85 续表 1

单位：人次

地区	康复训练与服务				教育费用补助或减免			
	残疾一级	残疾二级	残疾三级	残疾四级	残疾一级	残疾二级	残疾三级	残疾四级
总　计	**5**	**11**	**15**	**25**			**5**	**2**
厦门市思明区			2					
龙岩市新罗区				2				
莆田市城厢区								
泉州市泉港区			1	1				
厦门市集美区				1				
泉州市南安市								
福州市福清市								
泉州市晋江市							1	
福州市长乐市		1	2	4				
宁德市福鼎市		3	3	4				
南平市邵武市							1	
莆田市仙游县								
福州市闽侯县								
福州市永泰县	2	5	1	4				
龙岩市上杭县				1			2	2
三明市大田县								
三明市沙县								
泉州市安溪县	1	2	4	3			1	
漳州市漳浦县			2	1				
漳州市南靖县				4				
宁德市霞浦县	2							
南平市政和县								

4-85 续表 2

单位：人次

地　区	职业教育与培训				就业安置或扶持			
	残疾一级	残疾二级	残疾三级	残疾四级	残疾一级	残疾二级	残疾三级	残疾四级
总　计	**2**	**1**	**1**	**4**	**2**	**2**	**6**	**5**
厦门市思明区								
龙岩市新罗区							1	
莆田市城厢区								
泉州市泉港区								
厦门市集美区							1	1
泉州市南安市								
福州市福清市				1			1	1
泉州市晋江市								
福州市长乐市							1	
宁德市福鼎市								1
南平市邵武市	2			1	1			
莆田市仙游县								
福州市闽侯县								1
福州市永泰县								
龙岩市上杭县								
三明市大田县								
三明市沙县								
泉州市安溪县		1	1	2	1	2		1
漳州市漳浦县							2	
漳州市南靖县								
宁德市霞浦县								
南平市政和县								

4-85 续表 3

单位：人次

地区	贫困残疾人救助与扶持				法律援助与服务			
	残疾一级	残疾二级	残疾三级	残疾四级	残疾一级	残疾二级	残疾三级	残疾四级
总　计	**10**	**13**	**24**	**30**			**2**	
厦门市思明区			1					
龙岩市新罗区			3	1				
莆田市城厢区			1					
泉州市泉港区				1				
厦门市集美区								
泉州市南安市								
福州市福清市		2	2	2				
泉州市晋江市				1				
福州市长乐市								
宁德市福鼎市								
南平市邵武市	3	1	2	3				
莆田市仙游县		2	6	2			1	
福州市闽侯县	2			2				
福州市永泰县	2	4		3			1	
龙岩市上杭县				6				
三明市大田县	2			3				
三明市沙县								
泉州市安溪县	1	2	2	1				
漳州市漳浦县		1	4	1				
漳州市南靖县		1	2	2				
宁德市霞浦县								
南平市政和县			1	2				

4-85 续表 4

单位：人次

地 区	无障碍设施				信息无障碍			
	残疾一级	残疾二级	残疾三级	残疾四级	残疾一级	残疾二级	残疾三级	残疾四级
总　计								**4**
厦门市思明区								
龙岩市新罗区								2
莆田市城厢区								
泉州市泉港区								
厦门市集美区								
泉州市南安市								
福州市福清市								1
泉州市晋江市								
福州市长乐市								
宁德市福鼎市								
南平市邵武市								
莆田市仙游县								
福州市闽侯县								
福州市永泰县								
龙岩市上杭县								1
三明市大田县								
三明市沙县								
泉州市安溪县								
漳州市漳浦县								
漳州市南靖县								
宁德市霞浦县								
南平市政和县								

4-85 续表 5

单位：人次

地区	生活服务				文化服务			
	残疾一级	残疾二级	残疾三级	残疾四级	残疾一级	残疾二级	残疾三级	残疾四级
总　计	**1**	**2**	**15**	**17**		**2**	**2**	**5**
厦门市思明区			1					
龙岩市新罗区			1				1	3
莆田市城厢区			1					
泉州市泉港区								
厦门市集美区								
泉州市南安市								
福州市福清市		1	2	1		1	1	2
泉州市晋江市								
福州市长乐市			6	5				
宁德市福鼎市								
南平市邵武市								
莆田市仙游县								
福州市闽侯县								
福州市永泰县								
龙岩市上杭县								
三明市大田县								
三明市沙县	1	1	2	7				
泉州市安溪县			2	2		1		
漳州市漳浦县								
漳州市南靖县				2				
宁德市霞浦县								
南平市政和县								

4-85 续表 6

单位：人次

地区	其他				未曾接受任何服务或扶助			
	残疾一级	残疾二级	残疾三级	残疾四级	残疾一级	残疾二级	残疾三级	残疾四级
总　计		**1**	**2**	**3**	**22**	**32**	**60**	**106**
厦门市思明区								1
龙岩市新罗区						1	6	5
莆田市城厢区					2	2	1	4
泉州市泉港区			1		1	3		2
厦门市集美区						2		3
泉州市南安市				1			3	7
福州市福清市				1	3	4	7	21
泉州市晋江市					1	1	6	7
福州市长乐市							3	2
宁德市福鼎市		1				1	2	1
南平市邵武市					1			8
莆田市仙游县						1	6	4
福州市闽侯县						1	1	
福州市永泰县								1
龙岩市上杭县						1	4	11
三明市大田县					8	1	6	5
三明市沙县			1					3
泉州市安溪县							4	2
漳州市漳浦县						4	2	8
漳州市南靖县					3	5	3	2
宁德市霞浦县					1	4		
南平市政和县				1	2	1	6	9

4-86　各地区精神残疾人分残疾等级的曾接受服务或扶助

单位：人次

地　区	医疗服务与救助				辅助器具			
	残疾一级	残疾二级	残疾三级	残疾四级	残疾一级	残疾二级	残疾三级	残疾四级
总　计	**25**	**12**	**12**	**31**				
厦门市思明区								
龙岩市新罗区								
莆田市城厢区	4	1						
泉州市泉港区	1	3		2				
厦门市集美区		1	3	3				
泉州市南安市	3			2				
福州市福清市	3	1	2	3				
泉州市晋江市								
福州市长乐市	1	1	3					
宁德市福鼎市								
南平市邵武市								
莆田市仙游县	1			3				
福州市闽侯县								
福州市永泰县		1	1					
龙岩市上杭县	2			1				
三明市大田县								
三明市沙县	4	1		6				
泉州市安溪县	2	1	1	3				
漳州市漳浦县				1				
漳州市南靖县								
宁德市霞浦县	3	2	2	6				
南平市政和县	1			1				

4-86 续表 1

单位：人次

地区	康复训练与服务				教育费用补助或减免			
	残疾一级	残疾二级	残疾三级	残疾四级	残疾一级	残疾二级	残疾三级	残疾四级
总计	**4**	**2**	**1**	**7**				**1**
厦门市思明区								
龙岩市新罗区								
莆田市城厢区								
泉州市泉港区								
厦门市集美区		1		3				
泉州市南安市	3			1				
福州市福清市								
泉州市晋江市								
福州市长乐市								
宁德市福鼎市								
南平市邵武市								
莆田市仙游县								
福州市闽侯县			1	1				
福州市永泰县		1						
龙岩市上杭县								
三明市大田县								
三明市沙县	1							
泉州市安溪县				2				
漳州市漳浦县								1
漳州市南靖县								
宁德市霞浦县								
南平市政和县								

4-86 续表 2

单位：人次

地　区	职业教育与培训				就业安置或扶持			
	残疾一级	残疾二级	残疾三级	残疾四级	残疾一级	残疾二级	残疾三级	残疾四级
总　计								1
厦门市思明区								
龙岩市新罗区								
莆田市城厢区								
泉州市泉港区								
厦门市集美区								
泉州市南安市								
福州市福清市								
泉州市晋江市								
福州市长乐市								
宁德市福鼎市								
南平市邵武市								
莆田市仙游县								
福州市闽侯县								
福州市永泰县								
龙岩市上杭县								
三明市大田县								1
三明市沙县								
泉州市安溪县								
漳州市漳浦县								
漳州市南靖县								
宁德市霞浦县								
南平市政和县								

4-86 续表 3

单位：人次

地区	贫困残疾人救助与扶持				法律援助与服务			
	残疾一级	残疾二级	残疾三级	残疾四级	残疾一级	残疾二级	残疾三级	残疾四级
总　计	**28**	**14**	**12**	**24**				**1**
厦门市思明区	1		2	1				
龙岩市新罗区				2				
莆田市城厢区	1							
泉州市泉港区	1	3	1	2				
厦门市集美区			1	2				
泉州市南安市	3			2				
福州市福清市	1		1					
泉州市晋江市	3	1						
福州市长乐市								
宁德市福鼎市	1	1	1					
南平市邵武市								
莆田市仙游县	3		3	7				
福州市闽侯县	1	1	1					
福州市永泰县	1							
龙岩市上杭县	2			5				
三明市大田县	1							
三明市沙县								
泉州市安溪县								1
漳州市漳浦县		4		2				
漳州市南靖县	4	1	1	1				
宁德市霞浦县	2		1					
南平市政和县	3	3						

4-86 续表 4

单位：人次

地　区	无障碍设施				信息无障碍			
	残疾一级	残疾二级	残疾三级	残疾四级	残疾一级	残疾二级	残疾三级	残疾四级
总　计								
厦门市思明区								
龙岩市新罗区								
莆田市城厢区								
泉州市泉港区								
厦门市集美区								
泉州市南安市								
福州市福清市								
泉州市晋江市								
福州市长乐市								
宁德市福鼎市								
南平市邵武市								
莆田市仙游县								
福州市闽侯县								
福州市永泰县								
龙岩市上杭县								
三明市大田县								
三明市沙县								
泉州市安溪县								
漳州市漳浦县								
漳州市南靖县								
宁德市霞浦县								
南平市政和县								

4-86 续表 5

单位：人次

地 区	生活服务				文化服务			
	残疾一级	残疾二级	残疾三级	残疾四级	残疾一级	残疾二级	残疾三级	残疾四级
总 计	**9**	**5**	**3**	**10**	**2**	**1**	**1**	**2**
厦门市思明区	1			2				
龙岩市新罗区								
莆田市城厢区	2							
泉州市泉港区	1	3		2				
厦门市集美区								
泉州市南安市								
福州市福清市								
泉州市晋江市								
福州市长乐市								
宁德市福鼎市	1							
南平市邵武市								
莆田市仙游县				2				
福州市闽侯县								
福州市永泰县								
龙岩市上杭县								
三明市大田县								
三明市沙县								
泉州市安溪县	2	1	1	4	2	1	1	2
漳州市漳浦县								
漳州市南靖县	1	1	1					
宁德市霞浦县	1		1					
南平市政和县								

4-86 续表 6

单位：人次

地区	其他				未曾接受任何服务或扶助			
	残疾一级	残疾二级	残疾三级	残疾四级	残疾一级	残疾二级	残疾三级	残疾四级
总　计	**2**	**1**		**1**	**38**	**25**	**42**	**83**
厦门市思明区	1				1	2	3	6
龙岩市新罗区					4	4	1	5
莆田市城厢区	1				3		1	
泉州市泉港区							5	4
厦门市集美区						1		1
泉州市南安市								
福州市福清市					1		1	
泉州市晋江市		1		1				4
福州市长乐市					1	1	10	5
宁德市福鼎市					9	2	3	6
南平市邵武市					2	2	1	14
莆田市仙游县							1	7
福州市闽侯县					1	1	1	5
福州市永泰县					4	4	5	7
龙岩市上杭县						2	1	4
三明市大田县					3	1	5	6
三明市沙县								
泉州市安溪县								
漳州市漳浦县					3	2	1	6
漳州市南靖县					3	2	2	2
宁德市霞浦县					1			
南平市政和县					2	1	1	1

4-87 各地区多重残疾人分残疾等级的曾接受服务或扶助

单位：人次

地区	医疗服务与救助				辅助器具			
	残疾一级	残疾二级	残疾三级	残疾四级	残疾一级	残疾二级	残疾三级	残疾四级
总　计	**59**	**24**	**26**	**16**	**17**	**7**	**9**	**3**
厦门市思明区	5	1	5	1		1	3	
龙岩市新罗区	5	4	2	3				
莆田市城厢区		4	3			1		
泉州市泉港区	2	1	1	1	1			
厦门市集美区	4	1	1	3	2		1	1
泉州市南安市	5	1	1	1	2			
福州市福清市	3	1	1	1				
泉州市晋江市	3	1	1		2	1	1	
福州市长乐市	2	1		1	2	1		
宁德市福鼎市	1							
南平市邵武市	1			1			1	1
莆田市仙游县	2	1						
福州市闽侯县	2				5	1		
福州市永泰县	2	1	2	1			1	
龙岩市上杭县	3	1	2					
三明市大田县	1	1	2					1
三明市沙县	6	2	3		1	2		
泉州市安溪县	4		1	2	1		1	
漳州市漳浦县	3	1						
漳州市南靖县							1	
宁德市霞浦县	4	1			1			
南平市政和县	1	1	1	1				

4-87 续表 1

单位：人次

地区	康复训练与服务				教育费用补助或减免			
	残疾一级	残疾二级	残疾三级	残疾四级	残疾一级	残疾二级	残疾三级	残疾四级
总　计	**25**	**12**	**11**	**5**	**5**	**1**	**1**	**1**
厦门市思明区	2		1					
龙岩市新罗区								
莆田市城厢区		4	3					
泉州市泉港区								
厦门市集美区		1		1	1			
泉州市南安市	9	3	3	2				
福州市福清市			1					
泉州市晋江市	1	1			2			
福州市长乐市	4	1			1			
宁德市福鼎市	1	1						
南平市邵武市	1			1				
莆田市仙游县								
福州市闽侯县	1							
福州市永泰县			1					
龙岩市上杭县					1			
三明市大田县								1
三明市沙县		1				1		
泉州市安溪县	4		1	1				
漳州市漳浦县								
漳州市南靖县								
宁德市霞浦县	2		1					
南平市政和县							1	

4-87 续表 2

单位：人次

地　区	职业教育与培训				就业安置或扶持			
	残疾一级	残疾二级	残疾三级	残疾四级	残疾一级	残疾二级	残疾三级	残疾四级
总　计	**5**				**9**	**2**		**1**
厦门市思明区								
龙岩市新罗区								
莆田市城厢区								
泉州市泉港区								
厦门市集美区	2					1		
泉州市南安市	1							
福州市福清市								
泉州市晋江市								
福州市长乐市	2							
宁德市福鼎市								
南平市邵武市					2			
莆田市仙游县					1			
福州市闽侯县					4	1		
福州市永泰县								
龙岩市上杭县								
三明市大田县								
三明市沙县					1			
泉州市安溪县					1			
漳州市漳浦县								
漳州市南靖县								1
宁德市霞浦县								
南平市政和县								

4-87 续表 3

单位：人次

地　区	贫困残疾人救助与扶持				法律援助与服务			
	残疾一级	残疾二级	残疾三级	残疾四级	残疾一级	残疾二级	残疾三级	残疾四级
总　计	**90**	**23**	**34**	**12**	**1**		**1**	
厦门市思明区	1	1						
龙岩市新罗区	8	4	2					
莆田市城厢区	3							
泉州市泉港区	2	1		1				
厦门市集美区	2	2						
泉州市南安市	3		1					
福州市福清市	3		1					
泉州市晋江市	2							
福州市长乐市	2							
宁德市福鼎市	2							
南平市邵武市	3		3	1				
莆田市仙游县	6	1		2			1	
福州市闽侯县	14	3	2	1				
福州市永泰县	1	1	1	1				
龙岩市上杭县	8	4	10	2				
三明市大田县	7	1	7	1				
三明市沙县	2	1	2	1				
泉州市安溪县	4		1					
漳州市漳浦县	4							
漳州市南靖县	4		1					
宁德市霞浦县	1			1	1			
南平市政和县	8	4	3	1				

4-87 续表 4

单位：人次

地区	无障碍设施				信息无障碍			
	残疾一级	残疾二级	残疾三级	残疾四级	残疾一级	残疾二级	残疾三级	残疾四级
总计	**1**		**1**	**2**	**2**		**1**	**1**
厦门市思明区								
龙岩市新罗区								
莆田市城厢区								
泉州市泉港区								
厦门市集美区								
泉州市南安市								
福州市福清市								
泉州市晋江市								
福州市长乐市								
宁德市福鼎市								
南平市邵武市								
莆田市仙游县								
福州市闽侯县								
福州市永泰县					1			
龙岩市上杭县								
三明市大田县								
三明市沙县								
泉州市安溪县			1	2	1		1	1
漳州市漳浦县								
漳州市南靖县	1							
宁德市霞浦县								
南平市政和县								

4-87 续表 5

单位：人次

地 区	生活服务				文化服务			
	残疾一级	残疾二级	残疾三级	残疾四级	残疾一级	残疾二级	残疾三级	残疾四级
总 计	**20**	**7**	**7**	**4**	**2**		**6**	
厦门市思明区	2	1						
龙岩市新罗区								
莆田市城厢区	1	1						
泉州市泉港区	1	1		1				
厦门市集美区	3							
泉州市南安市								
福州市福清市								
泉州市晋江市								
福州市长乐市	1							
宁德市福鼎市								
南平市邵武市								
莆田市仙游县	1							
福州市闽侯县								
福州市永泰县	1							
龙岩市上杭县					1			
三明市大田县			1				1	
三明市沙县	2	4	3	1			2	
泉州市安溪县	2		2	2	1		2	
漳州市漳浦县	2							
漳州市南靖县	2		1				1	
宁德市霞浦县	2							
南平市政和县								

4-87 续表 6

单位：人次

地　区	其他				未曾接受任何服务或扶助			
	残疾一级	残疾二级	残疾三级	残疾四级	残疾一级	残疾二级	残疾三级	残疾四级
总　计	**4**	**3**	**3**	**4**	**163**	**69**	**116**	**77**
厦门市思明区		1			4	4	7	5
龙岩市新罗区					13	6	13	9
莆田市城厢区					4	3	13	1
泉州市泉港区					9	5	9	2
厦门市集美区					8		5	2
泉州市南安市					2	1	1	
福州市福清市					13	4	2	4
泉州市晋江市					3	2	3	4
福州市长乐市					6	1	3	8
宁德市福鼎市				1	13	5	1	1
南平市邵武市					13	3	5	2
莆田市仙游县					7	1	2	3
福州市闽侯县	1	1	1		15	6	9	5
福州市永泰县					10	3	4	1
龙岩市上杭县					7	7	11	2
三明市大田县	1	1		1	6	3	13	6
三明市沙县	1		2	1	2	3	3	2
泉州市安溪县					3	1	2	2
漳州市漳浦县					8	3	1	2
漳州市南靖县	1				2	2	4	7
宁德市霞浦县					9	4	5	7
南平市政和县				1	6	2		2

4－88　各地区残疾人分城乡的主要需求

单位：人次

地　区	合计		医疗服务与救助		辅助器具	
	城镇	农村	城镇	农村	城镇	农村
总　计	**2325**	**7963**	**586**	**2206**	**379**	**1344**
厦门市思明区	388		124		83	
龙岩市新罗区	130	548	38	151	19	76
莆田市城厢区	122	348	33	99	7	34
泉州市泉港区	110	475	22	88	13	54
厦门市集美区	235	84	46	19	46	19
泉州市南安市	90	194	29	64	15	36
福州市福清市	67	448	16	108	11	88
泉州市晋江市	75	248	9	34	16	34
福州市长乐市	67	309	11	74	16	66
宁德市福鼎市	118	296	26	65	16	33
南平市邵武市	71	464	18	145	8	48
莆田市仙游县	236	232	52	57	23	16
福州市闽侯县		482		144		129
福州市永泰县	128	360	45	121	33	79
龙岩市上杭县	77	535	18	164	18	138
三明市大田县	46	605	14	228	4	63
三明市沙县	50	334	14	85	17	108
泉州市安溪县	56	283	15	73	4	35
漳州市漳浦县	64	474	13	116	6	72
漳州市南靖县	30	319	8	81	8	76
宁德市霞浦县	165	453	35	117	16	67
南平市政和县		472		173		73

4-88 续表 1

单位：人次

地 区	康复训练与服务		教育费用补助或减免		职业教育与培训	
	城镇	农村	城镇	农村	城镇	农村
总 计	**310**	**694**	**39**	**69**	**19**	**65**
厦门市思明区	51				2	
龙岩市新罗区	23	52	3	2	2	8
莆田市城厢区	18	67	1	2		
泉州市泉港区	11	28	1	5	1	2
厦门市集美区	31	9	3	1	2	
泉州市南安市	32	75	2	1	1	1
福州市福清市	7	29	1		2	9
泉州市晋江市	6	6	2	1	1	5
福州市长乐市	13	57				2
宁德市福鼎市	26	47		4		3
南平市邵武市	12	27		3	2	6
莆田市仙游县	22	21	1	3	2	1
福州市闽侯县		43		2		3
福州市永泰县	18	56				1
龙岩市上杭县	5	16	1	5		1
三明市大田县	1	25	3	11		10
三明市沙县	2	6	1	4	1	1
泉州市安溪县	4	24		1		1
漳州市漳浦县	10	44		2	1	4
漳州市南靖县	1	14		3		
宁德市霞浦县	17	33	20	6	2	6
南平市政和县		15		13		1

4－88 续表 2

单位：人次

地区	就业安置或扶持		贫困残疾人救助与扶持		法律援助与服务	
	城镇	农村	城镇	农村	城镇	农村
总　计	**104**	**296**	**431**	**2119**	**27**	**69**
厦门市思明区	8		33		4	
龙岩市新罗区	7	9	17	161	1	15
莆田市城厢区	11	7	19	46		3
泉州市泉港区	5	12	31	141	4	15
厦门市集美区	24	6	42	14	1	
泉州市南安市	1	1	9	14	1	
福州市福清市	2	22	13	99	1	1
泉州市晋江市	1	14	16	52		2
福州市长乐市	2	8	4	15	2	19
宁德市福鼎市	5	12	13	68		
南平市邵武市	3	31	18	177		3
莆田市仙游县	5	7	70	63	7	5
福州市闽侯县		11		132		
福州市永泰县	2	2	16	68		1
龙岩市上杭县	5	19	22	181	2	1
三明市大田县	3	22	18	210	1	
三明市沙县	1	9	8	92		1
泉州市安溪县		10	19	89		1
漳州市漳浦县	1	15	17	136	1	1
漳州市南靖县		4	8	70		
宁德市霞浦县	18	62	38	137	2	1
南平市政和县		13		154		

4-88 续表 3

单位：人次

地区	无障碍设施		信息无障碍		生活服务	
	城镇	农村	城镇	农村	城镇	农村
总　计	**61**	**69**	**12**	**42**	**205**	**611**
厦门市思明区	32		1		32	
龙岩市新罗区	1	3		4	6	24
莆田市城厢区	1			2	29	78
泉州市泉港区	1	2	1		8	69
厦门市集美区	3	1	1		13	5
泉州市南安市						1
福州市福清市	1	10	3	20	9	52
泉州市晋江市		1	1	3	10	44
福州市长乐市	1			3	5	23
宁德市福鼎市	7	18		1	14	28
南平市邵武市	4	11		2		1
莆田市仙游县	2	1			29	38
福州市闽侯县						4
福州市永泰县	1	1	5	2	3	22
龙岩市上杭县		2		2	6	2
三明市大田县		2			1	32
三明市沙县					1	17
泉州市安溪县	3	7		1	11	24
漳州市漳浦县	1	4		2	12	66
漳州市南靖县	1	1			4	53
宁德市霞浦县	2	5			12	18
南平市政和县						10

4－88 续表 4

单位：人次

地　区	文化服务		其他		不选择	
	城镇	农村	城镇	农村	城镇	农村
总　计	**12**	**79**	**30**	**94**	**110**	**206**
厦门市思明区	1		12		5	
龙岩市新罗区		6		5	13	32
莆田市城厢区	2	2	1	6		2
泉州市泉港区		12	12	46		1
厦门市集美区	1	1	2	4	20	5
泉州市南安市						1
福州市福清市	1	8		1		1
泉州市晋江市	2	9		6	11	37
福州市长乐市	1	4			12	38
宁德市福鼎市		2		4	11	11
南平市邵武市	1	3			5	7
莆田市仙游县	1			1	22	19
福州市闽侯县		1		6		7
福州市永泰县				3	5	4
龙岩市上杭县		4				
三明市大田县			1	1		1
三明市沙县			1	2	4	9
泉州市安溪县		11		1		5
漳州市漳浦县	1	2	1	5		5
漳州市南靖县		12		1		4
宁德市霞浦县	1	1			2	
南平市政和县		1		2		17

4-89 各地区视力残疾人分城乡的主要需求

单位：人次

地区	合计		医疗服务与救助		辅助器具	
	城镇	农村	城镇	农村	城镇	农村
总计	**342**	**1307**	**107**	**487**	**26**	**57**
厦门市思明区	63		19		18	
龙岩市新罗区		36		11		4
莆田市城厢区	38	72	9	23	2	1
泉州市泉港区	13	102	5	37		1
厦门市集美区	20	8	10	3		
泉州市南安市	6	24	5	15		
福州市福清市	5	26	2	10		1
泉州市晋江市	5	16		5		
福州市长乐市	7	32		4		
宁德市福鼎市	14	78	5	26	2	4
南平市邵武市	15	90	7	37	2	5
莆田市仙游县	33	54	11	18		
福州市闽侯县		27		9		6
福州市永泰县	9	51	5	15	1	2
龙岩市上杭县	9	105	2	35	1	30
三明市大田县	11	124	5	57		1
三明市沙县	6	21	4	16		
泉州市安溪县	12	62	4	24		
漳州市漳浦县	2	53		16		
漳州市南靖县	15	72	5	32		
宁德市霞浦县	59	187	9	58		
南平市政和县		67		36		2

4-89 续表 1

单位：人次

地　区	康复训练与服务		教育费用补助或减免		职业教育与培训	
	城镇	农村	城镇	农村	城镇	农村
总　计	**15**	**36**	**16**	**11**	**2**	**6**
厦门市思明区	2				1	
龙岩市新罗区		2				2
莆田市城厢区						
泉州市泉港区	5			2		
厦门市集美区						
泉州市南安市	1	9				
福州市福清市						
泉州市晋江市		1				
福州市长乐市						
宁德市福鼎市				1		
南平市邵武市	6	15				
莆田市仙游县						
福州市闽侯县						
福州市永泰县		2				1
龙岩市上杭县	1	2				
三明市大田县		2	1	3		
三明市沙县						
泉州市安溪县						
漳州市漳浦县		1				
漳州市南靖县						
宁德市霞浦县		2	15	5	1	3
南平市政和县						

4–89 续表 2

单位：人次

地区	就业安置或扶持		贫困残疾人救助与扶持		法律援助与服务	
	城镇	农村	城镇	农村	城镇	农村
总计	**28**	**74**	**62**	**419**	**4**	**7**
厦门市思明区	2		4			
龙岩市新罗区				12		4
莆田市城厢区	10		10	23		
泉州市泉港区			2	30		1
厦门市集美区	1		2			
泉州市南安市						
福州市福清市			1	12		
泉州市晋江市		3		1		
福州市长乐市				1		
宁德市福鼎市	1	1	4	30		
南平市邵武市		2		30		1
莆田市仙游县			7	18	2	
福州市闽侯县				9		
福州市永泰县		1	1	17		
龙岩市上杭县	1	1	2	33		
三明市大田县		6	5	55		
三明市沙县				1		
泉州市安溪县		1	3	23		1
漳州市漳浦县			1	18		
漳州市南靖县		1	6	23		
宁德市霞浦县	13	58	14	56	2	
南平市政和县				27		

4-89 续表 3

单位：人次

地　区	无障碍设施		信息无障碍		生活服务	
	城镇	农村	城镇	农村	城镇	农村
总　计	**24**	**12**		**5**	**35**	**137**
厦门市思明区	16					
龙岩市新罗区						1
莆田市城厢区	1			1	6	23
泉州市泉港区		1			1	25
厦门市集美区						
泉州市南安市						
福州市福清市		1			2	2
泉州市晋江市						
福州市长乐市						
宁德市福鼎市					1	14
南平市邵武市						
莆田市仙游县	2	1			10	17
福州市闽侯县						2
福州市永泰县	1				1	11
龙岩市上杭县		2		2	2	
三明市大田县						
三明市沙县					1	4
泉州市安溪县	3	7		1	2	
漳州市漳浦县				1	1	17
漳州市南靖县	1				3	16
宁德市霞浦县					5	5
南平市政和县						

4-89 续表 4

单位：人次

地区	文化服务		其他		不选择	
	城镇	农村	城镇	农村	城镇	农村
总计	**1**	**5**	**1**	**12**	**21**	**39**
厦门市思明区					1	
龙岩市新罗区						
莆田市城厢区				1		
泉州市泉港区		2		3		
厦门市集美区			1	4	6	1
泉州市南安市						
福州市福清市						
泉州市晋江市					5	6
福州市长乐市					7	27
宁德市福鼎市					1	2
南平市邵武市						
莆田市仙游县	1					
福州市闽侯县				1		
福州市永泰县				2		
龙岩市上杭县						
三明市大田县						
三明市沙县					1	
泉州市安溪县		3		1		1
漳州市漳浦县						
漳州市南靖县						
宁德市霞浦县						
南平市政和县						2

4-90 各地区听力残疾人分城乡的主要需求

单位：人次

地区	合计		医疗服务与救助		辅助器具	
	城镇	农村	城镇	农村	城镇	农村
总计	**499**	**1960**	**121**	**489**	**169**	**718**
厦门市思明区	75		37		34	
龙岩市新罗区	48	196	15	48	9	50
莆田市城厢区	6	50		12	3	20
泉州市泉港区	26	109		3	8	31
厦门市集美区	47	15	5	5	18	6
泉州市南安市	9	13		1	1	1
福州市福清市	17	145	5	36	7	69
泉州市晋江市	44	99	7	10	13	31
福州市长乐市	7	53	1	16	5	22
宁德市福鼎市	9	6				
南平市邵武市	20	136	4	58	3	17
莆田市仙游县	39	48	5	10	5	10
福州市闽侯县		163		50		71
福州市永泰县	55	87	19	31	21	31
龙岩市上杭县	29	187	11	63	11	64
三明市大田县	9	116	3	50	2	25
三明市沙县	14	110		6	11	59
泉州市安溪县	8	47	3	11	2	26
漳州市漳浦县	12	126	2	26	4	57
漳州市南靖县	7	63		1	7	58
宁德市霞浦县	18	56	4	4	5	26
南平市政和县		135		48		44

4-90 续表 1

单位：人次

地区	康复训练与服务		教育费用补助或减免		职业教育与培训	
	城镇	农村	城镇	农村	城镇	农村
总计	**29**	**63**	**3**	**3**	**1**	**2**
厦门市思明区	2					
龙岩市新罗区			2	2		1
莆田市城厢区	2	17				
泉州市泉港区	1	3				
厦门市集美区	1		1			
泉州市南安市	8	11				
福州市福清市	1	3				
泉州市晋江市	3					
福州市长乐市	1	15				
宁德市福鼎市						
南平市邵武市						
莆田市仙游县	3	4			1	
福州市闽侯县		4		1		1
福州市永泰县						
龙岩市上杭县						
三明市大田县		1				
三明市沙县						
泉州市安溪县	1					
漳州市漳浦县	1					
漳州市南靖县						
宁德市霞浦县	5	5				
南平市政和县						

4-90 续表 2

单位：人次

地 区	就业安置或扶持		贫困残疾人救助与扶持		法律援助与服务	
	城镇	农村	城镇	农村	城镇	农村
总 计	**8**	**10**	**62**	**425**		**1**
厦门市思明区			1			
龙岩市新罗区	4	1	3	50		
莆田市城厢区						
泉州市泉港区			8	33		
厦门市集美区	3		3			
泉州市南安市						
福州市福清市		2		2		
泉州市晋江市		1	9	16		
福州市长乐市						
宁德市福鼎市						
南平市邵武市		1	9	53		
莆田市仙游县	1	1	4	5		
福州市闽侯县		2		28		
福州市永泰县			9	23		
龙岩市上杭县			7	59		
三明市大田县		1	2	20		
三明市沙县			1	32		
泉州市安溪县			1	7		
漳州市漳浦县			3	33		
漳州市南靖县				2		
宁德市霞浦县		1	2	19		1
南平市政和县				43		

4-90 续表 3

单位：人次

地区	无障碍设施		信息无障碍		生活服务	
	城镇	农村	城镇	农村	城镇	农村
总计	**4**	**10**	**9**	**23**	**19**	**75**
厦门市思明区						
龙岩市新罗区	1	2			2	12
莆田市城厢区					1	1
泉州市泉港区						2
厦门市集美区	1				2	
泉州市南安市						
福州市福清市	1	7	3	20		6
泉州市晋江市		1	1	2	9	24
福州市长乐市						
宁德市福鼎市						
南平市邵武市						
莆田市仙游县					1	3
福州市闽侯县						1
福州市永泰县			5	1		1
龙岩市上杭县						
三明市大田县					1	19
三明市沙县						4
泉州市安溪县					1	
漳州市漳浦县					2	2
漳州市南靖县						
宁德市霞浦县	1					
南平市政和县						

4-90 续表 4

单位：人次

地　区	文化服务		其　他		不选择	
	城镇	农村	城镇	农村	城镇	农村
总　计	**2**	**13**	**10**	**49**	**62**	**79**
厦门市思明区					1	
龙岩市新罗区		1		4	12	25
莆田市城厢区						
泉州市泉港区		1	9	35		1
厦门市集美区					13	4
泉州市南安市						
福州市福清市						
泉州市晋江市	2	9		5		
福州市长乐市						
宁德市福鼎市					9	6
南平市邵武市					4	7
莆田市仙游县					19	15
福州市闽侯县		1				4
福州市永泰县					1	
龙岩市上杭县		1				
三明市大田县			1			
三明市沙县				1	2	8
泉州市安溪县						3
漳州市漳浦县				4		4
漳州市南靖县						2
宁德市霞浦县					1	
南平市政和县						

4-91 各地区言语残疾人分城乡的主要需求

单位：人次

地区	合计		医疗服务与救助		辅助器具	
	城镇	农村	城镇	农村	城镇	农村
总　计	**37**	**94**	**10**	**22**	**1**	**8**
厦门市思明区	6		2			
龙岩市新罗区		10		3		1
莆田市城厢区		3				
泉州市泉港区	6	6	1	1		
厦门市集美区						
泉州市南安市	11		3			
福州市福清市		5				
泉州市晋江市		1				
福州市长乐市		3				
宁德市福鼎市		3		1		
南平市邵武市		2				
莆田市仙游县	3				1	
福州市闽侯县		4		1		
福州市永泰县		3		1		1
龙岩市上杭县		7		1		2
三明市大田县		9		2		1
三明市沙县	2	15	1	4		2
泉州市安溪县	3	3	1			
漳州市漳浦县		2		1		
漳州市南靖县		3		1		
宁德市霞浦县	6	9	2	2		1
南平市政和县		6		4		

4-91 续表 1

单位：人次

地 区	康复训练与服务		教育费用补助或减免		职业教育与培训	
	城镇	农村	城镇	农村	城镇	农村
总 计	**11**	**11**	**1**	**3**	**1**	**1**
厦门市思明区	2					
龙岩市新罗区		1				1
莆田市城厢区				1		
泉州市泉港区	2	1		1	1	
厦门市集美区						
泉州市南安市	4		1			
福州市福清市						
泉州市晋江市						
福州市长乐市						
宁德市福鼎市						
南平市邵武市						
莆田市仙游县						
福州市闽侯县		2				
福州市永泰县						
龙岩市上杭县		2				
三明市大田县		2				
三明市沙县	1					
泉州市安溪县	1	1				
漳州市漳浦县						
漳州市南靖县		1				
宁德市霞浦县	1	1				
南平市政和县				1		

4-91 续表 2

单位：人次

地 区	就业安置或扶持		贫困残疾人救助与扶持		法律援助与服务	
	城镇	农村	城镇	农村	城镇	农村
总 计	**4**	**11**	**7**	**27**	**1**	**1**
厦门市思明区	2					
龙岩市新罗区		2		2		
莆田市城厢区				1		
泉州市泉港区	1	1	1	1		1
厦门市集美区						
泉州市南安市			2		1	
福州市福清市		2		2		
泉州市晋江市				1		
福州市长乐市		1		1		
宁德市福鼎市		1				
南平市邵武市				2		
莆田市仙游县	1		1			
福州市闽侯县				1		
福州市永泰县						
龙岩市上杭县				2		
三明市大田县				3		
三明市沙县		3		4		
泉州市安溪县		1	1	1		
漳州市漳浦县				1		
漳州市南靖县				1		
宁德市霞浦县			2	3		
南平市政和县				1		

4-91 续表 3

单位：人次

地　区	无障碍设施		信息无障碍		生活服务	
	城镇	农村	城镇	农村	城镇	农村
总　计		**1**		**1**		**5**
厦门市思明区						
龙岩市新罗区						
莆田市城厢区						1
泉州市泉港区						
厦门市集美区						
泉州市南安市						
福州市福清市						1
泉州市晋江市						
福州市长乐市				1		
宁德市福鼎市						
南平市邵武市						
莆田市仙游县						
福州市闽侯县						
福州市永泰县						1
龙岩市上杭县						
三明市大田县						
三明市沙县						2
泉州市安溪县						
漳州市漳浦县						
漳州市南靖县						
宁德市霞浦县		1				
南平市政和县						

4-91 续表 4

单位：人次

地　区	文化服务		其　他		不选择	
	城镇	农村	城镇	农村	城镇	农村
总　计	**1**	**1**		**1**		**1**
厦门市思明区						
龙岩市新罗区						
莆田市城厢区						
泉州市泉港区						
厦门市集美区						
泉州市南安市						
福州市福清市						
泉州市晋江市						
福州市长乐市						
宁德市福鼎市						1
南平市邵武市						
莆田市仙游县						
福州市闽侯县						
福州市永泰县						
龙岩市上杭县						
三明市大田县				1		
三明市沙县						
泉州市安溪县						
漳州市漳浦县						
漳州市南靖县						
宁德市霞浦县	1	1				
南平市政和县						

4-92 各地区肢体残疾人分城乡的主要需求

单位：人次

地区	合计		医疗服务与救助		辅助器具	
	城镇	农村	城镇	农村	城镇	农村
总计	**637**	**1937**	**144**	**489**	**113**	**319**
厦门市思明区	86		19		14	
龙岩市新罗区	22	112	7	34	5	9
莆田市城厢区	39	129	13	41		5
泉州市泉港区	32	129	10	24	2	12
厦门市集美区	86	23	14	2	16	6
泉州市南安市	41	93	14	32	14	29
福州市福清市	3	68	1	20		7
泉州市晋江市	9	51		3		1
福州市长乐市	27	85	6	24	7	22
宁德市福鼎市	43	114	7	18	11	24
南平市邵武市	18	110	5	13	1	21
莆田市仙游县	72	48	11	4	15	4
福州市闽侯县		106		33		22
福州市永泰县	23	111	8	37	6	37
龙岩市上杭县	16	41	1	6	5	11
三明市大田县	19	153	3	39	2	23
三明市沙县	19	73	5	13	5	24
泉州市安溪县	19	61	3	6	2	5
漳州市漳浦县	32	145	8	45	2	10
漳州市南靖县	5	43	2	21	1	4
宁德市霞浦县	26	105	7	30	5	24
南平市政和县		137		44		19

4-92 续表 1

单位：人次

地区	康复训练与服务		教育费用补助或减免		职业教育与培训	
	城镇	农村	城镇	农村	城镇	农村
总计	**114**	**271**	**5**	**28**	**5**	**16**
厦门市思明区	16				1	
龙岩市新罗区	7	28				1
莆田市城厢区	13	36				
泉州市泉港区		11	1	2		1
厦门市集美区	15	4				
泉州市南安市	13	30				
福州市福清市		4			1	
泉州市晋江市		3				
福州市长乐市	4	23				
宁德市福鼎市	9	14		3		
南平市邵武市	5	10		1		4
莆田市仙游县	16	13		1	1	
福州市闽侯县		11				2
福州市永泰县	7	37				
龙岩市上杭县	2	1				
三明市大田县		11	1	7		6
三明市沙县	1			1	1	1
泉州市安溪县		3		1		1
漳州市漳浦县	3	8				
漳州市南靖县	1	3				
宁德市霞浦县	2	13	3	1	1	
南平市政和县		8		11		

4–92 续表 2

单位：人次

地 区	就业安置或扶持		贫困残疾人救助与扶持		法律援助与服务	
	城镇	农村	城镇	农村	城镇	农村
总 计	**27**	**85**	**135**	**496**	**12**	**19**
厦门市思明区	1		13		4	
龙岩市新罗区		2		34		
莆田市城厢区		3		4		
泉州市泉港区	3	8	10	37	4	11
厦门市集美区	8	2	25	6		
泉州市南安市				1		
福州市福清市		5		24	1	1
泉州市晋江市		1	4	15		2
福州市长乐市	2	2	4	7		
宁德市福鼎市	2	6	8	32		
南平市邵武市	1	7	3	35		2
莆田市仙游县	1	3	25	14		1
福州市闽侯县		2		36		
福州市永泰县	1		1			
龙岩市上杭县	1	4	5	18	1	
三明市大田县	3	11	9	53	1	
三明市沙县		4	5	26		1
泉州市安溪县		7	9	27		
漳州市漳浦县	1	2	8	40	1	1
漳州市南靖县		3	1	10		
宁德市霞浦县	3	3	5	32		
南平市政和县		10		45		

4-92 续表 3

单位：人次

地　区	无障碍设施		信息无障碍		生活服务	
	城镇	农村	城镇	农村	城镇	农村
总　计	**21**	**33**		**3**	**44**	**129**
厦门市思明区	10				4	
龙岩市新罗区		1			2	2
莆田市城厢区					12	35
泉州市泉港区					2	21
厦门市集美区	1				6	3
泉州市南安市						1
福州市福清市						6
泉州市晋江市						1
福州市长乐市	1				1	2
宁德市福鼎市	5	14			1	1
南平市邵武市	3	11		2		1
莆田市仙游县					3	7
福州市闽侯县						
福州市永泰县						
龙岩市上杭县					1	1
三明市大田县		2				
三明市沙县						2
泉州市安溪县					5	10
漳州市漳浦县	1	3		1	7	34
漳州市南靖县		1				1
宁德市霞浦县		1				1
南平市政和县						

4-92 续表 4

单位：人次

地　区	文化服务		其　他		不选择	
	城镇	农村	城镇	农村	城镇	农村
总　计		**8**	**6**	**10**	**11**	**31**
厦门市思明区			2		2	
龙岩市新罗区				1	1	
莆田市城厢区			1	5		
泉州市泉港区		2				
厦门市集美区			1			
泉州市南安市						
福州市福清市				1		
泉州市晋江市				1	5	24
福州市长乐市		1			2	4
宁德市福鼎市				2		
南平市邵武市		3				
莆田市仙游县						1
福州市闽侯县						
福州市永泰县						
龙岩市上杭县						
三明市大田县						1
三明市沙县			1		1	1
泉州市安溪县		1				
漳州市漳浦县		1	1			
漳州市南靖县						
宁德市霞浦县						
南平市政和县						

4-93 各地区智力残疾人分城乡的主要需求

单位：人次

地 区	合 计		医疗服务与救助		辅助器具	
	城镇	农村	城镇	农村	城镇	农村
总 计	**184**	**659**	**38**	**122**	**11**	**16**
厦门市思明区	16		6		1	
龙岩市新罗区	9	37	3	5	3	1
莆田市城厢区	12	13	3	2		
泉州市泉港区	3	20	1			
厦门市集美区	13	6	1	2		
泉州市南安市	13	10	4	3		1
福州市福清市	21	105	2	11	1	
泉州市晋江市	2	31		7		
福州市长乐市	12	28		1	3	11
宁德市福鼎市	8	13	1	1		
南平市邵武市	9	21			1	
莆田市仙游县	27	21	7	7		
福州市闽侯县		11				
福州市永泰县		45		15		
龙岩市上杭县	12	38	1	2		
三明市大田县	4	47	1	20		
三明市沙县	3	23	2	16		
泉州市安溪县	6	45	2	13		
漳州市漳浦县	3	51		3		
漳州市南靖县		58		4		
宁德市霞浦县	11	9	4	3	2	3
南平市政和县		27		7		

4-93 续表 1

单位：人次

地　区	康复训练与服务		教育费用补助或减免		职业教育与培训	
	城镇	农村	城镇	农村	城镇	农村
总　计	**31**	**115**	**5**	**12**	**4**	**22**
厦门市思明区	4					
龙岩市新罗区	3	3				1
莆田市城厢区	1					
泉州市泉港区		7				
厦门市集美区	2	1		1	1	
泉州市南安市	2	1				1
福州市福清市	4	14	1			9
泉州市晋江市				1		3
福州市长乐市	4	5				
宁德市福鼎市	5	8				
南平市邵武市		1		2	2	1
莆田市仙游县				1		
福州市闽侯县		3				
福州市永泰县		15				
龙岩市上杭县	2	9	1	4		1
三明市大田县	1	3	1			2
三明市沙县		3	1			
泉州市安溪县	2	14				
漳州市漳浦县	1	15		1	1	4
漳州市南靖县		9		2		
宁德市霞浦县		3	1			
南平市政和县		1				

4-93 续表 2

单位：人次

地　区	就业安置或扶持		贫困残疾人救助与扶持		法律援助与服务	
	城镇	农村	城镇	农村	城镇	农村
总　计	**12**	**46**	**52**	**189**	**5**	**10**
厦门市思明区			3			
龙岩市新罗区		2		11		2
莆田市城厢区	1		3	3		3
泉州市泉港区		3	1	7		2
厦门市集美区	4	1	2			
泉州市南安市	1	1	6	2		
福州市福清市	2	12	7	32		
泉州市晋江市		5	1	7		
福州市长乐市						
宁德市福鼎市						
南平市邵武市	1	1	5	16		
莆田市仙游县	1	1	12	8	5	3
福州市闽侯县		2		4		
福州市永泰县				14		
龙岩市上杭县	2	7	4	11		
三明市大田县			1	22		
三明市沙县				2		
泉州市安溪县		1	2	16		
漳州市漳浦县		10	1	14		
漳州市南靖县				14		
宁德市霞浦县			4			
南平市政和县				6		

4-93 续表 3

单位：人次

地区	无障碍设施		信息无障碍		生活服务	
	城镇	农村	城镇	农村	城镇	农村
总计				**3**	**19**	**69**
厦门市思明区					1	
龙岩市新罗区				3		5
莆田市城厢区					4	4
泉州市泉港区					1	
厦门市集美区					2	
泉州市南安市						
福州市福清市					4	19
泉州市晋江市						7
福州市长乐市					3	8
宁德市福鼎市					2	1
南平市邵武市						
莆田市仙游县						
福州市闽侯县						
福州市永泰县						1
龙岩市上杭县					2	1
三明市大田县						
三明市沙县						2
泉州市安溪县						1
漳州市漳浦县						3
漳州市南靖县						17
宁德市霞浦县						
南平市政和县						

4-93 续表 4

单位：人次

地　区	文化服务		其　他		不选择	
	城镇	农村	城镇	农村	城镇	农村
总　计	**2**	**32**	**1**	**2**	**4**	**21**
厦门市思明区			1			
龙岩市新罗区		4				
莆田市城厢区						1
泉州市泉港区		1				
厦门市集美区	1	1				
泉州市南安市						1
福州市福清市		7				1
泉州市晋江市					1	1
福州市长乐市	1	1			1	2
宁德市福鼎市		2		1		
南平市邵武市						
莆田市仙游县				1	2	
福州市闽侯县						2
福州市永泰县						
龙岩市上杭县		3				
三明市大田县						
三明市沙县						
泉州市安溪县						
漳州市漳浦县		1				
漳州市南靖县		12				
宁德市霞浦县						
南平市政和县						13

4-94 各地区精神残疾人分城乡的主要需求

单位：人次

地区	合计		医疗服务与救助		辅助器具	
	城镇	农村	城镇	农村	城镇	农村
总计	**223**	**626**	**71**	**221**		
厦门市思明区	51		16			
龙岩市新罗区	6	28	1	8		
莆田市城厢区	9	18	3	6		
泉州市泉港区	9	39	3	13		
厦门市集美区	20	6	6	1		
泉州市南安市	3	13	1	4		
福州市福清市		33		13		
泉州市晋江市	3	27	1	6		
福州市长乐市	9	57	3	19		
宁德市福鼎市	28	38	10	13		
南平市邵武市	3	45	1	18		
莆田市仙游县	36	27	12	9		
福州市闽侯县		25		8		
福州市永泰县	10	25	3	12		
龙岩市上杭县	5	22	1	11		
三明市大田县	1	39	1	16		
三明市沙县		19		11		
泉州市安溪县		21		8		
漳州市漳浦县	9	47	3	15		
漳州市南靖县	3	44	1	14		
宁德市霞浦县	18	21	5	7		
南平市政和县		32		9		

4-94 续表 1

单位：人次

地区	康复训练与服务		教育费用补助或减免		职业教育与培训	
	城镇	农村	城镇	农村	城镇	农村
总　计	**37**	**47**		**1**		**4**
厦门市思明区	8					
龙岩市新罗区	2	3				
莆田市城厢区		1				
泉州市泉港区						
厦门市集美区	5	1				
泉州市南安市	1	4				
福州市福清市						
泉州市晋江市		1				2
福州市长乐市	3	6				
宁德市福鼎市	9	11				
南平市邵武市						
莆田市仙游县						
福州市闽侯县		5				
福州市永泰县	3					
龙岩市上杭县		1				
三明市大田县						1
三明市沙县						
泉州市安溪县						
漳州市漳浦县	3	14		1		
漳州市南靖县						
宁德市霞浦县	3					
南平市政和县						1

4-94　续表 2

单位：人次

地　区	就业安置或扶持		贫困残疾人救助与扶持		法律援助与服务	
	城镇	农村	城镇	农村	城镇	农村
总　计	**12**	**28**	**43**	**168**	**3**	**20**
厦门市思明区	3		7			
龙岩市新罗区	1	1	1	7		1
莆田市城厢区		1	3	6		
泉州市泉港区			3	13		
厦门市集美区	5	2	3	1		
泉州市南安市			1	5		
福州市福清市				11		
泉州市晋江市		4	1	6		
福州市长乐市				1	2	18
宁德市福鼎市		3		1		
南平市邵武市	1	13	1	14		
莆田市仙游县		1	12	9		
福州市闽侯县		1		11		
福州市永泰县	1		1	3		1
龙岩市上杭县	1		2	10	1	
三明市大田县		1		15		
三明市沙县				7		
泉州市安溪县						
漳州市漳浦县			3	17		
漳州市南靖县			1	15		
宁德市霞浦县			4	7		
南平市政和县		1		9		

4-94 续表 3

单位：人次

地　区	无障碍设施		信息无障碍		生活服务	
	城镇	农村	城镇	农村	城镇	农村
总　计	**1**			**1**	**52**	**113**
厦门市思明区					15	
龙岩市新罗区				1	1	1
莆田市城厢区					3	4
泉州市泉港区	1				2	11
厦门市集美区					1	1
泉州市南安市						
福州市福清市						9
泉州市晋江市					1	8
福州市长乐市					1	11
宁德市福鼎市					9	10
南平市邵武市						
莆田市仙游县					12	8
福州市闽侯县						
福州市永泰县						5
龙岩市上杭县						
三明市大田县						6
三明市沙县						1
泉州市安溪县						8
漳州市漳浦县						
漳州市南靖县					1	15
宁德市霞浦县					6	7
南平市政和县						8

4-94 续表 4

单位：人次

地 区	文化服务		其 他		不选择	
	城镇	农村	城镇	农村	城镇	农村
总 计	**1**	**11**	**1**	**2**	**2**	**10**
厦门市思明区	1		1			
龙岩市新罗区		1				5
莆田市城厢区						
泉州市泉港区		2				
厦门市集美区						
泉州市南安市						
福州市福清市						
泉州市晋江市						
福州市长乐市		2				
宁德市福鼎市						
南平市邵武市						
莆田市仙游县						
福州市闽侯县						
福州市永泰县					2	4
龙岩市上杭县						
三明市大田县						
三明市沙县						
泉州市安溪县		5				
漳州市漳浦县						
漳州市南靖县						
宁德市霞浦县						
南平市政和县		1		2		1

4-95 各地区多重残疾人分城乡的主要需求

单位：人次

地区	合计		医疗服务与救助		辅助器具	
	城镇	农村	城镇	农村	城镇	农村
总计	**403**	**1380**	**95**	**376**	**59**	**226**
厦门市思明区	91		25		16	
龙岩市新罗区	45	129	12	42	2	11
莆田市城厢区	18	63	5	15	2	8
泉州市泉港区	21	70	2	10	3	10
厦门市集美区	49	26	10	6	12	7
泉州市南安市	7	41	2	9		5
福州市福清市	21	66	6	18	3	11
泉州市晋江市	12	23	1	3	3	2
福州市长乐市	5	51	1	10	1	11
宁德市福鼎市	16	44	3	6	3	5
南平市邵武市	6	60	1	19	1	5
莆田市仙游县	26	34	6	9	2	2
福州市闽侯县		146		43		30
福州市永泰县	31	38	10	10	5	8
龙岩市上杭县	6	135	2	46	1	31
三明市大田县	2	117	1	44		13
三明市沙县	6	73	2	19	1	23
泉州市安溪县	8	44	2	11		4
漳州市漳浦县	6	50		10		5
漳州市南靖县		36		8		14
宁德市霞浦县	27	66	4	13	4	13
南平市政和县		68		25		8

4-95 续表 1

单位：人次

地　区	康复训练与服务		教育费用补助或减免		职业教育与培训	
	城镇	农村	城镇	农村	城镇	农村
总　计	**73**	**151**	**9**	**11**	**6**	**14**
厦门市思明区	17					
龙岩市新罗区	11	15	1		2	2
莆田市城厢区	2	13	1	1		
泉州市泉港区	3	6				1
厦门市集美区	8	3	2		1	
泉州市南安市	3	20	1	1	1	
福州市福清市	2	8			1	
泉州市晋江市	3	1	2		1	
福州市长乐市	1	8				2
宁德市福鼎市	3	14				3
南平市邵武市	1	1				1
莆田市仙游县	3	4	1	1		1
福州市闽侯县		18		1		
福州市永泰县	8	2				
龙岩市上杭县		1		1		
三明市大田县		6		1		1
三明市沙县		3		3		
泉州市安溪县		6				
漳州市漳浦县	2	6				
漳州市南靖县		1		1		
宁德市霞浦县	6	9	1			3
南平市政和县		6		1		

4-95 续表 2

单位：人次

地 区	就业安置或扶持		贫困残疾人救助与扶持		法律援助与服务	
	城镇	农村	城镇	农村	城镇	农村
总 计	**13**	**42**	**70**	**395**	**2**	**11**
厦门市思明区			5			
龙岩市新罗区	2	1	13	45	1	8
莆田市城厢区		3	3	9		
泉州市泉港区	1		6	20		
厦门市集美区	3	1	7	7	1	
泉州市南安市				6		
福州市福清市		1	5	16		
泉州市晋江市	1		1	6		
福州市长乐市		5		5		1
宁德市福鼎市	2	1	1	5		
南平市邵武市		7		27		
莆田市仙游县	1	1	9	9		1
福州市闽侯县		4		43		
福州市永泰县		1	4	11		
龙岩市上杭县		7	2	48		1
三明市大田县		3	1	42		
三明市沙县	1	2	2	20		
泉州市安溪县			3	15		
漳州市漳浦县		3	1	13		
漳州市南靖县				5		
宁德市霞浦县	2		7	20		
南平市政和县		2		23		

4-95 续表 3

单位：人次

地 区	无障碍设施		信息无障碍		生活服务	
	城镇	农村	城镇	农村	城镇	农村
总 计	**11**	**13**	**3**	**6**	**36**	**83**
厦门市思明区	6		1		12	
龙岩市新罗区					1	3
莆田市城厢区				1	3	10
泉州市泉港区		1	1		2	10
厦门市集美区	1	1	1		2	1
泉州市南安市						
福州市福清市		2			3	9
泉州市晋江市				1		4
福州市长乐市				2		2
宁德市福鼎市	2	4		1	1	2
南平市邵武市	1					
莆田市仙游县					3	3
福州市闽侯县						1
福州市永泰县		1		1	2	3
龙岩市上杭县					1	
三明市大田县						7
三明市沙县						2
泉州市安溪县					3	5
漳州市漳浦县		1			2	10
漳州市南靖县						4
宁德市霞浦县	1	3			1	5
南平市政和县						2

4-95 续表 4

单位：人次

地　区	文化服务		其　他		不选择	
	城镇	农村	城镇	农村	城镇	农村
总　计	**5**	**9**	**11**	**18**	**10**	**25**
厦门市思明区			8		1	
龙岩市新罗区						2
莆田市城厢区	2	2				1
泉州市泉港区		4	3	8		
厦门市集美区					1	
泉州市南安市						
福州市福清市	1	1				
泉州市晋江市						6
福州市长乐市					2	5
宁德市福鼎市				1	1	2
南平市邵武市	1				1	
莆田市仙游县					1	3
福州市闽侯县				5		1
福州市永泰县				1	2	
龙岩市上杭县						
三明市大田县						
三明市沙县				1		
泉州市安溪县		2				1
漳州市漳浦县	1			1		1
漳州市南靖县				1		2
宁德市霞浦县					1	
南平市政和县						1

4-96 各地区视力残疾人分残疾等级的主要需求

单位：人次

地区	医疗服务与救助				辅助器具			
	残疾一级	残疾二级	残疾三级	残疾四级	残疾一级	残疾二级	残疾三级	残疾四级
总计	**80**	**44**	**58**	**412**	**18**	**6**	**6**	**53**
厦门市思明区	3	4	2	10	5	3	1	9
龙岩市新罗区	1	2	2	6	2			2
莆田市城厢区	3		4	25	1			2
泉州市泉港区	2	4	8	28				1
厦门市集美区	2	2	1	8				
泉州市南安市		2	1	17				
福州市福清市	6		1	5	1			
泉州市晋江市				5				
福州市长乐市				4				
宁德市福鼎市	5	4	7	15			3	3
南平市邵武市	7	1		36	1			6
莆田市仙游县	3		5	21				
福州市闽侯县	4	1		4	2	1		3
福州市永泰县	4	1	3	12				3
龙岩市上杭县	6	3	5	23	6	2	2	21
三明市大田县	3	3	1	55				1
三明市沙县	1	1	1	17				
泉州市安溪县	8	3		17				
漳州市漳浦县	8	2	3	3				
漳州市南靖县	2	6	3	26				
宁德市霞浦县	9	3	7	48				
南平市政和县	3	2	4	27				2

4-96 续表 1

单位：人次

地 区	康复训练与服务				教育费用补助或减免			
	残疾一级	残疾二级	残疾三级	残疾四级	残疾一级	残疾二级	残疾三级	残疾四级
总 计	**11**	**4**	**2**	**34**	**1**	**2**		**24**
厦门市思明区	1			1				
龙岩市新罗区	1		1					
莆田市城厢区								
泉州市泉港区	1	1		3				2
厦门市集美区								
泉州市南安市	2	3		5				
福州市福清市								
泉州市晋江市				1				
福州市长乐市								
宁德市福鼎市						1		
南平市邵武市	3			18				
莆田市仙游县								
福州市闽侯县								
福州市永泰县	2							
龙岩市上杭县	1		1	1				
三明市大田县				2				4
三明市沙县								
泉州市安溪县								
漳州市漳浦县				1				
漳州市南靖县								
宁德市霞浦县				2	1	1		18
南平市政和县								

4-96 续表 2

单位：人次

地　区	职业教育与培训				就业安置或扶持			
	残疾一级	残疾二级	残疾三级	残疾四级	残疾一级	残疾二级	残疾三级	残疾四级
总　计		**2**		**6**	**17**	**5**	**9**	**71**
厦门市思明区		1					1	1
龙岩市新罗区		1		1				
莆田市城厢区					6		1	3
泉州市泉港区								
厦门市集美区								1
泉州市南安市								
福州市福清市								
泉州市晋江市								3
福州市长乐市								
宁德市福鼎市							1	1
南平市邵武市						1		1
莆田市仙游县								
福州市闽侯县								
福州市永泰县				1				1
龙岩市上杭县								2
三明市大田县					2			4
三明市沙县								
泉州市安溪县					1			
漳州市漳浦县								
漳州市南靖县								1
宁德市霞浦县				4	8	4	6	53
南平市政和县								

4-96 续表 3

单位：人次

地　区	贫困残疾人救助与扶持				法律援助与服务			
	残疾一级	残疾二级	残疾三级	残疾四级	残疾一级	残疾二级	残疾三级	残疾四级
总　计	**83**	**35**	**50**	**313**		**2**	**1**	**8**
厦门市思明区	1	1		2				
龙岩市新罗区	2	2	2	6		1	1	2
莆田市城厢区	6		4	23				
泉州市泉港区	1	2	7	22		1		
厦门市集美区	1			1				
泉州市南安市								
福州市福清市	7		1	5				
泉州市晋江市				1				
福州市长乐市				1				
宁德市福鼎市	6	5	7	16				
南平市邵武市	5	1		24				1
莆田市仙游县	3		5	17				2
福州市闽侯县	4	1		4				
福州市永泰县	5		3	10				
龙岩市上杭县	5	3	5	22				
三明市大田县	3	3	1	53				
三明市沙县			1					
泉州市安溪县	9	3		14				1
漳州市漳浦县	9	2	3	5				
漳州市南靖县	3	6	3	17				
宁德市霞浦县	9	4	5	52				2
南平市政和县	4	2	3	18				

4-96 续表 4

单位：人次

地区	无障碍设施				信息无障碍			
	残疾一级	残疾二级	残疾三级	残疾四级	残疾一级	残疾二级	残疾三级	残疾四级
总计	**14**	**4**		**18**	**3**		**1**	**1**
厦门市思明区	5	2		9				
龙岩市新罗区								
莆田市城厢区	1							1
泉州市泉港区				1				
厦门市集美区								
泉州市南安市								
福州市福清市	1							
泉州市晋江市								
福州市长乐市								
宁德市福鼎市								
南平市邵武市								
莆田市仙游县	1			2				
福州市闽侯县								
福州市永泰县		1						
龙岩市上杭县	1			1	1		1	
三明市大田县								
三明市沙县								
泉州市安溪县	5	1		4	1			
漳州市漳浦县					1			
漳州市南靖县				1				
宁德市霞浦县								
南平市政和县								

4-96 续表 5

单位：人次

地　区	生活服务				文化服务			
	残疾一级	残疾二级	残疾三级	残疾四级	残疾一级	残疾二级	残疾三级	残疾四级
总　计	**36**	**9**	**25**	**102**		**1**		**5**
厦门市思明区								
龙岩市新罗区				1				
莆田市城厢区	4		3	22				
泉州市泉港区	2	1	6	17				2
厦门市集美区								
泉州市南安市								
福州市福清市	4							
泉州市晋江市								
福州市长乐市								
宁德市福鼎市	6	3	1	5				
南平市邵武市								
莆田市仙游县	2		5	20				1
福州市闽侯县	1			1				
福州市永泰县	3		2	7				
龙岩市上杭县	1			1				
三明市大田县								
三明市沙县	1		2	2				
泉州市安溪县				2		1		2
漳州市漳浦县	8	2	3	5				
漳州市南靖县	4	3	1	11				
宁德市霞浦县			2	8				
南平市政和县								

4-96 续表 6

单位：人次

地　区	其　他				不选择			
	残疾一级	残疾二级	残疾三级	残疾四级	残疾一级	残疾二级	残疾三级	残疾四级
总　计	**5**	**1**	**2**	**5**	**6**	**6**	**2**	**46**
厦门市思明区								1
龙岩市新罗区								
莆田市城厢区				1				
泉州市泉港区	1		2					
厦门市集美区	3			2	2	1	1	3
泉州市南安市								
福州市福清市								
泉州市晋江市					1			10
福州市长乐市					2	4	1	27
宁德市福鼎市								3
南平市邵武市								
莆田市仙游县								
福州市闽侯县	1							
福州市永泰县				2				
龙岩市上杭县								
三明市大田县								
三明市沙县								1
泉州市安溪县		1						1
漳州市漳浦县								
漳州市南靖县								
宁德市霞浦县								
南平市政和县					1	1		

4-97 各地区听力残疾人分残疾等级的主要需求

单位：人次

地区	医疗服务与救助				辅助器具			
	残疾一级	残疾二级	残疾三级	残疾四级	残疾一级	残疾二级	残疾三级	残疾四级
总　计	**41**	**71**	**289**	**209**	**57**	**92**	**428**	**310**
厦门市思明区	6	5	12	14	6	5	13	10
龙岩市新罗区		6	22	35		8	24	27
莆田市城厢区	1	1	7	3	2	3	15	3
泉州市泉港区		1	2		4	11	24	
厦门市集美区		2	4	4		3	10	11
泉州市南安市			1			1	1	
福州市福清市	5	2	15	19	6	3	40	27
泉州市晋江市	4	4	6	3	4	4	31	5
福州市长乐市			3	14	1	1	7	18
宁德市福鼎市								
南平市邵武市	6	13	31	12	3	5	9	3
莆田市仙游县	2	1	3	9	2		2	11
福州市闽侯县	4	2	27	17	4	3	41	23
福州市永泰县	5	3	30	12	5	3	31	13
龙岩市上杭县	2	10	56	6	2	10	57	6
三明市大田县	1	8	29	15	1	6	14	6
三明市沙县	1		2	3	5	4	29	32
泉州市安溪县			11	3			18	10
漳州市漳浦县	2	3	12	11	8	7	29	17
漳州市南靖县				1		3	7	55
宁德市霞浦县		2	3	3	2	4	14	11
南平市政和县	2	8	13	25	2	8	12	22

4-97 续表 1

单位：人次

地　区	康复训练与服务				教育费用补助或减免			
	残疾一级	残疾二级	残疾三级	残疾四级	残疾一级	残疾二级	残疾三级	残疾四级
总　计	**7**	**13**	**44**	**28**		**1**	**1**	**4**
厦门市思明区	1	1						
龙岩市新罗区							1	3
莆田市城厢区	1	3	12	3				
泉州市泉港区		2	2					
厦门市集美区			1			1		
泉州市南安市	1	4	13	1				
福州市福清市	1	1	2					
泉州市晋江市	1			2				
福州市长乐市			3	13				
宁德市福鼎市								
南平市邵武市								
莆田市仙游县	1		2	4				
福州市闽侯县			3	1				1
福州市永泰县								
龙岩市上杭县								
三明市大田县		1						
三明市沙县								
泉州市安溪县			1					
漳州市漳浦县	1							
漳州市南靖县								
宁德市霞浦县		1	5	4				
南平市政和县								

4-97 续表 2

单位：人次

地区	职业教育与培训				就业安置或扶持			
	残疾一级	残疾二级	残疾三级	残疾四级	残疾一级	残疾二级	残疾三级	残疾四级
总计		**2**		**1**	**3**	**2**	**8**	**5**
厦门市思明区								
龙岩市新罗区		1					2	3
莆田市城厢区								
泉州市泉港区								
厦门市集美区							3	
泉州市南安市								
福州市福清市					1		1	
泉州市晋江市						1		
福州市长乐市								
宁德市福鼎市								
南平市邵武市					1			
莆田市仙游县		1						2
福州市闽侯县				1	1		1	
福州市永泰县								
龙岩市上杭县								
三明市大田县						1		
三明市沙县								
泉州市安溪县								
漳州市漳浦县								
漳州市南靖县								
宁德市霞浦县							1	
南平市政和县								

4-97 续表 3

单位：人次

地区	贫困残疾人救助与扶持				法律援助与服务			
	残疾一级	残疾二级	残疾三级	残疾四级	残疾一级	残疾二级	残疾三级	残疾四级
总　计	**33**	**67**	**257**	**130**			**1**	
厦门市思明区				1				
龙岩市新罗区		7	24	22				
莆田市城厢区								
泉州市泉港区	4	14	23					
厦门市集美区			3					
泉州市南安市								
福州市福清市	1		1					
泉州市晋江市	3	5	14	3				
福州市长乐市								
宁德市福鼎市								
南平市邵武市	6	12	34	10				
莆田市仙游县		1	3	5				
福州市闽侯县	1	2	14	11				
福州市永泰县	3	1	23	5				
龙岩市上杭县	2	9	50	5				
三明市大田县	1	2	11	8				
三明市沙县	2	1	12	18				
泉州市安溪县			6	2				
漳州市漳浦县	6	5	18	7				
漳州市南靖县				2				
宁德市霞浦县	2	2	9	8			1	
南平市政和县	2	6	12	23				

4-97 续表 4

单位：人次

地区	无障碍设施				信息无障碍			
	残疾一级	残疾二级	残疾三级	残疾四级	残疾一级	残疾二级	残疾三级	残疾四级
总　计		**2**	**9**	**3**	**5**	**3**	**19**	**5**
厦门市思明区								
龙岩市新罗区		1	1	1				
莆田市城厢区								
泉州市泉港区								
厦门市集美区			1					
泉州市南安市								
福州市福清市		1	6	1	4	1	15	3
泉州市晋江市			1		1		2	
福州市长乐市								
宁德市福鼎市								
南平市邵武市								
莆田市仙游县								
福州市闽侯县								
福州市永泰县						2	2	2
龙岩市上杭县								
三明市大田县								
三明市沙县								
泉州市安溪县								
漳州市漳浦县								
漳州市南靖县								
宁德市霞浦县				1				
南平市政和县								

4–97 续表 5

单位：人次

地　区	生活服务				文化服务			
	残疾一级	残疾二级	残疾三级	残疾四级	残疾一级	残疾二级	残疾三级	残疾四级
总　计	**5**	**7**	**63**	**19**		**2**	**11**	**2**
厦门市思明区								
龙岩市新罗区	1	1	7	5		1		
莆田市城厢区			2					
泉州市泉港区			2				1	
厦门市集美区			1	1				
泉州市南安市								
福州市福清市		1	5					
泉州市晋江市	2	2	26	3		1	9	1
福州市长乐市								
宁德市福鼎市								
南平市邵武市								
莆田市仙游县	1		2	1				
福州市闽侯县				1				1
福州市永泰县			1					
龙岩市上杭县							1	
三明市大田县		2	12	6				
三明市沙县	1	1	1	1				
泉州市安溪县			1					
漳州市漳浦县			3	1				
漳州市南靖县								
宁德市霞浦县								
南平市政和县								

4-97 续表 6

单位：人次

地　区	其　他				不选择			
	残疾一级	残疾二级	残疾三级	残疾四级	残疾一级	残疾二级	残疾三级	残疾四级
总　计	**6**	**15**	**33**	**5**	**4**	**14**	**36**	**87**
厦门市思明区								1
龙岩市新罗区	1		2	1	1		13	23
莆田市城厢区								
泉州市泉港区	4	14	26		1			
厦门市集美区					1	1	6	9
泉州市南安市								
福州市福清市								
泉州市晋江市		1	4					
福州市长乐市								
宁德市福鼎市						11	4	
南平市邵武市					1	1	5	4
莆田市仙游县							1	33
福州市闽侯县								4
福州市永泰县								1
龙岩市上杭县								
三明市大田县				1				
三明市沙县			1			1	4	5
泉州市安溪县							1	2
漳州市漳浦县	1			3			1	3
漳州市南靖县							1	1
宁德市霞浦县								1
南平市政和县								

4-98 各地区言语残疾人分残疾等级的主要需求

单位：人次

地区	医疗服务与救助				辅助器具			
	残疾一级	残疾二级	残疾三级	残疾四级	残疾一级	残疾二级	残疾三级	残疾四级
总计	**5**	**5**	**5**	**17**	**3**	**1**	**1**	**4**
厦门市思明区				2				
龙岩市新罗区			1	2				1
莆田市城厢区								
泉州市泉港区	1			1				
厦门市集美区								
泉州市南安市	1			2				
福州市福清市								
泉州市晋江市								
福州市长乐市								
宁德市福鼎市				1				
南平市邵武市								
莆田市仙游县					1			
福州市闽侯县	1							
福州市永泰县				1				1
龙岩市上杭县				1				2
三明市大田县		1		1		1		
三明市沙县	1	1	1	2	1		1	
泉州市安溪县				1				
漳州市漳浦县				1				
漳州市南靖县		1						
宁德市霞浦县	1	1	1	1	1			
南平市政和县		1	2	1				

4-98 续表 1

单位：人次

地区	康复训练与服务				教育费用补助或减免			
	残疾一级	残疾二级	残疾三级	残疾四级	残疾一级	残疾二级	残疾三级	残疾四级
总　计	**3**	**2**	**1**	**16**	**1**		**1**	**2**
厦门市思明区				2				
龙岩市新罗区				1				
莆田市城厢区								1
泉州市泉港区	1		1	1	1			
厦门市集美区								
泉州市南安市	1			3				1
福州市福清市								
泉州市晋江市								
福州市长乐市								
宁德市福鼎市								
南平市邵武市								
莆田市仙游县								
福州市闽侯县	1			1				
福州市永泰县								
龙岩市上杭县				2				
三明市大田县				2				
三明市沙县				1				
泉州市安溪县				2				
漳州市漳浦县								
漳州市南靖县		1						
宁德市霞浦县		1		1				
南平市政和县							1	

4-98 续表 2

单位：人次

地　区	职业教育与培训				就业安置或扶持			
	残疾一级	残疾二级	残疾三级	残疾四级	残疾一级	残疾二级	残疾三级	残疾四级
总　计			**1**	**1**	**3**	**1**	**5**	**6**
厦门市思明区								2
龙岩市新罗区			1					2
莆田市城厢区								
泉州市泉港区				1			2	
厦门市集美区								
泉州市南安市								
福州市福清市							2	
泉州市晋江市								
福州市长乐市								1
宁德市福鼎市							1	
南平市邵武市								
莆田市仙游县					1			
福州市闽侯县								
福州市永泰县								
龙岩市上杭县								
三明市大田县								
三明市沙县					2	1		
泉州市安溪县								1
漳州市漳浦县								
漳州市南靖县								
宁德市霞浦县								
南平市政和县								

4-98 续表 3

单位：人次

地　区	贫困残疾人救助与扶持				法律援助与服务			
	残疾一级	残疾二级	残疾三级	残疾四级	残疾一级	残疾二级	残疾三级	残疾四级
总　计	**6**	**3**	**8**	**17**			**1**	**1**
厦门市思明区								
龙岩市新罗区			1	1				
莆田市城厢区				1				
泉州市泉港区			2				1	
厦门市集美区								
泉州市南安市	1			1				1
福州市福清市			2					
泉州市晋江市	1							
福州市长乐市				1				
宁德市福鼎市								
南平市邵武市				2				
莆田市仙游县	1							
福州市闽侯县				1				
福州市永泰县								
龙岩市上杭县				2				
三明市大田县		1		2				
三明市沙县	2		1	1				
泉州市安溪县				2				
漳州市漳浦县				1				
漳州市南靖县		1						
宁德市霞浦县	1	1	1	2				
南平市政和县			1					

4-98 续表 4

单位：人次

地　区	无障碍设施				信息无障碍			
	残疾一级	残疾二级	残疾三级	残疾四级	残疾一级	残疾二级	残疾三级	残疾四级
总　计				**1**				**1**
厦门市思明区								
龙岩市新罗区								
莆田市城厢区								
泉州市泉港区								
厦门市集美区								
泉州市南安市								
福州市福清市								
泉州市晋江市								
福州市长乐市								1
宁德市福鼎市								
南平市邵武市								
莆田市仙游县								
福州市闽侯县								
福州市永泰县								
龙岩市上杭县								
三明市大田县								
三明市沙县								
泉州市安溪县								
漳州市漳浦县								
漳州市南靖县								
宁德市霞浦县				1				
南平市政和县								

4-98 续表 5

单位：人次

地　区	生活服务				文化服务			
	残疾一级	残疾二级	残疾三级	残疾四级	残疾一级	残疾二级	残疾三级	残疾四级
总　计		**1**	**1**	**3**			**1**	**1**
厦门市思明区								
龙岩市新罗区								
莆田市城厢区				1				
泉州市泉港区								
厦门市集美区								
泉州市南安市								
福州市福清市			1					
泉州市晋江市								
福州市长乐市								
宁德市福鼎市								
南平市邵武市								
莆田市仙游县								
福州市闽侯县								
福州市永泰县				1				
龙岩市上杭县								
三明市大田县								
三明市沙县		1		1				
泉州市安溪县								
漳州市漳浦县								
漳州市南靖县								
宁德市霞浦县							1	1
南平市政和县								

4-98 续表 6

单位：人次

地 区	其 他				不选择			
	残疾一级	残疾二级	残疾三级	残疾四级	残疾一级	残疾二级	残疾三级	残疾四级
总 计				**1**			**1**	
厦门市思明区								
龙岩市新罗区								
莆田市城厢区								
泉州市泉港区								
厦门市集美区								
泉州市南安市								
福州市福清市								
泉州市晋江市								
福州市长乐市								
宁德市福鼎市							1	
南平市邵武市								
莆田市仙游县								
福州市闽侯县								
福州市永泰县								
龙岩市上杭县								
三明市大田县				1				
三明市沙县								
泉州市安溪县								
漳州市漳浦县								
漳州市南靖县								
宁德市霞浦县								
南平市政和县								

4-99 各地区肢体残疾人分残疾等级的主要需求

单位：人次

地 区	医疗服务与救助				辅助器具			
	残疾一级	残疾二级	残疾三级	残疾四级	残疾一级	残疾二级	残疾三级	残疾四级
总 计	**19**	**61**	**127**	**426**	**18**	**50**	**113**	**251**
厦门市思明区		5	4	10		1	7	6
龙岩市新罗区	3	1	14	23	4		7	3
莆田市城厢区		4	5	45			2	3
泉州市泉港区		5	7	22		1	5	8
厦门市集美区	1	3	2	10	1	5	2	14
泉州市南安市	2	5	4	35	2	5	2	34
福州市福清市		5	5	11		2	1	4
泉州市晋江市			1	2			1	
福州市长乐市	1	3	5	21	2	3	5	19
宁德市福鼎市	1	5	3	16	1	8	5	21
南平市邵武市	3	3	6	6		1	9	12
莆田市仙游县	1	1	3	10		1	8	10
福州市闽侯县		2	8	23		4	4	14
福州市永泰县		2	11	32		2	11	30
龙岩市上杭县		3	2	2		6	8	2
三明市大田县	2	4	14	22	4	2	8	11
三明市沙县		1	4	13	1	3	8	17
泉州市安溪县		1		8		1	3	3
漳州市漳浦县	2	4	7	40	1	1	1	9
漳州市南靖县		1	2	20	1	1	2	1
宁德市霞浦县		3	9	25		2	10	17
南平市政和县	3		11	30	1	1	4	13

4-99 续表 1

单位：人次

地 区	康复训练与服务				教育费用补助或减免			
	残疾一级	残疾二级	残疾三级	残疾四级	残疾一级	残疾二级	残疾三级	残疾四级
总 计	**14**	**52**	**75**	**244**	**3**		**13**	**17**
厦门市思明区		5	4	7				
龙岩市新罗区	3	1	14	17				
莆田市城厢区		4	4	41				
泉州市泉港区		3	3	5				3
厦门市集美区		3	1	15				
泉州市南安市	2	5	3	33				
福州市福清市		2	1	1				
泉州市晋江市			1	2				
福州市长乐市	1	3	3	20				
宁德市福鼎市		6	2	15			2	1
南平市邵武市	2	3	1	9				1
莆田市仙游县		4	10	15				1
福州市闽侯县		1	2	8				
福州市永泰县		2	11	31				
龙岩市上杭县		1	1	1				
三明市大田县	4	3	2	2	2		5	1
三明市沙县		1						1
泉州市安溪县			1	2				1
漳州市漳浦县	1	1	1	8				
漳州市南靖县			1	3				
宁德市霞浦县		2	7	6			1	3
南平市政和县	1	2	2	3	1		5	5

4-99 续表 2

单位：人次

地　区	职业教育与培训				就业安置或扶持			
	残疾一级	残疾二级	残疾三级	残疾四级	残疾一级	残疾二级	残疾三级	残疾四级
总　计	**1**	**2**	**9**	**9**	**4**	**1**	**29**	**78**
厦门市思明区				1				1
龙岩市新罗区				1				2
莆田市城厢区								3
泉州市泉港区			1			1	3	7
厦门市集美区							2	8
泉州市南安市								
福州市福清市				1			2	3
泉州市晋江市								1
福州市长乐市					1		2	1
宁德市福鼎市								8
南平市邵武市			2	2			4	4
莆田市仙游县				1				4
福州市闽侯县		1	1				1	1
福州市永泰县								1
龙岩市上杭县							1	4
三明市大田县	1	1	3	1	1		10	3
三明市沙县			1	1				4
泉州市安溪县				1				7
漳州市漳浦县								3
漳州市南靖县							1	2
宁德市霞浦县			1				1	5
南平市政和县					2		2	6

4-99 续表 3

单位：人次

地　区	贫困残疾人救助与扶持				法律援助与服务			
	残疾一级	残疾二级	残疾三级	残疾四级	残疾一级	残疾二级	残疾三级	残疾四级
总　计	**26**	**62**	**149**	**394**		**3**	**7**	**21**
厦门市思明区		1	2	10				4
龙岩市新罗区	2	1	11	20				
莆田市城厢区				4				
泉州市泉港区		6	14	27		1	4	10
厦门市集美区	1	3	4	23				
泉州市南安市			1					
福州市福清市		6	6	12		1		1
泉州市晋江市	1	2	4	12				2
福州市长乐市	1		2	8				
宁德市福鼎市	2	9	5	24				
南平市邵武市	3	2	11	22				2
莆田市仙游县	1	4	11	23				1
福州市闽侯县		4	8	24				
福州市永泰县				1				
龙岩市上杭县		6	8	9		1		
三明市大田县	4	5	22	31			1	
三明市沙县	2	2	7	20				1
泉州市安溪县	3	1	3	29				
漳州市漳浦县	2	4	8	34			2	
漳州市南靖县		2		9				
宁德市霞浦县		2	10	25				
南平市政和县	4	2	12	27				

4-99 续表 4

单位：人次

地区	无障碍设施				信息无障碍			
	残疾一级	残疾二级	残疾三级	残疾四级	残疾一级	残疾二级	残疾三级	残疾四级
总　计	**3**	**8**	**16**	**27**				**3**
厦门市思明区		3	4	3				
龙岩市新罗区				1				
莆田市城厢区								
泉州市泉港区								
厦门市集美区				1				
泉州市南安市								
福州市福清市								
泉州市晋江市								
福州市长乐市			1					
宁德市福鼎市	1	4	3	11				
南平市邵武市	1		6	7				2
莆田市仙游县								
福州市闽侯县								
福州市永泰县								
龙岩市上杭县								
三明市大田县		1	1					
三明市沙县								
泉州市安溪县								
漳州市漳浦县			1	3				1
漳州市南靖县	1							
宁德市霞浦县				1				
南平市政和县								

4-99 续表 5

单位：人次

地　区	生活服务				文化服务			
	残疾一级	残疾二级	残疾三级	残疾四级	残疾一级	残疾二级	残疾三级	残疾四级
总　计	**7**	**15**	**28**	**123**		**1**		**7**
厦门市思明区				4				
龙岩市新罗区			1	3				
莆田市城厢区		4	3	40				
泉州市泉港区		4	5	14				2
厦门市集美区		1		8				
泉州市南安市			1					
福州市福清市			1	5				
泉州市晋江市				1				
福州市长乐市			1	2				1
宁德市福鼎市			1	1				
南平市邵武市				1				3
莆田市仙游县	1	3	3	3				
福州市闽侯县								
福州市永泰县								
龙岩市上杭县		1		1				
三明市大田县								
三明市沙县			1	1				
泉州市安溪县	3		4	8				1
漳州市漳浦县	3	1	7	30		1		
漳州市南靖县		1						
宁德市霞浦县				1				
南平市政和县								

4-99 续表 6

单位：人次

地　区	其　他				不选择			
	残疾一级	残疾二级	残疾三级	残疾四级	残疾一级	残疾二级	残疾三级	残疾四级
总　计	**1**	**1**	**1**	**13**	**3**	**1**	**4**	**34**
厦门市思明区				2			1	1
龙岩市新罗区				1				1
莆田市城厢区			1	5				
泉州市泉港区								
厦门市集美区				1				
泉州市南安市								
福州市福清市		1						
泉州市晋江市				1	2	1	2	24
福州市长乐市							1	5
宁德市福鼎市	1			1				
南平市邵武市								
莆田市仙游县								1
福州市闽侯县								
福州市永泰县								
龙岩市上杭县								
三明市大田县					1			
三明市沙县				1				2
泉州市安溪县								
漳州市漳浦县				1				
漳州市南靖县								
宁德市霞浦县								
南平市政和县								

4-100 各地区智力残疾人分残疾等级的主要需求

单位：人次

地　区	医疗服务与救助				辅助器具			
	残疾一级	残疾二级	残疾三级	残疾四级	残疾一级	残疾二级	残疾三级	残疾四级
总　计	**21**	**25**	**50**	**64**	**7**	**3**	**12**	**5**
厦门市思明区	1	1	3	1	1			
龙岩市新罗区			6	2			4	
莆田市城厢区	1		2	2				
泉州市泉港区		1						
厦门市集美区		1		2				
泉州市南安市	1		1	5	1			
福州市福清市	1	2	4	6	1			
泉州市晋江市	1		3	3				
福州市长乐市				1		1	8	5
宁德市福鼎市		1	1					
南平市邵武市					1			
莆田市仙游县		2	7	5				
福州市闽侯县								
福州市永泰县	3	5	1	6				
龙岩市上杭县			1	2				
三明市大田县	8	1	5	7				
三明市沙县	1	2	5	10				
泉州市安溪县		2	7	6				
漳州市漳浦县				3				
漳州市南靖县		3	1					
宁德市霞浦县	3	4			3	2		
南平市政和县	1		3	3				

4-100 续表 1

单位：人次

地　区	康复训练与服务				教育费用补助或减免			
	残疾一级	残疾二级	残疾三级	残疾四级	残疾一级	残疾二级	残疾三级	残疾四级
总　计	**13**	**29**	**37**	**67**	**1**	**4**	**7**	**5**
厦门市思明区		1	2	1				
龙岩市新罗区			4	2				
莆田市城厢区				1				
泉州市泉港区	1	2	1	3				
厦门市集美区		1		2		1		
泉州市南安市	1			2				
福州市福清市	1	3	2	12				1
泉州市晋江市							1	
福州市长乐市		1	4	4				
宁德市福鼎市		4	5	4				
南平市邵武市				1			1	1
莆田市仙游县							1	
福州市闽侯县	2			1				
福州市永泰县	3	5	1	6				
龙岩市上杭县		1	2	8			3	2
三明市大田县	3			1	1			
三明市沙县				3		1		
泉州市安溪县		2	9	5				
漳州市漳浦县		4	5	7				1
漳州市南靖县	1	3	1	4		1	1	
宁德市霞浦县	1	2				1		
南平市政和县			1					

4-100 续表 2

单位：人次

地　区	职业教育与培训				就业安置或扶持			
	残疾一级	残疾二级	残疾三级	残疾四级	残疾一级	残疾二级	残疾三级	残疾四级
总　计	**3**	**3**	**3**	**17**	**1**	**3**	**13**	**41**
厦门市思明区								
龙岩市新罗区				1			1	1
莆田市城厢区								1
泉州市泉港区							1	2
厦门市集美区		1				1	1	3
泉州市南安市				1			1	1
福州市福清市		1	1	7			3	11
泉州市晋江市			1	2			1	4
福州市长乐市								
宁德市福鼎市								
南平市邵武市	2			1	1			1
莆田市仙游县								2
福州市闽侯县								2
福州市永泰县								
龙岩市上杭县				1			1	8
三明市大田县	1			1				
三明市沙县								
泉州市安溪县							1	
漳州市漳浦县		1	1	3		2	3	5
漳州市南靖县								
宁德市霞浦县								
南平市政和县								

4-100 续表 3

单位：人次

地区	贫困残疾人救助与扶持				法律援助与服务			
	残疾一级	残疾二级	残疾三级	残疾四级	残疾一级	残疾二级	残疾三级	残疾四级
总　计	**33**	**37**	**72**	**99**	**1**	**4**	**6**	**4**
厦门市思明区		1	2					
龙岩市新罗区		1	6	4			1	1
莆田市城厢区	2	2	1	1		2	1	
泉州市泉港区	1	3	1	3	1			1
厦门市集美区		1	1					
泉州市南安市			2	6				
福州市福清市	3	6	9	21				
泉州市晋江市	1	1	4	2				
福州市长乐市								
宁德市福鼎市								
南平市邵武市	5	1	3	12				
莆田市仙游县		3	12	5		2	4	2
福州市闽侯县	2			2				
福州市永泰县	3	5		6				
龙岩市上杭县			4	11				
三明市大田县	9	1	6	7				
三明市沙县		1	1					
泉州市安溪县	1	3	8	6				
漳州市漳浦县		4	5	6				
漳州市南靖县	3	2	5	4				
宁德市霞浦县	2	2						
南平市政和县	1		2	3				

4-100 续表 4

单位：人次

地区	无障碍设施				信息无障碍			
	残疾一级	残疾二级	残疾三级	残疾四级	残疾一级	残疾二级	残疾三级	残疾四级
总　计								**3**
厦门市思明区								
龙岩市新罗区								3
莆田市城厢区								
泉州市泉港区								
厦门市集美区								
泉州市南安市								
福州市福清市								
泉州市晋江市								
福州市长乐市								
宁德市福鼎市								
南平市邵武市								
莆田市仙游县								
福州市闽侯县								
福州市永泰县								
龙岩市上杭县								
三明市大田县								
三明市沙县								
泉州市安溪县								
漳州市漳浦县								
漳州市南靖县								
宁德市霞浦县								
南平市政和县								

4-100 续表 5

单位：人次

地　区	生活服务				文化服务			
	残疾一级	残疾二级	残疾三级	残疾四级	残疾一级	残疾二级	残疾三级	残疾四级
总　计	**8**	**16**	**25**	**39**	**2**	**7**	**7**	**18**
厦门市思明区			1					
龙岩市新罗区			2	3				4
莆田市城厢区	2	2	2	2				
泉州市泉港区		1				1		
厦门市集美区			1	1				2
泉州市南安市								
福州市福清市	3	3	6	11		2	2	3
泉州市晋江市		1		6				
福州市长乐市			5	6			1	1
宁德市福鼎市		1	2				1	1
南平市邵武市								
莆田市仙游县								
福州市闽侯县								
福州市永泰县			1					
龙岩市上杭县			1	2				3
三明市大田县								
三明市沙县				2				
泉州市安溪县		1						
漳州市漳浦县		2		1				1
漳州市南靖县	3	5	4	5	2	4	3	3
宁德市霞浦县								
南平市政和县								

4-100 续表 6

单位：人次

地 区	其 他				不选择			
	残疾一级	残疾二级	残疾三级	残疾四级	残疾一级	残疾二级	残疾三级	残疾四级
总 计		**1**	**1**	**1**	**1**	**2**	**7**	**15**
厦门市思明区				1				
龙岩市新罗区								
莆田市城厢区								1
泉州市泉港区								
厦门市集美区								
泉州市南安市								1
福州市福清市								1
泉州市晋江市							2	
福州市长乐市							1	2
宁德市福鼎市		1						
南平市邵武市								
莆田市仙游县			1					2
福州市闽侯县						1	1	
福州市永泰县								
龙岩市上杭县								
三明市大田县								
三明市沙县								
泉州市安溪县								
漳州市漳浦县								
漳州市南靖县								
宁德市霞浦县								
南平市政和县					1	1	3	8

4-101 各地区精神残疾人分残疾等级的主要需求

单位：人次

地　区	医疗服务与救助				辅助器具			
	残疾一级	残疾二级	残疾三级	残疾四级	残疾一级	残疾二级	残疾三级	残疾四级
总　计	**74**	**43**	**60**	**115**				
厦门市思明区	1	2	5	8				
龙岩市新罗区	3	1	1	4				
莆田市城厢区	7	1	1					
泉州市泉港区	1	3	6	6				
厦门市集美区		2	3	2				
泉州市南安市	3			2				
福州市福清市	5	1	4	3				
泉州市晋江市	3	2		2				
福州市长乐市	2	2	13	5				
宁德市福鼎市	10	3	4	6				
南平市邵武市	2	2	1	14				
莆田市仙游县	3		4	14				
福州市闽侯县	2	2	1	3				
福州市永泰县	3	5	4	3				
龙岩市上杭县	1	2	1	8				
三明市大田县	4	1	5	7				
三明市沙县	4	1		6				
泉州市安溪县	2	1	1	4				
漳州市漳浦县	3	5	1	9				
漳州市南靖县	7	2	3	3				
宁德市霞浦县	4	2	1	5				
南平市政和县	4	3	1	1				

4-101 续表 1

单位：人次

地　区	康复训练与服务				教育费用补助或减免			
	残疾一级	残疾二级	残疾三级	残疾四级	残疾一级	残疾二级	残疾三级	残疾四级
总　计	**23**	**13**	**17**	**31**				**1**
厦门市思明区	2		1	5				
龙岩市新罗区	1		1	3				
莆田市城厢区		1						
泉州市泉港区								
厦门市集美区		2	3	1				
泉州市南安市	4			1				
福州市福清市								
泉州市晋江市				1				
福州市长乐市	1	1	5	2				
宁德市福鼎市	10	2	4	4				
南平市邵武市								
莆田市仙游县								
福州市闽侯县	1		1	3				
福州市永泰县		1	1	1				
龙岩市上杭县				1				
三明市大田县								
三明市沙县								
泉州市安溪县								
漳州市漳浦县	3	6	1	7				1
漳州市南靖县								
宁德市霞浦县	1			2				
南平市政和县								

4-101 续表 2

单位：人次

地　区	职业教育与培训				就业安置或扶持			
	残疾一级	残疾二级	残疾三级	残疾四级	残疾一级	残疾二级	残疾三级	残疾四级
总　计		**1**		**3**	**3**	**8**	**5**	**24**
厦门市思明区								3
龙岩市新罗区					1			1
莆田市城厢区							1	
泉州市泉港区								
厦门市集美区						2	2	3
泉州市南安市								
福州市福清市								
泉州市晋江市				2		1		3
福州市长乐市								
宁德市福鼎市					1	2		
南平市邵武市					1	1	1	11
莆田市仙游县								1
福州市闽侯县							1	
福州市永泰县						1		
龙岩市上杭县								1
三明市大田县				1				1
三明市沙县								
泉州市安溪县								
漳州市漳浦县								
漳州市南靖县								
宁德市霞浦县								
南平市政和县		1				1		

4-101 续表 3

单位：人次

地区	贫困残疾人救助与扶持				法律援助与服务			
	残疾一级	残疾二级	残疾三级	残疾四级	残疾一级	残疾二级	残疾三级	残疾四级
总　计	**56**	**32**	**37**	**86**	**4**	**2**	**13**	**4**
厦门市思明区	1	2	4					
龙岩市新罗区	3	1	1	3	1			
莆田市城厢区	7	1	1					
泉州市泉港区	1	3	6	6				
厦门市集美区			1	3				
泉州市南安市	4			2				
福州市福清市	4		4	3				
泉州市晋江市	3	2		2				
福州市长乐市				1	1	2	13	4
宁德市福鼎市		1						
南平市邵武市	2	2	1	10				
莆田市仙游县	3		4	14				
福州市闽侯县	2	2	2	5				
福州市永泰县	1		2	1	1			
龙岩市上杭县	1	2	1	8	1			
三明市大田县	4	1	4	6				
三明市沙县	3			4				
泉州市安溪县								
漳州市漳浦县	3	6	1	10				
漳州市南靖县	7	3	3	3				
宁德市霞浦县	3	2	1	5				
南平市政和县	4	4	1					

4-101 续表 4

单位：人次

地区	无障碍设施				信息无障碍			
	残疾一级	残疾二级	残疾三级	残疾四级	残疾一级	残疾二级	残疾三级	残疾四级
总计		**1**						**1**
厦门市思明区								
龙岩市新罗区								1
莆田市城厢区								
泉州市泉港区		1						
厦门市集美区								
泉州市南安市								
福州市福清市								
泉州市晋江市								
福州市长乐市								
宁德市福鼎市								
南平市邵武市								
莆田市仙游县								
福州市闽侯县								
福州市永泰县								
龙岩市上杭县								
三明市大田县								
三明市沙县								
泉州市安溪县								
漳州市漳浦县								
漳州市南靖县								
宁德市霞浦县								
南平市政和县								

4-101 续表 5

单位：人次

地　区	生活服务				文化服务			
	残疾一级	残疾二级	残疾三级	残疾四级	残疾一级	残疾二级	残疾三级	残疾四级
总　计	**53**	**18**	**38**	**56**	**3**	**1**	**1**	**7**
厦门市思明区	2	2	5	6				1
龙岩市新罗区				2				1
莆田市城厢区	7							
泉州市泉港区	1	2	6	4				2
厦门市集美区				2				
泉州市南安市								
福州市福清市	4		2	3				
泉州市晋江市	3	1		5				
福州市长乐市	1	1	8	2	1			1
宁德市福鼎市	9	1	4	5				
南平市邵武市								
莆田市仙游县	3		4	13				
福州市闽侯县								
福州市永泰县	3	2						
龙岩市上杭县								
三明市大田县	2		3	1				
三明市沙县	1							
泉州市安溪县	2	1	1	4	2	1	1	1
漳州市漳浦县								
漳州市南靖县	7	3	3	3				
宁德市霞浦县	4	2	1	6				
南平市政和县	4	3	1					1

4-101 续表 6

单位：人次

地　区	其　他				不选择			
	残疾一级	残疾二级	残疾三级	残疾四级	残疾一级	残疾二级	残疾三级	残疾四级
总　计	**2**			**1**	**2**	**3**	**2**	**5**
厦门市思明区				1				
龙岩市新罗区					1	3		1
莆田市城厢区								
泉州市泉港区								
厦门市集美区								
泉州市南安市								
福州市福清市								
泉州市晋江市								
福州市长乐市								
宁德市福鼎市								
南平市邵武市								
莆田市仙游县								
福州市闽侯县								
福州市永泰县					1		2	3
龙岩市上杭县								
三明市大田县								
三明市沙县								
泉州市安溪县								
漳州市漳浦县								
漳州市南靖县								
宁德市霞浦县								
南平市政和县	2							1

4-102 各地区多重残疾人分残疾等级的主要需求

单位：人次

地　区	医疗服务与救助				辅助器具			
	残疾一级	残疾二级	残疾三级	残疾四级	残疾一级	残疾二级	残疾三级	残疾四级
总　计	**198**	**79**	**128**	**66**	**94**	**48**	**97**	**46**
厦门市思明区	5	6	9	5	3	4	7	2
龙岩市新罗区	20	11	14	9	2	4	5	2
莆田市城厢区	5	7	7	1	1	2	7	
泉州市泉港区	3	3	4	2	5	3	4	1
厦门市集美区	10	2	1	3	10	1	5	3
泉州市南安市	6	2	1	2	3	1		1
福州市福清市	14	3	3	4	7	2	1	4
泉州市晋江市	3	1			2	1	2	
福州市长乐市	4	1	1	5	4	1	2	5
宁德市福鼎市	6		1	2	4	3		1
南平市邵武市	9	2	7	2	4	1	1	
莆田市仙游县	10	2	2	1	2		1	1
福州市闽侯县	23	6	12	2	13	5	11	1
福州市永泰县	7	3	7	3	4	1	6	2
龙岩市上杭县	15	8	21	4	7	6	17	2
三明市大田县	11	4	21	9	2	2	8	1
三明市沙县	8	7	5	1	5	6	10	3
泉州市安溪县	8		3	2	1		1	2
漳州市漳浦县	7	3			3	1		1
漳州市南靖县	3	1	3	1	2	1	4	7
宁德市霞浦县	9	2	3	3	6	2	4	5
南平市政和县	12	5	3	5	4	1	1	2

4-102 续表 1

单位：人次

地区	康复训练与服务				教育费用补助或减免			
	残疾一级	残疾二级	残疾三级	残疾四级	残疾一级	残疾二级	残疾三级	残疾四级
总　计	**109**	**45**	**42**	**28**	**10**	**6**	**2**	**2**
厦门市思明区	7	4	3	3				
龙岩市新罗区	12	5	5	4	1			
莆田市城厢区		6	9		1	1		
泉州市泉港区	5	2	2					
厦门市集美区	7	3		1	2			
泉州市南安市	13	4	4	2	1	1		
福州市福清市	4	3	1	2				
泉州市晋江市	3		1		2			
福州市长乐市	3	1		5				
宁德市福鼎市	13	3		1				
南平市邵武市			1	1				
莆田市仙游县	4	1	1	1	2			
福州市闽侯县	9	4	2	3				1
福州市永泰县	3	2	4	1				
龙岩市上杭县	1				1			
三明市大田县	2	1	2	1		1		
三明市沙县	1	2				3		
泉州市安溪县	5	1						
漳州市漳浦县	6		1	1				
漳州市南靖县	1						1	
宁德市霞浦县	6	2	5	2				1
南平市政和县	4	1	1				1	

4-102 续表 2

单位：人次

地　区	职业教育与培训				就业安置或扶持			
	残疾一级	残疾二级	残疾三级	残疾四级	残疾一级	残疾二级	残疾三级	残疾四级
总　计	**15**	**2**	**2**	**1**	**40**	**5**	**7**	**3**
厦门市思明区								
龙岩市新罗区	3		1		2		1	
莆田市城厢区					2		1	
泉州市泉港区				1			1	
厦门市集美区	1				3			1
泉州市南安市	1							
福州市福清市			1		1			
泉州市晋江市	1				1			
福州市长乐市	2				5			
宁德市福鼎市	2	1			2		1	
南平市邵武市	1				6	1		
莆田市仙游县	1				2			
福州市闽侯县					3	1		
福州市永泰县					1			
龙岩市上杭县					3	3	1	
三明市大田县	1				2		1	
三明市沙县					3			
泉州市安溪县								
漳州市漳浦县					2		1	
漳州市南靖县								
宁德市霞浦县	2	1			1			1
南平市政和县					1			1

4-102 续表 3

单位：人次

地　区	贫困残疾人救助与扶持				法律援助与服务			
	残疾一级	残疾二级	残疾三级	残疾四级	残疾一级	残疾二级	残疾三级	残疾四级
总　计	**213**	**73**	**120**	**59**	**3**	**3**	**3**	**4**
厦门市思明区	2	1	1	1				
龙岩市新罗区	23	10	16	9	2	1	2	4
莆田市城厢区	7	2	2	1				
泉州市泉港区	9	5	9	3				
厦门市集美区	4	2	4	4	1			
泉州市南安市	4		2					
福州市福清市	11	5	3	2				
泉州市晋江市	1	2	2	2				
福州市长乐市	5						1	
宁德市福鼎市	3	2		1				
南平市邵武市	16	2	8	1				
莆田市仙游县	14	1	1	2		1		
福州市闽侯县	23	6	10	4				
福州市永泰县	8	2	3	2				
龙岩市上杭县	15	10	22	3		1		
三明市大田县	13	3	19	8				
三明市沙县	9	6	5	2				
泉州市安溪县	11	1	4	2				
漳州市漳浦县	9	3		2				
漳州市南靖县	3	1	1					
宁德市霞浦县	11	5	4	7				
南平市政和县	12	4	4	3				

4-102 续表 4

单位：人次

地　区	无障碍设施				信息无障碍			
	残疾一级	残疾二级	残疾三级	残疾四级	残疾一级	残疾二级	残疾三级	残疾四级
总　计	**8**	**4**	**6**	**6**	**4**		**4**	**1**
厦门市思明区		1	3	2				1
龙岩市新罗区								
莆田市城厢区							1	
泉州市泉港区	1						1	
厦门市集美区			1	1	1			
泉州市南安市								
福州市福清市	1		1					
泉州市晋江市							1	
福州市长乐市					2			
宁德市福鼎市	2	3		1	1			
南平市邵武市				1				
莆田市仙游县								
福州市闽侯县								
福州市永泰县	1						1	
龙岩市上杭县								
三明市大田县								
三明市沙县								
泉州市安溪县								
漳州市漳浦县	1							
漳州市南靖县								
宁德市霞浦县	2		1	1				
南平市政和县								

4-102 续表 5

单位：人次

地区	生活服务				文化服务			
	残疾一级	残疾二级	残疾三级	残疾四级	残疾一级	残疾二级	残疾三级	残疾四级
总计	**56**	**18**	**32**	**13**	**5**	**3**	**3**	**3**
厦门市思明区	6	1	2	3				
龙岩市新罗区	1		2	1				
莆田市城厢区	4	3	5	1	1	1	2	
泉州市泉港区	5	2	4	1	1	2		1
厦门市集美区	1	1	1					
泉州市南安市								
福州市福清市	8	2	1	1	2			
泉州市晋江市	2	1	1					
福州市长乐市	1		1					
宁德市福鼎市	2		1					
南平市邵武市								1
莆田市仙游县	5		1					
福州市闽侯县	1							
福州市永泰县	4			1				
龙岩市上杭县			1					
三明市大田县		1	5	1				
三明市沙县			1	1				
泉州市安溪县	3	1	2	2			1	1
漳州市漳浦县	8	2	1	1	1			
漳州市南靖县	1	1	2					
宁德市霞浦县	4	2						
南平市政和县		1	1					

4-102 续表 6

单位：人次

地　区	其　他				不选择			
	残疾一级	残疾二级	残疾三级	残疾四级	残疾一级	残疾二级	残疾三级	残疾四级
总　计	**15**	**7**	**5**	**2**	**10**	**6**	**6**	**13**
厦门市思明区	4	2	1	1			1	
龙岩市新罗区					1			1
莆田市城厢区							1	
泉州市泉港区	3	4	4					
厦门市集美区							1	
泉州市南安市								
福州市福清市								
泉州市晋江市					2	1	1	2
福州市长乐市					2	1		4
宁德市福鼎市	1				2	1		
南平市邵武市								1
莆田市仙游县							1	3
福州市闽侯县	3	1		1	1			
福州市永泰县	1				1	1		
龙岩市上杭县								
三明市大田县								
三明市沙县	1							
泉州市安溪县							1	
漳州市漳浦县	1					1		
漳州市南靖县	1				1			1
宁德市霞浦县								1
南平市政和县						1		

第五部分　社区和住户基本情况

5－1 调查社区基本情况

地区	调查社区(个)			社区人口情况		社区残疾人情况(人)			
	合计	居委会	村委会	户数(户)	人口(人)	残疾人	持证残疾人	享受定期救助人数	享受临时救助人数
总计	**176**	**41**	**135**	**156765**	**535847**	**18580**	**6565**	**3461**	**3342**
厦门市思明区	8	8		16574	40418	420	327	73	184
龙岩市新罗区	8	2	6	7653	26484	1557	438	406	148
莆田市城厢区	8	3	5	9545	33492	1504	657	80	65
泉州市泉港区	8	1	7	5587	26141	1175	154	79	33
厦门市集美区	8	3	5	11079	35731	543	294	164	194
泉州市南安市	8	3	5	10625	35959	1253	307	95	79
福州市福清市	8	2	6	8409	27074	920	288	82	44
泉州市晋江市	8	2	6	5358	18512	738	244	104	46
福州市长乐市	8	2	6	11137	33328	481	129	91	117
宁德市福鼎市	8	2	6	6152	24704	550	138	127	180
南平市邵武市	8	2	6	4971	17098	1091	189	167	179
莆田市仙游县	8	2	6	9589	34572	1772	1094	263	49
福州市闽侯县	8		8	4615	16280	614	115	88	146
福州市永泰县	8	2	6	6266	21395	577	162	138	125
龙岩市上杭县	8	1	7	2884	11856	517	190	156	96
三明市大田县	8	1	7	3426	11360	650	145	135	82
三明市沙县	8	1	7	5723	18537	578	189	70	145
泉州市安溪县	8	1	7	5923	22672	976	433	491	428
漳州市漳浦县	8	2	6	6081	23640	650	270	138	81
漳州市南靖县	8	1	7	7472	26235	506	175	137	297
宁德市霞浦县	8		8	3930	14626	519	82	72	52
南平市政和县	8		8	3766	15733	989	545	305	572

5-1 续表

单位：个

地　区	社区残疾人基层组织建设情况				
	有残疾人协会(小组)的社区	有残疾人专职委员会的社区	有康复站的社区	有社区康复协调员的社区	有无障碍设施的社区(居委会)
总　计	**100**	**49**	**38**	**48**	**23**
厦门市思明区	8	6	7	7	8
龙岩市新罗区	3	2	1	1	
莆田市城厢区	4	4			
泉州市泉港区	8	8	1	1	
厦门市集美区	3	3		1	3
泉州市南安市	6	3	1	1	2
福州市福清市			1		2
泉州市晋江市					1
福州市长乐市	1	1	1	1	2
宁德市福鼎市	1	1		1	
南平市邵武市	8	2	5	5	2
莆田市仙游县	8	1	1	8	
福州市闽侯县	8	1	1	1	
福州市永泰县	5	5	2	2	
龙岩市上杭县	8		1	1	
三明市大田县					
三明市沙县	8	1	3	3	1
泉州市安溪县	8	8	8	8	1
漳州市漳浦县	1	1	1	2	
漳州市南靖县	4	1	3	3	1
宁德市霞浦县					
南平市政和县	8	1	1	2	

5－2 各地区调查社区公共服务机构的覆盖情况

单位：个

地　区	距离法律服务所(司法所)				距离特教学校(班)			
	0公里	1－2公里	3－5公里	5公里以上	0公里	1－2公里	3－5公里	5公里以上
总　计	**29**	**48**	**36**	**63**	**6**	**14**	**19**	**137**
厦门市思明区	3	3	2			2	3	3
龙岩市新罗区	1	3	2	2			1	7
莆田市城厢区	1	2		5				8
泉州市泉港区		5	1	2		2		6
厦门市集美区	2	2	2	2		3	2	3
泉州市南安市	1	2	3	2			2	6
福州市福清市	1	2	2	3				8
泉州市晋江市	2	2	2	2	1		2	5
福州市长乐市		5	2	1		1	1	6
宁德市福鼎市		2	4	2			2	6
南平市邵武市	1	3		4		2		6
莆田市仙游县				8				8
福州市闽侯县	2	3	1	2		2		6
福州市永泰县	1	4	2	1				8
龙岩市上杭县	1	1	2	4	1	1		6
三明市大田县	1	3		4		1		7
三明市沙县	5		1	2				8
泉州市安溪县	2	2	2	2	1		2	5
漳州市漳浦县	2	3	2	1	1		1	6
漳州市南靖县	1		4	3			2	6
宁德市霞浦县		1	2	5			1	7
南平市政和县	2			6	2			6

5-2 续表

单位：个

地区	距离文化活动站(室)				距离卫生室(所、站)			
	0公里	1-2公里	3-5公里	5公里以上	0公里	1-2公里	3-5公里	5公里以上
总计	**82**	**26**	**19**	**49**	**140**	**27**	**4**	**5**
厦门市思明区	8				7	1		
龙岩市新罗区	4	2	1	1	3	4	1	
莆田市城厢区	6			2	8			
泉州市泉港区		5	1	2		6		2
厦门市集美区	7		1		6	2		
泉州市南安市		4	2	2	5	3		
福州市福清市	1	3	2	2	7	1		
泉州市晋江市	4		2	2	8			
福州市长乐市	4	3		1	8			
宁德市福鼎市	2		3	3	5	2	1	
南平市邵武市	6			2	5	3		
莆田市仙游县				8	8			
福州市闽侯县	3	2	1	2	8			
福州市永泰县	1	4	1	2	7	1		
龙岩市上杭县	3		2	3	7		1	
三明市大田县	3	2		3	2	4		2
三明市沙县	8				8			
泉州市安溪县	8				8			
漳州市漳浦县	2		2	4	8			
漳州市南靖县	7	1			8			
宁德市霞浦县	3		1	4	6		1	1
南平市政和县	2			6	8			

5－2a　各地区调查城镇社区公共服务机构的覆盖情况

单位：个

地　区	距离法律服务所(司法所)				距离特教学校(班)			
	0公里	1－2公里	3－5公里	5公里以上	0公里	1－2公里	3－5公里	5公里以上
总　计	**15**	**24**	**7**	**7**	**1**	**12**	**14**	**26**
厦门市思明区	3	3	2			2	3	3
龙岩市新罗区		1	1				1	1
莆田市城厢区	1	2						3
泉州市泉港区		2				2		
厦门市集美区	1	2	1	2		3		3
泉州市南安市	1	2	1				2	2
福州市福清市	1	1						2
泉州市晋江市		2					2	
福州市长乐市		2				1	1	
宁德市福鼎市		2	1				2	1
南平市邵武市		2				2		
莆田市仙游县				4				4
福州市闽侯县								
福州市永泰县	1	1						2
龙岩市上杭县	1					1		
三明市大田县		1				1		
三明市沙县	2							2
泉州市安溪县	1	1					2	
漳州市漳浦县	2				1			1
漳州市南靖县	1							1
宁德市霞浦县			1	1			1	1
南平市政和县								

5－2a 续表

单位：个

地　区	距离文化活动站(室)				距离卫生室(所、站)			
	0公里	1－2公里	3－5公里	5公里以上	0公里	1－2公里	3－5公里	5公里以上
总　计	**34**	**9**	**5**	**5**	**39**	**13**	**1**	
厦门市思明区	8				7	1		
龙岩市新罗区	1	1				2		
莆田市城厢区	3				3			
泉州市泉港区		2				2		
厦门市集美区	5		1		4	2		
泉州市南安市		3	1		2	2		
福州市福清市		2			1	1		
泉州市晋江市	1		1		2			
福州市长乐市	2				2			
宁德市福鼎市			2	1	1	1	1	
南平市邵武市	2				1	1		
莆田市仙游县				4	4			
福州市闽侯县								
福州市永泰县	1	1			2			
龙岩市上杭县	1				1			
三明市大田县	1					1		
三明市沙县	2				2			
泉州市安溪县	2				2			
漳州市漳浦县	2				2			
漳州市南靖县	1				1			
宁德市霞浦县	2				2			
南平市政和县								

5－2b 各地区调查农村社区公共服务机构的覆盖情况

单位：个

地 区	距离法律服务所(司法所)				距离特教学校(班)			
	0公里	1－2公里	3－5公里	5公里以上	0公里	1－2公里	3－5公里	5公里以上
总 计	**14**	**24**	**29**	**56**	**5**	**2**	**5**	**111**
厦门市思明区								
龙岩市新罗区	1	2	1	2				6
莆田市城厢区				5				5
泉州市泉港区		3	1	2				6
厦门市集美区	1		1				2	
泉州市南安市			2	2				4
福州市福清市		1	2	3				6
泉州市晋江市	2		2	2	1			5
福州市长乐市		3	2	1				6
宁德市福鼎市			3	2				5
南平市邵武市	1	1		4				6
莆田市仙游县				4				4
福州市闽侯县	2	3	1	2		2		6
福州市永泰县		3	2	1				6
龙岩市上杭县		1	2	4	1			6
三明市大田县	1	2		4				7
三明市沙县	3		1	2				6
泉州市安溪县	1	1	2	2	1			5
漳州市漳浦县		3	2	1			1	5
漳州市南靖县			4	3			2	5
宁德市霞浦县		1	1	4				6
南平市政和县	2			6	2			6

5－2b 续表

单位：个

地　区	距离文化活动站(室)				距离卫生室(所、站)			
	0公里	1－2公里	3－5公里	5公里以上	0公里	1－2公里	3－5公里	5公里以上
总　计	**48**	**17**	**14**	**44**	**101**	**14**	**3**	**5**
厦门市思明区								
龙岩市新罗区	3	1	1	1	3	2	1	
莆田市城厢区	3			2	5			
泉州市泉港区		3	1	2		4		2
厦门市集美区	2				2			
泉州市南安市		1	1	2	3	1		
福州市福清市	1	1	2	2	6			
泉州市晋江市	3		1	2	6			
福州市长乐市	2	3		1	6			
宁德市福鼎市	2		1	2	4	1		
南平市邵武市	4			2	4	2		
莆田市仙游县				4	4			
福州市闽侯县	3	2	1	2	8			
福州市永泰县		3	1	2	5	1		
龙岩市上杭县	2		2	3	6		1	
三明市大田县	2	2		3	2	3		2
三明市沙县	6				6			
泉州市安溪县	6				6			
漳州市漳浦县			2	4	6			
漳州市南靖县	6	1			7			
宁德市霞浦县	1		1	4	4		1	1
南平市政和县	2			6	8			

5－3 调查农村社区的收入水平与公共服务机构覆盖情况

单位：个、人

2005年本村人均收入	社区个数	社区享受定期救助人数	社区享受临时救助人数	距离法律服务所(司法所)			
				0公里	1－2公里	3－5公里	5公里以上
总　计	**123**	**2295**	**2507**	**14**	**24**	**29**	**56**
1000元以下							
1000–1500元	3	62	94				3
1500–2000元	7	136	203			1	6
2000–2500元	8	207	198		1	3	4
2500–3000元	12	174	164	1		1	10
3000–3500元	21	415	509	2	7	1	11
3500–4000元	20	405	330	1	3	6	10
4000–4500元	13	172	276	4	3	1	5
4500–5000元	4	133	149	1		3	
5000元以上	35	591	584	5	10	13	7

5－3 续表 1

单位：个

2005年本村人均收入	距离特教学校(班)				距离文化活动站(室)			
	0公里	1－2公里	3－5公里	5公里以上	0公里	1－2公里	3－5公里	5公里以上
总　计	**5**	**2**	**5**	**111**	**48**	**17**	**14**	**44**
1000元以下								
1000–1500元				3				3
1500–2000元				7	1		1	5
2000–2500元				8	3		1	4
2500–3000元	1			11	1			11
3000–3500元	1			20	6	5	1	9
3500–4000元			2	18	6	2	6	6
4000–4500元	2			11	12	1		
4500–5000元			1	3	3	1		
5000元以上	1	2	2	30	16	8	5	6

5－3 续表 2

单位：个

2005年本村人均收入	距离卫生室(所、站)			
	0公里	1－2公里	3－5公里	5公里以上
总　计	**101**	**14**	**3**	**5**
1000元以下				
1000–1500元	3			
1500–2000元	6		1	
2000–2500元	8			
2500–3000元	6	3	1	2
3000–3500元	14	5		2
3500–4000元	18	1	1	
4000–4500元	13			
4500–5000元	4			
5000元以上	29	5		1

5－4 各地区调查户2005年人均收入

地　区	总人口(人)	总户数(户)	2005年度调查户人均收入(元)	按人均收入分组的户数(户)			
				0－683元	684－944元	945－2000元	2001－3000元
总　计	**71484**	**21113**	**5159**	**387**	**277**	**3787**	**3454**
厦门市思明区	3309	1190	10030	1	1	27	81
龙岩市新罗区	3223	998	5429	15	8	207	162
莆田市城厢区	3083	885	4331	41	29	282	137
泉州市泉港区	3281	810	4442	23	13	136	152
厦门市集美区	3402	1065	9921	24	3	45	77
泉州市南安市	3189	931	6931	8	6	81	89
福州市福清市	3320	949	7012	6	5	129	124
泉州市晋江市	3442	940	7229	3	4	60	113
福州市长乐市	3283	1078	5960	11	5	129	128
宁德市福鼎市	3178	1006	4464	15	13	200	199
南平市邵武市	3298	1085	4451	8	5	76	217
莆田市仙游县	3255	883	3984	6	4	118	210
福州市闽侯县	3207	963	3934	45	23	189	182
福州市永泰县	3225	855	3955	13	5	135	241
龙岩市上杭县	3254	1001	3688	24	14	237	224
三明市大田县	3248	923	3081	29	49	377	161
三明市沙县	3202	999	3881	29	26	287	157
泉州市安溪县	3211	808	4809	20	2	78	162
漳州市漳浦县	3189	995	4206	32	25	192	171
漳州市南靖县	3222	1021	4605	11	12	218	133
宁德市霞浦县	3236	889	3920	15	7	150	197
南平市政和县	3227	839	2647	8	18	434	137

5-4 续表

地 区	按人均收入分组的户数(户)						
	3001-4000元	4001-5000元	5001-6000元	6001-7000元	7001-10000元	10001-20000元	20000元以上
总 计	**3302**	**2574**	**1479**	**1017**	**2456**	**1805**	**575**
厦门市思明区	92	90	107	46	274	348	123
龙岩市新罗区	157	100	52	53	113	121	10
莆田市城厢区	69	58	35	15	114	91	14
泉州市泉港区	144	128	66	35	70	33	10
厦门市集美区	96	111	94	65	168	200	182
泉州市南安市	124	136	96	53	160	135	43
福州市福清市	117	125	35	44	172	131	61
泉州市晋江市	132	127	88	59	176	135	43
福州市长乐市	139	161	100	69	187	133	16
宁德市福鼎市	166	118	68	52	93	62	20
南平市邵武市	239	189	103	82	105	54	7
莆田市仙游县	206	134	88	42	53	21	1
福州市闽侯县	152	112	73	63	75	45	4
福州市永泰县	167	93	51	28	73	48	1
龙岩市上杭县	186	133	48	37	71	26	1
三明市大田县	115	65	27	20	51	29	
三明市沙县	135	109	54	42	110	47	3
泉州市安溪县	188	155	37	37	74	40	15
漳州市漳浦县	197	113	69	44	102	43	7
漳州市南靖县	175	168	82	59	121	33	9
宁德市霞浦县	210	114	67	56	48	21	4
南平市政和县	96	35	39	16	46	9	1

5－4a 各地区城镇调查户2005年人均收入

地　区	总人口(人)	总户数(户)	2005年度调查户人均收入(元)	按人均收入分组的户数(户)			
				0－683元	684－944元	945－2000元	2001－3000元
总　计	**21716**	**6776**	**7356**	**46**	**21**	**426**	**700**
厦门市思明区	3309	1190	10030	1	1	27	81
龙岩市新罗区	807	271	6584		1	29	23
莆田市城厢区	1189	373	7280		1	54	45
泉州市泉港区	845	196	4424	1	1	26	36
厦门市集美区	2525	792	9047	23	3	39	70
泉州市南安市	1558	434	8529	2	2	26	29
福州市福清市	751	221	9699	1		7	9
泉州市晋江市	869	230	9247	1	1	6	20
福州市长乐市	808	283	7847		2	6	13
宁德市福鼎市	1224	405	6276	2	4	30	49
南平市邵武市	834	308	6399		1	5	16
莆田市仙游县	1630	451	4092	4	2	62	94
福州市闽侯县							
福州市永泰县	800	247	6907			3	12
龙岩市上杭县	518	160	5145	1	1	8	24
三明市大田县	450	139	5035			11	25
三明市沙县	709	231	5947			17	16
泉州市安溪县	751	212	7726			9	32
漳州市漳浦县	950	311	5955	5		23	42
漳州市南靖县	403	119	5373			9	13
宁德市霞浦县	786	203	3916	5	1	29	51
南平市政和县							

5－4a 续表

地 区	按人均收入分组的户数(户)						
	3001－4000元	4001－5000元	5001－6000元	6001－7000元	7001－10000元	10001－20000元	20000元以上
总 计	**830**	**820**	**637**	**436**	**1319**	**1161**	**380**
厦门市思明区	92	90	107	46	274	348	123
龙岩市新罗区	41	32	23	21	58	40	3
莆田市城厢区	26	31	20	10	88	85	13
泉州市泉港区	38	39	14	11	20	9	1
厦门市集美区	85	85	62	46	114	151	114
泉州市南安市	45	55	50	29	75	86	35
福州市福清市	11	20	11	10	77	59	16
泉州市晋江市	26	25	19	14	52	48	18
福州市长乐市	21	28	44	13	83	64	9
宁德市福鼎市	59	54	41	30	60	56	20
南平市邵武市	37	52	40	43	60	48	6
莆田市仙游县	96	72	46	25	37	13	
福州市闽侯县							
福州市永泰县	27	35	35	23	67	44	1
龙岩市上杭县	32	28	14	11	26	15	
三明市大田县	29	21	12	6	27	8	
三明市沙县	34	43	25	21	53	19	3
泉州市安溪县	23	29	8	22	44	31	14
漳州市漳浦县	46	34	39	24	63	31	4
漳州市南靖县	23	22	8	15	25	4	
宁德市霞浦县	39	25	19	16	16	2	
南平市政和县							

5－4b 各地区农村调查户2005年人均收入

地　区	总人口(人)	总户数(户)	2005年度调查户人均收入(元)	按人均收入分组的户数(户)			
				0－683元	684－944元	945－2000元	2001－3000元
总　计	**49768**	**14337**	**4200**	**341**	**256**	**3361**	**2754**
厦门市思明区							
龙岩市新罗区	2416	727	5043	15	7	178	139
莆田市城厢区	1894	512	2480	41	28	228	92
泉州市泉港区	2436	614	4448	22	12	110	116
厦门市集美区	877	273	12438	1		6	7
泉州市南安市	1631	497	5405	6	4	55	60
福州市福清市	2569	728	6226	5	5	122	115
泉州市晋江市	2573	710	6547	2	3	54	93
福州市长乐市	2475	795	5344	11	3	123	115
宁德市福鼎市	1954	601	3329	13	9	170	150
南平市邵武市	2464	777	3792	8	4	71	201
莆田市仙游县	1625	432	3876	2	2	56	116
福州市闽侯县	3207	963	3934	45	23	189	182
福州市永泰县	2425	608	2981	13	5	132	229
龙岩市上杭县	2736	841	3412	23	13	229	200
三明市大田县	2798	784	2767	29	49	366	136
三明市沙县	2493	768	3293	29	26	270	141
泉州市安溪县	2460	596	3919	20	2	69	130
漳州市漳浦县	2239	684	3465	27	25	169	129
漳州市南靖县	2819	902	4495	11	12	209	120
宁德市霞浦县	2450	686	3922	10	6	121	146
南平市政和县	3227	839	2647	8	18	434	137

5－4b 续表

地　区	按人均收入分组的户数(户)						
	3001－4000元	4001－5000元	5001－6000元	6001－7000元	7001－10000元	10001－20000元	20000元以上
总　计	**2472**	**1754**	**842**	**581**	**1137**	**644**	**195**
厦门市思明区							
龙岩市新罗区	116	68	29	32	55	81	7
莆田市城厢区	43	27	15	5	26	6	1
泉州市泉港区	106	89	52	24	50	24	9
厦门市集美区	11	26	32	19	54	49	68
泉州市南安市	79	81	46	24	85	49	8
福州市福清市	106	105	24	34	95	72	45
泉州市晋江市	106	102	69	45	124	87	25
福州市长乐市	118	133	56	56	104	69	7
宁德市福鼎市	107	64	27	22	33	6	
南平市邵武市	202	137	63	39	45	6	1
莆田市仙游县	110	62	42	17	16	8	1
福州市闽侯县	152	112	73	63	75	45	4
福州市永泰县	140	58	16	5	6	4	
龙岩市上杭县	154	105	34	26	45	11	1
三明市大田县	86	44	15	14	24	21	
三明市沙县	101	66	29	21	57	28	
泉州市安溪县	165	126	29	15	30	9	1
漳州市漳浦县	151	79	30	20	39	12	3
漳州市南靖县	152	146	74	44	96	29	9
宁德市霞浦县	171	89	48	40	32	19	4
南平市政和县	96	35	39	16	46	9	1

5－5　各地区有残疾人调查户2005年人均收入

地　区	有残疾人的调查户(户)	有残疾人调查户总人口(人)	残疾人数(人)	2005年度有残疾人的调查户人均收入(元)	按人均收入分组的户数(户)		
					0－683元	684－944元	945－2000元
总　计	**3873**	**13911**	**4467**	**3559**	**190**	**132**	**1200**
厦门市思明区	135	443	155	6878			5
龙岩市新罗区	245	787	301	4391	8	5	80
莆田市城厢区	152	610	169	2500	12	12	68
泉州市泉港区	177	733	203	3332	15	6	53
厦门市集美区	139	469	154	7652	11	1	17
泉州市南安市	124	478	142	4934	5	3	23
福州市福清市	176	639	208	4309	4	2	60
泉州市晋江市	145	553	163	4888	2	3	27
福州市长乐市	160	462	178	4666	8	2	45
宁德市福鼎市	158	535	182	2702	8	8	62
南平市邵武市	228	724	260	3388	3	3	42
莆田市仙游县	164	605	197	2932	6	4	50
福州市闽侯县	179	594	201	2856	21	7	58
福州市永泰县	168	716	189	3314	3	3	45
龙岩市上杭县	217	778	242	3093	10	7	67
三明市大田县	232	839	280	1962	16	29	121
三明市沙县	202	701	231	3103	14	8	74
泉州市安溪县	131	546	159	3183	11	1	27
漳州市漳浦县	189	637	216	2903	16	11	59
漳州市南靖县	173	564	200	3446	3	2	63
宁德市霞浦县	188	718	221	3048	8	3	54
南平市政和县	191	780	216	2297	6	12	100

5-5 续表

地　区	按人均收入分组的户数(户)							
	2001-3000元	3001-4000元	4001-5000元	5001-6000元	6001-7000元	7001-10000元	10001-20000元	20000元以上
总　计	**810**	**508**	**363**	**186**	**105**	**216**	**129**	**34**
厦门市思明区	28	14	19	12	8	26	20	3
龙岩市新罗区	46	28	15	12	10	18	20	3
莆田市城厢区	22	12	10		2	10	4	
泉州市泉港区	38	19	17	11	3	11	4	
厦门市集美区	13	15	14	10	6	15	21	16
泉州市南安市	17	22	16	6	8	17	4	3
福州市福清市	33	19	22	6	2	14	13	1
泉州市晋江市	27	28	16	11	5	16	7	3
福州市长乐市	22	15	20	16	7	16	7	2
宁德市福鼎市	37	19	12	6	2	4		
南平市邵武市	72	53	24	13	8	7	3	
莆田市仙游县	48	22	18	8	3	4	1	
福州市闽侯县	39	16	17	7	5	3	6	
福州市永泰县	50	24	18	11	4	6	4	
龙岩市上杭县	62	25	22	6	9	8	1	
三明市大田县	31	16	5	6	2	5	1	
三明市沙县	35	16	19	9	7	13	7	
泉州市安溪县	36	23	20	6	4	2	1	
漳州市漳浦县	37	36	13	9	2	4	2	
漳州市南靖县	35	29	18	7	6	7	1	2
宁德市霞浦县	48	40	22	8	2	2	1	
南平市政和县	34	17	6	6		8	1	1

5－5a　各地区城镇有残疾人调查户2005年人均收入

地　区	有残疾人的调查户（户）	有残疾人调查户总人口（人）	残疾人数（人）	2005年度有残疾人的调查户人均收入（元）	按人均收入分组的户数(户)		
					0－683元	684－944元	945－2000元
总　计	**865**	**3100**	**1012**	**5044**	**25**	**10**	**138**
厦门市思明区	135	443	155	6878			5
龙岩市新罗区	45	132	58	5168		1	9
莆田市城厢区	37	124	44	4383			12
泉州市泉港区	36	167	40	3632	1	1	11
厦门市集美区	102	352	113	6320	11	1	13
泉州市南安市	44	186	48	5373	2	1	5
福州市福清市	20	85	24	7639	1		3
泉州市晋江市	32	126	36	6585	1		1
福州市长乐市	29	91	34	7637			2
宁德市福鼎市	45	153	54	3414	1	2	11
南平市邵武市	29	103	36	5055		1	2
莆田市仙游县	81	277	101	2838	4	2	28
福州市闽侯县							
福州市永泰县	44	187	54	5324			2
龙岩市上杭县	26	95	32	4114			4
三明市大田县	18	53	21	3355			6
三明市沙县	31	98	34	5174			2
泉州市安溪县	21	85	24	3272			5
漳州市漳浦县	25	86	26	3845	1		6
漳州市南靖县	17	60	18	3805			3
宁德市霞浦县	48	197	60	3162	3	1	8
南平市政和县							

5－5a 续表

地 区	按人均收入分组的户数(户)							
	2001－3000元	3001－4000元	4001－5000元	5001－6000元	6001－7000元	7001－10000元	10001－20000元	20000元以上
总 计	**157**	**127**	**102**	**70**	**52**	**107**	**62**	**15**
厦门市思明区	28	14	19	12	8	26	20	3
龙岩市新罗区	9	7	5	1	3	6	2	2
莆田市城厢区	8	2	2			9	4	
泉州市泉港区	10	3	4	2	1	1	2	
厦门市集美区	11	14	10	6	5	10	16	5
泉州市南安市	2	9	8	4	4	6	2	1
福州市福清市			3	2	1	8	2	
泉州市晋江市	7	6	1	4	3	6	1	2
福州市长乐市		4	3	8	3	4	3	2
宁德市福鼎市	9	9	4	4	2	3		
南平市邵武市	5	5	1	2	5	6	2	
莆田市仙游县	19	10	9	4	2	2	1	
福州市闽侯县								
福州市永泰县	4	11	6	7	4	6	4	
龙岩市上杭县	10	2	3	1	2	4		
三明市大田县	3	2	1	3	1	2		
三明市沙县	3	4	9	4	3	3	3	
泉州市安溪县	7	3	3	1	2			
漳州市漳浦县	4	5	3	2	1	3		
漳州市南靖县	4	4	3		2	1		
宁德市霞浦县	14	13	5	3		1		
南平市政和县								

5－5b 各地区农村有残疾人调查户2005年人均收入

地 区	有残疾人的调查户(户)	有残疾人调查户总人口(人)	残疾人数(人)	2005年度有残疾人的调查户人均收入(元)	按人均收入分组的户数(户)		
					0－683元	684－944元	945－2000元
总 计	**3008**	**10811**	**3455**	**3133**	**165**	**122**	**1062**
厦门市思明区							
龙岩市新罗区	200	655	243	4234	8	4	71
莆田市城厢区	115	486	125	2020	12	12	56
泉州市泉港区	141	566	163	3244	14	5	42
厦门市集美区	37	117	41	11660			4
泉州市南安市	80	292	94	4655	3	2	18
福州市福清市	156	554	184	3798	3	2	57
泉州市晋江市	113	427	127	4387	1	3	26
福州市长乐市	131	371	144	3937	8	2	43
宁德市福鼎市	113	382	128	2417	7	6	51
南平市邵武市	199	621	224	3111	3	2	40
莆田市仙游县	83	328	96	3012	2	2	22
福州市闽侯县	179	594	201	2856	21	7	58
福州市永泰县	124	529	135	2603	3	3	43
龙岩市上杭县	191	683	210	2952	10	7	63
三明市大田县	214	786	259	1868	16	29	115
三明市沙县	171	603	197	2767	14	8	72
泉州市安溪县	110	461	135	3167	11	1	22
漳州市漳浦县	164	551	190	2756	15	11	53
漳州市南靖县	156	504	182	3403	3	2	60
宁德市霞浦县	140	521	161	3004	5	2	46
南平市政和县	191	780	216	2297	6	12	100

5－5b 续表

地　区	按人均收入分组的户数(户)							
	2001－3000元	3001－4000元	4001－5000元	5001－6000元	6001－7000元	7001－10000元	10001－20000元	20000元以上
总　计	**653**	**381**	**261**	**116**	**53**	**109**	**67**	**19**
厦门市思明区								
龙岩市新罗区	37	21	10	11	7	12	18	1
莆田市城厢区	14	10	8		2	1		
泉州市泉港区	28	16	13	9	2	10	2	
厦门市集美区	2	1	4	4	1	5	5	11
泉州市南安市	15	13	8	2	4	11	2	2
福州市福清市	33	19	19	4	1	6	11	1
泉州市晋江市	20	22	15	7	2	10	6	1
福州市长乐市	22	11	17	8	4	12	4	
宁德市福鼎市	28	10	8	2		1		
南平市邵武市	67	48	23	11	3	1	1	
莆田市仙游县	29	12	9	4	1	2		
福州市闽侯县	39	16	17	7	5	3	6	
福州市永泰县	46	13	12	4				
龙岩市上杭县	52	23	19	5	7	4	1	
三明市大田县	28	14	4	3	1	3	1	
三明市沙县	32	12	10	5	4	10	4	
泉州市安溪县	29	20	17	5	2	2	1	
漳州市漳浦县	33	31	10	7	1	1	2	
漳州市南靖县	31	25	15	7	4	6	1	2
宁德市霞浦县	34	27	17	5	2	1	1	
南平市政和县	34	17	6	6		8	1	1

5-6 各地区调查户的住房状况

单位：户、平方米

地区	总户数	人均住房面积	住房结构				
			钢筋混凝土	混合结构	砖木结构	木、竹、草结构	其他
总计	**21113**	**35.89**	**3948**	**7161**	**3927**	**2329**	**3748**
厦门市思明区	1190	22.82	388	630	165	1	6
龙岩市新罗区	998	33.10	114	350	136	19	379
莆田市城厢区	885	42.31	118	409	126	3	229
泉州市泉港区	810	39.15	12	148	49	2	599
厦门市集美区	1065	41.74	347	560	157		1
泉州市南安市	931	49.79	207	212	70	10	432
福州市福清市	949	55.75	23	608	187	10	121
泉州市晋江市	940	53.34	157	82	199	4	498
福州市长乐市	1078	29.89	545	301	216	13	3
宁德市福鼎市	1006	27.65	270	155	425	156	
南平市邵武市	1085	39.06	176	327	389	187	6
莆田市仙游县	883	23.49		338	9	1	535
福州市闽侯县	963	34.20	3	581	205	130	44
福州市永泰县	855	27.82	277	187	83	307	1
龙岩市上杭县	1001	40.46	17	357	110	3	514
三明市大田县	923	34.97	163	150	96	505	9
三明市沙县	999	42.55	40	568	137	254	
泉州市安溪县	808	26.61	245	235	198	129	1
漳州市漳浦县	995	33.10	360	242	386	3	4
漳州市南靖县	1021	29.57	198	223	257	3	340
宁德市霞浦县	889	25.97	269	227	278	91	24
南平市政和县	839	34.80	19	271	49	498	2

5-6 续表

单位：户

地 区	住房来源			
	自有	租赁	借用	其他来源
总 计	**18547**	**1987**	**496**	**83**
厦门市思明区	637	511	31	11
龙岩市新罗区	885	79	23	11
莆田市城厢区	797	61	22	5
泉州市泉港区	781	10	14	5
厦门市集美区	832	199	24	10
泉州市南安市	763	148	18	2
福州市福清市	873	43	32	1
泉州市晋江市	848	30	54	8
福州市长乐市	916	110	51	1
宁德市福鼎市	878	74	50	4
南平市邵武市	968	101	13	3
莆田市仙游县	862	9	11	1
福州市闽侯县	899	50	14	
福州市永泰县	821	30	4	
龙岩市上杭县	907	78	9	7
三明市大田县	816	84	18	5
三明市沙县	920	68	11	
泉州市安溪县	763	30	13	2
漳州市漳浦县	915	58	22	
漳州市南靖县	991	20	10	
宁德市霞浦县	769	94	24	2
南平市政和县	706	100	28	5

5-6a 各地区城镇调查户的住房状况

单位：户、平方米

地区	总户数	人均住房面积	住房结构				
			钢筋混凝土	混合结构	砖木结构	木、竹、草结构	其他
总计	**6776**	**37.16**	**2478**	**2847**	**673**	**141**	**637**
厦门市思明区	1190	22.82	388	630	165	1	6
龙岩市新罗区	271	35.10	34	165	55	15	2
莆田市城厢区	373	37.13	37	285	51		
泉州市泉港区	196	40.46	2	51	9	2	132
厦门市集美区	792	35.01	213	460	119		
泉州市南安市	434	55.91	155	113	19	1	146
福州市福清市	221	72.20	20	185	9		7
泉州市晋江市	230	62.39	100	19	54		57
福州市长乐市	283	35.61	255	28			
宁德市福鼎市	405	32.80	186	68	63	88	
南平市邵武市	308	25.58	160	139	9		
莆田市仙游县	451	23.03		200			251
福州市闽侯县							
福州市永泰县	247	33.09	159	42	17	29	
龙岩市上杭县	160	37.40		142	6		12
三明市大田县	139	42.57	88	51			
三明市沙县	231	45.26	33	193	5		
泉州市安溪县	212	35.65	162	38	8	3	1
漳州市漳浦县	311	50.79	292	17			2
漳州市南靖县	119	33.61	103	4	11	1	
宁德市霞浦县	203	34.94	91	17	73	1	21
南平市政和县							

5-6a 续表

单位：户

地 区	住房来源			
	自有	租赁	借用	其他来源
总 计	**5214**	**1364**	**160**	**38**
厦门市思明区	637	511	31	11
龙岩市新罗区	205	52	3	11
莆田市城厢区	295	57	19	2
泉州市泉港区	192	3		1
厦门市集美区	608	160	18	6
泉州市南安市	369	57	8	
福州市福清市	194	27		
泉州市晋江市	212	10	5	3
福州市长乐市	208	65	10	
宁德市福鼎市	316	48	40	1
南平市邵武市	219	85	4	
莆田市仙游县	438	8	4	1
福州市闽侯县				
福州市永泰县	215	29	3	
龙岩市上杭县	86	73		1
三明市大田县	90	45	4	
三明市沙县	195	36		
泉州市安溪县	186	24	2	
漳州市漳浦县	263	46	2	
漳州市南靖县	109	9	1	
宁德市霞浦县	177	19	6	1
南平市政和县				

5-6b 各地区农村调查户的住房状况

单位：户、平方米

地　　区	总户数	人均住房面积	住房结构				
			钢筋混凝土	混合结构	砖木结构	木、竹、草结构	其他
总　　计	**14337**	**35.33**	**1470**	**4314**	**3254**	**2188**	**3111**
厦门市思明区							
龙岩市新罗区	727	32.43	80	185	81	4	377
莆田市城厢区	512	45.56	81	124	75	3	229
泉州市泉港区	614	38.70	10	97	40		467
厦门市集美区	273	61.09	134	100	38		1
泉州市南安市	497	43.95	52	99	51	9	286
福州市福清市	728	50.94	3	423	178	10	114
泉州市晋江市	710	50.28	57	63	145	4	441
福州市长乐市	795	28.02	290	273	216	13	3
宁德市福鼎市	601	24.43	84	87	362	68	
南平市邵武市	777	43.62	16	188	380	187	6
莆田市仙游县	432	23.96		138	9	1	284
福州市闽侯县	963	34.20	3	581	205	130	44
福州市永泰县	608	26.08	118	145	66	278	1
龙岩市上杭县	841	41.04	17	215	104	3	502
三明市大田县	784	33.75	75	99	96	505	9
三明市沙县	768	41.78	7	375	132	254	
泉州市安溪县	596	23.85	83	197	190	126	
漳州市漳浦县	684	25.60	68	225	386	3	2
漳州市南靖县	902	28.99	95	219	246	2	340
宁德市霞浦县	686	23.09	178	210	205	90	3
南平市政和县	839	34.80	19	271	49	498	2

5-6b 续表

单位：户

地区	住房来源			
	自有	租赁	借用	其他来源
总　计	**13333**	**623**	**336**	**45**
厦门市思明区				
龙岩市新罗区	680	27	20	
莆田市城厢区	502	4	3	3
泉州市泉港区	589	7	14	4
厦门市集美区	224	39	6	4
泉州市南安市	394	91	10	2
福州市福清市	679	16	32	1
泉州市晋江市	636	20	49	5
福州市长乐市	708	45	41	1
宁德市福鼎市	562	26	10	3
南平市邵武市	749	16	9	3
莆田市仙游县	424	1	7	
福州市闽侯县	899	50	14	
福州市永泰县	606	1	1	
龙岩市上杭县	821	5	9	6
三明市大田县	726	39	14	5
三明市沙县	725	32	11	
泉州市安溪县	577	6	11	2
漳州市漳浦县	652	12	20	
漳州市南靖县	882	11	9	
宁德市霞浦县	592	75	18	1
南平市政和县	706	100	28	5

5-7 各地区有残疾人调查户的住房状况

单位：户、平方米

地　区	总户数	人均住房面积	住房结构				
			钢筋混凝土	混合结构	砖木结构	木、竹、草结构	其他
总　计	**3873**	**31.99**	**452**	**1089**	**889**	**618**	**825**
厦门市思明区	135	20.15	40	65	29	1	
龙岩市新罗区	245	32.02	22	70	31	5	117
莆田市城厢区	152	37.33	19	46	31		56
泉州市泉港区	177	33.03	1	24	9	1	142
厦门市集美区	139	40.94	37	61	41		
泉州市南安市	124	46.06	21	25	20	2	56
福州市福清市	176	48.13	1	97	38	4	36
泉州市晋江市	145	44.87	11	9	41	1	83
福州市长乐市	160	27.75	62	45	50	2	1
宁德市福鼎市	158	22.22	11	25	85	37	
南平市邵武市	228	38.58	13	57	102	54	2
莆田市仙游县	164	20.23		44	1		119
福州市闽侯县	179	32.86	1	83	43	44	8
福州市永泰县	168	24.29	49	34	22	63	
龙岩市上杭县	217	37.37	2	64	16	1	134
三明市大田县	232	27.3	21	26	16	168	1
三明市沙县	202	38.22	3	107	29	63	
泉州市安溪县	131	23.98	27	36	41	26	1
漳州市漳浦县	189	27.96	36	47	106		
漳州市南靖县	173	25.04	26	30	54		63
宁德市霞浦县	188	23.75	43	43	68	29	5
南平市政和县	191	31.30	6	51	16	117	1

5-7 续表

单位：户

地　区	住房来源			
	自有	租赁	借用	其他来源
总　计	**3583**	**175**	**100**	**15**
厦门市思明区	79	49	4	3
龙岩市新罗区	229	7	6	3
莆田市城厢区	138	11	1	2
泉州市泉港区	172		4	1
厦门市集美区	132	4	2	1
泉州市南安市	120	2	2	
福州市福清市	168	2	5	1
泉州市晋江市	134	2	9	
福州市长乐市	138	9	13	
宁德市福鼎市	152	4	2	
南平市邵武市	218	6	3	1
莆田市仙游县	159		5	
福州市闽侯县	174	1	4	
福州市永泰县	165	1	2	
龙岩市上杭县	202	9	5	1
三明市大田县	210	17	4	1
三明市沙县	187	11	4	
泉州市安溪县	128		2	1
漳州市漳浦县	178	6	5	
漳州市南靖县	171		2	
宁德市霞浦县	164	15	9	
南平市政和县	165	19	7	

5-7a 各地区城镇有残疾人调查户的住房状况

单位：户、平方米

地 区	总户数	人均住房面积	住房结构				
			钢筋混凝土	混合结构	砖木结构	木、竹、草结构	其他
总 计	**865**	**32.36**	**222**	**337**	**146**	**36**	**124**
厦门市思明区	135	20.15	40	65	29	1	
龙岩市新罗区	45	32.80	2	26	12	4	1
莆田市城厢区	37	30.53	2	24	11		
泉州市泉港区	36	33.38	1	5	3	1	26
厦门市集美区	102	36.00	20	51	31		
泉州市南安市	44	53.34	11	13	2		18
福州市福清市	20	57.41		17	1		2
泉州市晋江市	32	43.73	6		15		11
福州市长乐市	29	31.11	26	3			
宁德市福鼎市	45	28.46	5	11	10	19	
南平市邵武市	29	28.92	13	16			
莆田市仙游县	81	19.55		24			57
福州市闽侯县							
福州市永泰县	44	25.71	23	7	4	10	
龙岩市上杭县	26	36.34		22	1		3
三明市大田县	18	18.68	7	11			
三明市沙县	31	45.57	2	29			
泉州市安溪县	21	30.76	12	6	2		1
漳州市漳浦县	25	47.84	23	2			
漳州市南靖县	17	32.32	12	1	4		
宁德市霞浦县	48	34.24	17	4	21	1	5
南平市政和县							

5-7a 续表

单位：户

地 区	住房来源			
	自有	租赁	借用	其他来源
总 计	**723**	**116**	**19**	**7**
厦门市思明区	79	49	4	3
龙岩市新罗区	39	2	1	3
莆田市城厢区	26	10	1	
泉州市泉港区	36			
厦门市集美区	96	3	2	1
泉州市南安市	43	1		
福州市福清市	19	1		
泉州市晋江市	29	2	1	
福州市长乐市	22	7		
宁德市福鼎市	42	3		
南平市邵武市	25	3	1	
莆田市仙游县	79		2	
福州市闽侯县				
福州市永泰县	42	1	1	
龙岩市上杭县	18	8		
三明市大田县	5	12	1	
三明市沙县	24	7		
泉州市安溪县	21			
漳州市漳浦县	20	5		
漳州市南靖县	16		1	
宁德市霞浦县	42	2	4	
南平市政和县				

5-7b 各地区农村有残疾人调查户的住房状况

单位：户、平方米

地　区	总户数	人均住房面积	住房结构				
			钢筋混凝土	混合结构	砖木结构	木、竹、草结构	其他
总　计	**3008**	**31.88**	**230**	**752**	**743**	**582**	**701**
厦门市思明区							
龙岩市新罗区	200	31.87	20	44	19	1	116
莆田市城厢区	115	39.07	17	22	20		56
泉州市泉港区	141	32.92		19	6		116
厦门市集美区	37	55.79	17	10	10		
泉州市南安市	80	41.42	10	12	18	2	38
福州市福清市	156	46.70	1	80	37	4	34
泉州市晋江市	113	45.21	5	9	26	1	72
福州市长乐市	131	26.92	36	42	50	2	1
宁德市福鼎市	113	19.72	6	14	75	18	
南平市邵武市	199	40.18		41	102	54	2
莆田市仙游县	83	20.80		20	1		62
福州市闽侯县	179	32.86	1	83	43	44	8
福州市永泰县	124	23.79	26	27	18	53	
龙岩市上杭县	191	37.52	2	42	15	1	131
三明市大田县	214	27.88	14	15	16	168	1
三明市沙县	171	37.02	1	78	29	63	
泉州市安溪县	110	22.73	15	30	39	26	
漳州市漳浦县	164	24.85	13	45	106		
漳州市南靖县	156	24.17	14	29	50		63
宁德市霞浦县	140	19.78	26	39	47	28	
南平市政和县	191	31.30	6	51	16	117	1

5-7b 续表

单位：户

地区	住房来源			
	自有	租赁	借用	其他来源
总计	**2860**	**59**	**81**	**8**
厦门市思明区				
龙岩市新罗区	190	5	5	
莆田市城厢区	112	1		2
泉州市泉港区	136		4	1
厦门市集美区	36	1		
泉州市南安市	77	1	2	
福州市福清市	149	1	5	1
泉州市晋江市	105		8	
福州市长乐市	116	2	13	
宁德市福鼎市	110	1	2	
南平市邵武市	193	3	2	1
莆田市仙游县	80		3	
福州市闽侯县	174	1	4	
福州市永泰县	123		1	
龙岩市上杭县	184	1	5	1
三明市大田县	205	5	3	1
三明市沙县	163	4	4	
泉州市安溪县	107		2	1
漳州市漳浦县	158	1	5	
漳州市南靖县	155		1	
宁德市霞浦县	122	13	5	
南平市政和县	165	19	7	

5-8 各地区调查户家用电器拥有和用电状况

单位：户、度

地区	总户数	有家用电器户数						户月均生活用电量
		彩色电视机	电冰箱	洗衣机	电话	电脑	无上述家电	
总计	**21113**	**17284**	**8323**	**8209**	**17258**	**2531**	**2154**	**81**
厦门市思明区	1190	1100	913	772	1120	530	15	181
龙岩市新罗区	998	819	431	599	767	127	118	85
莆田市城厢区	885	750	267	310	667	133	91	73
泉州市泉港区	810	687	172	104	682	57	72	90
厦门市集美区	1065	976	847	549	946	340	43	137
泉州市南安市	931	758	479	264	780	146	105	117
福州市福清市	949	862	565	397	871	194	45	101
泉州市晋江市	940	857	620	315	861	197	40	144
福州市长乐市	1078	946	712	637	896	124	98	81
宁德市福鼎市	1006	671	286	394	840	69	139	44
南平市邵武市	1085	899	264	370	841	50	129	49
莆田市仙游县	883	735	117	419	701	26	99	40
福州市闽侯县	963	725	442	450	673	48	173	71
福州市永泰县	855	752	275	325	609	70	79	61
龙岩市上杭县	1001	764	140	108	830	30	122	46
三明市大田县	923	581	92	305	739	35	141	51
三明市沙县	999	780	369	547	736	73	131	63
泉州市安溪县	808	638	295	269	721	90	62	90
漳州市漳浦县	995	812	263	154	785	81	127	57
漳州市南靖县	1021	892	310	169	849	46	97	73
宁德市霞浦县	889	665	342	256	691	38	135	58
南平市政和县	839	615	122	496	653	27	93	41

5-8a 各地区城镇调查户家用电器拥有和用电状况

单位：户、度

地区	总户数	有家用电器户数						户月均生活用电量
		彩色电视机	电冰箱	洗衣机	电话	电脑	无上述家电	
总计	**6776**	**6202**	**4464**	**4263**	**6175**	**1943**	**231**	**131**
厦门市思明区	1190	1100	913	772	1120	530	15	181
龙岩市新罗区	271	258	200	195	241	88	6	134
莆田市城厢区	373	338	207	210	292	117	18	113
泉州市泉港区	196	180	51	29	180	20	6	108
厦门市集美区	792	725	626	446	710	278	28	133
泉州市南安市	434	388	303	198	404	126	23	165
福州市福清市	221	219	197	182	214	115		191
泉州市晋江市	230	219	188	126	223	85	4	213
福州市长乐市	283	282	273	262	280	96		128
宁德市福鼎市	405	329	190	266	361	66	28	73
南平市邵武市	308	298	189	239	282	47	7	97
莆田市仙游县	451	389	96	285	387	24	39	49
福州市闽侯县								
福州市永泰县	247	240	216	225	228	64	4	128
龙岩市上杭县	160	110	35	52	134	12	21	71
三明市大田县	139	120	50	91	127	18	8	108
三明市沙县	231	220	175	186	214	47	5	133
泉州市安溪县	212	192	146	137	200	76	5	161
漳州市漳浦县	311	305	206	148	290	80		95
漳州市南靖县	119	116	83	84	108	33	1	144
宁德市霞浦县	203	174	120	130	180	21	13	78
南平市政和县								

5-8b 各地区农村调查户家用电器拥有和用电状况

单位：户、度

地区	总户数	有家用电器户数						户月均生活用电量
		彩色电视机	电冰箱	洗衣机	电话	电脑	无上述家电	
总 计	**14337**	**11082**	**3859**	**3946**	**11083**	**588**	**1923**	**57**
厦门市思明区								
龙岩市新罗区	727	561	231	404	526	39	112	67
莆田市城厢区	512	412	60	100	375	16	73	44
泉州市泉港区	614	507	121	75	502	37	66	85
厦门市集美区	273	251	221	103	236	62	15	146
泉州市南安市	497	370	176	66	376	20	82	75
福州市福清市	728	643	368	215	657	79	45	73
泉州市晋江市	710	638	432	189	638	112	36	122
福州市长乐市	795	664	439	375	616	28	98	64
宁德市福鼎市	601	342	96	128	479	3	111	25
南平市邵武市	777	601	75	131	559	3	122	30
莆田市仙游县	432	346	21	134	314	2	60	31
福州市闽侯县	963	725	442	450	673	48	173	71
福州市永泰县	608	512	59	100	381	6	75	34
龙岩市上杭县	841	654	105	56	696	18	101	41
三明市大田县	784	461	42	214	612	17	133	41
三明市沙县	768	560	194	361	522	26	126	42
泉州市安溪县	596	446	149	132	521	14	57	64
漳州市漳浦县	684	507	57	6	495	1	127	39
漳州市南靖县	902	776	227	85	741	13	96	63
宁德市霞浦县	686	491	222	126	511	17	122	52
南平市政和县	839	615	122	496	653	27	93	41

5-9 各地区有残疾人户家用电器拥有和用电状况

单位：户、度

地 区	总户数	有家用电器户数						户月均生活用电量
		彩色电视机	电冰箱	洗衣机	电话	电脑	无上述家电	
总 计	**3873**	**2670**	**1017**	**1017**	**2629**	**190**	**826**	**61**
厦门市思明区	135	128	103	78	120	40	4	170
龙岩市新罗区	245	179	74	114	146	12	52	65
莆田市城厢区	152	108	17	26	99	6	27	43
泉州市泉港区	177	129	21	11	124	7	37	75
厦门市集美区	139	116	106	62	101	27	21	129
泉州市南安市	124	94	59	31	95	9	23	99
福州市福清市	176	140	75	52	139	17	26	71
泉州市晋江市	145	120	69	26	124	16	11	123
福州市长乐市	160	119	77	62	101	10	40	56
宁德市福鼎市	158	72	16	37	107	3	45	26
南平市邵武市	228	154	32	37	140	3	55	36
莆田市仙游县	164	102	11	53	96	1	45	30
福州市闽侯县	179	106	59	55	95	4	60	57
福州市永泰县	168	132	52	56	109	7	30	57
龙岩市上杭县	217	150	30	19	164	9	39	50
三明市大田县	232	105	9	41	145		72	34
三明市沙县	202	138	55	83	131	4	48	49
泉州市安溪县	131	85	25	23	100	4	23	60
漳州市漳浦县	189	125	18	8	117	2	50	38
漳州市南靖县	173	132	31	12	120	5	33	57
宁德市霞浦县	188	113	50	44	122	1	51	49
南平市政和县	191	123	28	87	134	3	34	42

5-9a 各地区城镇有残疾人户家用电器拥有和用电状况

单位：户、度

地区	总户数	有家用电器户数						户月均生活用电量
		彩色电视机	电冰箱	洗衣机	电话	电脑	无上述家电	
总　计	**865**	**719**	**461**	**435**	**700**	**125**	**82**	**110**
厦门市思明区	135	128	103	78	120	40	4	170
龙岩市新罗区	45	40	28	25	31	6	4	106
莆田市城厢区	37	25	6	6	23	3	3	51
泉州市泉港区	36	32	3	2	32	2	2	93
厦门市集美区	102	86	80	53	77	23	14	131
泉州市南安市	44	38	29	18	40	7	4	139
福州市福清市	20	20	17	16	19	7		183
泉州市晋江市	32	30	20	13	30	5	1	202
福州市长乐市	29	29	27	24	28	10		105
宁德市福鼎市	45	30	9	25	31	2	8	42
南平市邵武市	29	28	19	25	25	3		106
莆田市仙游县	81	50	8	30	53		21	33
福州市闽侯县								
福州市永泰县	44	40	38	39	40	6	2	131
龙岩市上杭县	26	18	4	7	19	2	5	92
三明市大田县	18	11	3	7	12		5	55
三明市沙县	31	27	19	22	28	2	2	103
泉州市安溪县	21	12	6	5	17	2	2	85
漳州市漳浦县	25	22	11	7	21	2		71
漳州市南靖县	17	16	6	5	14	2	1	118
宁德市霞浦县	48	37	25	28	40	1	4	77
南平市政和县								

5-9b 各地区农村有残疾人户家用电器拥有和用电状况

单位：户、度

地区	总户数	有家用电器户数						户月均生活用电量
		彩色电视机	电冰箱	洗衣机	电话	电脑	无上述家电	
总计	**3008**	**1951**	**556**	**582**	**1929**	**65**	**744**	**47**
厦门市思明区								
龙岩市新罗区	200	139	46	89	115	6	48	56
莆田市城厢区	115	83	11	20	76	3	24	40
泉州市泉港区	141	97	18	9	92	5	35	70
厦门市集美区	37	30	26	9	24	4	7	125
泉州市南安市	80	56	30	13	55	2	19	78
福州市福清市	156	120	58	36	120	10	26	56
泉州市晋江市	113	90	49	13	94	11	10	101
福州市长乐市	131	90	50	38	73		40	45
宁德市福鼎市	113	42	7	12	76	1	37	19
南平市邵武市	199	126	13	12	115		55	26
莆田市仙游县	83	52	3	23	43	1	24	27
福州市闽侯县	179	106	59	55	95	4	60	57
福州市永泰县	124	92	14	17	69	1	28	31
龙岩市上杭县	191	132	26	12	145	7	34	44
三明市大田县	214	94	6	34	133		67	32
三明市沙县	171	111	36	61	103	2	46	39
泉州市安溪县	110	73	19	18	83	2	21	56
漳州市漳浦县	164	103	7	1	96		50	33
漳州市南靖县	156	116	25	7	106	3	32	50
宁德市霞浦县	140	76	25	16	82		47	39
南平市政和县	191	123	28	87	134	3	34	42

主要统计指标解释

总抚养比 指人口总体中非劳动年龄人口数与劳动年龄人口数之比。通常用百分比表示。说明每 100 名劳动年龄人口大致要负担多少名非劳动年龄人口。用于从人口角度反映人口与经济发展的基本关系。计算公式为:

$$GDR=\frac{P_{0-14}+P_{65+}}{P_{15-64}}\times 100\%$$

其中: GDR 为总抚养比;

P_{0-14} 为 0 ~ 14 岁少年儿童人口数;

P_{65+} 为 65 岁及以上的老年人口数;

P_{15-64} 为 15 ~ 64 岁劳动年龄人口数。

老年抚养比 指人口中老年人口数与劳动年龄人口数之比。通常用百分比表示。用以表明每 100 名劳动年龄人口要负担多少名老年人。老年人口抚养比是从经济角度反映人口老化社会后果的指标之一。计算公式为:

$$ODR=\frac{P_{65+}}{P_{15-64}}\times 100\%$$

其中: ODR 为老年人口抚养比;

P_{65+} 为 65 岁及以上的老年人口数;

P_{15-64} 为 15 ~ 64 岁劳动年龄人口数。

少儿抚养比 也称少年儿童抚养系数。指某一人口中少年儿童人口数与劳动年龄人口数之比。通常用百分比表示。以反映每 100 名劳动年龄人口要负担多少名少年儿童。计算公式为:

$$CDR=\frac{P_{0-14}}{P_{15-64}}\times 100\%$$

其中: CDR 为少年儿童抚养比;

P_{0-14} 为 0 ~ 14 岁少年儿童人口数;

P_{15-64} 为 15 ~ 64 岁劳动年龄人口数。

文盲人口 指 15 岁及以上不识字或识字很少的人口。根据《住户调查表》指标“R8.是否识字”登记为“2.否”的数据汇总。

经济活动人口 指 15 岁及以上参加或未参加社会经济活动的人口。包括在业人口和不在业人口。

在业人口和不在业人口分别根据《住户调查表》指标“R11.当前是否有工作”的登记数据汇总。

职业状况 指 15 岁及以上在业人口所从事的社会劳动工作种类。本资料中职业分类参照国家分类标准《职业分类与代码》(GB/T 6565-1999),将全国职业分类划分为大类和中类。

未工作状况 指 15 岁及以上不在业人口的未工作状况。根据《住户调查表》指标“R13.当前未工作状况”的登记数据汇总。

致残主要原因 根据被调查残疾人从《残疾人调查表》“C4.致残主要原因”多个选项中选出的主要两项合并汇总。

曾接受服务或扶助 根据被调查残疾人从《残疾人调查表》“T6.曾接受过何种服务或扶助”的 14 个选项中选出的主要三项合并汇总。

主要需求 根据被调查残疾人从《残疾人调查表》“T7. 本人主要需求”的 14 个选项中选出的主要三项合并汇总。

附　　录

附录 1

2006 年第二次全国残疾人抽样调查
福建省主要数据公报

福建省第二次全国残疾人抽样调查领导小组

福　建　省　统　计　局

2006 年 12 月 28 日

经国务院批准，我国进行了第二次全国残疾人抽样调查。在第二次全国残疾人抽样调查领导小组统一领导下，按照全国统一的调查方案，福建省第二次全国残疾人抽样调查领导小组组织实施了我省的调查。经过两年多的充分准备，我省于 2006 年 4 月 1 日开始全面调查，通过调查工作人员的艰苦努力，调查的各项任务已基本完成。现将初步汇总的主要数据公布如下:

一、调查的基本情况

本次调查采取分层、多阶段、整群概率比例抽样方法，在我省抽取 22 个县(市、区)，88 个乡(镇、街道)，共 176 个调查小区，平均每个调查小区 400 人左右。

本次调查标准时间为 2006 年 4 月 1 日零时，入户调查时间自 2006 年 4 月 1 日起至 5 月 31 日结束。在省政府和各被抽中县（市、区）政府直接领导下，组织了 22 个调查队、368 名调查员、180 名各科医生、22 名统计员以及 1408 名陪调员，逐户进行询问登记、筛查和残疾评定，现已全部完成入户调查、复查和调查质量的核查工作。

我省共调查了 21113 户、71484 人，调查的抽样比为 2.02‰。入户见面 58411 人，占调查总人数的 81.71%；按照《第二次全国残疾人抽样调查残疾筛查方法》，7 岁以上疑似残疾人筛出率为 14.75%，疑似残疾人检查率达到 99.72%。

二、残疾人数及其比例

根据调查初步汇总，被调查户中有残疾人的家庭共 3873 户，确定视力、听力、言语、肢体、智力、精神和多重残疾共 4467 人。其中，视力残疾 718 人，听力残疾 1239 人，言语残疾 54 人，肢体残疾 1008 人，智力残疾 386 人，精神残疾 330 人，多重残疾 732 人。

本次调查结果显示，我省残疾人占总人口的比例为 6.25%，据此推算 2006 年 4 月 1 日零时我省各类残疾人的总数为 221.1 万人。各类残疾人的人数及各占残疾人总人数的比重分别是: 视力残疾 35.6 万人，占 16.10%; 听力残疾 61.3 万人，占 27.73%; 言语残疾 2.7 万人，占 1.22%; 肢体残疾 49.9 万人，占 22.57%; 智力残疾 19.1 万人，占 8.64%; 精神残疾 16.3 万人，占 7.37%; 多重残疾 36.2 万人，占 16.37%。

与 1987 年第一次全国残疾人抽样调查比较，我省残疾人口总量增加，残疾人比例上升，残疾类别结构变动。影响这一变化的因素有,两次调查间人口增长与结构变动、社会与环境变化、残疾标准修订等，更深入的分析有待于在详细数据汇总和更全面的资料收集后进行。

三、调查质量评价

在入户调查、复查完毕后，我省按照《事后质量核查工作细则》进行核查，核查结果符合调查方案要求。经对调查实施过程和数据质量进行综合评估，本次调查是一次成功的调查，数据真实可信。调查获得的丰富数据，将为我省经济社会和残疾人事业的发展提供可靠依据。

注:

1. 本公报为初步汇总数。

2. 本次调查登记对象为具有中华人民共和国国籍并居住在中华人民共和国境内大陆的常住人口，残疾人按照《第二次全国残疾人抽样调查残疾标准》评定。

附录 2

第二次全国残疾人抽样调查方案

（国务院 2005 年 11 月 4 日批准）

为贯彻国务院办公厅《关于开展第二次全国残疾人抽样调查的通知》（国办发[2004]73 号），根据《中华人民共和国统计法》、《中华人民共和国残疾人保障法》，制定本方案。

一、组织领导

第二次全国残疾人抽样调查工作在国务院和地方各级人民政府的领导下，按照全国统一部署、部门分工协作、地方分级负责、各方共同参与的原则组织实施。

（一）国务院成立第二次全国残疾人抽样调查领导小组，由有关部门负责人组成，负责这次残疾人抽样调查工作的全面领导与部署。领导小组下设第二次全国残疾人抽样调查办公室，负责这次抽样调查的组织实施工作。

（二）第二次全国残疾人抽样调查办公室成立专家委员会，协助制定和审核调查的重要技术文件，提供决策建议和技术咨询。

（三）各省、自治区、直辖市和被抽中县（市、区）成立残疾人抽样调查领导小组和办公室，负责本地区的残疾人抽样调查工作。

被抽中县（市、区）要做好调查队组建、经费落实和现场组织工作。

被抽中县（市、区）所在地（市）成立相应的领导或工作机构，帮助、督促本地区被抽中县（市、区）做好调查队组建、经费落实和现场调查组织等工作。

各级残疾人抽样调查领导小组组长是本次调查工作的全面负责人,办公室主任是本次调查的具体负责人。

二、调查目的

通过调查，掌握全国和各省、自治区、直辖市各类残疾人的数量、结构、地区分布、致残原因、家庭状况及其康复、教育、劳动就业和参与社会生活等情况，为国家制定经济和社会发展规划，以及有关残疾人的法律法规、政策和规划提供可靠的依据，促进残疾人事业与国民经济和社会协调发展。

三、调查对象

此次调查的对象是具有中华人民共和国国籍，并在被抽中调查小区内常住的人（指自然人，下同）。

调查采用按常住人口登记的原则，以户为单位填报，只调查家庭户，不调查集体户，单身居住独自生活的也作为一个家庭户进行登记。

此次不调查中国人民解放军现役军人和武装警察（包括军队管理的离退休干部）。

应当在本调查小区进行登记的人包括:

1. 居住本调查小区，户口在本乡、镇、街道;
2. 居住本调查小区半年以上，户口在外乡、镇、街道;
3. 居住本调查小区不满半年，离开户口所在地半年以上;
4. 居住本调查小区，户口待定。

常住户口虽然在本乡、镇、街道，但已离开本乡、镇、街道半年以上的人，不属于本调查小区的调查对象。

此次调查的重点是残疾人。残疾人是指在心理、生理、人体结构上，某种组织、功能丧失或者不正常，全部或部分丧失以正常方式从事某种活动能力的人。残疾类别包括：视力残疾、听力残疾、言语残疾、肢体残疾、智力残疾、精神残疾。凡有两种及两种以上残疾的人，列为多重残疾。残疾评定标准和方法按照第二次全国残疾人抽样调查专家委员会重新修订的《残疾标准》及相关方法实施。

四、调查内容

第二次全国残疾人抽样调查使用三种调查表，一是《住户调查表》,二是《残疾人调查表》，三是《社区调查表》。调查项目共有 52 个，调查样本人群的家庭及其个人的状况，重点调查残疾人的致残原因、生活状况及其主要需求。

五、调查的范围、规模和标准时间

第二次全国残疾人抽样调查在 31 个省、自治区、直辖市同时进行，设计总样本量为 260 万人。

调查的标准时间为：2006 年 4 月 1 日 0 时。

六、样本的设计和抽取

此次调查以全国为总体，各省、自治区、直辖市为次总体，采用分层、多阶段、整群、概率比例抽样方法。各省、自治区、直辖市的调查样本量，由第二次全国残疾人抽样调查领导小组确定分配。

各省、自治区、直辖市根据第二次全国残疾人抽样调查办公室规定的分层原则，结合本地的实际情况，对第一级的县（市、区）进行科学、合理的分层，编制抽样框，由第二次全国残疾人抽样调查办公室与各省、自治区、直辖市共同抽取一级样本单位。

各省、自治区、直辖市按照第二次全国残疾人抽样调查办公室规定的抽样原则和要求，制定本省抽样实施方案，经第二次全国残疾人抽样调查办公室审核后，抽取县级以下样本单位，并将具体的抽取步骤和抽中单位名称一起报第二次全国残疾人抽样调查办公室审定。

七、调查队的组建、培训与试点

（一）被抽中县（市、区）都要按照规定组建调查队。调查队在县级残疾人抽样调查领导小组领导下开展调查工作。

调查队由队长、调查副队长、医务副队长、调查员、各科医生和统计员组成。调查队组成人员要具备一定的工作经验，责任心强，身体条件胜任调查工作。调查工作人员必须稳定，在调查工作未结束前，不得变动。

调查队实行责任制，明确职责分工，加强团结协作。

（二）第二次全国残疾人抽样调查办公室负责省级调查业务骨干和医生的系统培训，使之成为省级培训班的教员；各省、自治区、直辖市残疾人抽样调查办公室负责本地区调查队的培训。

（三）第二次全国残疾人抽样调查办公室组织不同层次的试点，检验调查方案的科学性和可操作性，锻炼和提高省级骨干组织调查的实际能力和现场登记的水平。

各省、自治区、直辖市在正式调查前，要结合培训安排被抽中县（市、区）调查队的业务骨干参加试点调查，试点调查不能代替正式调查。

八、现场登记和复查

此次调查的现场登记和复查工作，从 2006 年 4 月 1 日开始到 5 月 31 日以前结束。

现场登记和复查工作要求做到：坚持入户调查，努力提高见面率；积极动员被调查人如实申报，做到不重复，不遗漏；认真询问、筛查和检查评定，提高准确度；搞好自查、互查和议查，最大限度地控制调查误差。

各调查小区要由熟悉当地情况、责任心强的同志担任陪调员，组成陪调组，协同调查员和医生入户，做好宣传、摸底、现场调查登记和复查工作。

（一）摸底工作

调查前的摸底工作，是做好入户调查登记的基础。调查员要提前进入调查小区，在陪调员的协助下摸清本调查小区范围内需要调查的户数、人口数，重点摸清疑似残疾人和 0—6 岁的儿童人数，编制好《调查底册》。

各省、自治区、直辖市残疾人抽样调查办公室将摸底汇总数据于2006年3月25日前报送到第二次全国残疾人抽样调查办公室。

（二）现场登记

1. 入户调查。调查员根据《调查底册》入户，按照《住户调查表》的登记项目，逐人逐项询问，填写《住户调查表》；对7岁及以上人群，按照残疾筛查问卷逐人询问、筛查，并对筛查出的疑似残疾人填写《7岁及以上人群筛查交接单》；对0～6岁的儿童，填写《0-6岁儿童健康检查记录表》。

2. 残疾检查评定。各科医生根据调查员筛查出的《7岁及以上人群筛查交接单》和《0-6岁儿童健康检查记录表》，采取设站与入户相结合的方式逐人检查、评定，对确诊的残疾人，填写《残疾评定记录表》和《残疾人调查表》。

调查期间，医生应对确诊的残疾人进行医疗、康复指导。

（三）复查

调查队组织调查员和医生按照规定的方法进行全面复查。复查采取自查、互查和议查三种形式进行。

调查员和医生每天应对当日调查填写的调查表进行自查。

每个调查小区登记结束后，调查员应分小组对《住户调查表》进行互查和逻辑检查；各科医生要对自己填写的《残疾评定记录表》、《残疾人调查表》进行综合分析检查。

在现场调查登记中和小区调查登记结束后，调查队都要按照规定的方法进行议查，重点议查疑似残疾人的漏筛。

复查中发现的有疑问的人和户，要进一步核查，发现差错，经核实后，予以改正。

（四）调查的后续工作

各级残疾人抽样调查办公室负责收集、汇总调查中残疾人亟待解决的问题，报当地人民政府或有关部门酌处。

九、事后质量核查

现场登记和复查工作结束后，各省、自治区、直辖市残疾人抽样调查办公室应按照全国统一规定的事后质量核查办法和要求，选调高素质的调查员作为核查人员，组建事后质量核查队，对事后质量核查的调查小区，重新入户进行调查登记，计算全国的调查误差。核查人员不得在原来的调查小区参加质量核查工作。

全国统一组织的事后质量核查结果将作为评估第二次全国残疾人抽样调查数据质量的主要依据之一。

十、调查数据的处理

（一）快速汇总

各地按照第二次全国残疾人抽样调查办公室统一规定，对调查的主要数据进行逐级快速汇总。

1. 各县（市、区）残疾人抽样调查办公室将调查数据快速汇总结果于2006年6月5日前报送到省级残疾人抽样调查办公室。

2. 各省、自治区、直辖市残疾人抽样调查办公室将各县（市、区）上报的数据，经审核无误后汇总，将结果于2006年6月15日前报送到第二次全国残疾人抽样调查办公室。

3. 第二次全国残疾人抽样调查办公室负责汇总全国调查主要数据，并对数据进行分析评估后发布公报。

（二）电子计算机数据处理

第二次全国残疾人抽样调查办公室负责制定本次调查的数据处理方案。

1. 省级残疾人抽样调查办公室对调查表进行验收后，组织编码员按照统一规定的标准进行编码。编码前要对编码员进行统一的培训。

编码资料经全面复核、验收合格后，方可交付录入。

2. 第二次全国残疾人抽样调查办公室组织对调查资料进行电子计算机数据处理，对调查的全部数据进行录入汇总，建立国家级和省级残疾人数据库。

3. 调查数据的全面汇总和处理工作，于2007年底前全部完成。

4. 本次调查的原始资料由各省、自治区、直辖市残疾人抽样调查办公室保管。

十一、调查数据的分析研究

对本次调查获得的不同数据进行分析研究，撰写综合分析报告；同时，对调查数据反映出的有关残疾人的突出问题，制定专题研究课题，邀请政府有关部门、大专院校和国内外研究机构共同研究开发。研究结果以专题报告、论文集形式发表或出版。

全国和各省、自治区、直辖市残疾人抽样调查领导小组组织专人分析研究调查资料，就制定残疾人的法规、方针、政策和工作规划提出建议，供政府和各有关部门研究处理。

十二、宣传工作

各省、自治区、直辖市和被抽中县（市、区）要依靠各级宣传部门，按照第二次全国残疾人抽样调查办公室制定的宣传提纲和宣传口径，利用各种宣传媒体和多种宣传形式，积极开展残疾人抽样调查的宣传活动，在2006年3月中旬要掀起宣传高潮，以取得广大群众和社会对现场调查的支持与配合。

十三、调查经费

根据国务院要求，第二次全国残疾人抽样调查经费由中央和地方财政共同负担。各级财政应根据需要，统筹安排经费，以保证这次残疾人抽样调查各项工作的顺利开展。

残疾人抽样调查办公室要严格按照专款专用的原则，加强调查经费的管理使用，杜绝挤占挪用。

十四、总结表彰

各级残疾人抽样调查机构要认真做好调查的总结工作，各省、自治区、直辖市于2006年12月底前将调查业务技术总结和现场调查工作总结报送第二次全国残疾人抽样调查办公室；第二次全国残疾人抽样调查领导小组于2007年11月底前向国务院报送第二次全国残疾人抽样调查工作总结。

第二次全国残疾人抽样调查领导小组将于2007年初表彰调查工作先进单位和个人。

十五、实施本方案的文件

为保证全国按照统一标准、统一要求、高质量地搞好本次调查工作，第二次全国残疾人抽样调查领导小组统一制定各种文件、表格和工作细则。

（一）《第二次全国残疾人抽样调查残疾标准》包括：视力残疾标准、听力残疾标准、言语残疾标准、肢体残疾标准、智力残疾标准和精神残疾标准。

（二）调查、统计表格包括：《住户调查表》、《残疾人调查表》（主表）；《社区调查表》、《失查疑似残疾人登记表》；《7岁及以上人群残疾筛查问卷》、《0-6岁儿童健康体检记录表》、《残疾评定记录表》、《调查底册》；过录、快速汇总和计算机汇总等统计用表；调查各个环节的交接用表。

（三）工作细则包括：《调查登记和复查工作细则》、《质量控制和验收工作细则》、《摸底工作细则》、《快速汇总工作细则》、《编码工作细则》、《抽样方案》、《数据处理方案》、《资料装订、包装、运输、管理工作细则》等。

（四）填表说明包括：《住户调查表》、《残疾人调查表》、《社区调查表》、《残疾评定记录表》等填表说明。

（五）工作手册包括：《调查工作手册》、《调查员手册》、《医生手册》。

附录 3

第二次全国残疾人抽样调查残疾标准

（国务院 2005 年 11 月 4 日批准）

视力残疾标准

一、视力残疾的定义

视力残疾，是指由于各种原因导致双眼视力低下并且不能矫正或视野缩小，以致影响其日常生活和社会参与。

视力残疾包括盲及低视力。

二、视力残疾的分级

类　　别	级别	最佳矫正视力
盲	一级	无光感~＜0.02；或视野半径＜5 度
	二级	0.02~＜0.05；或视野半径＜10 度
低视力	三级	0.05~＜0.1
	四级	0.1~＜0.3

〔注〕

1. 盲或低视力均指双眼而言，若双眼视力不同，则以视力较好的一眼为准。如仅有单眼为盲或低视力，而另一眼的视力达到或优于 0.3，则不属于视力残疾范畴。

2. 最佳矫正视力是指以适当镜片矫正所能达到的最好视力或针孔视力。

3. 以注视点为中心，视野半径＜10 度者，不论其视力如何均属于盲。

听力残疾标准

一、听力残疾的定义

听力残疾，是指人由于各种原因导致双耳不同程度的永久性听力障碍，听不到或听不清周围环境声及言语声，以致影响日常生活和社会参与。

二、听力残疾的分级

听力残疾一级：

听觉系统的结构和功能方面极重度损伤，较好耳平均听力损失≥91 dB HL，在无助听设备帮助下，不能依靠听觉进行言语交流，在理解和交流等活动上极度受限，在参与社会生活方面存在极严重障碍。

听力残疾二级：

听觉系统的结构和功能重度损伤，较好耳平均听力损失在 81 ~ 90 dB HL 之间，在无助听设备帮助下，在理解和交流等活动上重度受限，在参与社会生活方面存在严重障碍。

听力残疾三级：

听觉系统的结构和功能中重度损伤，较好耳平均听力损失在 61 ~ 80 dB HL 之间，在无助听设备帮助下，在理解和交流等活动上中度受限，在参与社会生活方面存在中度障碍。

听力残疾四级:

听觉系统的结构和功能中度损伤，较好耳平均听力损失在41~60dB HL之间，在无助听设备帮助下，在理解和交流等活动上轻度受限，在参与社会生活方面存在轻度障碍。

言语残疾标准

一、言语残疾的定义

言语残疾，是指由于各种原因导致的不同程度的言语障碍，经治疗一年以上不愈或病程超过两年者,而不能或难以进行正常的言语交往活动，以致影响日常生活和社会参与（3岁以下不定残）。

言语残疾包括:

1. 失语：是指由于大脑言语区域以及相关部位损伤所导致的获得性言语功能丧失或受损。

2. 运动性构音障碍：是指由于神经肌肉病变导致构音器官的运动障碍，主要表现为不会说话、说话费力、发声和发音不清等。

3. 器官结构异常所致的构音障碍：是指构音器官形态结构异常所致的构音障碍。其代表为腭裂以及舌或颌面部术后造成的构音障碍。主要表现为不能说话、鼻音过重、发音不清等。

4. 发声障碍（嗓音障碍）：是指由于呼吸及喉存在器质性病变导致的失声、发声困难、声音嘶哑等。

5. 儿童言语发育迟滞：指儿童在生长发育过程中其言语发育落后于实际年龄的状态。主要表现不会说话、说话晚、发音不清等。

6. 听力障碍所致的语言障碍：是指由于听觉障碍所致的言语障碍。主要表现为不会说话或者发音不清。

7. 口吃：是指言语的流畅性障碍。常表现为在说话的过程中拖长音、重复、语塞并伴有面部及其他行为变化等。

二、言语残疾的分级

言语残疾一级:

无任何言语功能或语音清晰度≤10%，言语表达能力等级测试未达到一级测试水平，不能进行任何言语交流。

言语残疾二级:

具有一定的发声及言语能力。语音清晰度在11%~25%之间，言语表达能力等级测试未达到二级测试水平。

言语残疾三级:

可以进行部分言语交流。语音清晰度在26%~45%之间，言语表达能力等级测试未达到三级测试水平。

言语残疾四级:

能进行简单会话，但用较长句或长篇表达困难。语音清晰度在46%~65%之间，言语表达能力等级测试未达到四级测试水平。

肢体残疾标准

一、肢体残疾的定义

肢体残疾，是指人体运动系统的结构、功能损伤造成四肢残缺或四肢、躯干麻痹(瘫痪)、畸形等而致人体运动功能不同程度丧失以及活动受限或参与的局限。

肢体残疾包括:

1. 上肢或下肢因伤、病或发育异常所致的缺失、畸形或功能障碍;

2. 脊柱因伤、病或发育异常所致的畸形或功能障碍;

3. 中枢、周围神经因伤、病或发育异常造成躯干或四肢的功能障碍。

二、肢体残疾的分级

肢体残疾一级：不能独立实现日常生活活动。

1. 四肢瘫：四肢运动功能重度丧失；
2. 截瘫：双下肢运动功能完全丧失；
3. 偏瘫：一侧肢体运动功能完全丧失；
4. 单全上肢和双小腿缺失；
5. 单全下肢和双前臂缺失；
6. 双上臂和单大腿（或单小腿）缺失；
7. 双全上肢或双全下肢缺失；
8. 四肢在不同部位缺失；
9. 双上肢功能极重度障碍或三肢功能重度障碍。

肢体残疾二级：基本上不能独立实现日常生活活动。

1. 偏瘫或截瘫，残肢保留少许功能（不能独立行走）；
2. 双上臂或双前臂缺失；
3. 双大腿缺失；
4. 单全上肢和单大腿缺失；
5. 单全下肢和单上臂缺失；
6. 三肢在不同部位缺失（除外一级中的情况）；
7. 二肢功能重度障碍或三肢功能中度障碍。

肢体残疾三级：能部分独立实现日常生活活动。

1. 双小腿缺失；
2. 单前臂及其以上缺失；
3. 单大腿及其以上缺失；
4. 双手拇指或双手拇指以外其他手指全缺失；
5. 二肢在不同部位缺失（除外二级中的情况）；
6. 一肢功能重度障碍或二肢功能中度障碍。

肢体残疾四级：基本上能独立实现日常生活活动。

1. 单小腿缺失；
2. 双下肢不等长，差距在5厘米以上（含5厘米）；
3. 脊柱强（僵）直；
4. 脊柱畸形，驼背畸形大于70度或侧凸大于45度；
5. 单手拇指以外其他四指全缺失；
6. 单侧拇指全缺失；
7. 单足跗跖关节以上缺失；
8. 双足趾完全缺失或失去功能；
9. 侏儒症（身高不超过130厘米的成年人）；
10. 一肢功能中度障碍或两肢功能轻度障碍；
11. 类似上述的其他肢体功能障碍。

智力残疾标准

一、智力残疾的定义

智力残疾，是指智力显著低于一般人水平，并伴有适应行为的障碍。此类残疾是由于神经系统结构、功能障碍，使个体活动和参与受到限制，需要环境提供全面、广泛、有限和间歇的支持。

智力残疾包括：在智力发育期间（18 岁之前），由于各种有害因素导致的精神发育不全或智力迟滞；或者智力发育成熟以后，由于各种有害因素导致智力损害或智力明显衰退。

二、智力残疾的分级

级　别	分级标准			
	发展商（DQ） 0-6 岁	智商（IQ） 7 岁及以上	适应性行为 （AB）	WHO-DAS Ⅱ分值 18 岁以上
一级	≤25	＜20	极重度	≥116 分
二级	26~39	20~34	重度	106~115 分
三级	40~54	35~49	中度	96~105 分
四级	55~75	50~69	轻度	52~95 分

精神残疾标准

一、精神残疾的定义

精神残疾，是指各类精神障碍持续一年以上未痊愈，由于存在认知、情感和行为障碍，以致影响其日常生活和社会参与。

二、精神残疾的分级

18 岁以上（含）的精神障碍患者根据《世界卫生组织残疾评定量表Ⅱ》（WHO-DASⅡ）分数和下述的适应行为表现，18 岁以下者依据下述的适应行为的表现，把精神残疾划分为四级：

精神残疾一级：

WHO-DASⅡ值≥116 分，适应行为严重障碍；生活完全不能自理，忽视自己的生理、心理的基本要求。不与人交往，无法从事工作，不能学习新事物。需要环境提供全面、广泛的支持，生活长期、全部需他人监护。

精神残疾二级：

WHO-DASⅡ值在 106~115 分之间，适应行为重度障碍；生活大部分不能自理，基本不与人交往，只与照顾者简单交往，能理解照顾者的简单指令，有一定学习能力。监护下能从事简单劳动。能表达自己的基本需求，偶尔被动参与社交活动；需要环境提供广泛的支持，大部分生活仍需他人照料。

精神残疾三级：

WHO-DASⅡ值在 96~105 分之间，适应行为中度障碍；生活上不能完全自理，可以与人进行简单交流，能表达自己的情感。能独立从事简单劳动，能学习新事物，但学习能力明显比一般人差。被动参与社交活动，偶尔能主动参与社交活动；需要环境提供部分的支持，即所需要的支持服务是经常性的、短时间的需求，部分生活需由他人照料。

精神残疾四级：

WHO-DASⅡ值在 52~95 分之间，适应行为轻度障碍；生活上基本自理，但自理能力比一般人差，有时忽略个人卫生。能与人交往，能表达自己的情感，体会他人情感的能力较差，能从事一般的工作，学习新事物的能力比一般人稍差；偶尔需要环境提供支持，一般情况下生活不需要由他人照料。

多重残疾

存在两种或两种以上残疾为多重残疾。多重残疾应指出其残疾的类别。多重残疾分级按所属残疾中最重类别残疾分级标准进行分级。

附录 5

第二次全国残疾人抽样调查《住户调查表》填写说明

一、《住户调查表》填写方法

《住户调查表》由调查员根据申报人的回答，如实填写。

（一）《住户调查表》的填写方法有两种：有标准答案的栏目，根据实际情况圈填；没有标准答案的栏目，用文字或阿拉伯数字据实填写。

（二）《住户调查表》以户为单位填写，每页可填写 4 人，超过 4 人的家庭户酌情增加调查表。增加的调查表只填写“H1.本户编号”和按人填报的栏目“R1－R15”以及表下方有关内容，不再填写其他按户填报的栏目“H2—H9”。增加的调查表要与首页表顺序保存，不要分开，以防散乱，发生差错。超过 9 人的家庭户分为两户进行填报，其中一户按新增户处理。

（三）调查表填写错误的更改方法。如果文字或数字填写错误，必须用直尺将错误的地方用双线划去。横行书写的，用双横线划去，在划线的上方另行填写；竖行填写的，用双竖线划去，在划线的右侧另行填写；圈填错误的，应将错圈序码连同文字答案用双横线划去，再据实圈填。

（四）表内每个栏目下边的小方格是编码格，调查员不得填写。

二、《住户调查表》填写注意事项

（一）调查表的栏目使用钢笔或签字笔填写，字迹要端正清楚。必须用国家统一规范的简化字书写，不得使用同音异体字和繁体字。阿拉伯数字必须按“0123456789”的正体书写。

（二）在调查登记家庭户中每个人的情况时，要力争与本人见面，无特殊情况，不得由他人代替申报。

（三）调查员应对被调查户申报的情况保密，不得对外提供。

（四）《调查底册》和家庭《户口簿》仅供调查时参考，不得照抄。

三、《住户调查表》的填写顺序

《住户调查表》要逐人逐栏进行询问填写，不得漏填或错填。《住户调查表》填写的顺序是：

第一步，填写左上角的“本户地址”和“H1.本户编号”。

第二步，填写按人填报的栏目 R1－R14，按户主、配偶、子女等顺序逐人逐项登记（“R15.属于何种残疾”暂不圈填，待医生检查评定后再圈填），并以本人登记的顺序作为“本人行号”。

第三步，填写按户填报的栏目，包括“H2.本户登记人数”、“H4.本户住房建筑面积”、“H5.本户住房建筑结构”、“H6.本户住房来源”、“H7.上年度本户全部收入”、“H8.本户拥有的主要家电”、“H9.本户月均生活用电量”。（“H3.本户残疾人数”暂不填写，待医生检查评定后再填写）。

第四步，与被调查户核对主要情况无误后，请家庭的主要申报人在表下方签名或盖章，调查员填写表下方的“本户共___页，本页是第___页”，然后签字并填写填报日期；“装订页码第___页”待本调查小区调查表装订成册后再填写。

第五步，根据医生检查的定性结果，填写“R15.属于何种残疾”，并据此填写本户户记录中的“H3.本户残疾人数”。

第六步，“备注”栏分为两部分填写。左栏属于规定的填写内容，包括本户见面人数，0~6 岁儿童姓名，疑似残疾人的姓名和残疾类别；右栏填写调查中发现的特殊情况。

四、《住户调查表》指标解释

第二次全国残疾人抽样调查的标准时间为：2006 年 4 月 1 日 0 时。此次调查的数据是反映标准时间点的人口状况。2006 年 4 月 1 日 0 时之前出生的人需要登记，之后出生的人则不登记；2006 年 4 月 1 日 0 时之前死亡的人不登记，之后死亡的人需要登记。准确地把握标准时间是防止重复登记和漏登记的重要措施。

（一）按人填报的栏目共有 15 个

R1.姓名：竖行填写本人的正式姓名，无正式姓名的，可填写乳名、小名或某某氏；未取名的婴儿可填写“未取名”。

R2.与户主的关系：指户内各成员与户主之间的关系，并不是指户内各成员与申报人之间的关系。

1.户主。表内所填写的第一人必须是户主。如果户主外出半年以上，按照调查对象标准规定，其不属于本调查小区的调查对象，则由本户另确定一位新的户主，并作为第一人填写，其他成员按照与新户主的关系据实圈填。一户中只能有一位户主。

2.配偶。户主的配偶指户主的妻子或丈夫，必须填在第二格。一户中只能有一个人填为户主的配偶。

3.子女。包括户主的儿子、女儿、儿媳、女婿，一般应按照年龄大小顺序填写。

4.孙子女。包括户主的孙子、孙女、孙媳、孙婿、重孙子女、重孙媳、重孙婿及外孙、重外孙子女等。

5.父母。包括户主的父亲、母亲、公公、婆婆、岳父、岳母、继父、继母。

6.祖父母。包括户主的祖父母、外祖父、外祖母、曾祖父、曾祖母、继祖父、继祖母。

7.兄弟姐妹。包括户主和配偶的兄弟姐妹、表兄弟姐妹等。

8.其他。指上述家庭成员之外的其他人员，如朋友、同事、同学、同乡、保姆等均圈填此项。

R3.性别：根据被调查人的性别据实圈填。

R4.出生年月：被调查人的出生年月按公历用阿拉伯数字填写；只知农历的，按农历月份+1 视为公历填写。从出生日期到调查的标准时间为止，满 12 个月的算一周岁（即使少一天也不算一周岁），不满 12 个月的婴儿填写为 0 周岁。

R5.民族：指被调查人的民族成份。要按《各民族名称一览表》据实竖行填写，要填写全称而不要写简称。父母不是同一民族的，其不满 18 周岁的子女，民族未定的，由父母商定，选填父亲或母亲一方的民族；已满 18 周岁的子女，是填报父亲还是母亲的民族，由本人决定。如果确实有新出现的民族，则据实填报，在备注栏说明；外国人加入中国籍的，其本人的民族和我国某一民族相同，就填报这一民族，例如朝鲜人加入中国籍的，即填朝鲜族；没有相同民族的，按外国人加入中国籍填写，填报为“入籍”。

R6.户口登记状况：指被调查人的常住户口登记状况，设有四个标准答案，即为本次调查对象的四款人。

根据国务院批准的《第二次全国残疾人抽样调查方案》规定，“此次调查的对象是具有中华人民共和国国籍，并居住在被抽中调查小区内常住的人。调查采用按常住人口登记的原则，以户为单位填报，只调查家庭户，不调查集体户。单身居住独自生活的也作为一个家庭进行登记。本次不调查中国人民解放军现役军人和武装警察（包括部队管理的离退休干部）。”

确定被调查人是否属于本次调查的对象，关键是准确掌握调查的空间标准和时间标准。

空间标准：指户口是否在“本乡、镇、街道”所辖的地理区域。

时间标准：指常住本调查小区时间连续“半年”。

本次调查规定的连续“半年”是指从 2005 年 10 月 1 日 0 时到 2006 年 4 月 1 日 0 时。对于在本调查小区居住并从事商业、手工业、服务业、建筑业等活动的人，偶尔返回户口登记地或临时外出探亲访友（包括春节返乡探亲）、出差，判断其在本调查小区居住的时间和离开常住户口登记地的时间时，都不应扣除偶尔返回或临时外出的时间。

调查员可按以下四个标准答案根据调查对象的实际情况圈填。

1.住本调查小区，户口在本乡、镇、街道；

2.住本调查小区半年以上，户口在外乡、镇、街道；

3.住本调查小区不满半年，离开户口所在地半年以上；

4.住本调查小区，户口待定。

第一款人：包括两种情况，一是常住户口在本乡、镇、街道，居住在本调查小区的人；二是常住户口在本乡、镇、街道，但是人离开本乡、镇、街道不满半年的人（包括调查时临时出国考察、学习和旅游等情况不满半年的人)。

常住户口在本户、外出(离开本乡、镇、街道)已超过半年的人,不属于本调查小区的调查对象。

第二款人:是指调查时已在本调查小区常住时间半年以上,但常住户口在其他乡、镇、街道的人。

第三款人:是指调查时在本调查小区常住时间虽然不满半年,常住户口在其他乡、镇、街道,但已离开常住户口登记地半年以上的人。

第四款人:是指调查时居住在本调查小区,在任何地方都没有登记常住户口的人(包括手持户口迁移证、退伍证、出生证、劳改释放证等尚未办理常住户口登记手续的人)。填报此款人的直接跳问 R8。

本次调查对以下情况作了特殊规定:

1.高中及高中以下在校住宿的学生,凡是经常回家的(例如周六、日回家),本次调查规定按调查对象第一款人进行登记。

2.婚嫁、搬迁到本调查小区的人或户,即使来本调查小区居住不满半年而户口在外乡、镇、街道,但因其具有长期居住的意义,本次调查规定按调查对象第一款人进行登记。

3.凡是户口在集体户、人在家庭户居住的人,本次调查规定按调查对象第一款人在被调查户进行登记。

R7.户口性质:指被调查人的常住户口性质,按户口簿上常住户口性质据实圈填。取消了农业户口和非农业户口的地区,按照取消前的户口性质圈填。农民进城已办理了小城镇户口的,也圈填"2.非农业";在"R6.户口登记状况"中填报为"4.住本调查小区,户口待定"的人不填报本栏。

R8、R9 两栏限 6 岁及以上的人填报。

R8.是否识字:指被调查人是否达到国务院规定的脱盲标准(城市居民和乡、镇企业职工识字 2000 个,乡村居民识字 1500 个)。调查登记时可询问是否具有阅读通俗书报刊或写便条、简单书信的能力。凡具有简单读写能力的人,圈填"1.是",没有达到脱盲标准的人,则圈填"2.否"。圈填"2.否"的人,不再填报"R9.受教育程度",跳问"R10、婚姻状况"。

R9.受教育程度:指本人接受国内外教育的最高学历。通过自学或成人学历教育经国家统一考试合格的,可分别归入相应的受教育程度。

1.未上过学。指被调查人识字,但从未接受过国家或其他办学机构实施的各级各类学校教育。参加过各种扫盲班或成人识字班的人,也圈填此项。

2.小学。指接受的最高一级教育为小学,无论其是在校、毕业、肄业或辍学均圈填此项。只读过私塾的也填报此项。

3.初中。指接受的最高一级教育为初中,无论其是在校、毕业、肄业或辍学均圈填此项。技工学校相当于初中的也圈填此项。

4.高中。指接受的最高一级教育为普通高中、职业高中,无论其是在校、毕业、肄业或辍学均圈填此项。

5.中专。指接受的最高一级教育为中等专业学校,无论其是在校、毕业、肄业或辍学均圈填此项。

6.大学专科。指接受的最高一级教育为大学专科。在普通高等学校学习大学专科的,无论其在校、毕业、肄业或辍学均圈填此项。

凡在国家授权承认学历的广播电视大学、职工大学、高等院校举办的函授大学、夜大学和其他形式的大学,按教育部颁布的大学专科教学大纲进行授课的,其毕业生圈填此项;其肄业生、在校生按原有受教育程度圈填。

通过自学,经国家统一举办的考试,并取得大学专科毕业证书的,也圈填此项标准答案。

7.大学本科。指接受的最高一级教育为大学本科。在普通高等学校学习大学本科的,无论其是在校、毕业、肄业或辍学均圈填此项。

凡在国家授权承认学历的广播电视大学、职工大学、高等院校举办的函授大学、夜大学和其他形式的大学,按教育部颁布的大学本科教学大纲进行授课的,其毕业生圈填此项;其肄业生、在校生按原有受教育程度圈填。

通过自学和进修大学课程，经国家统一举办的考试，并取得大学本科毕业证书的，也圈填此项标准答案。

8.研究生。指接受的最高一级教育为硕士、博士研究生，无论其是在校、毕业、肄业或辍学均圈填此项。在职接受研究生教育的，其毕业生圈填此项，肄业生和在校生按原有受教育程度圈填。

凡是没有按教育部的教学大纲培训或只学单科的人，不能圈填“大学专科”、“大学本科”或“研究生”，一律按照原有受教育程度圈填。

R10-R14 栏限 15 岁及以上的人填报。

R10.婚姻状况：指被调查人在调查标准时间的实际婚姻状况。

1.未婚。指从未结过婚的人。

2.初婚有配偶。指本人有配偶，且属于第一次婚姻的人。对于没有办理结婚登记而未婚同居的人，按其申报的圈填。

3.再婚有配偶。指本人有配偶，但属于第二次及以上婚姻的人。

4.离婚。指夫妻间已办理了离婚手续，并在调查标准时间仍未再结婚的人。未办理离婚手续，而长期分居，不圈填此项，而应圈填“2.初婚有配偶”或“3.再婚有配偶”。

5.丧偶。指夫妇一方丧亡，在调查标准时间时还没有再结婚的人。

R11.当前是否有工作：指被调查人在调查标准时间前一周（即 2006 年 3 月 25—31 日），是否从事过不少于一小时有收入的社会劳动。工作时间不足一小时的，应视为无工作。填报无工作的则不再询问职业栏目，直接跳填“R13.当前未工作状况”。

有收入是指在该周内曾经得到或能够得到工资或家庭收益等，包括现金和实物收入。农民在承包的土地上劳动应视为有收入的工作；家庭成员在自家经营的商店、门市部、工厂劳动，既使没有任何收入，也应视同为有收入工作。

在职休假、培训学习、临时停工和季节性歇业而未工作，也视为当前有工作，包括如因生病或受伤而短期休息、休假和休养的人；脱产学习的人；由于天气原因、季节或电力故障、原料或燃料短缺等原因临时停工的人；从事季节性工作，正值歇业的人等。

R12.职业：指本人所从事的社会劳动工作种类。要求必须填写工作单位全称和所做的具体工作。

填写职业要注意以下几点：

1.填写职业要具体、详细。既要填写工作单位全称，也要填写具体做什么工作。例如“北京重型机床厂钳工”、“北京市公交总公司司机”等，不能笼统地填写“工人”；机关工作人员不能笼统填写“干部”，应填写其工作单位全称和职业，例如“北京市统计局主任科员”、“中国科学院工程师”等；农民不能笼统地填写“农民”或“种地”，而应具体填写为“粮农”、“菜农”或者“养鸡”等。

2.具有中级以上技术职称的行政领导人员，应按行政领导职务填写其职业；同时担任党和行政职务的领导干部，应按主要职务填写职业。

3.工种尚未确定，暂时又无具体工作的，可填“工种未定”。

4.农村就业人口中，凡在乡镇或村办企业中有比较固定的工作，既使在调查标准时间前一周干的是农活，仍要填报其比较固定的职业。

5.调查标准时间前一周内同时从事一种以上工作的，按所从事时间最长的工作种类填写；不能确定时间长短的，按其经济收入较多的工作填写。

6.没有固定性工作的个体经营者，进城务工经商和农闲时进行其他经济活动的人，企业停工停产自某出路从事一些临时性工作的职工，填写调查标准时间前一周主要从事的具体工作。

脱产进入学校学习者，不填职业栏，而应填写“R13.当前未工作状况”栏。

R13.当前未工作状况：此栏限十五岁及十五岁以上当前没有工作的人填写。

1.在校学生。指正在接受各级各类学校教育并有学籍的人。

2.离退休。指已办理离休、退休手续，依靠领取离退休金生活的人。离休、退休后又参加社会劳动并取得报酬的人，应视为有工作，不应圈填此项。

3.料理家务。主要从事家务劳动，且没有劳动收入的人圈填。离退休人员参加部分家务劳动的则不填此栏。农村中既料理家务又务农或从事家庭副业的人，应按在业人口填写职业，不应圈填此栏。

4.丧失劳动能力。指因心理、生理残疾和疾病等原因，在现有劳动条件下丧失了从事劳动的能力、不能参加社会劳动的人。也包括年老体弱生活不能自理的人员。但不包括领取退休金的人员。

5.毕业后未工作。指从学校毕业后从未工作过的人。

6.因单位原因失去原工作。指用人单位或雇主提出与劳动者本人中断劳动关系而失去原工作的人。包括：被原单位辞退、除名、开除的人；劳动合同到期后单位不同意续签劳动合同的人；因单位破产而失去工作的人；未办理正式退休手续的"内退"人员；仍与原工作单位保留劳动关系的下岗人员。

7.因本人原因失去原工作。指本人因各种原因提出与单位中断劳动关系而离开原工作岗位的人。包括辞职的人和劳动合同到期后本人不同意与单位继续签订劳动合同的人。

8.承包土地被征用。指本人承包或转包、租用集体或他人的土地，被有关部门和单位依据土地征用制度的规定征作公益性用地而失去工作。受雇在别人承包的土地上工作，因该土地被征用而失去工作的人，不圈此项，而应圈填"6、因单位原因失去原工作"。

9.其他。除以上八种人之外的未工作人口，圈填为"其他"。

R14.未工作者主要生活来源：根据被调查人情况据实圈填。如果同时有多项生活费来源，则选择其中最主要一项标准答案圈填。

1.离退休金。指办理了离休、退休手续的人，从原工作单位或社会保险部门领取的离退休生活费。

2.领取基本生活费。为了保证基本生活水平而领取的生活费。包括：企业下岗、内退职工领取的基本生活费，失业救济金；民政部门发放给烈军属的生活抚恤金，发给五保户和残疾人的生活补助费，以及发给城镇低收入户的最低生活保障金等。

3.家庭其他成员供养。指被调查人依靠家庭其他成员的经济收入生活。单独生活、由本家庭户外的其他亲属供养的也圈填此项。

4.财产性收入。指以资金储蓄、借贷入股以及财产经营、租赁等所取得的利息、股息、红利、租金等财产性收入生活。

5.保险收入。指主要靠从保险公司领取保险金生活。

6.其他。除以上几种情况之外的其他生活费来源。

R15.定性结果：此栏待医生对残疾人检查定性以后再由调查员填写。如果是残疾人，属于哪类残疾，就圈填哪类残疾；如果被调查人具有多种残疾现象，就圈填"7、多重残疾"；没有残疾的人不填报此栏。

（二）按户填报的栏目

按户填报的栏目共有9个。其中H1为本户编号，根据调查底册的序号填写；H2和H3应与本户人记录中的有关栏目合计数相符；H4—H9栏与人记录栏目无关，是以户为单位填报的项目。

H1.本户编号：按《调查底册》序号填写"H1 本户编号"。

在登记时，如果发现《调查底册》中某户为空户，则将本小区的最后一户前移，使用该户的"本户编号"；如果某户中实际居住着两户，其中一户使用原来的"本户编号"，另一户的"本户编号"续在本调查小区所有户编号的最后，按顺序编写户编号；居住三户或以上的，依次类推（上述户编号的改动须经调查队负责调查的副队长核定后进行，防止错乱）。

H2.本户登记人数：在本户调查登记的人数,应与人记录的合计人数一致。

H3.本户残疾人数：根据人记录的"R15.属于何种残疾"的定性结果，分男、女性别的残疾人数填写。

H4.本户住房　建筑面积：本户住房的建筑面积按住房的外墙计算。

1.知道建筑面积的可直接填报；不知道住房建筑面积，只知道使用面积的，则可使用公式换算：

建筑面积＝使用面积（包括扩建的使用面积）÷0.7

2.住旅馆或租借房屋的常住户，一律按现住房的实际情况填写其住房面积。

3.居住在工作场所的户，住房面积应该填写其居住房间的建筑面积。

4.合住在同一所住房里的住户，其建筑面积为各户所独立使用的房间面积加上公共使用面积（包括厨房、厕所、门厅、阳台等）的一部分；两户合用的面积，各按二分之一计算，三户合用的面积，各按三分之一计算；以此类推。

5.属于本小区调查对象，但居无定所的常住户（如进城的流动人口）睡在桥下、公园和车站等地方的人，其住房面积填“0”平方米。

H5.本户住房建筑结构：指本户住房建筑的结构（指承重结构，如承重墙、梁、柱等）所用的建筑材料。本栏目设有五个标准答案。

1.钢筋混凝土：指承重的主要构件是用钢筋混凝土建造的住房。包括薄壳结构、大模板现浇结构及使用滑模、升板等建造的钢筋混凝土结构的房屋。

2.混合结构：指承重的主要构件是用钢筋混凝土和砖、木建造的房屋。如一幢房屋的梁是用钢筋混凝土制成，以砖墙为承重墙，或者梁使用木材建造，柱是使用钢筋混凝土。

3.砖木结构：是指承重的主要构件是砖和木材。如一幢房屋是木制房架、砖墙、木柱建造的。

4.木、竹、草结构：指房屋的主要建筑材料为木、竹、草。如一幢房屋是木（竹）制房架、草顶。

5.其他：不属于上述结构类型的房屋都归此类。如砖拱结构、窑洞、蒙古包等。

H6.本户住房来源：指本户获取住房的途径，包括拥有全部产权或部分产权。本栏目设有四个标准答案，可根据住房的拥有情况，据实圈填。

1.自有：指本户住房的产权属于本户私人所有。既包括城镇和农村中私人自建的房屋，也包括私人从单位或房地产开发单位购买的房屋，还包括继承的私有遗产房等情况。

2.租赁：指本户住房属于交纳房租费后获有使用权。既包括由单位作为福利分配给本单位职工、产权归单位所有、个人交纳少量房租费的住房，也包括从市场上租用的房屋。

3.借用：指不用交房租费，临时借住单位或亲朋好友的房屋。

4.其他：指不属于以上几种房屋产权性质的住房，圈填此项。

H7.上年度本户全部收入：指被调查户2005年度全部经济收入，包括工薪收入、经营性净收入、财产性收入、转移性收入（如保险、奖金、抚恤金、资助、出租房收入等）。农村的全部收入包括各种农作物、养殖等实物收获，并要将实物折算成人民币，根据全户所有人的合计收入是多少就填报多少。但是，家中雇佣保姆和非亲属的经济收入不包括在内。

对亲属供养情况收入的计算，如果供养人与被供养人在同一户居住，供养费不计入总收入；如果不在同一户，供养费应计入被供养人所在户的总收入中。

H8.本户拥有的主要家电：本栏属于多选栏目，共列出五种家庭常用的主要电器名称。可根据被调查户拥有（指拥有所有权或使用权）并能使用的家用电器分别圈填。彩色电视机，不包括黑白电视机；电冰箱包括单门、双门和多门的；洗衣机包括全自动和半自动（含双缸和单缸的）；电话包括有线电话和无线电话（手机）；电脑指电子计算机。

H9.本户月均生活用电量：根据本户的月平均用电量填报。如果只知道用电费用，可根据当地每度电价换算成用电度数。

附录 7

第二次全国残疾人抽样调查《残疾人调查表》填写说明

一、填写注意事项

（一）《残疾人调查表》由医生填写，填表人员要严格按照规定填写，保证本表的工整与清洁。

（二）本表要求使用铅笔填写，字迹要端正清楚，不得潦草模糊。不得用同音异体字；简化字必须按国家公布的《简化字总表》书写；阿拉伯数字必须按“0 1 2 3 4 5 6 7 8 9”的正体书写，不得用自由体。

（三）填表人员根据评定结果填写表中相关项目，不能遗漏。

（四）填表人员要对被调查的残疾人及家庭申报的情况严格保密，不得对外提供。

二、填写顺序

依据诊断情况完成《残疾评定记录表》的填报后，再开始填报《残疾人调查表》，填写要逐项进行，不得漏填或重复。填写顺序如下:

第一步:《残疾人调查表》的上沿部分“本户编号”、“本人行号”、“本户住址”和“残疾人姓名”、“性别”、“年龄”、“户主姓名”等项均对照《残疾评定记录表》的上沿内容。

第二步: 本表中“C1.残疾类别”、“C2.残疾等级”、“C3.残疾发现时间”和“C4.致残主要原因”等按诊断残疾的实际情况填写。

第三步: 遇到两种或两种以上残疾人，即多重残疾则复选填报。

第四步:“T1.残疾人活动和参与评定”、“T2.康复建议”、“T3.是否持有残疾人证”、“T4.接受教育情况”、“T5.社会保障情况”、“T6.曾接受何种服务或辅助”及“T7.本人主要需求”等逐项询问判断填写，遇多重残疾由最后诊断确诊某种残疾的医生填写。

第五步: 本表下沿部分，完成逐项填写后，“本户包括住户调查表”、“医生”、“申报人”及“填报日期”均按《残疾评定记录表》的下沿内容填写完整。

另外，本表每个项目下面的方格为编码格，填写人员不得填写，由专业编码人员处理。

三、填写说明

C1.残疾类别

分为视力残疾、听力残疾、言语残疾、肢体残疾、智力残疾和精神残疾等六类。填表时在诊断确定为残疾后，请在残疾类别的左面编号上圈填，如多重残疾，则复选。例如，诊断为“视力残疾”，应圈填为(1.)视力残疾。

C2.残疾等级

各类残疾均分为四个等级。填表时，请在相应的残疾等级编号上圈填。例如: 诊断为听力三级，应圈填为(3.)三级。

C3.残疾发现时间

残疾发生时间是指发现残疾或出现残疾的年份，如“1999 年”。针对 0 ~ 6 岁的儿童来说，是指发现残疾的时间；而针对其他人则为出现残疾的时间。填表时，请将残疾发现时间填在年前面的横线上。

C4.致残主要原因（选择主要致残原因不超过两项）

致残主要原因是指导致主要致残的原因，选择主要致残原因不超过两项。填表时请在相应项目前的编号上圈填。如填表人的致残原因在表中没有列出，请在“其他”前的编号上圈填。按照不同类别分为以下几类:

视力残疾

01.遗传、先天异常或发育障碍	05.角膜病	09.弱视
02.白内障	06.视神经病变	10.外伤
03.青光眼	07.视网膜、色素膜病变	11.中毒
04.沙眼	08.屈光不正	12.其他
		13.原因不明

听力残疾

01.遗传	06.中耳炎	11.药物中毒
02.母孕期病毒感染	07.老年性耳聋	12.创伤或意外伤害
03.传染性疾病	08.早产和低体重	13.噪声和爆震
04.自身免疫缺陷性疾病	09. 新生儿窒息	14.其他
05.全身性疾病	10. 高胆红素血症	15.原因不明

言语残疾

01.唐氏综合征	08.脑出血	15.脊髓侧索硬化
02.脑性瘫痪	09.脑炎	16.脑外伤
03.新生儿病理性黄疸	10.脑囊虫病	17.产伤
04.早产、低体重和过期产	11.喉、舌疾病术后	18.孤独症
05.腭裂	12.听力障碍	19.癫痫
06.智力低下	13.帕金森氏病	20.CO 中毒
07.脑梗死	14.多发性硬化	21.其他
		22.原因不明

肢体残疾

01.脑性瘫痪	08.肿瘤	15.脑外伤
02.发育畸形	09.骨关节病	16.其他外伤
03.侏儒症	10.地方病	17.结核性感染
04.其他先天性或发育性障碍	11.脊髓疾病	18.化脓性感染
05.脊髓灰质炎	12.工伤	19.中毒
06.脑血管疾病	13.交通事故	20.其他
07.周围血管疾病	14.脊髓损伤	21.原因不明

智力残疾

01.遗传	07.发育畸形	13.其他外伤
02.脑疾病	08.营养不良	14.中毒与过敏反应
03.内分泌障碍	09.母孕期外伤及物理伤害	15.不良社会文化因素
04.惊厥性疾病	10.产伤	16.其他
05.新生儿窒息	11.工伤	17.原因不明
06.早产、低体重和过期产	12.交通事故	

精神残疾

01.痴呆	06.分裂情感性障碍	11.人格障碍
02.其它器质性精神障碍	07.其它精神病性障碍	12.孤独症
03.使用精神活性物质所致的障碍	08.心境障碍	13.癫痫
04.精神分裂症	09.神经症性障碍	14.其他
05.妄想性障碍	10.行为综合征	15.原因不明

T1.残疾人活动和参与评定（18 岁以上填报）

T1.残疾人活动和参与评定（18 岁以上填报）					
理解和交流	身体移动	生活自理	与人相处	生活活动	社会参与
1.无障碍/ 无适用 2.轻度障碍 3.中度障碍 4.重度障碍 5.极重度障碍/ 不能完成	1.无障碍/ 无适用 2.轻度障碍 3.中度障碍 4.重度障碍 5.极重度障碍/ 不能完成	1.无障碍/ 无适用 2.轻度障碍 3.中度障碍 4.重度障碍 5.极重度障碍/ 不能完成	1.无障碍/ 无适用 2.轻度障碍 3.中度障碍 4.重度障碍 5.极重度障碍/ 不能完成	1.无障碍/ 无适用 2.轻度障碍 3.中度障碍 4.重度障碍 5.极重度障碍/ 不能完成	1.无障碍/ 无适用 2.轻度障碍 3.中度障碍 4.重度障碍 5.极重度障碍/ 不能完成

活动是由个体执行一项任务或行动，它代表了功能的个体方面。当个体在进行活动时可能遇到的困难，即是活动受限制，它根据完成活动时的质和量从轻微到严重偏差的变化范围。

参与是指投入到一种生活情景中，它代表了功能的社会方面，是衡量残疾程度的重要指标。

分六大类:理解和交流、身体移动、生活自理、与人相处、生活活动和社会参与。其中各类均有五种程度：无障碍、轻度障碍、中度障碍、重度障碍、极重度障碍。填表时请依据《残疾评定记录表》结果在相应项目前的数值上圈填。

T2.今后康复建议

康复形式：即残疾人实现康复的基本途径，包括以下三种：机构康复，延伸服务（上门服务），社区、家庭康复。

1.机构康复：指在康复中心、综合医院设置的康复科室等机构中，以门诊和住院的形式提供的康复服务途径。

2.延伸服务（上门服务）：延伸服务是指由康复机构派专业人员到实地，为康复对象提供专业性康复服务的途径。

3.社区和家庭康复：社区、家庭康复是指在社区和家庭为残疾人采取的康复措施，这些措施是利用和依靠社区和家庭的人力资源而进行的，包括依靠残疾人及其家庭成员和社会。

康复内容

指实现残疾人康复的方法或手段，包括：医疗服务、辅助器具、康复训练与服务等。

康复形式仅能选择其中一项圈填。选择康复形式后，康复内容至少选择一项圈填。填表时请在相应项目前的编号上圈填。

T3.是否持有残疾人证

指被调查人是否持有当地残联核发的残疾人证。填表时请在相应项目前的编号上圈填。

T4.接受义务教育情况(在校生填报)

1.普通教育学校普通班：指在普通义务教育学校随班就读。

2.普通教育学校特教班：指在普通义务教育学校专门为视力、听力言语、智力残疾和多重残疾人开办的特殊教育班中接受教育。

3.特殊教育学校：指在专门为视力、听力言语、智力残疾和多重残疾人开办的提供义务教育的学校。

4.其他：指通过社区服务、送教上门等多种形式接受教育。

填表时请在相应项目前的编号上圈填。

T5.社会保障情况

指被调查人是否纳入了社会保险、当地居民最低生活保障或集中供养、五保供养、临时救济、定期补助、残联系统专项补助等社会保障范围。

1.参加社会保险情况：指调查时被调查人是否参加了养老、医疗、工伤、失业等社会保险。此栏至少填写一项。

2.是否领取低保金：指调查时被调查人是否被纳入当地居民最低生活保障范围领取最低生活保障金。

3.是否领取过救济：指被调查人在调查标准时间前一年（即 2005 年 4 月 1 日至 2006 年 4 月 1 日）内是否享受当地民政、残联等部门所给予的集中供养、五保供养、临时救济、定期补助、残联系统专项补助等。

填表时请在相应项目前的编号上圈填。

T6.曾接受过何种服务或扶助(填报最主要三项)

指被调查人曾经接受过的当地残联、民政或其他部门、组织提供的康复、教育、就业、生活等方面的服务或扶助。选最主要的三项圈填。填表时请在相应项目前的编号上圈填。

01.医疗服务与救助：医疗服务指通过医院或专门医疗机构采用手术或其他诊断形式帮助残疾人恢复或补偿功能，提高生活自理和社会适应能力等。

医疗救助：指政府和社会对因病而无经济能力进行治疗的贫困残疾人实施专项医疗帮助和支持的行为。在农村开展新型农村合作医疗的地区，资助残疾人缴纳个人应负担的全部或部分资金，参加当地合作医疗，享受合作医疗待遇；因患大病经合作医疗补助后个人负担医疗费用过高的，再给予补助；尚未开展新型农村合作医疗的地区，对因患病难以负担费用的残疾人，给予适当医疗救助；对患国家所规定的特种传染病的残疾人，其救治费用按有关规定给予补助。在城市，通过发动社会力量资助、城市医疗救助基金给予适当补助、医疗机构自愿减免有关费用等多种形式对患病而无力承担治疗费用的贫困残疾人给予医疗救助。

02.辅助器具：（在我国习惯称为残疾人用品用具），是指供残疾人个人使用的能够补偿、减轻或替代因残疾造成的身体功能缺失或障碍的产品和器械。

用于肢体残疾人的辅助器具有：假肢、轮椅、手摇轮椅车、电动动轮、机动轮椅车、助行架、腋杖、肘杖、多脚手杖、单脚手杖、握笔器、取物器、穿衣辅助、用餐辅助、刷牙辅助、梳头辅具等；用于听力残疾人的辅助器具有：助听器、语言训练器、骨导电话、闪光门铃等；用于视力残疾人的辅助器具有：助视器、电子语音报时器、盲文写字板、盲文打字机、盲文阅读器、盲杖等。

03.康复训练与服务：指残联、卫生或其他部门为残疾人及其亲友提供的包括肢残人功能、智残人能力、盲人行走导向、聋儿听力语言、助视器配用、精神病防治康复等多方面的培训、训练指导、康复护理、心理疏导、残疾预防知识普及、健康教育、科学与安全意识宣传及相关的咨询转介等多种康复训练与服务。

04.教育费用补助或减免(6 岁以上填报)：指政府、教育部门、残联系统或其他部门，组织减免残疾人或其子女就学的费用或提供的补助金。

05.职业教育与培训(12 岁以上填报)：残疾人或其子女在各级各类职业学校或培训机构中接受学历教育（包括初等、中等和高等职业教育）或短期的职业培训。

06.就业安置与扶持(16 岁以上填报)：指残疾人就业服务机构或其他社会机构提供的职业指导、就业安置或扶持扶助等服务。

07.贫困残疾人救助与扶持：

救助是指纳入当地居民最低生活保障或享受集中供养、五保供养、临时救济、定期补助、残联系统专项补助等。

扶持是指各级政府扶贫办、妇联、共青团、残联及社会团体等有关部门或信用社、扶贫社等开展的帮助贫困残疾人筹措资金、落实优惠政策、选项目、学技术等多种形式的带动贫困残疾人脱贫活动，包括扶贫经济实体、扶贫基地辐射带动到户；党员、干部、助残志愿者结对包户帮带活动；残疾人联合会利用康复扶贫贷款开展残疾人专项扶贫活动等。

08.法律援助与服务：指各级政府法律援助机构、各级司法行政部门、各级残疾人维权机构、公证机构和基层法律服务机构、律师、民间法律援助组织、法律专业网站和志愿者等为残疾人提供的免费法律服务、贫困残疾人诉讼费或其他费用减免缓、法律咨询、转介服务和法律帮助等。

09.无障碍设施：指为保障残疾人、老年人、伤病人、儿童和其他社会成员的通行安全和使用便利，在道路、公共建筑、居住建筑和居住区等建设工程中配套建设的服务设施。

10.信息无障碍：指公共传媒应使残疾人能够无障碍地获得信息，进行交流，如影视作品、电视节目的字幕和解说，电视手语，盲人有声读物，针对不同障碍的残疾人开发适合不同需要的通信技术和产品等。

11.生活服务：指社区组织、志愿者等为残疾人提供的不定期的日常生活服务，如日常家务的协助、代办等。

12.文化服务：指各级政府文化行政部门、各文化机构、基层组织、社会团体、志愿者等为残疾人提供或组织的旨在解决残疾人精神文化需求、提高残疾人素质的各项文化艺术活动及相应服务。如送书上门，爱心赠书，盲文及有声读物的借阅，参与社会文化活动时享受的便利、优惠服务等。

13.其他：除以上十四种之外的服务或扶助，圈填为“其他”。

14.未曾接受过何种服务或扶助。

T7.本人主要需求

指被调查人需要的康复、教育、就业、生活等方面的服务或扶助，选最主要的三项圈填。指标解释参见T6。填表时请在相应项目前的编号上圈填。

附录 8

第二次全国残疾人抽样调查社区（村、居委会）调查表

表　　号：残调 3 表
制表机关：第二次全国残疾人抽样调查办公室
批准机关：国家统计局
批准文号：国统函【2005】227 号
有效期截止时间：2006 年 6 月 30 日

地　址：______省（自治区.直辖市）______县（市.区）______乡（镇.街道）______社区（村、居委会）

地址码：

一、类别	二、总户数	三、总人口数	残疾人情况				残疾人组织情况		十、社区内无障碍设施
			四、残疾人数	五、持证残疾人数	六、享受定期救助人数	七、享受临时救助人数	八、残疾人协会（小组）	九、残疾人专职委员	
1. 社区（居委会） 2.村委会	______户	______人	______人	______人	______人	______人	1.有 2.无	1.有 2.无	1.有 2.无

十一、康复站	十二、社区康复协调员	各项公共服务机构覆盖情况（距本社区、村委会公里数）				十七、上年度本村人均收入
		十三、法律服务所（司法所）	十四、特教学校（班）	十五、文化活动站（室）	十六、卫生室（所、站）	
1.有 2.无	1.有 2.无	______公里	______公里	______公里	______公里	______元

填表人（签字）：______　　　　填报时间：______年______月______日

附录 9

第二次全国残疾人抽样调查《社区（村、居委会）调查表》填写说明

《第二次全国残疾人抽样调查社区（村、居委会）调查表》（简称《社区调查表》），是为了获取调查小区所在社区的有关基础数据而制定的。数据可以反映残疾人生活的环境与条件，是本次调查数据的重要组成部分。

本表的填写要求:

一、本表以被抽中调查小区所在的社区（居委会）或村委会为单位，由陪调组组长负责收集资料，并在调查队长的指导下填报。

二、表中第十栏只由社区（居委会）填报，第十七栏只由村委会填报，其余项目栏社区（居委会）和村委会都填报。

三、指标解释:

1.“总户数”、“总人口数”，为 2005 年末社区（村、居委会）所辖范围内的常住人口统计数（如果确实没有常住人口数据，才能使用其他人口数据填报）。

2.“残疾人数”，为社区和村委会掌握的残疾人数（包括持证残疾人和无证的残疾人）。

3.“持证残疾人数”，指社区和村委会掌握的持有残联系统发放的残疾证的人数。

4.“享受定期救助人数”，指上一年度民政、残联等部门给予的居民最低生活保障、集中供养、五保供养等定期性救助人数。

5.“享受临时救助人数”，指上一年度民政、残联等部门给予的临时性费用减免、临时救济等形式的救助人数。

6.“社区内无障碍设施”，是本社区范围内是否设有坡道、盲道等无障碍设施。

7.“残疾人康复站”，指社区（村、居委会）依托社区服务中心学校、幼儿园、福利企业事业单位、工疗站、残疾人活动场所的等现有机构和设施，建立的满足残疾人全面康复需求的社区康复站。

8.“社区康复协调员”　指社区（村、居委会）配备的专（兼）职人员，可会同社区卫生服务机构调查康复需求，建立康复服务档案，向残疾人提供康复服务信息和转介服务，协调组织社区内有关机构、人员为残疾人提供康复服务和相应支持。

9.“卫生室（所、站）”，在农村指卫生室（所、站），在城市指社区卫生服务中心（站）。

四、“十三”至“十六”栏是指本社区（村、居委会）距最近的、可使用或能提供服务的各项公共服务机构的公里数。凡是本社区（村、居委会）范围内有的，填写“0”公里；若周围没有或不知道，则填写“无”。

附录 10

福建省第二次全国残疾人抽样调查抽样实施方案

一、全省基本情况

福建省第二次全国残疾人抽样调查的样本设计方案和抽取的样本，系以 2004 年的行政区划和年末人口统计数为抽样框的。按 2004 年的行政区划，全省有 9 个地级市，其下 26 个市辖区、14 个县级市、45 个县；共有 85 个县级单位(含金门县)。

据第五次人口普查数据，全省人口为 3410 万人，其中居住在城镇的人口为 1431 万人，占总人口的 42%；居住在乡村的人口为 1979 万人，占总人口的 58%。2004 年末的公安人口统计年报统计的人口总数为 3367 万人,人口的地区分布见表 1。

表 1　全省设区市的人口分布

序　号	地 区	2004 年末户籍人口（万人）	比重（%）
	福建省	3367.03	100.00
1	福州市	609.39	18.10
2	厦门市	146.77	4.36
3	莆田市	303.68	9.02
4	三明市	267.94	7.96
5	泉州市	665.28	19.76
6	漳州市	455.84	13.54
7	南平市	304.41	9.04
8	龙岩市	286.98	8.52
9	宁德市	326.74	9.70

二、全省的样本量和抽取的单位数

按照全国残疾人抽样调查领导小组的分配结果，全省样本量为 7 万人左右，占 2004 年末全省常住人口 3511 万人的 1.99‰。按照样本设计，全省抽取 22 个县级单位，占全省抽样框中的 84 个单位的 26.19%。

二级以下样本的抽取采用 4 × 2 × 1 的模式，即在每个被抽中县级单位（县、市、市辖区）中抽取 4 个乡级单位（乡、镇、街道）；在被抽中乡级单位中抽取 2 个村级单位（村民委员会或居民委员会）；在每个抽中村级单位中根据人口规模，按 400 人左右划分调查小区，随机抽选 1 个调查小区。

按照以上模式全省共抽选 88 个乡级单位，176 个村级单位，176 个调查小区，样本人数为 7 万人左右。

三、分层情况

（一）分层要求

1. 分层的原则：对第一级样本的县级单位进行分层。分层的原则应尽可能使层内各单位之间调查指标的差异小，各层间调查指标的差异大，以便降低总体的抽样误差。

2. 分层的标志：根据分层的原则以及全省各地的具体情况，对县级单位采用二次分层方法分层。第一次按城乡分层，将设区市的区和县级市归为一层，称为“城市层”，共 40 个区、市，2004 年末人口统计年报人口为 1699.5 万人；县归为一层，称为“县层”,共 44 个县，2004 年末人口统计年报人口为 1667.5 万人。第二次分层采用不同指标归类，在城市层里按照城区、郊区及经济发达状况将其分成 5 层，在县层里则按地域位置将其分成闽中沿海丘陵、闽西北山区、闽南平原丘陵和闽东闽北山区 4 层。

3. 各层样本人数的确定：每层调查的样本人数，均按该层人口数占全省总人口的比例分配。

（二）分层结果

为了使样本有较好的代表性，将全省抽样框内的 84 个单位分为 9 层:

1. 城市层: 细分为“城市 1 层”至“城市 5 层”。

城市 1 层: 本层为福厦大城市的 5 个城区，层内人口 1912641 人，含福州市的 3 个城区，厦门市的 2 个城区。

城市 2 层: 本层为设区市的城区共 10 个县级单位，层内人口 3576963 人，含莆田、三明、南平、宁德、泉州、漳州、龙岩等设区市的城区。

城市 3 层: 本层为设区市的郊区共 11 个县级单位，层内人口 2889383 人，含福州、厦门、莆田、泉州、漳州等设区市的郊区。

城市 4 层: 本层为沿海经济较发达的县级市共 6 个县级单位，层内人口 5473289 人，含南安市、晋江市、石狮市、福清市、长乐市和龙海市。

城市 5 层: 本层为其他的县级市共 8 个县级单位，层内人口 3142972 人，含福安市、福鼎市、建瓯市、建阳市、邵武市、武夷山市、永安市和漳平市。

2. 县层: 细分为“县 1 层”、“县 2 层”、“县 3 层”和“县 4 层”。

县 1 层: 本层共 9 个县级单位，层内人口 4379112 人，含仙游、连江、闽侯、永春、平潭、永泰、德化、闽清和罗源等县。

县 2 层: 本层共 14 个县级单位，层内人口 4207149 人，含长汀、上杭、永定、尤溪、大田、武平、宁化、连城沙县、将乐、清流、建宁、泰宁和明溪等县。

县 3 层: 本层共 10 个县级单位，层内人口 5236803 人，含安溪、惠安、漳浦、诏安、平和、云霄、南靖、东山、长泰、华安等县。

县 4 层: 本层共 11 个县级单位，层内人口 2851975 人，含霞浦、古田、浦城、寿宁、顺昌、政和、周宁、屏南、松溪、光泽、柘荣等县。

四、抽样方法

以福建省为总体，采用分层、多级、概率比例、整群的抽样方法。(PPES 抽样方法)。

（一）第一级抽样

抽取县级样本单位。经分层后，在每层内按县级单位人口数降序排队进行累计。在人口累计数中，采用与县、市、市辖区人口估计规模成比例的概率抽样。

具体作法:

1. 在层内各单位按人口数量多少由大到小降序排队，同时进行人口累加，以各层人口累计数为分子，本层应抽县级单位数为分母，计算出抽样组距（包括总组距和各层组距）。

$$层抽样组距=\frac{层内县、市、市辖区人口累计数}{层内抽取的样本数}$$

2. 在每层的抽样组距之间选择随机起点，根据计算机直接产生随机数字确定随机起点。

3. 等距抽取单位。若随机起点小于人口累计栏中第一个单位，则第一个单位被抽中；用随机起点加抽样组距，再确定下一个被抽中的单位。以此类推，抽取所需的样本单位数。如某层抽取 M 个县级单位，算法如下:

R+0*K

R+1*K

R+2*K

…

R+（M－1）*K

4. 县级单位抽样结果

（1）城市 1 层共 5 个县级单位，抽中厦门思明区 1 个县级单位;

（2）城市 2 层共 10 个县级单位，抽中龙岩市新罗区、莆田市城厢区等 2 个县级单位;

（3）城市 3 层共 11 个县级单位，抽中泉州市泉港区、厦门市集美区等 2 个县级单位；

（4）城市 4 层共 6 个县级单位，抽中南安市、福清市、晋江市、长乐市等 4 个县级单位；

（5）城市 5 层共 8 个县级单位，抽中福鼎市、邵武市等 2 个县级单位；

（6）县 1 层共 9 个县级单位，抽中仙游县、闽侯县、永泰县等 3 个县级单位；

（7）县 2 层共 14 个县级单位，抽中上杭县、大田县、沙县等 3 个县级单位；

（8）县 3 层共 10 个县级单位，抽中安溪县、漳浦县、南靖县等 3 个县级单位；

（9）县 4 层共 11 个县级单位，抽中霞浦县、政和县等 2 个县级单位。

全省抽中的 22 个县级单位，详见表 2。

表 2　福建省第二次全国残疾人抽样调查抽中县级单位名单

序号	层号	市、区、县全称		持证残疾人数（人）	地方财政收入（万元）	总人口（人）	地址代码
1	1	厦门市	思明区	4530	97825	494177	3501
2	2	龙岩市	新罗区	6646	26815	466061	3502
3	2	莆田市	城厢区	9000	9111	360117	3503
4	3	泉州市	泉港区	2573	24488	365251	3504
5	3	厦门市	集美区	2951	37308	177491	3505
6	4	泉州市	南安市	13542	53179	1481860	3506
7	4	福州市	福清市	17500	62690	1212585	3507
8	4	泉州市	晋江市	24735	103456	1028914	3508
9	4	福州市	长乐市	2845	45706	660057	3509
10	5	宁德市	福鼎市	4138	17872	564473	3510
11	5	南平市	邵武市	4994	15189	301201	3511
12	6	莆田市	仙游县	10026	15832	1010183	3512
13	6	福州市	闽侯县	3628	40388	609862	3513
14	6	福州市	永泰县	2417	6718	353995	3514
15	7	龙岩市	上杭县	6018	12989	481866	3515
16	7	三明市	大田县	4138	8206	367715	3516
17	7	三明市	沙　县	6594	14380	241062	3517
18	8	泉州市	安溪县	19432	31778	1066664	3518
19	8	漳州市	漳浦县	11594	10508	810889	3519
20	8	漳州市	南靖县	4275	8968	341665	3520
21	9	宁德市	霞浦县	2654	8959	517646	3521
22	9	南平市	政和县	5401	3212	218481	3522
合　计				169631	655577	13132215	

5.总体与样本的差异

县级样本中城市人口占总人口的比重为 55.09%，与人口普查资料总体的 50.48%比较，差异为+4.61 个百分点；持证残疾人数比例样本为 1.29%，与总体 1.5%的差异为−0.21 个百分点。具体见表 3。

表 3　总体与样本的差异检验

检验	县级单位平均持证残疾人口数	县级单位平均人口	城市层人口占总人口比例（%）	持证残疾人数（人）	地方财政收入（万元）	总人口（人）	持证比例
总体	6001	400837	50.48	504074	1548446	33670287	1.50
样本	7711	596919	55.09	169631	655577	13132215	1.29
差异	28	49	4.61				−0.21

6.样本的地区分布

抽中的 22 个县级单位中，在 9 个设区市的分布为福州、泉州各 4 个，其余 7 个设区市各 2 个县级单位，分布较为均匀。

（二）第二级抽样

1. 样本单位和样本数量

第二级抽样在抽中县内进行，样本单位是乡、镇、街道。每个被抽中县级单位抽取 4 个乡级单位。

2. 抽样框编制

在每个被抽中县级单位对第二级样本单位按照乡、镇、街道分层，使用实际人口数量编制本县级单位的抽样框。

3. 各层样本数量分配

按人口比例分配乡、镇、街道各层的样本量，四舍五入取整。

4. 抽样计算方法

在各层内按人口数按降序排队，累计人口数，计算组距，根据计算机直接产生随机数字确定随机起点，之后计算各抽中点数据，抽取样本（各抽中点数据计算方法同上）。

5. 乡级单位抽样结果

表 4　福建省第二次全国残疾人抽样调查抽中乡级单位名单

序号	设区市	抽中县、市、区名称	县级地址代码	抽中乡、镇、街道名称	乡级地址代码	2004 年末人口数
1	厦门市	思明区	3501	中华街道	1	36264
2	厦门市	思明区	3501	滨海街道	2	42465
3	厦门市	思明区	3501	开元街道	3	65038
4	厦门市	思明区	3501	梧村街道	4	55861
5	龙岩市	新罗区	3502	西城街道	1	28511
6	龙岩市	新罗区	3502	东肖街道	2	24700
7	龙岩市	新罗区	3502	雁石镇	3	36316
8	龙岩市	新罗区	3502	苏坂乡	4	16196
9	莆田市	城厢区	3503	凤凰山街道	1	41658
10	莆田市	城厢区	3503	华亭镇	2	103134
11	莆田市	城厢区	3503	常太镇	3	38981
12	莆田市	城厢区	3503	灵川镇	4	59966
13	泉州市	泉港区	3504	山腰街道	1	59267
14	泉州市	泉港区	3504	界山镇	2	50380
15	泉州市	泉港区	3504	南埔镇	3	73693
16	泉州市	泉港区	3504	涂岭镇	4	49526
17	厦门市	集美区	3505	集美街道	1	37137
18	厦门市	集美区	3505	杏林街道	2	28580

续表 1

序号	设区市	抽中县、市、区名称	县级地址代码	抽中乡、镇、街道名称	乡级地址代码	2004 年末人口数
19	厦门市	集美区	3505	后溪镇	3	29903
20	厦门市	集美区	3505	灌口镇	4	36946
21	泉州市	南安市	3506	柳城街道	1	63715
22	泉州市	南安市	3506	洪梅镇	2	50064
23	泉州市	南安市	3506	官桥镇	3	101928
24	泉州市	南安市	3506	石井镇	4	72421
25	福州市	福清市	3507	阳下镇	1	39797
26	福州市	福清市	3507	海口镇	2	92267
27	福州市	福清市	3507	龙田镇	3	122823
28	福州市	福清市	3507	高山镇	4	65149
29	泉州市	晋江市	3508	梅岭街道	1	31025
30	泉州市	晋江市	3508	安海镇	2	112028
31	泉州市	晋江市	3508	金井镇	3	56552
32	泉州市	晋江市	3508	龙湖镇	4	85186
33	福州市	长乐市	3509	吴航街道	1	91295
34	福州市	长乐市	3509	江田镇	2	50388
35	福州市	长乐市	3509	湖南镇	3	28176
36	福州市	长乐市	3509	潭头镇	4	55523
37	宁德市	福鼎市	3510	桐城街道	1	53943
38	宁德市	福鼎市	3510	前岐镇	2	44965
39	宁德市	福鼎市	3510	沙埕镇	3	36709
40	宁德市	福鼎市	3510	秦屿镇	4	53519
41	南平市	邵武市	3511	水北街道	1	26574
42	南平市	邵武市	3511	和平镇	2	20175
43	南平市	邵武市	3511	桂林乡	3	11829
44	南平市	邵武市	3511	城郊镇	4	14479
45	莆田市	仙游县	3512	鲤城街道	1	77682
46	莆田市	仙游县	3512	榜头镇	2	138336
47	莆田市	仙游县	3512	大济镇	3	85449
48	莆田市	仙游县	3512	赖店镇	4	60270
49	福州市	闽侯县	3513	甘蔗镇	1	40840
50	福州市	闽侯县	3513	南屿镇	2	54437
51	福州市	闽侯县	3513	青口镇	3	77251
52	福州市	闽侯县	3513	廷坪乡	4	34281
53	福州市	永泰县	3514	樟城镇	1	30879
54	福州市	永泰县	3514	梧桐镇	2	37226
55	福州市	永泰县	3514	长庆镇	3	23455
56	福州市	永泰县	3514	白云乡	4	13657
57	龙岩市	上杭县	3515	临城镇	1	39951
58	龙岩市	上杭县	3515	稔田镇	2	23945
59	龙岩市	上杭县	3515	太拔乡	3	18629
60	龙岩市	上杭县	3515	官庄乡	4	29700

续表 2

序号	设区市	抽中县、市、区名称	县级地址代码	抽中乡、镇、街道名称	乡级地址代码	2004 年末人口数
61	三明市	大田县	3516	均溪镇	1	66154
62	三明市	大田县	3516	石牌镇	2	18494
63	三明市	大田县	3516	太华镇	3	33912
64	三明市	大田县	3516	屏山乡	4	15113
65	三明市	沙　县	3517	虬江街道	1	24840
66	三明市	沙　县	3517	夏茂镇	2	38510
67	三明市	沙　县	3517	高桥镇	3	16586
68	三明市	沙　县	3517	南霞乡	4	10721
69	泉州市	安溪县	3518	凤城镇	1	61760
70	泉州市	安溪县	3518	官桥镇	2	77374
71	泉州市	安溪县	3518	剑斗镇	3	42344
72	泉州市	安溪县	3518	龙涓乡	4	68490
73	漳州市	漳浦县	3519	绥安镇	1	101519
74	漳州市	漳浦县	3519	佛昙镇	2	56560
75	漳州市	漳浦县	3519	石榴镇	3	47068
76	漳州市	漳浦县	3519	马坪镇	4	17705
77	漳州市	南靖县	3520	山城镇	1	86017
78	漳州市	南靖县	3520	靖城镇	2	61923
79	漳州市	南靖县	3520	金山镇	3	21799
80	漳州市	南靖县	3520	船场镇	4	36350
81	宁德市	霞浦县	3521	松港街道	1	42960
82	宁德市	霞浦县	3521	长春镇	2	58464
83	宁德市	霞浦县	3521	三沙镇	3	43673
84	宁德市	霞浦县	3521	盐田乡	4	30514
85	南平市	政和县	3522	熊山镇	1	35322
86	南平市	政和县	3522	铁山镇	2	20698
87	南平市	政和县	3522	外屯乡	3	13452
88	南平市	政和县	3522	澄源乡	4	29776

6. 总体与样本的差异

抽中的 88 个乡、镇、街道中，街道、镇和乡数量的比重分别为 19.32%、67.05%和 13.64%，与总体相比，街道和镇的比重偏大，而乡的比重偏小。分析原因，在抽中的县市如南安、福清、晋江、长乐等沿海经济发达的县市已经不设乡的建制。关于第二级抽样中城镇比重偏大的问题，将在第三级抽样时给予调整，使样本的城乡人口的比重与总体相近。

表 5　抽中乡、镇、街道总体与样本的差异

	全省乡级单位	比重（%）	抽中乡级单位	比重（%）	差异
合计	1149	100.00	88	100.00	--
街道	155	13.49	17	19.32	-5.83
镇	635	55.27	59	67.05	-11.78
乡	359	31.24	12	13.64	17.61

（三）第三级抽样

1. 样本单位和样本数量

在被抽中的乡（镇、街道）内各抽取 2 个村（居）民委员会。

2. 抽样方法

按居委会和村委会的人口数量降序排队编制抽样框。计算抽样组距，按人口降序排队，根据计算机直接产生随机数字确定随机起点，随机等距抽取村（居）委会样本单位。

3. 控制城乡比重

根据 2004 年福建省的城乡人口比重，计算出各设区市应抽取调查小区中的城镇数量，对于第二级抽样城镇样本略大的差异问题在抽取乡（镇）的村（居）委会时必须加以注意，随时调整控制城乡的比重。在实际操作中，由于有的市在第二级抽样时已经无法调整抽中的城镇比重，因此各市实际抽取与计划抽取存在一些差距，但最终全省抽取的调查小区数量与计划抽取的数量相同。

表 6　各市应抽取的城镇调查小区

地　区	2004 年城镇化水平(%)	抽取小区个数	其中：城镇小区个数	
			应抽取	实际抽取
合　计	44.89	176	80	80
福州市	51.81	32	16	14
厦门市	77.00	16	12	16
莆田市	47.09	16	7	7
三明市	39.02	16	6	6
泉州市	42.60	32	14	13
漳州市	38.24	16	6	6
南平市	44.08	16	7	6
龙岩市	36.05	16	6	6
宁德市	35.77	16	6	6

4. 村级单位抽取的结果

表 7　福建省第二次全国残疾人抽样调查抽中村级单位名单

序号	县级		乡级		村级		2004 年末人口统计数
	单位名称	地址码	单位名称	地址码	单位名称	地址码	
1	厦门市　思明区	3501	中华街道	1	中华社区	1	3188
2	厦门市　思明区	3501	中华街道	1	霞溪社区	2	2336
3	厦门市　思明区	3501	滨海街道	2	曾厝安社区	1	3518
4	厦门市　思明区	3501	滨海街道	2	黄厝社区	2	2110
5	厦门市　思明区	3501	开元街道	3	希望社区	1	6662
6	厦门市　思明区	3501	开元街道	3	后江社区	2	4509
7	厦门市　思明区	3501	梧村街道	4	浦南社区	1	7492
8	厦门市　思明区	3501	梧村街道	4	万寿北社区	2	5108
9	龙岩市　新罗区	3502	西城街道	1	西平社区	1	6548
10	龙岩市　新罗区	3502	西城街道	1	西兴社区	2	4572
11	龙岩市　新罗区	3502	东肖街道	2	菜园村委会	1	9279
12	龙岩市　新罗区	3502	东肖街道	2	溪连村委会	2	2318

续表 1

序号	县级			乡级		村级		2004 年末人口统计数
	单位名称		地址码	单位名称	地址码	单位名称	地址码	
13	龙岩市	新罗区	3502	雁石镇	3	礼邦村委会	1	2460
14	龙岩市	新罗区	3502	雁石镇	3	北河村委会	2	513
15	龙岩市	新罗区	3502	苏坂乡	4	美山村委会	1	5335
16	龙岩市	新罗区	3502	苏坂乡	4	东联村委会	2	710
17	莆田市	城厢区	3503	凤凰山街道	1	月塘居委会	1	6593
18	莆田市	城厢区	3503	凤凰山街道	1	龙德井居委会	2	3747
19	莆田市	城厢区	3503	华亭镇	2	霞皋村委会	1	6388
20	莆田市	城厢区	3503	华亭镇	2	隆兴村委会	2	2551
21	莆田市	城厢区	3503	常太镇	3	溪南村委会	1	1802
22	莆田市	城厢区	3503	常太镇	3	过溪村委会	2	1277
23	莆田市	城厢区	3503	灵川镇	4	何寨社区	1	5792
24	莆田市	城厢区	3503	灵川镇	4	太湖村委会	2	4276
25	泉州市	泉港区	3504	山腰街道	1	龙山居委会	1	2519
26	泉州市	泉港区	3504	山腰街道	1	锦川村委会	2	4487
27	泉州市	泉港区	3504	界山镇	2	界山村委会	1	5147
28	泉州市	泉港区	3504	界山镇	2	下朱村委会	2	2573
29	泉州市	泉港区	3504	南埔镇	3	天竺村委会	1	5407
30	泉州市	泉港区	3504	南埔镇	3	塘头村委会	2	2330
31	泉州市	泉港区	3504	涂岭镇	4	五社村委会	1	2850
32	泉州市	泉港区	3504	涂岭镇	4	清美村委会	2	1691
33	厦门市	集美区	3505	集美街道	1	银亭社区	1	23040
34	厦门市	集美区	3505	集美街道	1	浔江社区	2	4201
35	厦门市	集美区	3505	杏林街道	2	宁宝社区	1	5114
36	厦门市	集美区	3505	杏林街道	2	杏林村委会	2	3519
37	厦门市	集美区	3505	后溪镇	3	后溪村委会	1	3519
38	厦门市	集美区	3505	后溪镇	3	英村村委会	2	2128
39	厦门市	集美区	3505	灌口镇	4	东辉村委会	1	3547
40	厦门市	集美区	3505	灌口镇	4	陈井村委会	2	2203
41	泉州市	南安市	3506	柳城街道	1	新华社区	1	4970
42	泉州市	南安市	3506	柳城街道	1	杏莲村委会	2	5603
43	泉州市	南安市	3506	洪梅镇	2	新联村委会	1	6133
44	泉州市	南安市	3506	洪梅镇	2	山溪村委会	2	3459
45	泉州市	南安市	3506	官桥镇	3	金桥社区	1	1829
46	泉州市	南安市	3506	官桥镇	3	黄山村委会	2	4084
47	泉州市	南安市	3506	石井镇	4	石井社区	1	7649
48	泉州市	南安市	3506	石井镇	4	联丰村委会	2	2783
49	福州市	福清市	3507	阳下镇	1	作坊村委会	1	2366

续表 2

序号	县级			乡级		村级		2004 年末人口统计数
	单位名称		地址码	单位名称	地址码	单位名称	地址码	
50	福州市	福清市	3507	阳下镇	1	际头村委会	2	1045
51	福州市	福清市	3507	海口镇	2	东阁村委会	1	7070
52	福州市	福清市	3507	海口镇	2	后路村委会	2	3489
53	福州市	福清市	3507	龙田镇	3	福庐居委会	1	2938
54	福州市	福清市	3507	龙田镇	3	西亭村委会	2	3597
55	福州市	福清市	3507	高山镇	4	高山村委会	1	5023
56	福州市	福清市	3507	高山镇	4	玉楼村委会	2	3183
57	泉州市	晋江市	3508	梅岭街道	1	竹树下社区	1	2409
58	泉州市	晋江市	3508	梅岭街道	1	沟头社区	2	1264
59	泉州市	晋江市	3508	安海镇	2	桐林村委会	1	3670
60	泉州市	晋江市	3508	安海镇	2	前蔡村委会	2	996
61	泉州市	晋江市	3508	金井镇	3	玉山村委会	1	3298
62	泉州市	晋江市	3508	金井镇	3	洋下村委会	2	1690
63	泉州市	晋江市	3508	龙湖镇	4	石龟村委会	1	4479
64	泉州市	晋江市	3508	龙湖镇	4	古盈村委会	2	1760
65	福州市	长乐市	3509	吴航街道	1	洋锦社区	1	6188
66	福州市	长乐市	3509	吴航街道	1	三峰社区	2	3618
67	福州市	长乐市	3509	江田镇	2	友爱村委会	1	5572
68	福州市	长乐市	3509	江田镇	2	桥里村委会	2	1872
69	福州市	长乐市	3509	湖南镇	3	大鹤村委会	1	3551
70	福州市	长乐市	3509	湖南镇	3	仙宅村委会	2	2004
71	福州市	长乐市	3509	潭头镇	4	克凤村委会	1	6486
72	福州市	长乐市	3509	潭头镇	4	边兰村委会	2	2575
73	宁德市	福鼎市	3510	桐城街道	1	流美社区	1	6236
74	宁德市	福鼎市	3510	桐城街道	1	资国村委会	2	1807
75	宁德市	福鼎市	3510	前岐镇	2	薛家村委会	1	3062
76	宁德市	福鼎市	3510	前岐镇	2	照澜村委会	2	1689
77	宁德市	福鼎市	3510	沙埕镇	3	南镇村委会	1	6562
78	宁德市	福鼎市	3510	沙埕镇	3	大白鹭村委会	2	1186
79	宁德市	福鼎市	3510	秦屿镇	4	金麟居委会	1	1740
80	宁德市	福鼎市	3510	秦屿镇	4	竹下村委会	2	1461
81	南平市	邵武市	3511	水北街道	1	水北居委会	1	5546
82	南平市	邵武市	3511	水北街道	1	小西门头居委会	2	3707
83	南平市	邵武市	3511	和平镇	2	和平村委会	1	3556
84	南平市	邵武市	3511	和平镇	2	黎舍村委会	2	1757
85	南平市	邵武市	3511	桂林乡	3	槎口村委会	1	2019
86	南平市	邵武市	3511	桂林乡	3	惠林村委会	2	717

续表 3

序号	县级			乡级		村级		2004 年末人口统计数
	单位名称		地址码	单位名称	地址码	单位名称	地址码	
87	南平市	邵武市	3511	城郊镇	4	莲塘村委会	1	1964
88	南平市	邵武市	3511	城郊镇	4	隔应村委会	2	935
89	莆田市	仙游县	3512	鲤城街道	1	十字居委会	1	6638
90	莆田市	仙游县	3512	鲤城街道	1	金井村委会	2	2789
91	莆田市	仙游县	3512	榜头镇	2	东桥居委会	1	3851
92	莆田市	仙游县	3512	榜头镇	2	泉山村委会	2	4434
93	莆田市	仙游县	3512	大济镇	3	溪口村委会	1	6172
94	莆田市	仙游县	3512	大济镇	3	蒲山村委会	2	3896
95	莆田市	仙游县	3512	赖店镇	4	土山村委会	1	3757
96	莆田市	仙游县	3512	赖店镇	4	樟林村委会	2	1913
97	福州市	闽侯县	3513	甘蔗镇	1	横屿村委会	1	2054
98	福州市	闽侯县	3513	甘蔗镇	1	十字村委会	2	1410
99	福州市	闽侯县	3513	南屿镇	2	南井村委会	1	4093
100	福州市	闽侯县	3513	南屿镇	2	晓岐村委会	2	1769
101	福州市	闽侯县	3513	青口镇	3	团结村委会	1	2848
102	福州市	闽侯县	3513	青口镇	3	庄头村委会	2	1554
103	福州市	闽侯县	3513	廷坪乡	4	广坪村委会	1	1824
104	福州市	闽侯县	3513	廷坪乡	4	赤坑村委会	2	904
105	福州市	永泰县	3514	樟城镇	1	南门居社区	1	6587
106	福州市	永泰县	3514	樟城镇	1	北门居社区	2	5876
107	福州市	永泰县	3514	梧桐镇	2	椿阳村委会	1	2700
108	福州市	永泰县	3514	梧桐镇	2	丘演村委会	2	2043
109	福州市	永泰县	3514	长庆镇	3	梅楼村委会	1	2064
110	福州市	永泰县	3514	长庆镇	3	福斗村委会	2	1316
111	福州市	永泰县	3514	白云乡	4	樟江村委会	1	1445
112	福州市	永泰县	3514	白云乡	4	陈家村委会	2	1110
113	龙岩市	上杭县	3515	临城镇	1	城西社区	1	2329
114	龙岩市	上杭县	3515	临城镇	1	西陂村委会	2	1651
115	龙岩市	上杭县	3515	稔田镇	2	石牌村委会	1	1993
116	龙岩市	上杭县	3515	稔田镇	2	歧坑村委会	2	568
117	龙岩市	上杭县	3515	太拔乡	3	大地村委会	1	1529
118	龙岩市	上杭县	3515	太拔乡	3	寨背山村委会	2	359
119	龙岩市	上杭县	3515	官庄畲族乡	4	德康村委会	1	2677
120	龙岩市	上杭县	3515	官庄畲族乡	4	上濯村委会	2	1002
121	三明市	大田县	3516	均溪镇	1	镇东社区	1	2290
122	三明市	大田县	3516	均溪镇	1	太山崎村委会	2	842
123	三明市	大田县	3516	石牌镇	2	老厝村委会	1	1451

续表 4

序号	县级			乡级		村级		2004 年末人口统计数
	单位名称		地址码	单位名称	地址码	单位名称	地址码	
124	三明市	大田县	3516	石牌镇	2	上坡村委会	2	1025
125	三明市	大田县	3516	太华镇	3	群团村委会	1	4361
126	三明市	大田县	3516	太华镇	3	西埔村委会	2	1434
127	三明市	大田县	3516	屏山乡	4	和坑村委会	1	1893
128	三明市	大田县	3516	屏山乡	4	杨梅村委会	2	926
129	三明市	沙　县	3517	虬江街道	1	城南居委会	1	9892
130	三明市	沙　县	3517	虬江街道	1	洋坊村委会	2	984
131	三明市	沙　县	3517	夏茂镇	2	东街村委会	1	3496
132	三明市	沙　县	3517	夏茂镇	2	洋元村委会	2	1761
133	三明市	沙　县	3517	高桥镇	3	高桥村委会	1	3157
134	三明市	沙　县	3517	高桥镇	3	正地村委会	2	1018
135	三明市	沙　县	3517	南霞乡	4	泮岭村委会	1	1298
136	三明市	沙　县	3517	南霞乡	4	蒋坡村委会	2	770
137	泉州市	安溪县	3518	凤城镇	1	祥云社区	1	3783
138	泉州市	安溪县	3518	凤城镇	1	吾都村委会	2	2673
139	泉州市	安溪县	3518	官桥镇	2	赤岭村委会	1	3994
140	泉州市	安溪县	3518	官桥镇	2	官郁村委会	2	2295
141	泉州市	安溪县	3518	剑斗镇	3	东阳村委会	1	4725
142	泉州市	安溪县	3518	剑斗镇	3	福斗村委会	2	2169
143	泉州市	安溪县	3518	龙涓乡	4	下洋村委会	1	2389
144	泉州市	安溪县	3518	龙涓乡	4	芹山村委会	2	477
145	漳州市	漳浦县	3519	绥安镇	1	绥北社区	1	6440
146	漳州市	漳浦县	3519	绥安镇	1	鹿溪社区	2	747
147	漳州市	漳浦县	3519	佛昙镇	2	石埕村委会	1	3151
148	漳州市	漳浦县	3519	佛昙镇	2	人坪村委会	2	1521
149	漳州市	漳浦县	3519	石榴镇	3	梅东村委会	1	3165
150	漳州市	漳浦县	3519	石榴镇	3	玳瑁村委会	2	1571
151	漳州市	漳浦县	3519	马坪镇	4	后康村委会	1	3748
152	漳州市	漳浦县	3519	马坪镇	4	文安村委会	2	1844
153	漳州市	南靖县	3520	山城镇	1	中山社区	1	8091
154	漳州市	南靖县	3520	山城镇	1	山边村委会	2	2725
155	漳州市	南靖县	3520	靖城镇	2	阡桥村委会	1	3459
156	漳州市	南靖县	3520	靖城镇	2	径里村委会	2	1607
157	漳州市	南靖县	3520	金山镇	3	河乾村委会	1	3496
158	漳州市	南靖县	3520	金山镇	3	都美村委会	2	2118
159	漳州市	南靖县	3520	船场镇	4	张坑村委会	1	1768
160	漳州市	南靖县	3520	船场镇	4	甘芳村委会	2	1112

续表 5

序号	县级			乡级		村级		2004 年末人口统计数
	单位名称		地址码	单位名称	地址码	单位名称	地址码	
161	宁德市	霞浦县	3521	松港街道	1	东关村委会	1	2504
162	宁德市	霞浦县	3521	松港街道	1	青歧村委会	2	1291
163	宁德市	霞浦县	3521	长春镇	2	吕峡村委会	1	4224
164	宁德市	霞浦县	3521	长春镇	2	外城村委会	2	1324
165	宁德市	霞浦县	3521	三沙镇	3	东沃村委会	1	2048
166	宁德市	霞浦县	3521	三沙镇	3	八斗村委会	2	739
167	宁德市	霞浦县	3521	盐田乡	4	姚沃村委会	1	2113
168	宁德市	霞浦县	3521	盐田乡	4	浒屿沃村委会	2	1142
169	南平市	政和县	3522	熊山镇	1	胜利村委会	1	12142
170	南平市	政和县	3522	熊山镇	1	解放村委会	2	10326
171	南平市	政和县	3522	铁山镇	2	张屯村委会	1	2028
172	南平市	政和县	3522	铁山镇	2	向前村委会	2	695
173	南平市	政和县	3522	外屯乡	3	黄坑村委会	1	2071
174	南平市	政和县	3522	外屯乡	3	吴场村委会	2	939
175	南平市	政和县	3522	澄源乡	4	前村委会委会	1	3270
176	南平市	政和县	3522	澄源乡	4	牛途村委会	2	1184

（四）第四级抽样

1. 样本单位和样本数量

在被抽中的村（居）民委员会各抽取 1 个调查小区。

2. 村级单位的合并

凡抽中村级单位人口规模小于 350 人的，以接壤或临近为原则，选择一个村级单位与其合并。

3. 调查小区的划分

用村（居）委会的人口数除以 400 人，得到可以划分的小区数，利用本村级单位的户口底册或平面图进行大致的划分，划分好的小区人口数量应基本控制在 350 - 400 人之间。

4. 调查小区的抽取

在抽中的村（居）委会里按一定的顺序排列给每个调查小区编升序加 1 序号，在序号范围内使用简单随机抽样方法（抓阄）抽取最终的调查小区样本。

五、数据汇总和抽样误差估计

省级单位调查指标和抽样误差估计

在省级单位子总体内，调查数据采用自加权汇总方式。省级单位抽样误差估计采用比率估计方法，估算结果为调查标准时间的时点数，包括残疾人占总人口比例，视力、听力、言语、肢体、智力、精神、多重残疾人占总人口比例等指标。

1. 残疾人口比例的估计

$$r = \frac{y}{x} = \frac{\sum_{h}^{H} y_h}{\sum_{h}^{H} x_h}$$

其中:

r 为残疾人口占总人口的比重

x 为样本人口总数量

y 为样本残疾人口总数量，或分类残疾人的数量

$\sum_{h}^{H} y_h$ 本省样本县残疾人口合计数

$\sum_{h}^{H} x_h$ 本省样本县总人口合计数

2. 抽样误差估计

对调查主要指标的抽样误差采用比率估计方法，其计算公式如下:

标准误差: $SE(r)=\sqrt{V(r)}$

允许误差: $\Delta=1.96\times\sqrt{V(r)}$

变异系数: $CV(r)=\frac{\sqrt{V(r)}}{r}\times 100\%$

相对误差: $1.96\times CV(r)$

指标估计值区间: $r\pm\Delta$

其中:

$$V(r)=\frac{(V(y)+r^2\times V(x)-2\times r\times C(x,y))}{x^2}$$

$$r=\frac{y}{x}=\frac{\sum_{h}^{H} y_h}{\sum_{h}^{H} x_h}$$

$$V(y)=\sum_{h}^{H} a_h\times S_{yh}^2$$

$$V(x)=\sum_{h}^{H} a_h\times S_{xh}^2$$

$$C(x,y)=\sum_{h}^{H} a_h\times S_{xyh}$$

$$S_{yh}^2=\frac{\sum_{a}(y_{ha}-\bar{y}_h)^2}{(a_h-1)}$$

$$S_{xh}^2=\frac{\sum_{a}(x_{ha}-\bar{x}_h)^2}{(a_h-1)}$$

$$S_{xyh}=\frac{\sum_{a}(x_{ha}-\bar{x}_h)(y_{ha}-\bar{y}_h)}{(a_h-1)}=\frac{(\sum_{a} x_{ha}y_{ha}-a_h\bar{x}_h\bar{y}_h)}{(a_h-1)}$$

r 表示调查年度有关调查指标比例。如残疾人口占总人口比例，分类残疾人口占总人口比例;

x 表示调查年度有关调查指标比例 r 的分母,如调查的总人数。

y 表示调查年度有关调查指标比例 r 的分子,如调查的残疾人数和分类残疾人数;

$V(r)$ 表示估计有关调查指标比例 r 的方差;

$V(x)$ 表示估计有关调查指标比例 r 的分母人数方差;

$V(y)$ 表示估计有关调查指标比例 r 的分子人数方差;

H 表示分的层数;

h 表示层的序号;

a_h 表示第 h 层第一级抽样单位(县级单位)的个数;

x_h, S_{xh}^2 分别表示调查年度第 h 层第一级抽样单位有关调查指标比例 r 的分母人数及方差;

$\overline{y}_h, S_{yh}^2$ 分别表示调查年度第 h 层第一级抽样单位有关调查指标比例 r 的分子人数及方差;

S_{xyh} 表示调查年度第 h 层第一级抽样单位有关调查指标比例 r 的分母和分子人数的协方差;

x_{ha} 表示调查年度第 h 层第 α 个第一级抽样单位有关调查指标比例 r 的分母人数;

y_{ha} 表示调查年度第 h 层第 α 个第一级抽样单位有关调查指标比例 r 的分子人数;

为了计算简便，上述抽样误差的公式忽略了抽样比。

附录 11

福建省第二次全国残疾人抽样调查领导小组组成人员名单

组　　长　陈　芸　福建省副省长
副 组 长　鄢一忠　福建省政府副秘书长
　　　　　蔡元庭　福建省残联理事长
　　　　　王永礼　福建省财政厅副厅长
　　　　　陈秋立　福建省卫生厅副厅长
　　　　　高雪玉　福建省民政厅纪检组长
　　　　　张福坤　福建省统计局总统计师
成　　员　马照南　福建省委宣传部副部长
　　　　　刘　平　福建省教育厅副厅长
　　　　　刘群心　福建省发展与改革委员会副主任
　　　　　宋建华　福建省劳动和社会保障厅副厅长
　　　　　卢士钢　原福建省公安厅副厅长
　　　　　游振伟　福建省人口和计划生育委员会副主任
　　　　　吴立官　福建省团省委副书记
　　　　　黄伟瑶　福建省妇女儿童工作委员会办公室主任
　　　　　王大川　福建省质量计术监督局副局长
　　　　　李继新　福建省残联副理事长
　　　　　（以实际参加人员做了调整）

福建省第二次全国残疾人抽样调查办公室人员名单

主　　任　李继新　福建省残联副理事长

副 主 任　郭雪琴　（常务）福建省残联宣传文体处处长

张永裕　福建省卫生厅医政处副处长

薛偕兴　福建省民政厅社会福利处调研员

江　林　福建省统计局人口统计处调研员

张莉生　福建省计生委科技处副调研员

林幼健　福建省残联办公室副调研员

秘 书 组　林幼健（兼组长）卢　星　黄金太

残疾鉴定组　张永裕（兼组长）林　雯　陈元生　叶君健　江　玲　林　红　陈燕惠　林　滨　林国经

调查统计组　江　林（兼组长）林恒成　王端元　叶向群

数据处理组　许木枝（组长）　廖大玶　黄映东　张文辉　李志君　罗　晶

附录 12

福建省第二次全国残疾人抽样调查设区市及样本县（市、区）领导小组，办公室主任、副主任，调查队名单

福州市

领导小组	组　长	杨爱金	市政府副市长
	副组长	王国华	市政府副秘书长
		俞昌林	市民政局副局长、残联理事长
		刘炳生	市财政局副局长
		王德利	市卫生局副局长
		王同华	市统计局副局长
	成　员	吕　英	市委宣传部
		许荔萌	市教育局
		陈道煊	市公安局
		周稚青	市劳动和社会保障局
		林　坚	市计生委
		陆　军	市质量技术监督局
		赵　洵	团市委
		江国亮	市残联
		陈　希	市妇女儿童工作委员会
		林　新	市发改委
办公室	主　任	江国亮	市残联副理事长
	副主任	郭进勇	市残联维权就业副处长
		叶　青	市残联办公室副主任
	成　员	左　晖	林素霞

厦门市

领导小组	组　长	詹沧洲	市政府副市长
	副组长	卓锦绵	市政府副秘书长
		杨希聪	市残联理事长
		庄志杰	市财政局副局长
		傅一民	市财政局副局长
		姚冠华	市卫生局副局长
		林晓辉	市统计局副局长
	成　员	林书春	市委宣传部
		吴明哲	市计委
		许十方	市教育局
		郑东强	市公安局
		李钦辉	市劳动和社会保障局

		施淑莲	市计生委
		郭勇毅	市质量技术监督局
		范弦声	团市委
		陈宝贵	市妇联
		蒋　鸣	市残联
办公室	主　任	蒋　鸣	市残联副理事长
	副主任	李维宝	市残联办公室主任
		石好荣	市民政局社会福利和社会事务处处长
		黄维津	市财政局社保处副处长
		周　文	市卫生局医政处副处长
		王翠霞	市统计局社会处副处长

三明市

领导小组	组　长	朱昌贤	市政府副市长
	副组长	纪谷芳	市政府办公室副主任
		熊术立	市残联理事长
		李登熙	市财政局副局长
		罗伟生	市民政局副局长
		吴光星	市卫生局副局长
		徐海生	市统计局副局长
	成　员	包著彬	市委宣传部
		程鹏鹰	市发展计划委
		赖丽纹	市教育局
		陈建平	市公安局
		刘锦春	市劳动和社会保障局
		廖丽青	团市委
		陈建芳	市妇联
		柯昌合	市残联
办公室	主　任	柯昌合	市残联副理事长

莆田市

领导小组	组　长	陈金扬	市政府副市长
	副组长	郑瑞锦	市政府副秘书长
		黄文书	市残联理事长
		陈志敏	市财政局副局长
		李庆新	市民政局副局长
		陈秀兰	市卫生局助理调研员
		兰希红	市统计局副局长
	成　员	郑加清	市委宣传部
		李瑞火	市发展和改革委员会
		黄国勇	市教育局
		吴建华	市公安局

		黄银仁	市劳动和社会保障局
		陈宗思	市人口和计划生育委员会
		刘琦平	市质量技术监督局
		郭荔花	团市委
		陈凤玉	市妇女儿童工作委员会
		谢国林	市残联
办公室	**主　任**	谢国林	市残联副理事长
	副主任	黄国强	市统计局社会科科长
		张清和	市民政局社会事务科主任科员
		柯朝晖	市卫生局医政科副科长
		戴荔芳	市残联康复科副科级干事
		李　梅	市人口和计划生育委员会副主任科员

泉州市

领导小组	**组　长**	王亚君	市政府副市长
	副组长	陈唤国	市政府副秘书长
		许耀明	市残联理事长
		余惠西	市财政局副局长
		钟伟民	市民政局副局长
		许顺清	市卫生局副局长
		黄秀堂	市统计局副局长
	成　员	熊志强	市委宣传部
		李永远	市发展计划委
		陈伯禹	市教育局
		杨建平	市公安局
		蒋开裕	市劳动和社会保障局
		林建中	市计生委
		郑乙全	市质量技术监督局
		陈文聪	团市委
		柳瑞榕	市妇联
		张艺斌	市残联
办公室	**主　任**	张艺斌	市残联副理事长
	副主任	黄晓雯	市残联计划发展部主任
		王志聪	市残联办公室主任
		汪江洋	市统计局社会科科长
		李伙生	市民政局救济科科长
		陈朝华	市卫生局医政科科长
		朱清海	市人口与计划生育委员会技术科科长

漳州市

领导小组	**组　长**	钟禄贵	市政府副市长
	副组长	沈诏坤	市政府办公室副主任

		吴鑫林	市残联理事长
		蔡耀明	市财政局副局长
		王瑞田	市民政局副局长
		余绍麟	市卫生局副局长
		黄桂兰	市统计局副局长
	成　员	吴达金	市委宣传部
		林　青	市计委
		刘剑津	市教育局
		林　斌	市公安局
		刘新满	市劳动保障局
		寿志康	市计生委
		方国华	市质监局
		周小华	团市委
		李华英	市妇联
		刘华宁	市残联
办公室	主　任	刘华宁	市残联副理事长

南平市

领导小组	组　长	胡祖林	市政府副市长
	副组长	谢秀桐	市政府副秘书长
		李　飞	市残联理事长
		王宁新	市财政局副局长
		宋素英	市民政局副局长
		叶　虹	市卫生局副局长
		张延丁	市统计局副局长
	成　员	张建新	市委宣传部
		刘秉文	市发改委
		陈厚珍	市教育局
		李伙金	市公安局
		叶燕槐	市劳动和社会保障局
		张福弟	市计生委
		程小勇	市质监局
		丁贵生	团市委
		刘秀萍	市妇联
		阮宝钦	市残联
办公室	主　任	阮宝钦	市残联副理事长
	副主任	卢元淡	市残联科长
		叶兰凤	市残联主任助理
		林雅英	市统计局副主任科员
		李长青	市民政局科长
		杨丽萍	市卫生局科长
		黄承荣	市计生委科员

龙岩市

领导小组	组　长	马承佳	市政府副市长
	副组长	赖招源	市政府副秘书长
		傅兴书	市卫生局局长
		郑霖清	市民政局副局长
		林聪芬	市财政局副局长
		刘星辉	市残联理事长
		卢奇祥	市统计局副局长
	成　员	兰尚进	市委宣传部
		林晓洪	市教育局
		张秉阳	市发展计划委
		刘银河	市公安局
		卢启伟	市劳动与社会保障局
		谢国忠	市人口与计划生育委员会
		林永炘	市质量技术监督局
		谢兴权	团市委
		李红莲	市妇联
		傅从亮	市残联
办公室	主　任	刘星辉	市残联理事长
	副主任	傅从亮	市残联副理事长
	成　员	倪迅伟	市残联综合科科员

宁德市

领导小组	组　长	陈应辉	市政府副市长
	副组长	郑铅仔	市政府副秘书长
		兰　玉	市残联理事长
		刘木金	市财政局副局长
		俞志斌	市民政局助理调研员
		肖国耀	市卫生局副局长
		林顺影	市统计局副局长
	成　员	游扬声	市委宣传部
		刘世明	市发展和改革委员会
		叶芳晶	市教育局
		张茂英	市公安局
		黄丽玉	市劳动和社会保障局
		黄成雪	市人口和计划生育委员会
		缪志城	市质量技术监督局
		王　青	团市委
		陈美莺	市妇女儿童工作委员会办公室
		黄永屏	市残联
办公室	主　任	黄永屏	市残联副理事长

厦门市思明区

领导小组	组　长	林国泰	区政府副区长
	副组长	杨立才	区政府助理巡视员
		张泽夫	区民政局局长
		毕年斌	区政府办公室副主任
		史春玲	区财政局副局长
		张　兴	区卫生局副局长
		赵建明	区统计局副局长
		周丽真	区民政局副局长、区残联副理事长
	成　员	谢水宗	区委宣传部
		薛宗辉	区发改局
		张顺彬	区教育局
		潘经文	区公安分局
		白秀枝	区人事劳动和保障局
		倪蔓娜	区人口和计划生育局
		欧阳丽娟	团区委
		张晓红	区妇联
		徐　勇	中华街道
		李传坚	开元街道
		王　珊	梧村街道
		林金祁	滨海街道
办公室	主　任	周丽真	区民政局副局长、区残联副理事长
	副主任	张良平	区统计局助理调研员
调查队	队　长	周丽真	区民政局副局长、区残联副理事长
	副队长	张良平	区统计局助理调研员
	成　员	潘丽菊　林　梅　胡艳霞　蔡丽惠　曾丽珠　吴鸿鹰　林庆志　何青松 焦秀民　孙丽红　童祥明　陈雅莎　黄淑琼　黄春燕　黄亚奇　陈永春 蔡革胜　蔡丽明　刘宏玉　曾水明　王淑伟　陈宗德　杨燕艳　朱　旗 林嘉伟　刘　军　谢素华	

龙岩市新罗区

领导小组	组　长	张广崚	区政府副区长
	副组长	竭锦洲	区府办党总支书记、副主任
		刘龙彬	区残联理事长、民政局副局长
		尹可千	区统计局副局长
		林笑蓉	区卫生系统党委副书记
		郭丽华	区财政局党支部副书记
	成　员	吴荣川	区委宣传部
		尚文梅	区发改局
		廖正海	区教育局
		黄清标	区公安分局

		朱碧节	区劳动保障局
		张碧兰	区人口计生局
		黄锦华	区质量技术监督分局
		陈东华	团区委
		郭笑萍	区妇联
		林加坚	区残联
办公室	主　任	刘龙彬	区残联理事长、民政局副局长
	副主任	林加坚	区残联
调查队	队　长	刘龙彬	区残联理事长、民政局副局长
	副队长	尹可千	区统计局副局长
		林笑蓉	区卫生系统党委副书记
	成　员	廖正乾	廖　英 阎建萍 张瑜丹 苏纪健 崔敏政 曾志刚 吴丽洁
		邱莲英	林加坚 林　昱 谢日平 罗龙村 邱健琳 肖美琴 陈丽娟
		郭贞山	张晓榕 陈荣妙 张友才 叶其昌 邱永兰 汤秀月 张丽秀

莆田市城厢区

领导小组	组　长	郑成华	区政府副区长
	副组长	许建新	区政府办公室副主任
		陈燕卿	区残联理事长
		陈丽娟	区财政局副局长
		林智伟	区统计局局长
		章嘉伟	区民政局副局长
		陈金华	区卫生局副局长
	成　员	黄国祥	区委宣传部
		郑加庆	区计划局
		陈仙珍	区教育局
		林　伟	区公安分局
		林清发	区劳动和社会保障局
		陈清汉	区计生局
		陈建晖	团区委
		庞丽香	区妇联
		潘宏程	区残联
办公室	主　任	陈燕卿	区残联理事长
	副主任	李　玲	区统计局
		郑少华	区民政局
		刘华山	区卫生局
		林秀华	区残联康复股股长
		梁　智	区计生局
调查队	队　长	陈燕卿	区残联理事长
	副队长	潘宏程	区残联副理事长
		唐金辉	区统计局副主任科员

	成　员	柯寒辉	林仙妹	陈元妹	林丽清	李丽君	刘金莺	黄德雄	方飞龙
		陈淑清	曾荣奋	陈金清	宋宏凯	黄文山	肖瑞莲	林秀华	林天鍪
		杨飞锋	高　清	翁维彬	黄玉旺	蔡　宁	郭家土		

泉州市泉港区

领导小组	组　长	林建国	区政府副区长
	副组长	刘鸿志	区政府办副主任
		连育华	区残联理事长
		刘永和	区财政局副局长
		陈海鹏	区民政局副局长
		陈志蓉	区卫生局副局长
		施　频	区统计局局长
	成　员	胡菊金	区委宣传部
		吴周健	区经发局
		郭进文	区教育局
		郑依森	区公安局
		叶连生	区人事劳动和社会保障局
		陈宗忠	区计生局
		肖庆忠	区质量技术监督办事处
		林　巍	区团委
		陈梅珍	区妇联
		庄春国	南埔镇
		王觉慧	界山镇
		魏闽杰	山腰街道
		庄赞清	涂岭镇
办公室	主　任	连育华	区残联理事长
	副主任	张泉明	区统计局办公室主任
		郭玉顺	区卫生局、南埔医院院长
		陈海虎	区残联办公室主任
调查队	队　长	连育华	区残联理事长
	副队长	张泉明	区统计局办公室主任
		郭玉顺	区卫生局、南埔医院院长

成　员	房雄杰	施炳武	黄惠强	林兴顺	蔡建平	陈文金	柯明清	柯子华
	林文秀	林明财	庄绍忠	郭庆来	李顺良	陈丽军	潘鹏祥	陈锦枝
	刘清山	郑忠贤	连辉阳	任文来	张金枝	林旭东	王艳萍	庄春福

厦门市集美区

领导小组	组　长	潘少銮	副区长
	副组长	陈育斌	区政府办主任
		钟志隆	区民政局局长、区残联理事长
		王明汉	区财政局局长
		蔡金炼	区卫生局局长

		柯协和	区发改局副局长
	成　员	周国治	区委宣传部
		陈贺英	区妇联
		许永良	团区委
		欧阳萍	区教育局
		施素达	区人劳社保局
		林宝玉	区计生局
		许国盛	集美公安分局
		林朱强	灌口镇
		蒋亚才	后溪镇
		陈明芬	集美街道办
		胡建生	杏林街道办
		欧阳海龙	区残联
办公室	主　任	欧阳海龙	区残联常务副理事长
	副主任	王跃平	集美区发改局综合调查队队长
		陈淑惠	集美区财政局综合科科长
		林淑文	集美区民政局民政服务中心副主任
		林全民	集美区残疾人劳动就业服务指导中心
调查队	队　长	欧阳海龙	区残联常务副理事长
	副队长	王跃平	集美区发改局综合调查队队长
		周和义	集美区灌口医院书记
	成　员	陈琼艳　黄惠杰　杨燕群　黄依魁　李志红　陈丽英　范功秀　罗祥远 陈丽娜　杨碧月　林国珍　周蜀德　周广和　吴加协　陈德志　许炳春 王自然　王茂兴　周和义　周德平　熊戈亮　李拓江　李忠才　陈新潮 罗汉暄　陈良义	

南安市

领导小组	组　长	吴顺情	市政府副市长
	副组长	吴焕辉	市残联理事长
	成　员	吴家贫	市财政局
		林爱民	市卫生局
		陈建群	市统计局
		黄金土	市宣传部
		黄聊旺	市计划局
		洪坤强	市教育局
		陈永发	市公安局
		黄英堤	市劳动局
		陈泉明	市计生局
		陈发动	市技监局
		李垂举	团市委
		黄淑聊	市妇联
办公室	主　任	吴焕辉	市残联理事长

调 查 队	队　　长	黄英雷	市残联副理事长
	副 队 长	陈丙午	市残联就业站站长

成　　员　蔡中级　林清楚　黄建才　陈昌建　黄海水　王金练　陈文提　傅清辉
王春木　郑党光　翁晋忠　吴晓方　杨清河　王振侨　陈章扁　曾清雕
黄建新　卓志气　陈明华　郭育林　洪珍凤　陈美珍　杨天赞

福清市

领导小组	组　　长	陈少华	市政府副市长
	副 组 长	邱华焰	市政府办副主任
		蒋齐义	市残联理事长
		何德信	市财政局副局长
		胡盛开	市卫生局副局长
		周继祥	市统计局副局长
	成　　员	念　琪	市委宣传部
		林若星	市教育局
		毛文锋	市公安局
		郭进程	市发展计划局
		吴承峰	市劳动和社会保障局
		杨后特	市计生局
		林向晖	市质量技术监督局
		林建忠	团市委
		严秀华	市妇女儿童工作委员会
		郭进仁	市残联
办 公 室	主　　任	蒋齐义	市残联理事长
	副 主 任	郭进仁	市残联副理事长
		薛行福	市统计局副主任科员
		余学坤	市民政局办公室主任
		王雅容	市计划生育局宣传科技科科长
		方师恒	市残联办公室主任
		张　乐	市卫生局医政科科长
调 查 队	队　　长	蒋齐义	市残联理事长
	副 队 长	周继祥	市统计局副局长
		胡盛开	市卫生局副局长

成　　员　薛行福　高明述　郑则凤　林雄清　林　莘　陈祖兴　吴瑞华　郑　敏
林康桐　李述华　方师恒　陈以雄　陈遵春　陈齐富　蒋坤华　梁天雄
王钦彪　林　霞　何　程　叶郁松　薛雪贞　林　卫

晋江市

领导小组	组　　长	吴冬冬	市政府副市长
	副 组 长	吴丹红	市政府办公室副主任
		蔡长严	市残联理事长
		陈恩典	市财政局副局长

		施琼琼	市民政局纪检组长
		陈碧旋	市卫生局副主任科员
		蔡清炎	市统计局副局长
	成　　员	王建新	市委宣传部
		王飞土	市经济发展局
		施正琛	市教育局
		陈　瑜	市公安局
		黄劲松	市劳动和社会保障局
		王立民	市人口和计划生育局
		郑文攀	市质监局
		施建成	团市委
		张璧翳	市妇联
		陈志辉	市残联
		庄秋火	安海镇
		黄裕中	金井镇
		黄文梯	龙湖镇
		钟南波	梅岭街道
办公室	**主　　任**	陈志辉	市残联副理事长
	副主任	刘铮铭	市统计局股长
		李奕红	市卫生局股长
调查队	**队　　长**	陈志辉	市残联副理事长
	副队长	蔡清炎	市统计局副局长
		陈碧旋	市卫生局副主任科员
	成　　员	黄艳艳　张金龙　王川国　蔡建民　陈健康　曾志聪　王世贤 李世怀　张维强　王孙进　黄鸿瑜　施宗林　许文表　吴谨勤 陈江浙　施辉耀　洪朝炉　郭明强　柯常保　黄东昭　林培森 施金堆　陈梦娇　欧阳建业	

长乐市

领导小组	**组　　长**	郑金德	市政府副市长
	副组长	陈　冰	市政府办副主任
		林礼顺	市民政局副局长、市残联理事长
		张春登	市民政局副局长
		董玉贻	市财政局副局长
		陈素琤	市卫生局副局长
		郑碧珍	市统计局副局长
	成　　员	陈贞钦	市委宣传部
		高林峰	市发展计划局
		陈新利	市教育局
		吴德仁	市公安局
		陈长春	市劳动和社会保障局
		周国泉	市计生局

		陈翔宇	市质量技术监督局
		吴华辉	团市委
		林玉兰	市妇联
		陈　松	市残联
		李振华	吴航街道
		陈应双	江田镇
		蔡行顺	湖南镇
		李桂官	潭头镇
办公室	**主　任**	林礼顺	市民政局副局长、市残联理事长
	副主任	陈　松	市残联副理事长
		林财清	市卫生局医政科科长
		陈　宇	市民政局社会事务科科长
		黄纲启	市计生局服务站站长
调查队	**队　长**	林礼顺	市残联理事长
	副队长	陈　松	市残联副理事长
		陈素琤	市卫生局副局长
		郑碧珍	市统计局副局长
	成　员	冯星琪　黄月红　王旭升　李惠榕　郑秀玲　林新婵　陈千垒　丁道维　郑　棋　刘泽泰　池兴旺　林朝春　林增强　姜密俤　陈礼记　陈代星　程　德　卓惠勇　陈日中　陈　华　李　超　郄卫星　王　熙　何伟龙　林燕秋　唐晓霞	

福鼎市

领导小组	**组　长**	蔡梅生	市人民政府副市长
	副组长	陈　韩	市政府办副主任
		郭丹治	市残联理事长
		林加华	市财政局副局长
		周少菁	市统计局副局长
		吴建鼎	市民政局副局长
		叶　林	市卫生局副局长
	成　员	林增光	市委宣传部
		张时辉	市发展计划局
		方维通	市教育局
		卓乃明	市公安局
		谢志强	市劳动和社会保障局
		姚婉娟	市计生局
		林阿禄	市技术监督局
		郑兴邦	团市委
		杨雪晶	市妇联
		喻　红	市残联
办公室	**主　任**	喻　红	市残联副理事长
	副主任	朱丽燕	市残联办公室主任

调查队　队　　长　喻　红　市残联副理事长
副队长　周少菁　市统计局副局长
宋祖华　市卫生局副局长
成　　员　郑海燕　丁纪伟　林梦昕　翁赛凤　吴小秋　朱丽燕　王道森　庄金禄
吴家远　马起为　王月儿　施小玲　吕建峰　谢晓春　林贤管　王德宝
皮雷鸣　唐锦森　艾俊龙　周晨日　何　健　李彦江　王　辉

邵武市

领导小组　组　　长　郑开斌　市政府副市长
副组长　李　镇　市政府办副主任
林家锐　市残联理事长
官道辉　市统计局副局长
成　　员　吴长春　市委宣传部
范继善　市公安局
兰水根　市发展和改革局
徐家金　市教育局
胡碧英　市卫生局
黄跃进　市劳动和社会保障局
徐崇武　市财政局
李爱玲　市民政局
黎立太　市人口和计划生育局
付丹红　市妇联
范晓蓉　团市委
程华忠　市质监局
曾献伟　市残联
办公室　主　　任　曾献伟　市残联副理事长
副主任　李光同　市残联办公室副主任
调查队　队　　长　曾献伟　市残联副理事长
副队长　官道辉　市统计局副局长
胡碧英　市卫生局副局长
成　　员　王章生　詹有为　李光同　肖文炳　廖厚兴　钟月平　谢先贵　黄显荣
付道荣　钮昌贵　李民吉　黄中标　吴彩霞　付国平　江　萍　杨香兰
王太彬　谢　盈　张陈明　黄锦顺　邱文娟　邱永计　吴福龙

仙游县

领导小组　组　　长　何锦驰　县政府副县长
副组长　林志步　县残联理事长
黄步晃　县财政局副局长
陈文林　县民政局副局长
郑建仁　县卫生局副局长
王明华　县统计局副局长
林南生　县政府办副主任科员

	成 员	郑庆彬	县委宣传部
		林加彪	县公安局
		李志强	县发展计划局
		郑秋洪	县教育局
		邱庆政	县劳动和社会保障局
		蔡爱兰	县计生局
		许一心	县质量技术监督局
		郑 燕	团县委
		林庆焰	县残联
办公室	主 任	林志步	县残联理事长
	副主任	林庆焰	县残联副理事长
		陈胜和	县卫生局副主任科员
		郑江华	县统计局科员
调查队	队 长	林志步	县残联理事长
	副队长	林庆焰	县残联副理事长
		陈胜和	县卫生局副主任科员
		郑江华	县统计局科员
	成 员	张玉池 严寿贵 王乐善 许珍英 张丽萍 林幼霞 黄凤良 王桂苍 林碧红 林鸿展 王细香 陈金清 彭瑞洋 郑金回 占志强 黄燕雄 陈建光 郑群英 欧育金 欧凡杰 陈勇进 陈永忠 兰国富	

闽侯县

领导小组	组 长	林 峰	县政府副县长
	副组长	程章耀	县政府办公室副主任
		潘则成	县残联理事长
		陈 清	县财政局副局长
		林天华	县民政局主任科员
		陈才铿	县卫生局副局长
		吴建华	县统计局副主任科员 城调队队长
	成 员	林 煌	县委宣传部
		肖贞国	县计划局
		程燕英	县教育局
		李卫国	县公安局
		江正丁	县劳动和社会保障局
		林忠华	县计生局
		陈宜健	县质量技术监督局
		潘 嫦	团县委
		杨 芬	县妇联
		李伯芳	县残联
办公室	主 任	潘则成	县残联理事长
	副主任	李伯芳	县残联副理事长
调查队	队 长	潘则成	县残联理事长

	副队长	李伯芳	县残联副理事长
		卢济通	县卫生局副局长
		吴建华	县统计局副主任科员 城调队队长
	成　员	程少榕　程晓林　叶　青　叶春华　郑秋化　宋家燊　林　郁　程道强　林兰娇　陈巧聪　江信榕　林允平　蔡美芳　林立潭　陈孝榕　吴　毅　林　灯　肖立伟　郭宝忠　张月钦　林　勤　林秀敏　林增武	

永泰县

领导小组	组　长	冯常胜	县政府副县长
	副组长	夏程登	县政府办副主任
		檀瑞钦	县残联理事长
		陈　榕	县财政局副局长
		金尔全	县卫生局副局长
		张挺明	县统计局副局长
		杨爱成	县民政局副局长
	成　员	张子沂	县委宣传部
		邱吉煌	县公安局
		张国安	县教育局
		李久和	县人口和计划生育局
		刘建明	县劳动和社会保障局
		黄　盛	团县委
		郭连滨	县质量技术监督局
		陈爱兰	县妇联
		林仕文	县医院
		郑周文	樟城镇
		侯敏利	梧桐镇
		王草香	长庆镇
		林义钗	白云乡
		檀永成	县科协
		汪家勇	县残联
办公室	主　任	檀瑞钦	县残联理事长
	副主任	汪家勇	县残联副理事长
调查队	队　长	詹　文	县残联理事
	副队长	林祥文	县统计局科员
		苏德平	县卫生局主治医师
		鄢兰萍	县残联理事
	成　员	陈志棋　欧宝金　陈淑文　林　珠　胡宗源　蔡瑞锋　吴桂周　陈玉榕　林银伟　郑振清　朱永健　张荣锐　张华新　陈秀清　陈政准　薛克麟　蒋理洲　张瑞珠　王景力　陈纪文　孙云青　黄巧英	

上杭县

领导小组	组　长	陈培贵	县政府副县长

副组长　刘中华　县政府办公室副主任、党总支书记
江建林　县残联理事长
李胜千　县财政局副局长
刘加茂　县民政局副局长
邱年春　县统计局副局长
邱丽娟　县卫生局副局长
成　员　吕　丽　县委宣传部
王如信　县教育局
杨桂英　县公安局
龚福生　县发展和改革局
郭伟龙　县劳动和社会保障局
林怀坤　县人口和计划生育局
严镇康　县质量技术监督局
袁　静　团县委
蓝玉华　县妇联
何福星　县残联

办公室　主　任　江建林　县残联理事长
副主任　邱年春　县统计局副局长
邱丽娟　县卫生局副局长
何福星　县残联副理事长

调查队　队　长　江建林　上杭县残联理事长
副队长　邱丽娟　上杭县卫生局副局长
邱年春　上杭县统计局副局长
成　员　张菊金　王华贤　詹　静　陈桃凤　唐晓忠　钟卓英　薛福英　练富清
张纪铭　蓝梅庭　余祖阳　蓝中秋　林国标　包锦辉　陈发涛　王寿汉
赖镜明　蓝万雄　邱应文　黄义传　刘文龙

大田县

领导小组　组　长　陈庆建　县政府副县长
副组长　林大红　县政府副主任
陈建新　县残联理事长
范棉田　县财政局副局长
涂育严　县民政局副局长
陈永晶　县卫生局副局长
林广业　县统计局副局长
成　员　林乃溪　县委宣传部
庄梅玲　县发展计划局
林充张　县教育局
李建成　县公安局
杜忠义　县劳动和社会保障局
陈志锋　县计生局
林爱红　团县委

		易清花	县妇联
		黄桂珍	县残联
办公室	主　任	陈建新	县残联理事长
	副主任	陈永晶	县卫生局副局长
		黄桂珍	县残联副理事长
		陈玉芬	县残联理事
		黄惠芹	县残联办公室主任
		林美华	县统计局统计员
		郭守俩	县民政局干部
		林淑琼	县计生局干部
调查队	队　长	陈建新	县残联理事长
	副队长	陈永晶	县卫生局副局长
		黄桂珍	县残联副理事长
		林广业	县统计局副局长
	成　员	林美华　林兴樟　徐月兰　范珠英　章宇光　张流浪　陈其生　刘　威 章建华　严千权　陈佶俩　刘志省　陈仁武　陈先炉　陈良海　黄起基 林生军　吴高举　陈昌旭　陈玉芬　黄惠芹　苏桂婷　范莲珠	

沙　县

领导小组	组　长	罗奕星	县政府副县长
	副组长	黄明松	县政府办公室副主任
		张孙榕	县残联理事长
		江振声	县财政局副局长
		胡启柳	县民政局副局长
		谢锦华	县卫生局副局长
		张远深	县统计局副局长
	成　员	孙培华	县委宣传部
		廖良贤	县发展计划局
		吴发荣	县教育局
		郑建科	县公安局
		汤家梁	县劳动社会保障局
		管恩兰	县计生局
		杜德起	县质监局
		黄礼滨	团县委
		罗清珠	县妇联
		洪宝珠	县残联
办公室	主　任	张孙榕	县残联理事长
	副主任	洪宝珠	县残联副理事长
调查队	队　长	张孙榕	县残联理事长
	副队长	谢锦华	县卫生局副局长
		张远深	县统计局副局长
		洪宝珠	县残联副理事长

	成　　员	洪华涌　谢祖红　姜发淦　黄腾夏　童姗娜　陈丽玉　邓文琳 郑瑞琰　邓小武　张华樟　吴　萍　胡安煊　徐会新　张　炜 黄钟平　乐仁祥　林素清　杨春兰　乐少忠　倪　健　王龙平 林锦明

安溪县

领导小组	组　　长	林金作	县政府副县长
	副 组 长	林志煌	县政府办公室副主任
		陈金列	县残联理事长
		肖杰成	县财政局纪检组长
		吴振花	县民政局副局长
		钟少川	县卫生局副局长
		高石头	县统计局副局长
	成　　员	苏江中	县委宣传部
		陈哲惠	县发展计划局
		王中华	县教育局
		陈海庭	县公安局
		吴火土	县劳动和社会保障局
		李天祝	县计生局
		刘坤城	县质量技术监督局
		吴淑燕	县妇联
		孙素凤	团县委
		廖丽凤	县残联
办 公 室	主　　任	陈金列	县残联理事长
	副 主 任	廖丽凤	县残联副理事长
		王良辉	县卫生局医政股长
		陈明宏	县统计局法规股长
		谢章友	县民政局救灾救济股长
调 查 队	队　　长	陈金列	县残联理事长
	副 队 长	陈明宏	县统计局法规股长
		王良辉	县卫生局医政股长
	成　　员	陈东明　陈良火　林蕴华　谢育忠　苏桂青　刘壬水　吴华生　陈孝德 杨向明　郑碧芬　吴晓琴　王国玺　陈金波　林振东　胡龙贤　李碧河 许建发　王蓬春　肖木水　陈惠斌　林水清　林树根　谢彩雯	

漳浦县

领导小组	组　　长	王彩云	县政府副县长
	副 组 长	陈达川	县政府办副主任
		林坤美	县残联理事长
		陈励明	县财政局副局长
		毕杰玲	县民政局副局长
		陈秀珍	县卫生局副局长

		杨汉池	县统计局副局长
	成　员	洪照宏	县委宣传部
		李旺万	县教育局
		王汉清	县发展改革局
		陈志生	县劳动保障局
		柯志鸿	县公安局
		王一清	县质监局
		杨银钗	县计生局
		卢秀云	县团县委
		徐梅花	县妇联
办公室	主　任	林坤美	县残联理事长
	副主任	刘汉琪	县残联办公室
		陈素丽	县残联办公室
调查队	队　长	林坤美	县残联理事长
	副队长	杨汉池	县统计局副局长
		陈秀珍	县卫生局副局长
	成　员	刘汉琪　陈素丽　王闽东　吴志贤　郑红梅　杨武堂　徐义祥　郑艺聪 曾连福　张春山　杨丽珠　林立霓　黄清香　陈三发　张宗一　陈永贵 杨世勇　杨月秀　杨国坤　陈保兴　戴德兴　陈育才	

南靖县

领导小组	组　长	靳苏芬	县委常委、统战部部长
	副组长	刘郭端	县政府办副主任
		李玉庆	县残联理事长
		黄俊坚	县财政局副局长
		刘东财	县民政局副局长
		吴国珠	县卫生局副局长
		陈阳春	县统计局副局长
	成　员	沈坤灶	县委宣传部
		陈瑞芳	县妇联
		李炎文	县发展和改革局
		王秀治	县教育局
		陈天成	县公安局
		余明香	县劳动和社会保障局
		林笑英	县人口和计划生育局
		卢　团	县质量技术监督局
		陈映煌	团县委
		戴木其	县残联
办公室	主　任	戴木其	县残联副理事长
调查队	队　长	李玉庆	县残联理事长
	副队长	韩家栋	县卫生局副局长
		黄小莲	县统计局副主任科员

	成　员	戴龙文　游水盛　王　宇　黄炳峰　吴月女　邱绍龙　谢杰民 戴木其　陈小兰　王淑琴　杨景华　吕慧滨　黄淑华　张水通 林　斌　王剑虹　叶仲夏　简惠娟　许艳慧　吴海成　曾双辉 卢亚胆

霞浦县

领导小组	组　长	黄　雄	县政府副县长
	副组长	蔡少明	县政府办机关党委副书记
		林春明	县残联理事长
		李丰安	县财政局副局长
		雷有省	县民政局副局长
		李兆荣	县卫生局副局长
		何建潮	县统计局副局长
	成　员	雷旺清	县委宣传部
		曾　飞	县公安局
		陈石利	县发展计划局
		林国基	县教育局
		俞国强	县劳动和社会保障局
		郑　铭	县计生协会
		部寿田	县质量技术监督局
		蔡松根	县团委
		雷月容	县妇联
		刘金来	县残联
办公室	主　任	林春明	县残联理事长
调查队	队　长	林春明	县残联理事长
	副队长	李兆荣	县卫生局副局长
		何建潮	县统计局副局长
	成　员	刘金来　温兴达　胡平霞　王建维　王国信　王大宝　蒋永康　兰吉神 刘义斌　张仁德　吴云琴　陆冬玉　林　贞　刘存鹤　陈步忠　兰兴帜 刘宇欢　许　峰　王文勇　范信华　钟郑法　陈绍春	

政和县

领导小组	组　长	魏礼情	县政府副县长
	副组长	刘国辉	县政府办副主任
		刘光新	县残联理事长
		魏长勇	县财政局主任科员
		陈修言	县民政局副局长
		汤文赋	县卫生局副局长
		魏永丽	县统计局副局长
	成　员	陈颖华	县宣传部
		龚小华	县发展和改革局
		卓依泉	县教育局

		雷　辉	县公安局
		林宗洪	县劳动和社会保障局
		吴国兴	县人口和计划生育局
		梁廉健	县技术监督局
		许文伟	团县委
		李云珠	县妇联
办公室	**主　任**	刘光新	县残联理事长
	副主任	陈观书	县残联办公室主任
		张保芳	县残联康复股长
		肖素琴	县残劳站站长
		张庆章	县统计局统计师
		方兆敏	县民政局办公室副主任
		魏晓斌	县卫生局医政股股长
		黄陈安	县计生局股长
调查队	**队　长**	刘光新	县残联理事长
	副队长	刘文忠	统计局农调队副队长
		魏晓斌	县卫生局医政股股长
	成　员	张庆章　许妙辉　吴世能　陈新星　叶扬信　范仁洪　张建新　陈东红 张保芳　肖素琴　陈观书　余丽华　兰永贵　钟贵胜　许陈钟　吕已才 张承贵　杨上青　魏鸿健　张林青　张应员　吴礼贵	